mandelbaum *verlag*

Julia Danielczyk (Hg.)

Josef Meinrad
Der ideale Österreicher

Unter Mitarbeit von Christian Mertens

mandelbaum *verlag*

wienbibliothek
im rathaus

Dank an die Kooperationspartner
  Filmarchiv Austria
  Österreichisches Theatermuseum
  ORF
  Österreichische Mediathek

www.mandelbaum.at

© mandelbaum verlag wien 2013
alle Rechte vorbehalten
ISBN 978-3-85476-411-3

Lektorat: Christian Mertens
Layoutkonzept und Umschlaggestaltung: Lothar Bienenstein
Satz: Michael Baiculescu
Umschlagbild: Filmstill aus *1. April 2000* (1952)
Druck: Primerate, Budapest

INHALT

SYLVIA MATTL-WURM
9   Vorwort

JULIA DANIELCZYK
10 Josef Meinrad – Der ideale Österreicher

LOTTE TOBISCH-LABOTÝN
29 Josef Meinrad und der Iffland-Ring

CHRISTIAN MERTENS
32 „Weiß man wirklich, wer dieser Josef Meinrad ist?"
    Zur Sozialisation und Charakteristik des Schauspielers

MICHAEL BUKOWSKY
53 Josef Meinrad 100

KARIN SEDLAK
60 Per aspera ad astra – Von der Kleinkunst in die Hochkultur
    Josef Meinrads Anfänge in den 1930er Jahren

VERONIKA ZANGL
84 Josef Meinrad in Metz

ACHIM BENNING
94 Lappalien – Zum 100. Geburtstag von Josef Meinrad

PETER ROESSLER
106 Josef Meinrad – Volksschauspieler
    Elemente und Projektionen

FRANZ SCHUH
134 Theater als Politik-Ersatz
    Thesen über den historischen Rahmen einer
    schauspielerischen Virtuosität

CHRISTIAN CARGNELLI
139 Josef Meinrads Anfänge im österreichischen Film

AGNES KAPIAS
164 „Theaterspielen – das ist für mich wie Beten …!"
    Josef Meinrads Darstellung geistlicher Würdenträger

SIEGFRIED STEINLECHNER
186 „Der Unbestechliche" – Zur Tradierung von Zuschreibungen, Geschichtsbild, Opfer und Nachkriegszeit

REINHARD URBACH
203 Vor Augen, im Ohr: Mein Rad

JÜRGEN HEIN
206 Weinberls Meinradisierung

THOMAS AIGNER
223 „… den Gipfel meiner schauspielerischen Darstellung erreicht"
Josef Meinrad als Mann von La Mancha, sein Abstecher ins Musicalfach

DAGMAR KOLLER
242 Josef Meinrad – mein Mentor

KARIN MOSER
245 „Exzentrisch – wahrhaftig – österreichisch": Josef Meinrads Filmrollen

MICHAEL HELTAU
284 Abschied und Dank

288 Filmrollen
292 Theaterrollen
305 Fernsehrollen
312 Verzeichnis der Autorinnen und Autoren
317 Personenregister

DANK

Ohne die Unterstützung von Kolleginnen und Kollegen wäre dieses Buch nicht entstanden, daher danke ich allen Autorinnen und Autoren, besonders Karin Moser, die maßgeblich bei der Ideenfindung und Planung beteiligt war, Christian Mertens für seine begeisterte Mitarbeit an der Umsetzung, Birgit Peter für die vielen anregenden Gespräche vor allem bei der Konzeption des Buches, Peter Roessler für wertvolle Impulse, Hilfestellungen und seinen unerschütterlichen Humor, Christian Cargnelli für seine kenntnisreiche Unterstützung bei der Recherche, Ilse Eichberger, Haris Balic und Daniela Franke vom Österreichischen Theatermuseum sowie Gabriele Fröschl, Peter Ploteny von der Österreichischen Mediathek für ihre spontane, großzügige Hilfsbereitschaft, Gertraud und Hubert Haderer für Anregungen und ihre Unterstützung sowie Wolfgang Rupert, Anita Eichinger und Dagmar Walach für wertvolle Fachgespräche.

Außerdem danke ich Lothar Bienenstein für die gelungene grafische Gestaltung sowie den Ausstellungsarchitekten Karin Müller-Reineke und Gerhard Vana für ihren unermüdlichen Einsatz und außergewöhnliche, kreative Lösungen.

JULIA DANIELCZYK

SYLVIA MATTL-WURM

VORWORT

Vor drei Jahren hat die Wienbibliothek im Vorblick auf den 100. Geburtstag Josef Meinrads 2013 einen wichtigen Teilnachlass des Schauspielers aus Privatbesitz erworben. Damit verbunden waren Vorbereitungen für eine Ausstellung zum Lebenswerk Meinrads, die von Julia Danielczyk in Angriff genommen wurden. Begleitend konzipierte sie eine umfassende Publikation zu Josef Meinrad und dessen Rolle in der österreichischen Nachkriegskultur.

Mehrere Generationen Österreicherinnen und Österreicher sind mit dem Schauspieler Josef Meinrad groß geworden. Ob als ‚Traumbesetzung' Nestroy'scher, Raimund'scher oder Hofmannsthal'scher Bühnenfiguren, ob als ‚Paradegeistlicher' in Film und Fernsehen oder als charmant-schlauer Ministerpräsident in der nationalen Filmgroteske *1. April 2000* – der gebürtige Hernalser mit tschechischen Wurzeln galt als ‚idealer Österreicher'. Mit dem selbst gepflegten Image des ‚liebenswerten' und ‚bescheidenen' Menschen, über den es keine Gerüchte oder gar Skandale zu berichten gab, konnten und wollten sich viele in den ersten Nachkriegsjahrzehnten gerne identifizieren.

Franz Schuh hat zur gesellschaftlichen Faszination, die von Burgschauspielern in den 1950er und 1960er Jahren, besonders auch von Josef Meinrad, ausgegangen ist, eine wie er selbst sagt, „nicht unwagemutige These" aufgestellt: „Schauspieler waren damals, und das hätten sie niemals selber glauben können, Politik-Ersatz."

Die in diesem Band versammelten Beiträge reichen von der Beschreibung von Josef Meinrads Anfängen auf den Kleinkunstbühnen der 1930er Jahre und im Fronttheater Metz über sein erfolgreiches Wirken als Volksschauspieler, seine Arbeiten im österreichischen Film oder die Rollen im Musical-Fach bis hin zu den wenig bekannten privaten Seiten seiner Person. Sehr persönlich gehaltene Kurzporträts, verfasst von Kolleginnen und Kollegen aus dem Schauspielfach, wie Lotte Tobisch-Labotýn oder Michael Heltau, wechseln mit ausführlichen, wissenschaftlich fundierten Beiträgen zu Meinrads vielfältiger Tätigkeit. Auf diese Weise entstand ein dichtes biographisches Gesamtporträt dieser Schauspieler-Legende, das nun – rechtzeitig zum 100. Geburtstag – als Publikation im Mandelbaum Verlag vorgelegt werden kann. Dafür ist allen Autorinnen und Autoren, insbesondere Julia Danielczyk als Beiträgerin und Herausgeberin des Bandes, sowie dem Verlagsleiter und Gestalter des Buches, Michael Baiculescu, zu danken.

JULIA DANIELCZYK

JOSEF MEINRAD – DER IDEALE ÖSTERREICHER

Er ist ein Publikumsliebling im wienerischen Sinne des Wortes und mit allem, was außer Schauspieler sein, noch dazu gehört: Hobbyhandwerker, Tierliebhaber, ‚Privatmensch', seßhaft, bodenständig, liebenswürdig. Für seine Darstellungen fanden Chronisten wie Kritiker nicht umsonst durch Jahrzehnte hindurch stets fast die gleichen Charakterisierungen – einfach, schlicht, wahrhaft, unverfälscht, demütig vor dem Werk, bescheiden, in den humorvollen Rollen so echt wie in den tragischen, ein Wiener Klischee, das zur Wahrheit geworden ist.[1]

Als Josef Meinrad am 18. Februar 1996 starb, hatte er beinahe das gesamte 20. Jahrhundert sowie fünf Staatsformen miterlebt. Am 21. April 1913 in Wien geboren, prägten die ausgehende Habsburgermonarchie sowie der Erste Weltkrieg die Kindheit Meinrads (der mit bürgerlichem Namen Josef Moučka hieß). Als 1919 die Erste Republik ausgerufen wurde und sich Österreich als ‚Rumpfstaat' neu konstituieren musste, war Meinrad gerade Volksschüler in Hernals. Die gesellschaftspolitisch und wirtschaftlich krisenhaften 1920er Jahre verbrachte Meinrad zu einem Großteil im Gymnasium des Redemptoristenordens in Katzelsdorf (bei Wiener Neustadt). Hier sollte er zum Priester ausgebildet und vorbereitet werden, doch Meinrad entschied sich gegen eine klerikale Karriere und äußerte schon früh den Wunsch, eine künstlerische Laufbahn einzuschlagen (er strebte den Schauspieler- bzw. Malerberuf an).[2]

Über seine Sozialisation gibt der Historiker Christian Mertens in vorliegendem Band detailliert Einblick. Als 1934 das Parlament ausgeschaltet und Österreich als so genannter Ständestaat autoritär regiert wurde, trat Meinrad beim politischen Kabarett ABC von Leon Askin mit zeit- und regimekritischen Texten von Jura Soyfer auf. Meinrads persönliche politische Haltung blieb jedoch undurchsichtig, er selbst hat sich nie zu ideologischen bzw. politischen Fragen geäußert oder eine entsprechende Haltung deklariert.

---

1   Barbara Petsch, Zauber der Einfachheit. Der Burgschauspieler Josef Meinrad ist 75, in: Die Presse, 21. April 1988 (WBR, HS, Nl. Meinrad, ZPH 1502, Box 20).
2   Demgemäß alles in Ordnung, Dokumentation, ZDF, 1975.

1939 trat Meinrad im Wiener Werkel auf, dem einzigen Wiener Kabarett in der NS-Zeit, im Dezember 1940 verließ er Wien, um ins Engagement ans Fronttheater Metz zu gehen, wo er im Rollenfach „Naturbursche" aufgenommen wurde und reüssierte. Der Briefwechsel mit dem Hamburger Thalia-Theater beweist, dass sich Meinrads Leistungen herumgesprochen haben müssen, denn der damalige Intendant der renommierten norddeutschen Bühne versuchte Meinrad abzuwerben.[3] Doch Meinrad fürchtete um seine uk-Stellung (= unabkömmlich). Zu Unrecht, denn gerade in Hamburg als äußerst bombengefährdetes Gebiet wurden Unterhaltung und Ablenkung besonders gebraucht.

Uk-gestellt waren Künstler, die gefördert werden sollten, also kriegspropagandistisch, im Sinne der Ablenkung, eingesetzt waren. Da Meinrad nicht auf der Liste der so genannten „Gottbegnadeten" geführt wurde,[4] ist davon auszugehen, dass er zwar nicht gesamt, aber immerhin befristet für den Kriegseinsatz uk-gestellt war. Das bedeutet, dass er nominell in der Wehrmacht geführt, jedoch für Unterhaltung und Ablenkung der Truppen freigestellt war.[5]

Meinrad ging nicht nach Hamburg und auch nicht nach Prag (wo man ihn ebenfalls engagieren wollte), sondern blieb bis zur Schließung des Theaters in Metz (Joseph Goebbels ließ sämtliche Bühnen am 1. September 1944 sperren). 1945 kehrte er nach Wien zurück und etablierte kontinuierlich sein Image als idealer Repräsentant österreichischer Kultur. Ab 1947 spielte er bereits „erstes Fach" am Burgtheater, wie der Schriftsteller und Theaterkritiker Hans Weigel schreibt,[6] und als er 1952 in der Rolle des österreichischen Ministerpräsidenten (im Film *1. April 2000*) das damals noch besetzte Land in die Unabhängigkeit führte, war die Konstruktion des heimischen Publikumslieblings, Staats- und Volksschauspielers in ihre Bahnen gelenkt.

---

3   Robert Meyn (Thalia-Theater Hamburg), Brief an Josef Meinrad, Hamburg, 9. Oktober 1942 (WBR, HS, Nl. Meinrad, ZPH 1502, Box 2).
4   Vgl. Uwe Baur/Karin Gradwohl-Schlacher, Literatur in Österreich von 1938 bis 1945. Oberösterreich, 3. Band, Wien (u.a.) 2012.
5   Unmittelbar nach Kriegsbeginn wurden drei verschiedene uk-Stellungen vorgenommen. Es gab drei Quellen dafür, eine Liste führte Adolf Hitler selbst, eine zweite legte Joseph Goebbels an, und die dritte führte das Propagandaministerium. Die jeweiligen Landeskulturwalter machten Vorschläge.
6   Hans Weigel, Versuch über Josef Meinrad, Velber b. Hannover 1962, S. 10.

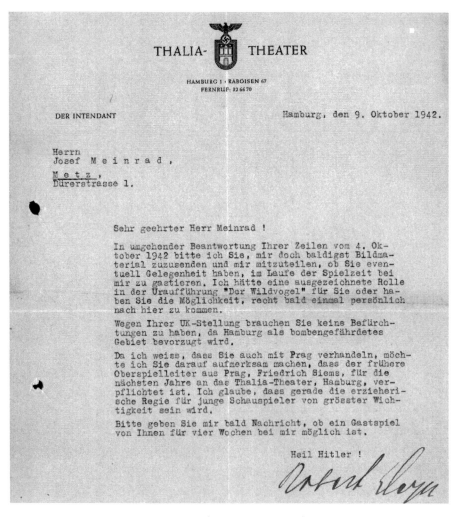

Brief von Robert Meyn an Josef Meinrad, 1942 (WBR, HS, Nl. Meinrad)

JOSEF MEINRAD: HOMO AUSTRIACUS MAXIMUS

Meinrad war weder Jude noch Nazi. Auch vor dem so genannten Anschluss im Jahr 1938 hatte sich Meinrad nicht parteipolitisch engagiert, war nicht Mitglied bei der Vaterländischen Front (der Einheitspartei im Austrofaschismus) gewesen und auch in den folgenden Jahrzehnten seines Lebens trat er keiner Partei bei.

Meinrad war relativ unbeschädigt und makellos durch diese historisch und politisch bewegten Jahre gekommen. Er zählte damit zu einer kleinen Gruppe an Künstlern, die sich weder politisch positioniert hatten noch verfolgt waren. Somit galt Meinrads Vergangenheit als unbedenklich, wodurch er auch problemlos einsetzbar war. Außerdem wurde der zurückhaltende Schauspieler bereits in den ersten Jahren nach dem Krieg als ‚Gemüts- und Herzensschauspieler' klassifiziert, er schien sämtliche Attribute zu vereinen, die im Nachkriegsösterreich als ‚ideal' angesehen wurden.

Im damaligen Diskurs um Schauspielstile galt er als klares Pendant zu den vom Krieg gezeichneten Künstlern, Meinrad wird etwa als Gegenpol zum ‚Nervenschauspieler' Karl Paryla gesehen. Von Meinrads Spiel ging jene „Herzenswärme" und gleichzeitige „Unbedarftheit"[7] aus, die in den Jahren des Wiederaufbaus als attraktiv und nachahmenswürdig galten sowie von der Auseinandersetzung mit der unmittelbaren Vergangenheit ablenken sollten. Und auch Werner Krauss, der Meinrad den Iffland-Ring vermachte, ehrte an Meinrad „die Kraft des Gemüts."[8]

> *Er ist der Schauspieler, bei dem schauspielerische Größe mit der menschlichen Güte zusammenfällt. Der Wiener, wie ihn Raimund und Nestroy gezeichnet haben, in verschiedenen Variationen und einer Spannweite, die auch in den Bereich des Dämonischen dringt, wird heute von Meinrad mit der gleichen Meisterschaft verkörpert wie er einst von Girardi verkörpert wurde. Meinrads Valentin und Weinberl werden von keinem anderen Darsteller mit gleicher Wirkung gespielt. [...] In einer Zeit, in der mit dem zunehmenden Trubel des Lebens die Vereinsamung des Herzens fortschreitet, sehnt sich der Mensch nach dem Typ, der nicht durch Macht, nicht durch Klugheit und nicht durch Diplomatie, sondern allein durch die Kraft seines Gemüts menschliche Schicksale zu meistern versteht.*[9]

In dieser Phase etablierten sich jene Attribute, die für ihn als charakteristisch angenommen wurden und zugleich als Merkmale österreichischer Identität gelten: humorvoll und harmlos, schlicht und wahrhaftig, unverfälscht, bescheiden und katholisch. Der Wortlaut der folgenden Kritik entspricht dem Tenor einer beinahe unüberschaubaren Vielzahl von Besprechungen: „Als er vorgestern im Fernsehen zu sehen war, erschien ein ‚typischer Meinrad' auf dem Bildschirm: der naive ‚Gute Kerl', nicht fein, aber gemütvoll, gottergeben ohne aufzumucken, fröhlich ohne Bitternis."[10]

---

7   Petsch, 1988.
8   Jetzt hat er ihn wirklich, in: Kurier, 24. November 1959, S. 7.
9   Arbeiter-Zeitung, [1961].
10 Siegfried Krause, Gespräch mit Burgschauspieler Josef Meinrad. Es kostet nichts, freundlich zu sein, in: Rheinische Post, 3. Februar 1973 (WBR, HS, Nl. Meinrad, ZPH 1502, Box 19).

Besonders in den Jahren nach dem Zweiten Weltkrieg dienten derartige Projektionen auf Josef Meinrad dazu, die Opferrolle Österreichs sowohl national als auch international zu untermauern. Er, der noch in der Habsburgermonarchie geboren worden war, die Umbrüche der Ersten Republik miterlebt und den Krieg überstanden hatte, der nach katholisch-christlichen Glaubenssätzen lebte, wurde zum idealen Repräsentanten eines Landes, das in seiner Eigendefinition auf Werte des 19. Jahrhunderts rekurrierte. Mit seinen Glanz- und Paraderollen aus dem Repertoire von Ferdinand Raimund, Hugo von Hofmannsthal, Franz Grillparzer und Johann Nestroy verfestigte Meinrad ein idealisiertes, idyllisiertes Bild des Österreichers und lenkte unbedingt von jenem schuldhaften Verhalten zahlreicher Österreicher ab, das diese bereits ab 1934 und weiter im Zweiten Weltkrieg eingenommen hatten.

Im Sinne der intendierten Vorbildfunktion vermischte man schon früh Künstler, Privatmensch und Rolle bzw. Figur. In vielen der vorliegenden Beiträge wird die scheinbare Aufhebung dieser Grenzen thematisiert, wenn auch unter unterschiedlichen Gesichtspunkten. Der Historiker Siegfried Steinlechner etwa beleuchtet Meinrads Paraderolle als Diener Theodor in Hugo von Hofmannsthals *Der Unbestechliche*. Von einfacher Herkunft, moralisch (scheinbar) hohen Werten und der Idee eines friedlichen Vielvölkerstaates (die Handlung spielt 1912) geprägt, projizierte man die Figur auf die Person Josef Meinrad, so dass schon bald kein anderer Schauspieler mehr in dieser Rolle denkbar war. Ähnlich verhält es sich mit Kardinal Theodor Innitzer. Zwei Mal stellte Meinrad diesen politisch aufgrund seines Verhaltens gegenüber NS-Deutschland umstrittenen Kirchenfürsten dar, der eine bedeutende Rolle in der österreichischen Geschichte einnimmt. Die Theaterwissenschaftlerin Agnes Kapias bietet Einblick in die vielfältigen Zusammenhänge zwischen Kirche, Staat und Kultur. Nicht zuletzt hatte der österreichische Filmregisseur Otto Preminger zuerst Curd Jürgens für die Rolle vorgeschlagen, doch dessen unsittlicher ‚Lebenswandel' war der österreichischen Kirche Argument gegen seine Besetzung. Welche Macht die Kirche einnahm und wie stark die Identifizierung der Österreicher mit ‚ihrem' Josef Meinrad war, zeigt die erfolgreiche Einmischung in Premingers Besetzungspolitik. Schließlich wurde der katholische Vorzeigekünstler Josef Meinrad als Innitzer besetzt, der sich selbst äußerte und sein Einverständnis mit der historischen Figur deklarierte. „Ich weiß nicht, ob es heikel ist, Innitzer zu spielen. Mir geht es um das aufrichtige und ehrliche Wollen dieses Mannes. Er hat mit allen Mitteln eine Verständigung mit dem Dritten Reich versucht. Und wie es dann doch nicht geklappt hat und wie es unmöglich war, hat er wirklich alles getan, der anderen Seite, also den Juden, zu helfen."[11] Und die Presse stimmte zu: „Wir aber freuen uns mit Josef Meinrad und wissen es zu schätzen, daß er so klar zu seiner religiösen Ueberzeugung steht."[12] Auch im Beitrag von Agnes Kapias wird diese spezielle Vermischung von Schauspieler und Figur deutlich, die Meinrad in seiner Bedeutung als ‚Botschafter für Österreich' zugedacht war.

Wie weit diese Projektionen und Zuschreibungen reichten, stellt ebenso der Literaturwissenschaftler Jürgen Hein unter Beweis, der sich der Meinradisierung des Weinberl in Johann Nestroys *Einen Jux will er sich machen* widmet.

Die Gleichsetzung des Akteurs mit seiner Rolle, das Bedürfnis nach Übereinstimmung zwischen Figur und sie verkörpernder Person, der Anspruch auf ‚unverfälschtes Spiel' führen hin zu schauspieltheoretischen Überlegungen angesichts der kulturpolitischen Einverleibung des Künstlers.

Dass Meinrad spätestens nach Erhalt des Iffland-Ringes 1959 zum österreichischen Staatskünstler avancierte und diese Auszeichnung mit kulturpolitischer Verantwortung sowie deutlich erhöhter öffentlicher Wahrnehmung verbunden war, schien dem Schauspieler durchaus bewusst gewesen zu sein.

„Ich selbst bin dabei gar nicht so wichtig,"[13] konstatierte Meinrad in seiner Rede zum Erhalt des Iffland-Ringes in seiner typischen, scheinbar bescheidenen Art. Es lässt sich aus seinen Worte allerdings auch etwas anderes als pure Bescheidenheit herauslesen; Meinrad war klar, dass damit eine Erwartungshaltung an ihn gerichtet war: Als Person des öffentlichen Lebens, als Aushängeschild österreichischer Identität, als nationale ‚Marke' hatte er ab nun verlässlich seine ‚Rolle' zu spielen.

Diese damaligen Zuschreibungen an Josef Meinrad haben sich schließlich bis heute ungebrochen gehalten bzw. weiter festgeschrieben. Welche Bedeutung diese spezifischen Projektionen auf ihn im Selbstbild Österreichs und vor allem Wiens als Musik- und Theaterstadt hatten, machen u.a. die zahlreichen Fanbriefe und begeisterten Stimmen deutlich, aus denen hervorgeht, wie intensiv sich das Publikum in Meinrads Verkörperung des ‚typischen Österreichischen' wiederfand. Meinrad wurde zum Spiegelbild des ‚kleinen Mannes', zum Wunschbild des Gatten, zum Vorbild der Jugend. Meinrad ging in die Schulen, um österreichisches

---

11 Josef Meinrad im Gespräch mit Heinz Fischer-Karwin am 22. November 1970 (Aus Burg und Oper), Österreichische Mediathek.
12 L[ona] Chernel, Wir freuen uns mit Josef Meinrad, in: Der Fels, o.D., S. 4.
13 Josef Meinrad, Handschriftliche Rede zum Erhalt des Iffland-Ringes 1959 (Privatbesitz).

Kulturgut zu vermitteln[14], engagierte sich für den Fremdenverkehr unter dem Motto „Österreich ist schön, komm und bleib"[15] und repräsentierte Österreich im internationalen Film sowie auf Tourneen. Diese besondere Rolle als Repräsentations- und Identifikationsfigur sieht Hans Weigel auch in der Verniedlichung bzw. Zuspitzung seines Vornamens. Aus dem Burgschauspieler Josef Meinrad wurde schon früh ein popularisierter Pepi.

Pepi wurde er genannt, denn Pepi Meinrad ist: volkstümlich, aber nicht vorstädtisch-proletarisch [...] freundlich mit einem Anklang von Herzigkeit, die Treuherzigkeit spiegelt, deren helle, etwas kindliche Harmlosigkeit, [...] liebenswerte Fassade ist, trügerisch hinsichtlich verborgener Tiefen wie der helle kindliche Kosename Pepi.[16]

Meinrads Darstellungsstil unterstützte diese Einverleibung. Egal, welche Rolle er verkörperte, er scheute sich nicht, sich in der Figur manchmal klein oder gar lächerlich zu machen. Durch diese zum Teil ausgestellte Naivität und Tollpatschigkeit, diesem „Kokettieren mit Schwäche"[17] in Kombination mit einer exzessiven Begeisterung für das, was er in der Rolle verfolgt, etablierte eine besondere Fallhöhe und damit Komik, aber auch ideale Identifikationsfiguren für ein breites Publikum.

Rede Meinrads beim Erhalt des Iffland-Ringes, 1959 (Privatbesitz)

---

14 Um junge Zuschauer zu gewinnen, fanden gesonderte Vorstellungen mit stark ermäßigten Eintrittspreisen statt. Im Jahre 1952 wurde außerdem die Aktion „Burgschauspieler kommen in die Schule" ins Leben gerufen, in dessen Rahmen namhafte Burgschauspieler (neben Josef Meinrad waren das Maria Eis, Albin Skoda, Hilde Wagener) in Turnhallen und Festsälen einem jungen Publikum kleinere Szenen vorführten sowie mit den Jugendlichen diskutierten.
15 Josef Staribacher, Brief an Josef Meinrad, Wien 1974 (WBR, HS, Nl. Meinrad, ZPH 1502, Box 2).
16 Weigel, S. 12.
17 „Nicht von den Krankenkassen bestellt!", in: Westfälische Zeitung Herford, 3. März 1965.

> *Meinrad ist ein profunder Kenner der Wiener Psyche. Er weiß, daß die Wiener an Stars nichts mehr lieben als Bescheidenheit und ein gewisses volkstümliches Verhalten. Dabei ist er im Grunde alles andere als ein ‚volkstümlicher' Typ. Der Eigenbrötler und Einzelgänger Meinrad hat wenig Kontakt mit seinen Kollegen, er besitzt eine starke Aversion gegen gesellschaftliche Veranstaltungen und hat nur einen kleinen Kreis von Freunden und Bekannten. Daß er trotzdem in Wien so populär geworden ist, verdankt er nicht nur seinem großen Können, sondern auch seiner frappanten Geschicklichkeit im Umgang mit Menschen.[18]*

Auch in seiner (privaten) Selbstinszenierung hat Meinrad das Bild des ‚kleinen Mannes' unterstützt. Bezeichnend dafür ist die bekannte Geschichte um den Erwerb eines Rolls-Royce. Auf die Frage „Sie haben sich kürzlich einen neuen Wagen zugelegt. Warum ausgerechnet einen Rolls Royce?", antwortete Meinrad

> *Aus Sparsamkeit! Bisher war es nötig, die Autos jedes Jahr zu wechseln, spätestens nach 60 000 km. Der neue wird mir sicher zehn Jahre gute Dienste leisten ... und außerdem – er hat jetzt eine unauffällige Form, man merkt nicht, wie teuer er ist. [...] Hinter dem Fahrersitz haben wir ein großes Kissen, darüber liegt eine Decke, und darauf haben mich meine drei Hunde, das Afferl und der Kauz zu den Salzburger Festspielen begleitet.[19]*

In anderen Medien unterstreicht Meinrad außerdem den Sicherheitsaspekt des Rolls-Royce. Selbst, oder vielleicht gerade im Luxuswagen konnte er das Klischee des moralisch integren, vorbildlichen Künstlers ohne Starallüren weiter aufrecht erhalten (legendär wurde allerdings auch Adrienne Gessners ironische Replik, dass Meinrad mit dem Erwerb des Rolls-Royce noch bescheidener geworden wäre).

Knapp ein halbes Jahrhundert prägte dieser ‚Pepi' Meinrad das österreichische Theater, Film und Fernsehen und erlangte internationales Renommee. Eine Studie aus den 1960er Jahren nennt Meinrad in der Reihung der berühmtesten Österreicher konstant unter den ersten 15. Zu Beginn des Dezenniums führte der Dirigent Herbert von Karajan, ab 1966 war der ÖVP-Politiker und damalige Bundeskanzler Josef Klaus an erster Stelle.

---

18 Aus Burg und Oper. Josef Meinrad [Quelle unbekannt], o.D. (WBR, HS, Nl. Meinrad, ZPH 1502, Box 20).
19 Möchten Sie ein Ekel spielen?, in: Hör zu, [1970].

Auf Rang drei hielt sich konstant Kardinal Franz König, unmittelbar gefolgt von den beiden Skiläufern Toni Sailer und Karl Schranz. Im Jahr 1964 fanden sich unter den darstellenden Künstlern noch Heinz Conrads und Josef Meinrad ex aequo auf Platz 15, 1966 rangierte Conrads nur auf Platz 28, während sich Meinrad als bekanntester österreichischer Schauspieler konstant vorne positionierte. 1969 heißt es: „Heinz Conrads mußte von seinem 21. Platz [aus dem Jahr 1965, JD] in die Gesellschaft der ‚Ferner liefen' absteigen. Nicht viel besser erging es Kokoschka, Wotruba, Paula Wessely, Stolz, Waggerl, Farkas, Attila Hörbiger und Elfriede Ott, die alle – zum Teil sehr empfindliche – Prominenzverluste einstecken mußten. Der einzige Künstler, der sich neben Karajan halten konnte, ist Josef Meinrad."[20] Auch noch nach seinem Tod 1996 manifestieren die große Anteilnahme der österreichischen Bevölkerung (mehrere hundert Briefe mit Beileidsbekundigungen erreichten Meinrads Witwe Germaine) sowie die offiziellen Auftritte sowohl von Kirche und Staat dieses Bild. Entsprechend der Tradition für Ehrenmitglieder des Burgtheaters wurde der Sarg Meinrads am 26. Februar 1996 an der rechten Feststiege aufgebahrt und anschließend rund um das Haus getragen.

Über 2.000 Besucher hatten an der Trauerfeier teilgenommen. Der damalige Kardinal Franz König betonte in seiner Trauerrede den Vorbild-Charakter Meinrads, der österreichische Bundespräsident Thomas Klestil unterstrich dessen Rolle als

die unnachahmliche Inkarnation des Wienerischen, des Österreichischen – in seiner Vielfalt und mit all seinen Gegensätzen. Meinrad ist ein Symbol österreichischer Kontinuität über alle Brüche dieses Jahrhunderts hinweg gewesen, die Verkörperung einer Theaterepoche. Die tiefe Trauer um Josef Meinrad gilt auch ‚dem Verlust eines bewunderten, liebgewordenen Stücks des unverwechselbaren Österreichischen'. Nie wieder werden wir Raimunds Hobellied hören können, ohne an Meinrad zu denken.[21]

Auf diese viel zitierte ‚Inkarnation des Österreichischen' spielt schon Hans Weigel 1962 in seinem Essay *Versuch über Josef Meinrad* an, macht aber bewusst, dass der ‚echte Wiener' oder ‚echte Österreicher' nicht existiert.

---

20 Wirtschaftshorizont. Zeitschrift für Politik und Wirtschaft. Herbst 1969, Nr. 210. Das Jahr der großen Stürze und Aufstiege, S. 14-17 (WBR, HS, Nl. Meinrad, ZPH 1502, Box 8).

21 Berührender Abschied von einem ‚stillen' Mimen, in: Salzburger Nachrichten, 27. Februar 1996, S. 13.

Josef Meinrad mit seinen Hunden im Rolls-Royce Silvershadow, 1966 (WBR, HS, Nl. Meinrad)

> *Er [Josef Meinrad] ist weniger eine Inkarnation als eine Imago des echt Wienerischen, er wurde darum mit Fug zweimal ausgewählt, als der echte Österreicher im Film dargestellt und von seiner besten Seite gezeigt werden sollte. [...] Ganz im spasshaften Urelement der Vorstadtkomödie und doch mit jedem Ton, jeder Geste souverän und bezwingend persönlich: homo austriacus maximus.*[22]

JOSEF MEINRAD: DER IDEALE MENSCHENDARSTELLER

> *Josef Meinrad – das ist ein Wunder unter den Schauspielern dieser Zeit. Dass es möglich ist, dieses Wunder, und dass es von Tausenden erkannt und geliebt wird, gehört zu den spärlichen Tröstlichkeiten, die uns übrig-*

22 Weigel, S. 12.

geblieben sind. Denn Josef Meinrad ist die Personifikation des Liebenswerten in einer lieblos gewordenen Zeit. Wäre er bloß liebenswürdig, wie es ein Bonvivant oder ein homme à femmes zu sein hat, wäre das nicht der Rede wert. Er ist liebenswert nicht um der Wirkung willen, sondern von Natur. Er kennt alle Schliche der Welt, aber er ist arglos. Er versteht es, den verfluchten Kerl zu spielen, aber ist brav. [...] Ist es so, dass uns nur dieses Wesen entzückt, das in der Welt des Scheins auftritt und wieder entrückt wird, wenn der Vorhang zum letzten Mal fällt? Dass das Wunder Meinrad gar nichts mit Schauspielereien zu tun hat? Dass es uns genauso gut im Leben begegnen und das gleiche Entzücken hervorrufen könnte? – Kunst ist nichts ohne Wahrheit. Die Wahrheit Meinrads liegt gewiss auch in dem Wunder, das ihm und uns geschenkt wurde, dem Wunder einer Ausstrahlung, wie sie kein Radium der Welt besitzt.[23]

Drei Jahre nach der Verleihung des Iffland-Ringes erschien dieser Text des Theaterkritikers Siegfried Melchinger unter dem Titel *Das Wunder Meinrad*. Melchinger verbindet den Anspruch dieser außergewöhnlichen Auszeichnung für deutschsprachige Schauspieler mit dem speziellen Darstellungsstil von Josef Meinrad.

Als dieser 1959 den Iffland-Ring erhielt, wurde er in die Reihe hochdekorierter Schauspieler der letzten beiden Jahrhunderte gestellt. Die Historie um den Iffland-Ring ist anekdotenreich, möglicherweise hat August Wilhelm Iffland (1759–1814), als er die Idee zur Stiftung des Ringes hatte, mehrere Exemplare anfertigen lassen und an Freunde verschenkt. Einer anderen Legende zufolge übergab Johann Wolfgang von Goethe Iffland diesen Ring und dieser verfügte testamentarisch, dass er jeweils an den besten deutschsprachigen Schauspieler weitergereicht werden sollte.

Iffland selbst soll ihn 1813 an Ludwig Devrient übergeben haben, der ihn wiederum seinem Neffen Emil vermacht hat. Von ihm ging der Ring an Theodor Döring, der ihn an Friedrich Haase weitergab. Dies bekundet das älteste Dokument zur Geschichte des Iffland-Ringes, ein handschriftlicher Zettel an der Unterseite des Etuis, auf welchem Friedrich Haase 1875 vermerkte: „von Theodor Döring an Friedrich Haase, ein Ring mit Ifflands Bildnis, den derselbe Ludwig Devrient in Berlin übergab. Gewidmet von Dörings Witwe an mich 75." Die Zeilen sind heute kaum noch lesbar.

Nach Haases Tod ging der Ring 1911 an Albert Bassermann, der zunächst Alexander Girardi als Nachfolger wählte. Doch Girardi starb 1918 und die neue Wahl

---

23 Siegfried Melchinger, Das Wunder Meinrad, in: Weigel, S. 28.

fiel auf Max Pallenberg, der 1934 bei einem Flugzeugabsturz tödlich verunglückte. Nur neun Monate später verstarb auch Alexander Moissi, der dritte Nachfolger, den Bassermann nominiert hatte.

Bassermann war mittlerweile zusammen mit seiner jüdischen Frau, der Schauspielerin Else Bassermann-Schiff, aus dem nationalsozialistischen Deutschland nach Wien emigriert. Nach dem Tod von Moissi wollte Bassermann keinen weiteren Nachfolger nominieren und übergab den Ring der Bundestheaterverwaltung. Dazu existieren zahlreiche Spekulationen, ein Brief Bassermanns, vier Tage nach Moissis Tod an die *Neue Freie Presse* adressiert, stellt klar:

> *ich lese soeben, dass der „Berliner Lokalanzeiger" von der Tatsache, daß ich Alessandro Moissi den Iffland-Ring vermacht habe, eine „deutlich gegen Deutschland gerichtete Geste" sieht und hinzugefügt „ich habe damit meinen deutschen Berufskollegen ins Gesicht geschlagen." Das ist – sit venia verbo – ein Unsinn! Mit demselben Recht könnten sich Österreich und meine Wiener Kollegen beleidigt fühlen. Der erste, den ich als Erben des Ifflandringes bestimmt hatte, war Alexander Girardi: er starb. – Der zweite war Max Pallenberg! Er endete durch Absturz mit dem Flugzeug. Der dritte war der von mir als genialer Künstler ganz besonders verehrte Alessandro Moissi: er erlag einer tückischen Grippe. Diese Feststellung ist unheimlich, auch für einen Menschen, wie mich, der nicht abergläubisch ist. Die drei von mir ausersehenen Erben des Ringes starben in der Vollkraft ihres Schaffens. Und deshalb soll nach Alessandro Moissi keiner mehr diesen Ring tragen. Politische Motive lagen mir bei meinem Entschluß vollkommen fern! – Albert Bassermann PS.: Daß ich den Ring an Moissi's Finger gesteckt habe und daß er mitverbrannt wurde ist eine fromm erdachte Mythe. Dazu hatte ich juristisch nicht das Recht. Die Handlung wurde nur bildlich vorgenommen. Ich werde den Ring niemand mehr vermachen und an einer würdigen Stelle deponiren.*[24]

Knapp ein Dutzend weitere Briefe (welche die Theaterhistorische Sammlung an der Freien Universität Berlin beherbergt) dokumentieren Bassermanns Entscheidung sowie das folgende Procedere. Das Bundesministerium für Unterricht, das mit Bassermann verhandelte, wünschte sich eine feierliche Überreichung, doch Basser-

---

24   Die Kenntnis folgender Quellen verdanke ich Frau Dr. Dagmar Walach, die mit außergewöhnlichem Wissen zu Bassermann die Arbeit unterstützte. Albert Bassermann, Brief an die Redaktion der Neuen Freien Presse, Wien, 27. März 1935 (Institut für Theaterwissenschaft der Freien Universität Berlin. Theaterhistorische Sammlungen).

mann lehnte ab. Vollkommen unspektakulär übergab er am 18. Dezember 1935 den Iffland-Ring Joseph Gregor, dem damaligen Leiter des Bundestheatermuseums.[25] Im Oktober 1935 hatte Bassermann an Gregor geschrieben, dass er nun „den Iffland-Ring, der mir nur ‚auf Zeit' anvertraut war, dem Bundestheatermuseum [übergebe], wo der Ring bis zu meinem Tod aufbewahrt sein soll."[26]

Für Österreich bedeutete diese Übergabe eine theater- und kulturpolitisch enorme Aufwertung. Hans Pernter, der im so genannten Ständestaat Staatssekretär im Bundesministerium für Unterricht war und ab 1936 zum Unterrichtsminister avancierte, drückt Bassermann nicht nur den großen Dank aus, sondern macht auch die besondere kulturpolitische Bedeutung dieses Aktes für Österreich deutlich:

Mit besonderer Genugtuung habe ich zur Kenntnis genommen, dass Sie Ihrer Absicht getreu den Iffland-Ring nunmehr dem Bundestheatermuseum übergeben haben. In dieser Handlung drückt sich nicht nur Ihre hohe Ansicht von Wert und Würde für Oes-

Brief von Albert Bassermann an die Redaktion der Neuen Freien Presse, 1935 (Theaterhistorische Sammlungen, FU Berlin)

---

25 Übergabeprotokoll. Bundestheatermuseum, unterzeichnet von Joseph Gregor, Wien, 18. Dezember 1935 (Institut für Theaterwissenschaft der Freien Universität Berlin. Theaterhistorische Sammlungen). Der genaue Wortlaut heißt: „Der unterzeichnete Leiter des Bundestheatermuseums empfing von Herrn Albert Bassermann am heutigen Tage den Iffland-Ring zur immerwährenden, getreuen Verwahrung in diesem Museum." Das Wort „immerwährend" wurde nachträglich durchgestrichen.

26 Vgl. Albert Bassermann, Brief an die Leitung des Bundestheatermuseums, Wien, 10. Oktober 1935 (Institut für Theaterwissenschaft der Freien Universität Berlin. Theaterhistorische Sammlungen).

terreich und für die Pflege aus, die diese Kunst hier findet. Das Bundestheatermuseum seinerseits erhält durch den Iffland-Ring das bedeutendste Insignium des Schauspielerstandes. Das von seiner Verwaltung stets hochgehalten und getreu verwahrt werden wird.[27]

Für 19 Jahre wurde der Ring nun im Theatermuseum aufbewahrt, nach Bassermanns Tod 1952 vergingen noch zwei weitere Jahre, bis sich der Kartellverband deutschsprachiger Bühnenangehöriger für Werner Krauss als neuen Träger entschied. Für Krauss, der in der NS-Zeit mit seinen antisemitischen Darstellungen Erfolg hatte, kann dieser Akt der Ringverleihung als Rehabilitierungsmaßnahme gesehen werden. Dementsprechend lässt sich auch die Weitergabe des Ringes durch Krauss an Meinrad als Signal des Dankes und Respektes gegenüber Österreich interpretieren. Österreich nimmt in seiner Rolle als Eigentümer des Ringes allerdings eine sowohl historisch als auch rechtlich sonderbare Rolle ein. In jedem Fall erscheint es beinahe (aus historischer Sicht) als logische Folge, dass der Ring von Krauss an einen österreichischen Schauspieler weitergereicht wurde.

Aber auch vom Iffland'schen Verständnis aus betrachtet lässt sich Meinrad als ‚idealer' Träger des Ringes ansehen. Sein Spielstil orientiert sich deutlich an Ifflands Theorie vom Akteur, die Meinrad in seine schauspielerische Praxis aufnahm.

Als Begründer des Begriffes des Menschendarstellers fordert Iffland die Abbildung von Natur und Wahrheit (heute würde man sagen: größtmöglicher Glaubwürdigkeit, Echtheit). 1785 erschien seine Schrift *Fragmente über Menschendarstellung auf den deutschen Bühnen*, der Versuch einer Reglementierung schauspielerischer Praxis, in welcher Iffland sein Verständnis vom Schauspieler benennt: „Das Schauspiel ist ein Gemälde der Menschen, ihrer Leidenschaften und Handlungen. Der Schauspieler macht, durch den Menschen, den er in einer Rolle hinstellt, dieses Gemälde lebendig. Natur auf der Bühne, ist also: Menschendarstellung."[28]

Laut Iffland also ‚malt' der Darsteller ein lebendiges Bild der Wahrheit des Menschen, indem er durch Selbsttäuschung zugleich das Publikum täuscht. „Bedeutete bei Luther ‚teuschen' noch ‚(be)triegen, (ver)vorteilen', wird hier ‚täuschen', also andere etwas Falsches glauben machen, zu einem bevorzugten,

---

27 Hans Pernter, Brief an Albert Bassermann, Wien, 30. Dezember 1935 (Institut für Theaterwissenschaft der Freien Universität Berlin. Theaterhistorische Sammlungen).
28 Iffland 1785, zit. nach Gerda Baumbach, Schauspieler. Historische Anthropologie des Akteurs (Bd. 1: Schauspielstile), Leipzig 2012, S. 43.

Carl Zuckmayer gratuliert Josef Meinrad zum Erhalt des Iffland-Ringes, 1959 (WBR, HS, Nl. Meinrad)

gepriesenen Akt, der die Natur als ‚das Bild von Gottes Schöpfung', somit die Natur des Menschen als Gottes Ebenbild hervorbringe."[29]

Die zahlreichen Fanbriefe und Pressestimmen vervollständigen ein vergleichbares Bild von Josef Meinrad in jenem Verständnis des idealen Menschen: „Hätte Gott am Anfang statt des Adam Josef Meinrad als ersten Menschen gemacht, dann wär's den Menschen heut besser,"[30] schreibt eine der vielen begeisterten Anhängerinnen, die sich an Meinrads Spiel aufrichteten.

Sein Spektrum reichte über den Volksschauspieler und Komödianten[31] weit hinaus, Meinrad verfolgte Ifflands Postulat der „Darstellung des *ganzen* Menschen", die „ohne Begeisterung" nicht möglich wäre.[32]

---

29 Ebd.
30 Sophie Ridder, Brief an Josef Meinrad, 24. Juli 1964 (WBR, HS, Nl. Meinrad, ZPH 1502, Box 2).
31 Der Komödiant treibt schließlich „in den ‚Teufels' Manier Schabernack".
32 Baumbach, S. 44.

In jenem Sinne lässt sich auch die Aufhebung der Grenzen zwischen Rolle/ Figur und darstellendem Künstler nachvollziehen, denn gerade für Iffland hatte die Schauspielkunst den Anspruch „guten und edlen Anstand" zu vermitteln, der sich durch die Eigenschaften „Zufriedenheit, Ordnung, Freyheit, Wahrheitsliebe, Güte und Festigkeit" ankündige. Und: „Das sicherste Mittel ein edler Mann zu scheinen wäre wohl, wenn man sich bemühete, es zu seyn."[33]

In diesem Verständnis Ifflands von der Gleichsetzung „edlen Anstands" mit den zu vermittelnden, vorbildlichen Eigenschaften lässt sich die Einschätzung Meinrads als idealer Menschendarsteller neu betrachten.

Neben dem Einblick in das Naturverständnis – wobei hier die schöne, idealisierte Natur gemeint ist –, manifestiert sich auch die Tugend-Laster-Idee. Iffland bindet an die Neuerung der Menschendarstellung eine menschenverändernde Aufgabe: Am Schauspieler als Seelenspiegel könne der Zuschauer den Keim für Tugend und Laster deutlicher als im Leben erkennen, daher helfe der Menschendarsteller Bosheit und Verstellung im Leben zu verhindern, wirke also an der Besserung des Menschen.[34] Der Menschendarsteller habe demnach Identifikationsfigur und Vorbild zu sein, der jene Werte und Tugenden vermittelt, die in der jeweiligen Zeit Gültigkeit haben.

In Meinrads Person und Darstellungsweise kommen also zwei Interessen kongenial zusammen: Auf der einen Seite erfüllte er eine bis heute vorherrschende Idee von Schauspielkunst[35] (der im Laufe der letzten beiden Jahrhunderte, vor allem mit Bertolt Brechts und Konstantin Sergejewitsch Stanislawskis neuen Theorien von Schauspielkunst gegenüber gestellt wurden), auf der anderen Seite ließen sich über diesen äußerst populären Meinrad identitätsstiftende, affirmative nationale Werte vermitteln, die laut Franz Schuh für den österreichischen Wiederaufbau kurzfristig notwendig waren.[36]

Als neu ernannter und bislang einziger österreichischer Träger des Iffland-Ringes wurde Meinrad jener Vorbild-Charakter zugesprochen, der sowohl die Ansprüche des Stifters als auch jene der damaligen Kulturpolitik vereinte. Noch bei sei-

---

33 Iffland 1785, zit. nach Baumbach, S. 48.
34 Baumbach, S. 49.
35 Dabei begründete Hegel die Schauspielkunst als eine theoretisch-geistige. Der Schauspieler sei von Berufs wegen der Schwamm des Dichters. Bis heute hat sich vorrangig dieses Bild des Schauspielers gehalten. Vorbehalte gegen das Schauspielen – das spätestens seit Martin Luther als unmoralisch galt (im Sinne von Vorspiegelung falscher Tatsachen) – hat sich die Meinung durchgesetzt, dass mittels Darstellung von Rollen Verständnis für eigene und fremde Verhaltensweisen geschaffen wird. Also schon das ‚Schauspielhandwerk' auf von jedermann ausführbarem Niveau in der Lage ist, Sensibilität zu trainieren und Empathie zu erwecken.
36 Franz Schuh, Interview mit der Verfasserin vom 12. Februar 2013.

nem Begräbnis in Großgmain unterstrich Bürgermeister Sebastian Schönbuchner: „Josef Meinrad soll uns allen ein Vorbild bleiben."37

Für den erfolgs- und gewinnorientierten Meinrad bedeutete der Iffland-Ring doch nicht nur stärkere – öffentliche und internationale – Wahrnehmung, sondern zugleich auch finanzielle Einbußen. „Die Filmarbeit freilich muss er jetzt bremsen. Heimatfilme und Schnulzen lassen sich mit der neuen Würde nicht mehr vereinbaren," hieß es in der Presse.

Er selbst stand dieser hohen Ehrung ambivalent gegenüber, die kommerziellen Einbußen sprach er zwar nicht direkt an, ließ diese Erkenntnis dennoch durchklingen:

> *Glauben Sie mir, ich habe mir diesen Ring nicht im Traum gewünscht. Ich wollte ihn wieder zurücklegen, aber man erklärte mir, dies wäre eine posthume Beleidigung von Werner Krauss.*38

Nicht zuletzt stellten die Übergabe des Iffland-Ringes an den Komödiendarsteller Meinrad sowie dessen Rede auch die Komödie in ein anderes Licht. „Nicht Vororte der Kunst soll der Humor sein, sondern Kunst selbst", betonte Meinrad bei der feierlichen Verleihung.39

Vor allem deshalb wurde die neue Auszeichnung Meinrads, immerhin von Krauss als ‚bester Schauspieler im deutschsprachigen' Raum gekrönt, kontroversiell diskutiert. In Österreich reagierten Presse und Fachleute übereinstimmend, dass es sich bei zwar bei seinen Rollen „nur [um] die Variation einer Melodie namens Josef Meinrad handle. [...] Er aber macht den Humor zur Kunst. Er lässt den Umrisse Menschen, der er sein soll, niemals ausser acht; aber er begründet diesen Menschen aus seiner eigenen, der Meinradschen Möglichkeit. Er ist Meinrad, aber er ist es mit Kunst."40

JOSEF MEINRAD: IM DIENST DER REPUBLIK

Dass sich das Burgtheater als Träger der Österreich-Ideologie auf Autoren des 19. Jahrhunderts und auf die Wiederbelebung der Volksstücke bezog, zeigt das nationale Selbstverständnis der Zweiten Republik im Sinne einer Idealisierung und Idyllisierung. Nicht kulturelle Neuorientierung oder Fortschritt, sondern ein romantisierendes Bild Österreichs, das auf die deutschsprachige Literatur des 19.

---

37 Ernst P. Strobl, Da leg' ich meinen Hobel hin, in: Salzburger Nachrichten, 28. Februar 1996, S. 9.
38 Karl M. Kisler, Der Ring der Mimen, in: Wiener Samstag, 21. November 1959, S. 14.
39 Josef Meinrad, Handschriftliche Rede zum Erhalt des Iffland-Ringes, 1959 (Privatbesitz).
40 Weigel, S. 20.

Jahrhunderts rekurrierte, standen im Zentrum der Bestrebungen. Neben dem Nationaldichter Franz Grillparzer wurden vor allem auch Johann Nestroy und Ferdinand Raimund, Arthur Schnitzler und Hermann Bahr, Franz Molnár und Hugo von Hofmannsthal aufgeführt.

> *Signifikant dabei ist, daß die kulturellen Hochblüten der Monarchie gerne als österreichische umdefiniert, de facto „verösterreichert" werden: Die diversen Wurzeln der heutigen Staatsgesellschaft im Vielvölkerstaat und in den Migrations- und Assimilationsprozessen der Jahrhundertwende bleiben meist akademischen Diskussionen vorbehalten. [...] Die „brauchbaren" Identifikationselemente aus der Habsburgerzeit werden völlig losgelöst in die Zweite Republik transformiert, ohne deren historische Bedingtheiten in einem großen Lebens- und Kulturzeitraum zu berücksichtigen. [...] Wien und das heutige Österreich stehen dabei als Projektionsleinwand im Vordergrund.[41]*

In der Theaterstadt Wien wird „der Schauspieler in geistigem Sinne zum Botschafter. Er schlägt die Brücke."[42] Das galt auch für jene „völkerverbindende Mission"[43], die das Theater nach 1945 übernommen hatte. Die Schauspieler des ersten Hauses deutschsprachiger Schauspielkunst, so der Anspruch des Burgtheaters, wirkten nicht nur innerhalb des Landes am kulturellen Wiederaufbau mit, sondern trugen auch mit Tourneen und Gastspielen (vor allem mit der Welttournee des Burgtheaters 1968) international zur Konstruktion jenes Images bei, das die Nachkriegskulturpolitik mit ihren traditionellen Vorstellungen evozierte. „Das Wiener Kulturleben soll wieder beginnen und so werden, wie es bis 1938 war. [...] Setzen Sie alles daran, daß dies so werde und das Kulturleben von einst wieder einsetzt,"[44] so der Sprecher Marschall Tolbuchins, Miron Lewitas, in einer Rede im Wiener Rathaus (in Anwesenheit des KPÖ-Kultur-Stadtrates Viktor Matejka) 1945.

Meinrads virtuose, zum Teil verharmlosende Figuren-Interpretationen passten ideal in die Weichenstellung, die für die ersten Jahrzehnte der Zweiten Republik erfolgt war: „Zur Stabilisierung des Kleinstaats in seiner sozioökonomischen Krise galten die konservativen bis postvölkischen Kunstströmungen als ‚staatstragender' als die unbequemen Modernen oder gar die Avantgardisten,"[45] konstatiert

---

41 Oliver Rathkolb, Die paradoxe Republik. Österreich 1945 bis 2010. Akt. Aufl., Wien 2005, S. 37.
42 Paul Blaha, Schauspieler als Botschafter, in: Kurier, 9. Februar 1967.
43 Ebd.
44 Neues Österreich, 24. April 1945, zit. nach Rathkolb, S. 249.
45 Ebd., S. 235.

der Zeithistoriker Oliver Rathkolb. Die Kunst- und Kultur-Produktion nach 1945 war eindeutig traditionalistisch, Staatskunst und Staatskünstler waren bis Ende der 1960er Jahre permanent mit katholisch-konservativen Rahmenbedingungen konfrontiert.[46]

Meinrad fügte sich in diese optimal ein, er war mit seinem Lebensentwurf und Darstellungsstil der geeignete Vermittler innerhalb dieser Interessen. Die enorme Anerkennung und Bedeutung schlugen sich auch in Zahlen nieder. Er war über Jahrzehnte der bestbezahlte Schauspieler des Burgtheaters[47] und zählte zur österreichischen Künstler-Elite der „‚Hochkulturbastion' [dem Burgtheater, JD], die länger als die Staatsoper die kollektive Erinnerung der Österreicher/innen bestimmen sollte, und deren Wiederaufbau zum wichtigen Anliegen ab den 1950er Jahren wurde".[48]

---

46 Ebd.
47 Meinrad verdiente etwa im Jahr 1959 20.000, 1960 22.000 Schilling. Vgl. Ernst Haeusserman, Brief an Josef Meinrad, 1958 (WBR, HS, Nl. Meinrad, ZPH 1502, Box 2).
48 Rathkolb, S. 248.

Lotte Tobisch-Labotýn

Josef Meinrad und der Iffland-Ring

Als im November 1959 im Radio verlautbart wurde, dass Josef Meinrad die bedeutendste Auszeichnung für einen deutschsprachigen Schauspieler, den Iffland-Ring, erhalten hat, dass der letzte Träger des Ringes, der große Werner Krauss ihn zu seinem Erben bestimmt hatte, waren mancherorts ein erstauntes Kopfschütteln und eine Verständnislosigkeit unübersehbar. Dies vor allem in der Schweiz und auch in Deutschland - bei all jenen also, denen der sehr populäre Meinrad nur aus den vielen, mehr oder minder lustigen Unterhaltungsfilmen als Episoden-Komiker, nicht aber als charismatischer Charakterdarsteller ein Begriff war.
Schon im Oktober 1954, als der Iffland-Ring Werner Krauss überreicht wurde, begann das große Rätselraten, welchen Kollegen Krauss - statutengemäß innerhalb der nächsten drei Monate - zu seinem Nachfolger bestimmen würde, wessen Namen das versiegelte Schreiben, das im damaligen Bundestheaterverband zu hinterlegen war, verbergen könnte. Viele der großen glanzvollen Bühnenkünstler jener Zeit, so mancher von ihnen heute schon mehr oder minder vergessen oder nur noch in Anekdoten als Legende existierend, lebten ja damals noch. Namen wie Gründgens, Held, Schellow, Balser, Kortner, Quadflieg, Ponto, Skoda usw. usw. bis zum jungen Oskar Werner, der mit Krauss befreundet war, wurden ins Nachfolgespiel gebracht.
Die Antwort auf die Frage, warum Werner Krauss keinen der großen ‚Stars', wie er selbst auch einer war, zu seinem Erben erwählte, hat er dann in seinem sehr persönlichen Brief an Meinrad, den er dem Iffland-Ring beilegte, gegeben:

Sie, lieber Josef Meinrad, sind für mich in Ihrer Einfachheit, Ihrer Schlichtheit, Ihrer Wahrhaftigkeit der Würdigste. Darum bitte ich Sie, nehmen Sie diesen Ring, tragen Sie ihn und gedenken Sie manchmal meiner.

Diese wenigen Worte am Schluss des Briefes haben die ganze Wesenheit des Phänomens Josef Meinrad auf den Punkt gebracht. Meinrad war ein großer Künstler, jedoch das Gegenteil eines ‚Stars'. Er war am weiten Theaterhimmel eine Besonderheit, kein Stern, sondern eine einzigartige Erscheinung, für die es keinen Namen, aber zu Recht die höchste Anerkennung und Auszeichnung gibt.
Meinrad war authentisch im vollen Sinne des Wortes und dies immer und in jeder Lebenslage – sei es auf der Bühne oder privat. Daher gelang es ihm auch Unvereinbares zu versöhnen: Er war sowohl ein ehrgeiziger, fleißiger, unermüdlicher und beispielgebend präziser Künstler, als auch ein geradezu harmoniesüchtiger Mensch. Er war einfach, aber niemals primitiv undifferenziert, er war bescheiden, aber durchaus selbstbewusst. Seine eigentlich unschöne, schnarrende Stimme wurde bei ihm zu einem unverkennbar besonders tönenden Instrument. In seiner kargen Kindheit – er war das Kind eines Straßenbahners – und danach als Lehrling in einer Lackfabrik hatte er den Wert des Geldes früh kennengelernt, und daher war er – oft missverstanden – sparsam, niemals aber geizig, immer ein großzügiger Gastgeber.
Später, als er reichlich verdiente – nicht zuletzt durch seine Filme – erfüllte er sich damit seine Jugendträume: vor allem ein eigenes Haus im Salzburgischen mit einer ‚Hobby-Werkstatt' und viel Platz für seine vielen Tiergenossen, ein Retiro für sich und seine aparte, französische Frau und – last but not least – sein Traumauto, einen Rolls-Royce!
Dass Meinrad durch seine Lebensart, seine Besonderheit, sein Anderssein oft auch von Freunden gehänselt wurde,

ist wohl nicht verwunderlich. Ich erinnere mich noch gut daran, als die scharfzüngige, boshafte Adrienne Gessner sagte: „Also, seit der Meinrad einen Rolls-Royce hat, ist er noch bescheidener geworden!"
Nachdem Meinrad den Iffland-Ring erhalten hatte, widmete er sich fast ausschließlich nur mehr der Bühne. Sicherlich aber nicht, weil er sich der Mitwirkung in den belanglosen Filmkomödien schämte – dazu wäre auch kein Anlass gewesen – sondern wohl nur, weil er sich der Verantwortung bewusst war, die er von nun an als der höchst ausgezeichnete Schauspieler zu tragen hatte. Wenn ich heute als alt gewordene Zeitzeugin an Pepi Meinrad zurückdenke, an ihn und die vielen seiner wunderbaren Bühnenfiguren, dann wird mir warm ums Herz. Dann verliert die Last meines abgelebten Lebens ihre Schwere, die Reue versäumter Zukunft und die Angst vor zukünftiger Gegenwart lösen sich auf, verschwinden in mildem Nebel. Unwillkürlich fallen mir dazu die letzten Worte von Schillers *Jungfrau von Orleans* ein:

Lotte Tobisch als Donna Elvira und Josef Meinrad als Leporello in dem Film *Don Juan*, 1955, während einer Drehpause (Archiv Tobisch)

> Leichte Wolken heben mich – Der schwere Panzer wird zum Flügelkleide […] – Die Erde flieht zurück – Kurz ist der Schmerz, und ewig ist die Freude!

CHRISTIAN MERTENS

„WEISS MAN WIRKLICH, WER DIESER JOSEF MEINRAD IST?"[1]

ZUR SOZIALISATION UND CHARAKTERISTIK DES SCHAUSPIELERS

„Das Privatleben eines Schauspielers ist seine Privatangelegenheit. [...] Dass aber Josef Meinrad in auffallender, sozusagen exemplarischer Manier des sogenannten Privatlebens ermangelt, bedarf wohl der Erwähnung",[2] konstatiert Hans Weigel Anfang der 1960er Jahre. Tatsächlich ist über die private Seite des Schauspielers wenig bekannt. Er und seine Frau Germaine gaben in Interviews nur begrenzte Einblicke in ausgewählte Teilbereiche frei, etwa die Tierliebe oder die Leidenschaft Meinrads für das Tischlerhandwerk. Auch Angaben zu seiner Herkunft oder zu seiner Sozialisation halten sich meist an eng abgesteckte, immer wiederkehrende biographische Narrative. Vergeblich wird man auch nur eine pointierte Stellungnahme zu politischen oder gesellschaftlichen Entwicklungen suchen. Er war eben als *Schauspieler* interessant, kein Fall für die ‚Seitenblicke' oder gar für Paparazzi. Nichtsdestotrotz verfügte der Künstler über eine hohe Bekanntheit und Beliebtheit, auch bei jenen Menschen, die nie einen Fuß ins Theater gesetzt oder einen seiner Filme gesehen hatten. In den jährlichen ‚Prominenz-Befragungen' der Zeitschrift *Wirtschaftshorizont* in den 1960er Jahren belegte Meinrad regelmäßig Plätze zwischen Rang 15 und 19, womit er jeweils der prominenteste Schauspieler des Landes war.[3]

Weigel verteidigte diesen elementaren Wesenszug des Künstlers: „Die Erlebniskraft des darstellenden Künstlers ist nicht von bestimmten äußeren Erlebnissen abhängig."[4] Er müsse über Verstand und Phantasie verfügen, was ihn wissend gemacht habe, sei unerheblich. Dieser Beitrag will aber genau diesen wenig beleuchteten Fragen auf Basis von Dokumenten, Zitaten in Interviews und der Betrachtung der jeweiligen Hintergründe nachgehen: Was bzw. wer prägte und bewegte den Menschen Josef Meinrad? Was waren Grundkonstanten seines Lebens? Was war ihm wichtig? Welche Charaktereigenschaften wurden ihm zuge-

---

1   Zitat von Karin Kathrein in: Die Presse [1983], in: WBR, HS, Nl. Meinrad, ZPH 1502, Box 19.
2   Hans Weigel, Versuch über Josef Meinrad [Typoskript], S.4, in: WBR, HS, Nl. Meinrad, ZPH 1502, Box 16.
3   Wirtschaftshorizont [1970], in: WBR, HS, Nl. Meinrad, ZPH 1502, Box 21.
4   Weigel, S. 11.

MEILENSTEINE DER SOZIALISATION

Am 21. April 1913 kam der spätere Publikumsliebling als Josef Moučka in einem typischen Wiener Außenbezirk-Milieu der Zeit vor dem Ersten Weltkrieg in der Ferchergasse 17 (Wien-Hernals) zur Welt. Er war das letzte Kind einer vielköpfigen ‚Patchwork-Familie', als es diesen Begriff längst noch nicht gab. Sein Vater Franz, Jahrgang 1858, stammte aus der südmährische Gemeinde Krumvíř/Grumwirsch,[5] heute zum Kreis Břeclav/Lundenburg gehörig. Er hatte nach dem Tod seiner ersten Frau das kleine bäuerliche Anwesen seiner Eltern verkauft und war nach Wien gezogen. Hier arbeitete er als Wagenführer bei der Pferde-Straßenbahn und nach deren Elektrifizierung als ‚Motorführer' (Fahrer). Mit seiner ersten Frau hatte er sechs Kinder, von denen vier früh verstarben.[6]

Josefs Mutter war 1869 als Katharina Zyka im südböhmischen Libotyně/Libotyn, heute im Kreis Prachatice/Prachatitz, geboren worden.[7] Als Dienstmädchen nach Wien gekommen, hatte sie aus erster Ehe zwei Kinder und betrieb nach dem Tod ihres Mannes ein kleines Milchgeschäft. Beide Familien wohnten im gleichen Haus und Nachbarin Katharina kümmerte sich um Franz' Kinder, wenn dieser in der Arbeit war. Aus dieser Unterstützung wurde schließlich eine Beziehung;[8] am 24. Mai 1903

Meinrads Eltern Katharina und Franz Moučka, um 1903 (Privatbesitz)

---

5   Geburts- und Taufschein Franz Moucka [sic!], in: WBR, HS, Nl. Meinrad, ZPH 1502, Box 14.
6   Gerd Holler, Josef Meinrad – „Da streiten sich die Leut herum ...", Wien, 1995, S. 13.
7   Geburts- und Taufschein Katharina Zyka, in: WBR, HS, Nl. Meinrad, ZPH 1502, Box 14.
8   Holler, S. 13.

heirateten Josef Meinrads Eltern in Hernals.[9] Das Geschäft der Mutter ersparte der Familie insbesondere in den Mangeljahren während und nach dem Ersten Weltkrieg Hunger, weil sie für die Kinder Milch, Butter und Käse abzweigen konnte.[10]

Hernals, der 17. Wiener Gemeindebezirk, hatte in den Jahrzehnten vor Meinrads Geburt einen rasanten Wandel durchgemacht. Aus drei kleinen Dörfern, die vor allem vom Weinbau lebten, war ein Großstadtbezirk mit einer Vielzahl von Industrie- und Gewerbebetrieben geworden; kinderreiche (Arbeiter-)Familien in kleinen Wohnungen prägten das Bild: „Hohe Häuser mit kleinen, engen Höfen; breite, gepflasterte Straßen, auf denen den ganzen Tag Fuhrwerke, Kraftwagen und Straßenbahnen lärmen; ausgedehnte Fabriken mit ragenden Schloten; hell beleuchtete Geschäfte: so sieht es heute aus",[11] resümiert eine zeitgenössische Beschreibung.

Auch die Familie Moučka wohnte in einer ‚Bassena'-Wohnung der Gründerzeit, die aus einem kleinen Vorzimmer, einer winzigen Küche und zwei Zimmern bestand und in der zwei Erwachsene mit sechs Kindern lebten. Die Freizeit verbrachte Josef Meinrad auf der Straße, am mit Büschen bewachsenen Bahndamm oder unter dem Viadukt der Vorortelinie.[12] Ab 1919 besuchte er die fünfklassige Volksschule in Hernals. Nach eigenen Angaben interessierten ihn Zeichnen und Musik am meisten; auf der Schulbühne spielte er im Oktober 1923 seine erste Rolle. Die Armut seiner Kindheit und Jugend habe ihn entscheidend geprägt, wie Meinrad später zu Protokoll gab: „Wenn man aus solchen Verhältnissen kommt, lernt man den Wert auch kleiner Dinge und jeden Bissen Brot schätzen. Wenn man Not und schwere Zeiten am eigenen Leib verspürt hat, bewahrt man sich eine gewisse Demut. Ich hasse bis heute jegliche Form der Verschwendung."[13]

Daneben war es die tiefe Gläubigkeit seiner Mutter, die Josef Meinrad formte. Die sehr religiöse Frau besuchte täglich die Morgenmesse in der nahen Marienkirche, bevor sie ihr Geschäft öffnete. Dieses Gotteshaus ist eine Gründung des Ordens der Redemptoristen, die 1886 an der Peripherie von Hernals ein Grundstück erworben und Kirche wie Kloster errichtet hatten. Die Patres waren oft tschechischer Abstammung, weshalb lange Zeit auch Gottesdienste in tschechischer Sprache gehalten wurden, was der Marienkirche im Volksmund den Beinamen

---

9   Trauungsschein der Eltern, in: WBR, HS, Nl. Meinrad, ZPH 1502, Box 14.
10 Josef Meinrad, Schauspieler statt Pfarrer, in: Mein Elternhaus. Ein österreichisches Familienalbum, hg. von Georg Markus, München 1992, S. 24–28.
11 Friederike Candido, Hernalser Heimat, Wien 1925, S. 63.
12 Kontakte. Marienpfarre Hernals – Pfarrblatt, 26/2 (1996), S. 1–2.
13 Holler, S. 20.

„Böhmische Kirche" einbrachte. Eine eigene Pfarre wurde an ihr erst 1937 eingerichtet.[14]

Meinrad wirkte in der Marienkirche als Ministrant und fiel einem Priester als „stiller, bescheidener und begabter Bub"[15] auf. Dieser Pater vermittelte ihn auf einen Freiplatz am Gymnasium der Redemptoristen in Katzelsdorf, das als Juvenat für künftige Priester eingerichtet war. Neben sportlichen Aktivitäten (Handball, Fußball) und dem Ministrieren engagierte sich Josef Meinrad im Schülerchor und der Theatergruppe des Internats. Auf der Ebene der charakterlichen Bildung lernte der Gymnasiast Pflichtbewusstsein, Selbstbeherrschung, Pünktlichkeit und Ordnungssinn. In Interviews erzählte er von der Übung, bei Durst einen Becher volllaufen zu lassen und ihn immer wieder auszuschütten.[16] – „Was glauben Sie, wie gut das Wasser geschmeckt hat, wie wir dann endlich trinken durften?"[17] In der vierten Klasse gelangte Meinrad zu der Überzeugung, doch nicht für den Priesterberuf geeignet zu sein, schied nach kurzer Bedenkzeit aus dem Internat aus und wurde zurück nach Wien gebracht. Auf die Frage, welchen Beruf er stattdessen ergreifen wolle, teilte er mit: „Maler oder Schauspieler".[18]

Trotz seines frühzeitigen Ausscheidens und mäßiger Schulerfolge – so wurden im Schuljahr 1925/26 seine Latein-Kenntnisse als ‚nicht genügend' eingestuft, aber auch in Gegenständen wie Deutsch oder Griechisch erhielt er nur die Note ‚Genügend'[19] – blieb Meinrad dem Gymnasium „in Dankbarkeit" verbunden und wünschte etwa dem Haus anlässlich dessen 75-Jahr-Feier „Gottes reichsten Segen".[20]

Eine andere religiöse Institution, die Meinrad prägen sollte, war der Kreuzbund. Diese von Deutschland ausgehende katholische Abstinenzbewegung war Ende des 19. Jahrhunderts mit dem Ziel gegründet worden, den – insbesondere auch in der Arbeiterschaft verbreiteten – Alkoholismus zu bekämpfen. Bereits die Kinder waren im ‚Schutzengelbund' organisiert, die dann in die Gruppen des Jugendkreuzbundes übergingen. Ziel war, die Jugendlichen gerade in dieser Lebensphase „gesteigerter Versuchungen und Gefahren"[21] vor dem „Rausch-

14 Geschichte der Marienkirche und Marienpfarre (http://www.marienpfarre.at/geschichte.html; abgerufen am 27. Juli 2012).
15 Holler, S. 16.
16 Ebd., S. 18–21.
17 Bühne, April 1983, S. 18.
18 Als Belege für beide Varianten dieses Narrativs: Neue Illustrierte Wochenschau, 18. Juni 1961, S. 18 bzw. Meinrad, Schauspieler, S. 25 sowie Meinrad im O-Ton in: Demgemäß alles in Ordnung, Dokumentation, ZDF, 1975.
19 Semestralausweise bzw. Zeugnisse, in: WBR, HS, Nl. Meinrad, ZPH 1502, Box 4.
20 Festschrift 75 Jahre Gymnasium Katzelsdorf (Klemensblätter 38, Mai/Juni 1972), o.S.
21 Josef Metzger, Die Jugend am Scheideweg. Ein Aufruf an die Erzieher, Graz 1917, S. 15–16.

gift" Alkohol zu bewahren. Wie in anderen religiösen Jugendorganisationen auch gab es eigene Aufnahmefeiern, Vorträge (selbstverständlich auch über die Gefahren des Alkohols), gemeinsames Wandern, Theaterspiel und religiöse Veranstaltungen.

In ihren Schriften hob die religiöse Bewegung besonders den sittlichen Wert des Verzichts auf Alkohol hervor: „Er schändet die Jungfrauen; er raubt dem Jüngling die Keuschheit; er macht Frauen treulos; er führt Männer zum Ehebruch; venerische Krankheiten sind sein Gefolge; er bedroht die Unschuld eurer Kinder. [...] Die Abstinenz ist unsere Waffe!"[22] In Österreich entfaltete der Kreuzbund seine Aktivitäten nach dem Ersten Weltkrieg; die Anmeldung bei der Vereinsbehörde fand 1922 statt.[23] Meinrad trat bereits als Kind der Bewegung bei, die in der Gschwandnergasse 53 von der Pfarre Hernals ein Vereinslokal zur Verfügung gestellt bekam.[24]

Mitgliederliste des Kreuzbundes (1932), Josef Meinrad (Moučka) scheint als 8. von unten auf (Privatbesitz)

Ebenso blieb er bis an sein Lebensende Nichtraucher, was nicht explizit zu den Mitgliedsbedingungen des Kreuzbundes gehörte, aber doch gefördert wurde. Zwei sehr ähnliche Zeitungsartikel aus den frühen 1960er Jahren bringen den Entschluss zum Nikotinverzicht mit einer Geschichte aus Meinrads Kindheit in Verbindung, als er beim Sammeln von Zigarettenresten erwischt worden sein soll.[25]

Nach 1945 verlagerten sich die Aktivitäten des Kreuzbundes mehr auf die Pflege des Volkstanzes. Meinrad ließ dem Verein bis zu seinem Tod immer wieder Spenden zukommen.[26] Als der Schauspieler 1996 starb, nahm der Kreuzbund

---

22 Johann Ude, Alkohol und Unsittlichkeit, Graz 1917, S. 21.
23 Bericht des Obmannes Friedrich Heftner bei der Generalversammlung am 3. März 2009 [in Privatbesitz].
24 Holler, S. 15.
25 Neues Österreich, 30. Oktober 1960, S. 9. In Meinrad, Schauspieler, S. 25, führt der Künstler diesen Verzicht auf den Kreuzbund zurück.
26 Auskunft von Elisabeth Koziol (Kreuzbund), 19. September 2012.

Jugendkreuzbund Wien 17, Josef Meinrad in der 2. Reihe, 2. von links (Privatbesitz)

Abschied von einer Person, die „sowohl ideell als auch materiell unseren Bund unterstützt"[27] hatte.

Da sich die Eltern das Schulgeld nicht leisten konnten, war ihm der weitere Besuch eines Gymnasiums nicht möglich. Am 1. Februar 1929 begann Josef Meinrad eine Lehre als Büropraktikant in der Lackfabrik Frischauer in der Gumpendorferstraße 41 (Wien-Mariahilf), der er nach Beendigung seiner Lehrzeit am 31. Jänner 1932 als „Beamter" (Angestellter) angehörte. Mit Ende September 1936 verließ er seinen Arbeitgeber auf eigenen Wunsch.[28] Die Arbeit begann um sieben Uhr morgens und umfasste das Ordnen von Briefen, das Kopieren von Rechnungen oder das Schreiben von Mahnungen.[29]

Nach der Arbeit besuchte er verschiedenste Schauspielkurse (ausführlich dazu der Beitrag von Karin Sedlak in diesem Buch) und konnte quasi als ‚Praktikum' bei kleineren Theateraufführungen mitwirken. Zur wichtigsten Ausbildungsstätte wurde die ‚Schauspielschule in der Neuen Galerie', die der aus Berlin emigrierte Regisseur Carlheinz Roth 1936 in der Grünangergasse (Wien-Innere Stadt) eröff-

27 Der Rufer. Kreuzbund-Rundbrief 50/1 (1996), S. 2.
28 Lehrvertrag und Arbeitszeugnisse (Frischauer & Comp.), in: WBR, HS, Nl. Meinrad, ZPH 1502, Box 4.
29 Neues Österreich, 30. Oktober 1960, S. 10.

net hatte. Zu den Lehrern zählten etwa der Schauspieler Leopold Hubermann (Sprachausbildung), der auch am Max-Reinhardt-Seminar unterrichtete,[30] oder der mit Max Reinhardt zusammenarbeitende Komponist Arthur Kleiner (Gehörübung). Praktische Dramaturgie wurde alternierend vom Schriftsteller und Dramaturg Franz Theodor Csokor, dem Schriftsteller und Theaterkritiker Oskar Maurus Fontana, den Schriftstellern und Journalisten Georg Fraser und Fred Heller sowie von der Drehbuchautorin Gina Kaus unterrichtet. Kulturgeschichte vermittelte Egon Friedell, Bühnenbild und Theatergeschichte Willi Bahner, Professor an der Hochschule für angewandte Kunst, sowie Emil Pirchan, der Wegbereiter des modernen Bühnenbilds. Rollenstudium lehrten alternierend die Schauspieler Albert Heine und Karl Kyser, der Dramaturg Friedrich Rosenthal oder der Regisseur Heinrich Schnitzler, der Sohn von Arthur Schnitzler. Ziel der zweijährigen Schulung war die Heranbildung selbstständig gestaltender Darsteller. Pro Jahrgang wurden höchstens 16 Schüler aufgenommen, die sich einer Aufnahmeprüfung unterziehen mussten.[31]

Den nachhaltigsten Eindruck auf Meinrad dürfte Leopold Jessner, ehemaliger Generalintendant der Schauspielbühnen des Staatstheaters Berlin, der 1934 aus Deutschland emigriert war,[32] ausgeübt haben; er unterrichtete in Roths Schauspielschule das Fach ‚Rollenaufbau'. „Zu ihm ging ich sozusagen in die Lehre. Doch schon nach 14 Tagen sagte er zu mir, dass Unterricht alleine nicht genüge. Er verschaffte mir deshalb ein Engagement an einem Kabarett,"[33] so Meinrad.

Dabei handelte es sich um das ‚ABC' (später ‚ABC im Regenbogen'), das sich 1934 im Café City am Alsergrund etabliert hatte und im Sommer 1935 in das Café Arkaden in der Inneren Stadt übersiedelte. Meinrad spielte ab Mai 1935 an dieser Bühne, die als „von illegalen Kommunisten beeinflusst"[34] galt. Zu diesem Ruf trug vor allem Hausautor Jura Soyfer mit seinen (im Rahmen der Möglichkeiten) angriffslustigen und kritischen Texten bei. Als Förderer dürfte vor allem Regisseur Rudolf Steinboeck, nach 1945 Direktor des Theaters in der Josefstadt, aufgetreten

---

30 Otto Kallir-Nirenstein. Ein Wegbereiter österreichischer Kunst. Historisches Museum der Stadt Wien, 98. Sonderausstellung, 20. Februar bis 27. April 1986, Wien 1986, S. 23.
31 Die Schauspielschule in der Neuen Galerie, in: WBR, HS, Nl. Meinrad, ZPH 1502, Box 21. Biographische Angaben zu den angeführten Personen finden sich in: Deutsches Literatur-Lexikon. Biographisch-bibliographisches Handbuch, hg. von Hubert Herkommer und Carl Ludwig Lang, 3. Aufl., Berlin 1968- bzw. Wilhelm Kosch, Deutsches Theaterlexikon. Biographisches und bibliographisches Handbuch, Klagenfurt/Wien 1953-.
32 WBR, Tagblattarchiv, Personenmappe Leopold Jessner.
33 Interview mit Ifflandringträger Josef Meinrad [Typoskript, hs. Zusatz: 25.9.62], S. 2, in: WBR, HS, Nl. Meinrad, ZPH 1502, Box 16.
34 Zitat Friedrich Torbergs in: Ingeborg Reisner, Kabarett als Werkstatt des Theaters. Literarische Kleinkunst in Wien vor dem Zweiten Weltkrieg, Wien 2004, S. 227.

sein.[35] Der Nachwuchsschauspieler wurde vielfältig eingesetzt: „Was irgendwie denkbar war, musste ich spielen. Das war gut für mich, dabei habe ich viel gelernt. Man warf mich sozusagen in's Wasser und ich musste schwimmen lernen."[36]

Ebenfalls „sehr viel zu verdanken"[37] hatte er Leon Epp, der ihn 1938 an das Theater ‚Die Insel', 1939 an die ‚Komödie' und 1945 an die neueröffnete ‚Insel in der Komödie' holte. Der Umbruch in der Kleinkunstszene in Folge des ‚Anschlusses' 1938, der zahlreiche Kolleginnen und Kollegen von der Bühne vertrieb, soll ihn bewogen haben, „sich nie politisch zu engagieren."[38]

Ohne Zweifel prägend waren für Meinrad auch dessen Jahre am Deutschen Theater Metz (1940 bis 1944). Hier belegte er ein breites Spektrum an Hauptrollen und wurde so zu dem vielseitigen Schauspieler, als der er bekannt wurde: „Ich glaube diese vier Jahre in Metz waren die reichste Zeit in der Entwicklung für mich, weil ich eben so vieles und so verschiedenartiges [sic!] spielen musste."[39] Auch für Hans Weigel wurde der Künstler „dort [am Theater in Metz], was er heute ist."[40] Außerdem bewahrte ihn dieser Einsatz vor der Einziehung zur Wehrmacht, wie er in einem Brief unumwunden zugab: „[…] nur muss ich Ihnen gleichzeitig mitteilen, dass ich wegen Militärenthebung von Wien nach Metz abgeschlossen habe. In Metz als Aufbaugebiet war eine Enthebung meines schwierigen Jahrganges 1913 sicherer möglich als in Wien."[41]

Die Kampfhandlungen in der Umgebung und in Metz dauerten von August bis Dezember 1944. Nach der Sperre der Theater im Spätsommer 1944 versäumten Meinrad und sein Schauspielerkollege Hugo Gottschlich die Evakuierung der ‚Reichsdeutschen'. Sie konnten im Haus der jungen Lothringerin Germaine Clément unterkommen – mit Folgen für sein weiteres Leben: „In dieser schweren Zeit, in der die Bomben fielen und es nichts zu essen gab, sind Germaine und ich einander nähergekommen."[42]

Vorübergehend von den Franzosen interniert, kam er nach drei Monaten frei und konnte in einem Papiergeschäft arbeiten.[43] Nach eigenen Angaben benutzte er

---

35 Neues Österreich, 1. November 1960, S. 8.
36 Interview, S. 2.
37 Ebd.
38 Holler, S. 46.
39 So fanden sie einander [Typoskript eines Interviews], in: WBR, HS, Nl. Meinrad, ZPH 1502, Box 16.
40 Weigel, Versuch, S. 10.
41 Josef Meinrads, Brief an Intendant Robert Meyn (Thalia Theater, Hamburg), 4. Oktober 1942, in: WBR, HS, Nl. Meinrad, ZPH 1502, Box 4.
42 So fanden sie einander, S. 2.
43 Weigel, S. 10.

„die erste Gelegenheit zurück nach Wien zu kommen."⁴⁴ Dass er sich dieser Rückkehr doch nicht ganz sicher war, belegt ein Bewerbungsschreiben an das Schauspielhaus Zürich von Juli 1945, in dem er „für eine Beschäftigung an Ihrem Haus sehr dankbar" wäre, „da eine Rückkehr nach Wien mit Schwierigkeiten verbunden ist."⁴⁵ Bekanntlich kehrte der Künstler im Sommer 1945 doch nach Wien zurück, wo er in den folgenden Jahren rasant Karriere machte.

In vielen Interviews oder Büchern über Meinrad ist von den privaten Touren des jungen Schauspielers durch Europa in der zweiten Hälfte der 1930er Jahre die Rede. Auffällig ist die Abweichung der Angaben mit den originalen Tagebuch-Aufzeichnungen des Künstlers: So wird etwa die Deutschland-Reise um zwei Jahre auf 1936 vorverlegt⁴⁶ oder der Anteil des Weges zu Fuß deutlich übertrieben („[…] großteils doch zu Fuß, kämpften wir uns durch die Lande […]"),⁴⁷ aber auch die Geschichte verbreitet, er hätte auf der Weltausstellung in Paris 1937 im österreichischen Pavillon gearbeitet.⁴⁸ Unbestritten ist, *was* diese Fahrten für den Künstler bedeuteten: „Ich verspüre ein unsägliches Glücksgefühl in mir, wenn ich gewissermaßen als ‚Tramp' auf der Landstraße stehe und mich auf einen Lieferwagen, ein Holzfuhrwerk oder sonst was Fahrbares schwingen kann, um wieder ein Stückerl weiter zu kommen. […] So kommt man durchs Leben, bescheiden, aber glücklich!"⁴⁹

Eigenen Aufzeichnungen zufolge starteten Meinrad und sein Reisegefährte Berti Schön die Paris-Reise 1937 zwar zu Fuß, immer wieder aber fuhren die beiden per Anhalter größere Strecken und nahmen schließlich ab Innsbruck (mit Zwischenstopps) die Bahn nach Paris. Dies ist allerdings kein Widerspruch zur großen Sparsamkeit, die Josef sonst an den Tag legte bzw. legen musste: Nachtfahrten ersparten Nächtigungskosten sowie die Suche nach günstigen Quartieren. Immer wieder vermerkte Meinrad auch die eingenommenen Mahlzeiten und deren Kosten im Tagebuch. Vielfältig sind die Eindrücke, die der junge Wiener notierte: moderne, elegante Häuser, geschminkte Frauen („Die Frauen sind angestrichen von weißem Puder alle Nuancen bis orange u. braun."⁵⁰), offene Geschäfte am Wochenende, breite Straßen („Champs Elisées. Eine Straße die breiter ist als 2 mal unsere Ringstraße u. sehr schön."⁵¹) oder Tanzlokale, in denen es zumindest

---

44 So fanden sie einander, S. 3.
45 Josef Meinrad, Brief an Direktor Rieser, 25. Juli 1945, in: WBR, HS, Nl. Meinrad, ZPH 1502, Box 4.
46 Neues Österreich, 1. November 1960, S. 8.
47 Meinrad, Schauspieler, S. 28. Die gleiche (falsche) Erzählung findet sich in: Holler, Meinrad, S. 42.
48 Neue Illustrierte Wochenschau, 18. Juni 1961, S. 21.
49 Wir stellen vor: Josef Meinrad [ca. 1949], in: WBR, HS, Nl. Meinrad, ZPH 1502, Box 20.
50 Tagebuch Josef Meinrad, 15. August 1937 [in Privatbesitz].
51 Ebd., 20. August 1937.

für Wiener Verhältnisse sehr freizügig zuging („Wange an Wange Mund an Mund bewegen sich zusammengepresste Körper im Rythmus [sic!] einer winselnden weinenden heißen Musik."[52]).

Mehrmals besuchten die Gefährten das Weltausstellungsgelände („Als gute Patrioten fangen wir im oesterr. Pavillon an."[53]) und waren von den dortigen repräsentativen Bauten ebenso beeindruckt wie von den abendlichen Lichtinstallationen. Der Versuch, im Österreich-Pavillon Arbeit zu finden, blieb mangels Arbeitsbewilligung erfolglos. Die Botschaft vermittelte die Arbeit Suchenden an einen in Paris lebenden Österreicher, der unter anderem auch mit Holzarbeiten handelte. Für ihn fertigten Meinrad und Schön aus Holz geschnitzte Broschen, vor allem Trachten und Sternbilder, an. Mit dem so verdienten Geld konnte sich der junge Schauspieler die Bahnfahrt von Paris bis (zumindest) Salzburg leisten.

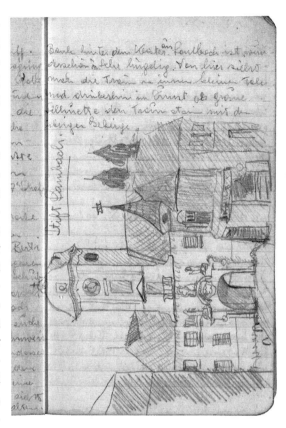

Zeichnung (Stift Lambach) aus dem Tagebuch Meinrads, 1937 (Privatbesitz)

Im Juli 1938 tourte Meinrad mit Kreuzbund-Bruder Leo Wurst per Anhalter durch Deutschland, dem Österreich wenige Monate vorher angegliedert worden war. Selbst im Tagebuch hat er keine wie immer geartete Bemerkung zur aktuellen politischen Situation festgehalten. Das Reichsparteitaggelände in Nürnberg empfindet er als „groß"; die Bauten „erinnern stark an Rom."[54]

Die Tagebuch-Fragmente des Künstlers zählen zu den wenigen Quellen, die persönliche Einblicke gewähren, etwa als Meinrad über Liebeskummer klagt: „Die

---

52 Ebd., 2. Oktober 1937.
53 Ebd., 16. August 1937.
54 Ebd., 17. Juli 1938.

Meinrad als Theodor Innitzer in *The Cardinal*, 1963 (WBR, HS, Nl. Meinrad)

Dinge tun mir sehr weh. Ich kann mich nicht erinnern, daß ich schon einmal wirklich geheult hab."[55]

RELIGIOSITÄT

Josef Meinrad hat sich – in den Worten seines Jugendfreundes Leo Wurst – „immer als gläubiger Mensch bekannt, hat seine Beziehung zur Kirche, zum begonnenen Priesterstudium, zur Marienpfarre stets in Ehren gehalten und die prägende Kraft des Glaubens gelebt."[56] Auch als international anerkannter Bühnenstar engagierte er sich in der Pfarre seiner Kindheit und Jugend, etwa bei der Eröffnung des Seniorenklubs in der Marienpfarre im Dezember 1973.[57] Grundgelegt wurde diese Religiosität durch Meinrads Mutter, intensiviert im Juvenat Katzelsdorf und katholischen Vereinen.

Kalmierend wirkte Meinrad mit der Übernahme der Rolle als Kardinal Theodor Innitzer im Film des Exil-Österreichers Otto Preminger *Der Kardinal*. Dieser verlegte einen Teil der fiktiven Biographie eines US-amerikanischen Geistlichen in das Wien des Jahres 1938 und hatte ursprünglich den „durch drei Scheidungen, Alkoholexzesse und eine Ohrfeigenaffäre in einem Wiener Strip-tease-Lokal [sic!] berüchtigten"[58] Curd Jürgens für die Rolle des Wiener Erzbischofs vorgesehen. Einige Medien witterten einen „Skandal" bzw. „Affront gegenüber der katholischen Kirche in Österreich."[59] Vertreter der Erzdiözese kritisierten ihrer Meinung nach falsche

---

55 Ebd., 11. Oktober 1937.
56 Kontakte. Marienpfarre Hernals – Pfarrblatt, 26/2 (1996), S. 2.
57 Pfarrer Andreas Hiller, Brief an Josef Meinrad, 23. November 1973, in: WBR, HS, Nl. Meinrad, ZPH 1502, Box 1.
58 Wochenpresse, 20. April 1963, S. 1
59 Zit. nach: Der Spiegel, 3. April 1963, S. 90.

Details im Drehbuch; Unterrichtsminister Heinrich Drimmel verbot sogar Dreharbeiten in der Nationalbibliothek. Preminger goss mit der (angeblichen) Bemerkung, dass Innitzer „sowieso besser weg[kommt], als er es verdient hat,"[60] noch zusätzlich Öl ins Feuer.

Mit großer Erleichterung wurde das Engagement des gläubigen Katholiken Meinrad aufgenommen. Er interpretierte seine Rolle versöhnlich: „Nach dem mir vorliegenden Drehbuchtext erlebt Kardinal Innitzer eine große Wandlung. Für seine Kirche und für sein Volk wollte er nur das Beste." Er stellte klar, dass es für ihn undenkbar wäre, etwas spielen zu müssen, „was nicht den Tatsachen entspricht oder was der katholischen Kirche schaden könnte."[61] In einer anderen Zeitung wurde er so zitiert: „Ich habe nichts getan, was gegen den Geist der Kirche verstieße."[62]

ÖSTERREICHBEWUSSTSEIN

Josef Moučka war ein „Kind der Monarchie"[63], sozialisiert in einer tschechischen Einwandererfamilie in einem Wiener Arbeiterbezirk, und galt somit als glaubhafte Verkörperung des ‚Wienerischen' bzw. des ‚Österreichischen', sowohl in einem umfassenden mitteleuropäischen Sinn als auch mit Bezug auf die Alpen- und Donaurepublik auf der Suche nach ihrer Identität. Der Schauspieler strapazierte weder das Klischee des ‚gemütlichen' Wieners noch dessen Antipode, das Dämonische und Selbstzerstörerische in der Wiener Seele. Er war „weniger eine Inkarnation als eine Imago des echt Wienerischen".[64]

Als ‚Vorzeige-Österreicher' kam Meinrad 1952 in dem unter der Regie von Wolfgang Liebeneier entstandenen Film *1. April 2000* zum Einsatz, der seine Existenz dem Plan der österreichischen Bundesregierung verdankt. Dieser „Österreich-Film"[65] sollte einerseits das Österreich-Bewusstsein der Bevölkerung heben, andererseits ein positives Bild des Landes und seiner Kultur anderen Nationen gegenüber prägen. Der Film entsprach damit dem traditionellen Narrativ über Geschichte und Selbstverständnis Österreichs. In der Rolle des österreichischen Ministerpräsidenten erklärt Meinrad das Land nach der 2.850. Sitzung über den Staatsvertrag im Jahr 2000 eigenmächtig für frei und unabhängig. Die Weltschutz-

60 Ebd., S. 91.
61 Salzburger Volkszeitung, 20. April 1963, in: WBR, HS, Nl. Meinrad, ZPH 1502, Box 20.
62 Wochenpresse, 20. April 1963, S. 1.
63 Zitat des Jugendfreundes Leo Wurst in: Kontakte. Marienpfarre Hernals – Pfarrblatt, 26/2 (1996), S. 1.
64 Weigel, S. 6.
65 So auch die von Meinrad verwendete Diktion in einem Brief an die Intendanz der Salzburger Festspiele, 9. Mai 1952, in: WBR, HS, Nl. Meinrad, ZPH 1502, Box 4.

kommission schickt daraufhin eine Delegation, die Gericht über Österreich wegen Bruch des Weltfriedens halten soll. Im Gerichtsverfahren bietet Österreich eine ganze Palette historischer Beispiele für die Friedensliebe der Nation. Die Moskauer Deklaration von 1943 lässt die Alliierten schließlich erkennen, dass die Anschuldigungen und die Besatzung des Landes nicht gerechtfertigt sind – das Land wird frei.[66]

In dem von Ernst Haeussermann gedrehten dokumentarischen Film *Pepi Columbus* (1954) ‚entdeckt' Meinrad Amerika. Die Produktion zeigt, wie ein Österreicher der 1950er Jahre das Land, das er zum ersten Mal betritt, sowie dessen Alltag und Kultur erlebt. Die Reise führte ‚Pepi' unter anderem nach New York, Washington, New Orleans, Hollywood und San Francisco.[67]

Eine Paraderolle des Schauspielers war der Kammerdiener Theodor in Hugo von Hofmannsthals *Der Unbestechliche*. Als ihn das Burgtheater zum 70. Geburtstag einen Spielwunsch freistellte, suchte sich Meinrad den Theodor aus: „Ich hätte mir zu meinem Abschied vom Burgtheater gar nichts Schöneres vorstellen können."[68] In den Texten Hofmannsthals steht der Begriff Österreich stets für die gesamte Donaumonarchie, der Kern der ‚österreichischen Idee' bestand für den Schriftsteller in der Versöhnung und verbindenden Synthese der Völker Mitteleuropas.[69] Als böhmischer Kammerdiener in einer altösterreichischen Familie, der „kein Dienstbote ist, sondern eben der Theodor"[70] ist und die aristokratischen Wertvorstellungen höher in Ehren hält als seine Herren, konnte Meinrad diese Idee ideal und glaubhaft verkörpern.

EHE UND PRIVATLEBEN

Josef Meinrad lernte Germaine Clément in Metz kennen. Sie sprach perfekt Deutsch, war aber als Französin aufgewachsen und erzogen worden. Noch kurz vor der Eingliederung Elsass-Lothringens in das Deutsche Reich hatte sie einen Polen geheiratet, der in den unbesetzten Teil Frankreichs floh und von dem sie sich 1945 einvernehmlich trennte.[71] Die Schwärmerei einer Freundin für den jungen Schauspieler verstand sie anfangs nicht. Während der Schlacht um Metz kam

---

66 Wiener Zeitung, 17. Mai 1988, Beilage Lesezirkel, S. 28-29.
67 Sammlung von Zeitungsberichten in: WBR, HS, Nl. Meinrad, ZPH 1502, Box 6.
68 Holler, S. 314.
69 Zu diesem Thema: Markus Erwin Haider, Im Streit um die österreichische Nation. Nationale Leitwörter in Österreich 1866-1938, Wien/Köln/Weimar 1998, S. 172-174.
70 Hugo von Hofmannsthal, Der Schwierige. Lustspiel in drei Akten. Der Unbestechliche. Lustspiel in fünf Akten, Frankfurt am Main 1969, S. 114.
71 Holler, S. 62-69.

Hochzeit von Germaine und Josef Meinrad mit Alfred Stöger als Trauzeuge, 1950 (WBR, HS, Nl. Meinrad)

Meinrad bei ihr bis Kriegsende unter. 1947 folgte sie Meinrad nach Wien und nahm bei der französischen Besatzungsmacht eine Stelle als Dolmetscherin an.[72]

Das seit 1950 verheiratete Paar Meinrad hatte „bewusst" keine Kinder: „Hätten wir Kinder gehabt, hätte meine Frau den grössten Teil ihrer Zeit mit den Kindern verbringen müssen. Nur dadurch, dass wir keine Kinder hatten, konnten wir immer zusammen sein,"[73] so Meinrad in einem Interview. Auch die Aussicht, dass Kinder wenig von ihrem Vater gehabt hätten, schwang bei diesen Überlegungen mit, gleichzeitig räumte er aber ein, dass „vielleicht […] auch unsererseits ein wenig Egoismus im Spiel"[74] war. Zu Hause spielte eindeutig Germaine die führende Rolle: „Sie sorgt überhaupt für alles. Sie kümmert sich um das Haus, um die Kasse, um die Handwerker, um die Tiere. Sie teilt alles ein."[75] In Bezug auf Meinrads Beruf war sie „sehr sparsam mit ihren Ratschlägen"[76] und redete ihm nichts ein. Auf der Bühne sah sie ihren Mann „am liebsten in Rollen von naiven Men-

---

72   Neues Österreich, 4. November 1960, S. 5.
73   So fanden sie einander, S. 3.
74   Holler, S. 312.
75   So fanden sie einander, S. 4
76   Ebd., S. 4.

schen, die in ihrer Naivität die härtesten Wahrheiten sagen und dabei ganz unschuldig wirken. Sie findet, ich bin privat auch ein bisschen so",[77] bekannte Meinrad.

Nach dem Krieg wohnte das Paar in der Gumpendorfer Straße 67 in Wien-Mariahilf[78] und blieb hier offenbar hauptgemeldet, auch als 1955 eine Villa in der Anton Krieger-Gasse 92–94 (ehemals Hasnergasse 7) in Wien-Mauer angekauft und für die Bedürfnisse des Ehepaars adaptiert wurde. So richtete der Künstler im Keller des Hauses eine modern ausgestattete Tischler-Werkstatt ein, im Garten ließ er ein Schwimmbecken ausheben.[79] Unter Bekanntgabe einer gefälschten Adresse („Parkstraße 8") stellte die Zeitschrift *Echo der Frau* in den frühen 1970er Jahren die Villa näher vor: „Versteckt hinter einer 2 m hohen Steinmauer liegt die Villa von Josef Meinrad. Grundstück: 3610 qm mit großem Garten und Vorgarten. Wohnfläche: 382 qm – und zwei Wohnungen für Gärtner/Chauffeur und Haushälterin. Große Terrasse und Außen-Kamin-Sitzecke. 11 Räume für Josef Meinrad und Frau Germaine. Souterrain: Hobbyraum (Tischlerei für ‚Holzschnitzer' Meinrad), große ‚Alt-Wienerische' Küche. Parterre: großer Wohnraum mit Kamin, 2 Bücherwänden, alten Gemälden, alt-steyerische [sic!] Bauernsitzecke, Herrenzimmer mit Stereoanlage und TV, Damenzimmer mit Biedermeiermöbeln und wertvollen ‚Hinter-Glas-Malereien'. Arbeitszimmer mit wertvollen antiken Birnbaummöbeln und mit Ikonen dekoriert. 1. Stock: Schlafzimmer für Frau Germaine Meinrad, Schlafzimmer für Josef Meinrad, Ankleidezimmer, 2 Gästezimmer mit Bauernmöbeln aus dem Burgenland, 3 Bäder. Im Haus viele alte Schränke, alte Madonnen und wertvolle Bilder, Ikonen."[80]

Zu Meinrads Hobbys gehörte das Sammeln von Antiquitäten, die Restaurierung alter Möbeln oder Uhren sowie die Bearbeitung von Holz ganz allgemein: „Die Beschäftigung mit dem Holz bedeutet für mich sehr viel. Es ist ein wunderbares Material. Man spürt, möchte ich fast sagen, so etwas ähnliches wie Schöpferkraft: aus einem rohen Klotz etwas zu formen und zu sehen, wie er langsam unter den eigenen Händen Gestalt annimmt",[81] verriet er einer Journalistin. Gemeinsam mit seiner Frau besuchte er auch regelmäßig das Dorotheum in Wien, um „nach ausgefallenen Dingen"[82] zu suchen.

---

77 Ebd., S. 5.
78 Im Adressbuch Herold scheint er noch 1979 als „Moucka Josef, Schausp. 6 Gumpendorfer Str. 67" auf.
79 Neues Österreich, 5. November 1960, S. 5.
80 Echo der Frau [ca. 1974], in: WBR, HS, Nl. Meinrad, ZPH 1502, Box 17.
81 Neues Österreich, 5. November 1960, S. 5.
82 Neue Illustrierte Wochenschau, 29. September 1974, S. 8.

Die Meinrads mit ihrer ‚Menagerie' vor der Jugendstil-Villa in Mauer, um 1960 (WBR, HS, Nl. Meinrad)

Als ‚Ersatzfamilie' dienten verschiedenste Tiere, die im Haus Meinrads lebten: Seine ‚Menagerie' präsentierte der Künstler gerne, wenn Journalistinnen und Journalisten etwas vom ‚privaten' Meinrad erfahren und vermitteln wollten. Mit Vorliebe erzählte der Schauspieler Anekdoten über seinen „Hund, der nur Französisch spricht"[83], über das beklagenswerte Schicksal einer halb verhungerten Straßenkatze oder die Eigenheiten seiner Affen. Dem Enterich Arthur widmete er sogar einen eigenen (privaten) Schwarzweiß-Film: *Der Diktator oder der größenwahnsinnige Enterich*.[84]

Seine Haustiere waren für Meinrad „gescheiterte, abgeschobene Existenzen",[85] die unter seinem Dach Schutz gefunden haben. Tierliebe war für ihn Teil eines christlich inspirierten Verantwortungsbewusstseins für jede Kreatur, das den Stärkeren zum Schutz verpflichtet.

---

83 So der Titel einer ‚Homestory' in: Neues Österreich, 6. November 1960, S. 9.
84 Der Diktator oder der größenwahnsinnige Enterich [Typoskript], in: WBR, HS, Nl. Meinrad, ZPH 1502, Box 1.
85 Fuldaer Volkszeitung, 28. Oktober 1972, S. 5.

Der Kreis menschlicher Freunde beschränkte sich hingegen auf wenige Personen: „Freunde haben wir schon. Nur ganz wenige, aber sehr gute."[86] Zu diesen gehörte etwa der Schauspieler und Filmproduzent Alfred Stöger oder Schauspielerkollege Hugo Gottschlich, ebenfalls ein eher zurückgezogener Mensch. Die wenigen erhaltenen privaten Schriftstücke belegen den vertrauten Umgangston (Anrede Meinrads als „Edelgfraßt" und „Schloßherr"[87] oder Bezeichnung als „zacher Hund"[88]), den Gottschlich an den Tag legte.

SELBSTVERSTÄNDNIS ALS SCHAUSPIELER

Für Josef Meinrad gab es „keinen schöneren Beruf als den Schauspielerberuf".[89] Die Arbeit auf der Bühne war für ihn immer vom Prinzip der Partnerschaft geprägt: „Die hitzigen Debatten um Mitbestimmung und Team-Arbeit blieben mir immer fremd, waren für mich nie eine Sensation, weil ich nie etwas anderes als das Miteinander von Regisseur und Schauspieler gekannt habe!"[90] Das bedeutete aber nicht, dass er intensiven Kontakt zu seinen Kolleginnen und Kollegen gepflogen hätte. „Der Eigenbrötler und Einzelgänger Meinrad hat wenig Kontakt mit seinen Kollegen",[91] kolportierte der Journalist Heinz Fischer-Karwin in den 1960er Jahren.

Dem Publikum gegenüber verstand Meinrad seine Aufgabe zum einen darin, die Menschen froher zu stimmen: „Die Leute kommen doch großteils ins Theater, um unterhalten zu werden. Sie wollen lachen, und das sollen sie. Das ist doch ein Bedürfnis, das Berechtigung hat wie gutes Essen und Trinken."[92] Andererseits legte er in seine Tätigkeit etwas Missionarisches: „Ich will [...] dem inneren Menschen helfen, will ihn weicher, duldsamer, verträglicher, versöhnlicher stimmen."[93] Kunst solle die Menschen im besten Sinn „veredeln: Nicht kleinlich streiten, sondern edle Gefühle wecken. Ich glaube, daß die Kunst dahin führen kann."[94] Generell schrieb er dem Theater eine quasi-religiöse Dimension zu. Es

---

86 Unbekannter Zeitungausschnitt, in: WBR, HS, Nl. Meinrad, ZPH 1502, Box 19. Dies wird auch durch Privatfotos im Nachlass belegt.
87 Hugo Gottschlich, Brief an Josef Meinrad, 28. Juni 1958, in: WBR, HS, Nl. Meinrad, ZPH 1502, Box 1.
88 Hugo Gottschlich, Brief an Josef Meinrad, 17. Juli 1961, in: WBR, HS, Nl. Meinrad, ZPH 1502, Box 1.
89 Hörzu 15/1978, S. 6.
90 Abendpost, Nachtausgabe, 9. August 1974, S. 5.
91 Heinz Fischer-Karwin, Aus Burg und Oper, Wien 1962, S. 20.
92 Arbeiter-Zeitung, 9. Juli 1975, S. 9.
93 Ebd., S. 6.
94 Krone bunt [undatiert]. in: WBR, HS, Nl. Meinrad, ZPH 1502, Box 20.

habe die Atmosphäre heiliger Stätten, in denen unbestimmte Gefühle in Formen gedrängt werden: „Theater kommt oft religiöser Liturgie gleich."[95]

Sehr vorsichtig äußerte sich Meinrad zu neuen dramaturgischen Ansätzen im Theater. Zwar könne das Theater durchaus „neue Impulse vertragen", Experimente, vor allem auf Gastspielreisen, wären aber fehl am Platz: „Wer in Sachen Theater reist, soll dem Publikum nicht die Volkshochschule oder das Hochschulseminar bringen, sondern einzig und allein die lebendige Bühne."[96] Das Regietheater hat ihn „nie erreicht" und „nie berührt."[97]

DIE „PERSONIFIKATION DES LIEBENSWERTEN"?[98]

„… wie ein unsichtbarer Heiligenschein umstrahlt ihn jedesmal das freundlich Menschliche, das herzlich Herzhafte. Er hat, auch im ernsthaftesten Zusammenhang, eine Seele, die lächelt",[99] beschrieb einmal mehr Hans Weigel den Charakter des Schauspielers. Er wäre „hervorragend befähigt, biedere und sonnige Charaktere glaubhaft darzustellen."[100]

Meinrad blieb Zeit seines Lebens ein gelassener Mensch. Er hatte sich stets in der Gewalt, war nie aufgebracht und vermied Konflikte. Er habe sich „immer so verhalten, wie ich es von anderen erwartet habe. […] Ich bin der festen Überzeugung, daß man alles versuchen muß, selbst immer so zu sein, wie man es sich von anderen wünsche."[101] Für andere bot er „überhaupt keine Angriffspunkte, und man könnte ebensogut gegen eine Gummiwand rennen als versuchen, ihn zu attackieren."[102] Freimütig bekannte er, dass hinter dieser Haltung auch „reiner Egoismus" stecke: „Was Du nicht willst, das man Dir tu, das füg auch keinem andern zu. Ich leb gern in Frieden."[103] An anderer Stelle ergänzte er: „Ich beschenke mich mit meiner Menschenliebe doch selbst."[104]

Der Schauspieler sah sich selbst vor allem als träumerischen Idealisten. Die Rolle des Don Quichotte, den er mit großem Erfolg im Musical *Der Mann von La Mancha* verkörperte, kam ihm nicht nur von der Physis her entgegen. Auch mit dessen Charakter konnte er sich voll identifizieren: „Ich bin wie Don Quichotte ein

---

95 Fuldaer Volkszeitung, 28. Oktober 1972, S. 5.
96 Abendpost, Nachtausgabe, 9. August 1974, S. 5.
97 Wochenpresse, 12. April 1983, S. 40.
98 Zitat aus: Neue Illustrierte Wochenschau, 29. September 1974, S. 8.
99 Die Presse, 20./21. April 1963, Spectrum, S. III.
100 Ebd.
101 Holler, S. 312.
102 Fischer-Karwin, Burg, S. 20.
103 Bühne, April 1983, S. 19.
104 Arbeiter-Zeitung, 9. Juli 1975, S. 9.

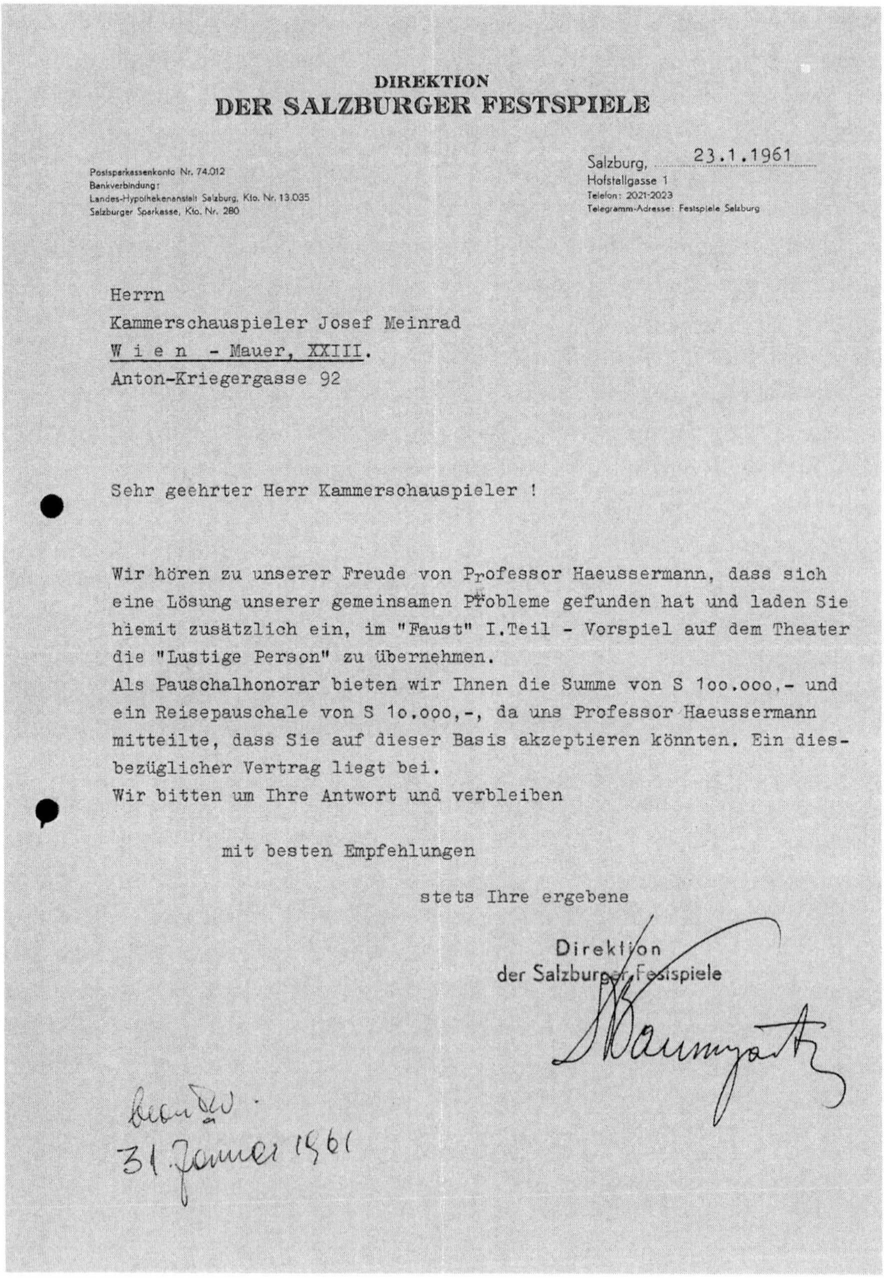

**DIREKTION
DER SALZBURGER FESTSPIELE**

Postsparkassenkonto Nr. 74.012
Bankverbindung:
Landes-Hypothekenanstalt Salzburg, Kto. Nr. 13.035
Salzburger Sparkasse, Kto. Nr. 280

Salzburg, 23.1.1961
Hofstallgasse 1
Telefon: 2021-2023
Telegramm-Adresse: Festspiele Salzburg

Herrn
Kammerschauspieler Josef Meinrad
W i e n - Mauer, XXIII.
Anton-Kriegergasse 92

Sehr geehrter Herr Kammerschauspieler !

Wir hören zu unserer Freude von Professor Haeussermann, dass sich eine Lösung unserer gemeinsamen Probleme gefunden hat und laden Sie hiemit zusätzlich ein, im "Faust" I.Teil - Vorspiel auf dem Theater die "Lustige Person" zu übernehmen.
Als Pauschalhonorar bieten wir Ihnen die Summe von S 1oo.ooo,- und ein Reisepauschale von S 1o.ooo,-, da uns Professor Haeussermann mitteilte, dass Sie auf dieser Basis akzeptieren könnten. Ein diesbezüglicher Vertrag liegt bei.
Wir bitten um Ihre Antwort und verbleiben

mit besten Empfehlungen

stets Ihre ergebene

Direktion
der Salzburger Festspiele

Angebot für die Salzburger Festspiele 1961 (WBR, HS, Nl. Meinrad)

Mensch, der träumt und nur das Gute sehen will"[105] bzw. in einer Welt lebe, „die man eben leider nur erträumen kann, diesen verrückten, herrlichen Menschen zu spielen, war für mich wunderschön."[106]

Vermied der Künstler politische Äußerungen auf das Peinlichste („Ich politisiere nicht gern."[107]), richtete er an sein Publikum allgemeine Appelle zu größerer Toleranz: „Man muß lernen, auch die Schwächen des anderen gelten zu lassen; Güte ist das Wichtigste im Leben."[108] Diese Haltung legte er auch gegenüber anderen Generationen an den Tag. Zwar bedauerte er, dass die moderne Jugend vergesse, „daß Rücksicht auf den anderen die Basis des menschlichen Lebens ist",[109] sie wäre aber nicht schlechter als die von gestern. Auf der anderen Seite bewunderte er den Mut junger Kollegen, sie müssten sich „nicht mehr so quälen, wie wir es getan haben."[110] Er habe auch „Verständnis für die Sehnsucht der Jugend nach einem freien Leben", nicht aber für deren Flucht „in Rauschgift und Drogen."[111] Ein wenig moralisierend konnte der Schauspieler doch werden, etwa wenn er – ohne je eine konkrete Person anzusprechen – den Überfluss beim Essen verurteilte („Manche Leut' schaufeln sich mit dem Löffel ihr Grab."[112]) oder Jugendlichen das Trinken von Milch empfahl.[113]

Dass Meinrad nicht immer nur „liebenswürdig" war und in diesem konkreten Fall hinter dem Rücken eines Freundes vollendete Tatsachen schuf, belegt ein bitterer Brief Hugo Gottschlichs an ihn, in dem er in dritter Person angesprochen wird: „Am letzten Tag hat man mir im Theater die Rolle des Gend. Obersten in ‚Olympia' gegeben. Dieses Hundsgfraßt im Priestergewande [Meinrad, Anm.] hat sie vor seiner Abreise in der Kanzlei abgegeben und genau gewußt, daß ich [im Original unterstrichen] sie angehängt kriege und kein Wort gesagt. Ich kann jetzt die Rolle wie ein abgeschlecktes Betthupferl übernehmen, damit der Herr Schloßherr recht viele Filme drehen kann und die Gagen mit dem Handwagl [sic!] heim schleppt."[114]

---

105 Tele, 27. Mai 1976, S. 61.
106 Die Presse, 21./22./23. April 1973, S. 7.
107 Holsteinischer Courier, 30. Oktober 1972, S. 3.
108 Unbekannter Zeitungsauschnitt, in: WBR, HS, Nl. Meinrad, ZPH 1502, Box 17.
109 Neue Illustrierte Wochenschau, 29. September 1974, S. 8.
110 Ebd.
111 Holsteinischer Courier, 30. Oktober 1972, S. 3.
112 Unbekannter Zeitungsausschnitt, in: WBR, HS, Nl. Meinrad, ZPH 1502, Box 19.
113 Burgschauspieler kommen in die Schule [um 1955], in: WBR, HS, Nl. Meinrad, ZPH 1502, Box 21.
114 Hugo Gottschlich, Brief an Josef Meinrad, 28. Juni 1958, in: WBR, HS, Nl. Meinrad, ZPH 1502, Box 1. Tatsächlich spielte Meinrad im Akademietheater ab Dezember 1957 in Olympia von Molnár die Rolle des Gendarmerie-Obersten Krehl.

Dieses Beispiel zeigt: Meinrad war kein stiller Dulder, sondern bekam, was er wollte, nicht zuletzt auch „durch seine sympathische Ausstrahlung und sein diplomatisches Talent",[115] aber auch durch Beharrlichkeit, die er gegenüber Theaterdirektoren und -intendanten an den Tag legte. Seine Popularität nutzend kündigte er etwa gegenüber dem Burgtheater jeweils kurz vor Ablauf des Vertrags an, dass er mit den „Bedingungen für die nächsten Jahre nicht einverstanden"[116] sei. Der daraus resultierende steile Anstieg der Monatsbezüge, Spielgelder, Aufwandsentschädigungen sowie Regie- und Vertragshonorare des ‚bescheidenen' Schauspielers ist im Nachlass lückenlos dokumentiert.[117]

Josef Meinrad war ein Mensch ohne Skandale oder besondere Auffälligkeiten, der seinen Beruf liebte und Geborgenheit vorrangig in den eigenen vier Wänden suchte. Manches deutet darauf hin, dass sich hinter der „liebenswürdigen" Fassade *auch* Harmoniesucht und Berechnung verbarg. Eben auch darin war er ein ‚typischer Durchschnittsösterreicher', mit dem sich die breite Masse identifizieren konnte.

---

115 Fischer-Karwin, Burg, S. 20.
116 Als Beispiel: Josef Meinrad, Brief an Ernst Haeusserman, 13. Februar 1960, in: WBR, HS, Nl. Meinrad, ZPH 1502, Box 4; ähnliche lautende Briefe finden sich in der gleichen Box.
117 Siehe WBR, HS, Nl. Meinrad, ZPH 1502, Box 5.

Michael Bukowsky

Josef Meinrad 100

Josef Meinrad – eine österreichische Theaterlegende! Er war in den 20 bis 25 Jahren nach dem Zweiten Weltkrieg einer der führenden Protagonisten des Burgtheaters. Er spielte mit Werner Krauss, Raoul Aslan, Paula Wessely, Ewald Balser, Albin Skoda, Alma Seidler, Judith Holzmeister, Fred Liewehr, Attila Hörbiger, Inge Konradi, Oscar Werner und vielen anderen Großen dieser wunderbaren Theaterepoche. Er war aber dazu und darüber hinaus ein ‚Volksschauspieler' – wie es noch Alexander Girardi gewesen war, oder Hans Moser oder Paul Hörbiger. Wenn man ihn einen ‚Star' nannte, lehnte er das in seiner sprichwörtlichen Bescheidenheit entsetzt ab. Ein ‚Star' schien ihm zu abgehoben, zu weit weg. Trotz seines Erfolges, eines ausgeprägten Sendungsbewusstseins und hoher Berufsethik wollte er den Zuschauern immer auch das Gefühl vermitteln: Da ist einer, der ein ähnliches Schicksal erlebt hat wie wir, das ist einer von uns.

Josef Meinrad war das letzte Kind ganz einfacher tschechischer Einwanderer namens Moučka. Den Namen Meinrad nahm er erst als Schauspieler an. Der Vater war Straßenbahnfahrer, die Mutter war Hausgehilfin und pachtete später ein kleines Milchgeschäft. Er hat als Kind noch den Ersten Weltkrieg miterlebt, dann die schwierige Zwischenkriegszeit mit ihrer Wirtschaftskrise und der verheerenden Arbeitslosigkeit, die heraufziehende Radikalisierung, die schließlich zum Nationalsozialismus führte, den Zweiten Weltkrieg und die Nachkriegszeit.

Er war über die Volksschule und ein abgebrochenes katholisches Internat zu einer kaufmännischen Lehre gekommen und hat nebenher eine private Schauspielausbildung gemacht. Über kleine Theater war er nach Kriegsbeginn ans Deutsche Theater in Metz engagiert worden, wo er den

Krieg überdauern konnte. Ab 1945 spielte er bereits wieder in Wien Theater und kam 1947 zu den Salzburger Festspielen – und ans Burgtheater.
Gerade in den schwierigen Zeiten des Wiederaufbaus und Neubeginns dieses am Boden liegenden, zertrümmerten Rest-Österreichs hatten Institutionen wie das Burgtheater viel zur kulturellen Selbstfindung und zum geistigen Aufbau dieses Landes beizutragen. Und Josef Meinrad war gleichsam eine ideale Verkörperung aller österreichischen Nationaltugenden! Ein wandelndes Kompendium der guten Seiten der österreichischen Seele: ehrlich und anständig, treu, freundlich und bescheiden, manchmal ein bisschen stur, aber immer mit Überzeugung der guten Sache dienend. Auch in Armut und schwierigen Situationen noch optimistisch und heiter.
Mit seiner hageren Erscheinung, seiner unprätentiösen, komödiantischen und direkten Art des Spieles, ohne jeden Anflug pompöser Darstellung, ja sogar mit seiner etwas heiser klingenden Stimme, verkörperte er in seinen Darstellungen genau die Zerbrechlichkeit, aber auch die Beharrlichkeit und den Willen, sich nicht unterkriegen zu lassen, die für die meisten Österreicher damals symptomatisch waren.
Insbesondere mit seinen Darstellungen österreichischer Figuren von Raimund, Nestroy oder Hofmannsthal schuf er Idealgestalten der österreichischen Theaterwelt, die für jeden, der das je gesehen hat, unvergesslich geblieben sind.
In einer Zeit, als das Burgtheater noch Welttheater und österreichisches Nationaltheater zugleich war, war er der ideale Protagonist einer solchen Bühne von höchster Qualität. Wie der Kritiker Hans Weigel einmal sagte: ein Homo austriacus maximus.
Die außergewöhnliche Qualität seiner Rollengestaltung hatte allerdings auch einen gewissen Nachteil. Es blieb kaum mehr Spielraum für andere Darstellungs- und Interpretationsformen ‚seiner' Rollen. Es dauerte Jahre,

fast Jahrzehnte, bis das Publikum und die Theaterschaffenden diese Darstellungen vergessen hatten und sich andere Schauspieler wieder an diese Rollen wagen konnten. Bezeichnenderweise waren es dann auch vorzugsweise junge deutsche Regisseure und Schauspieler, die weder Josef Meinrad je spielen gesehen hatten, noch die spezifisch österreichischen Hintergründe kannten. Aber vielleicht war das notwendig. Vermutlich wäre sonst manches in falscher Ehrfurcht erstarrt.

Natürlich kannte ich Josef Meinrad schon vor unserer näheren Begegnung. Als junger Schauspielenthusiast und Student hatte ich ihn immer wieder vom Stehplatz aus oder als Komparse in vielen Rollen gesehen und bewundert. Mein persönlicher Kontakt zu Josef Meinrad entstand aber bei der Wiederaufnahme des Musicals *Der Mann von La Mancha* im Theater an der Wien 1981. Ich spielte damals gerade in mehreren Musicals – wie *Evviva Amico*, *Mayflower*, *Jesus Christ Superstar* oder *Evita*. Da Solisten damals im Theater an der Wien grundsätzlich nur Stückverträge bekamen, gab es zwischen den einzelnen Produktionen manchmal Zeiten, in denen man ohne Engagement war. Das hieß: ohne Einkommen. Man musste sich also andere Überbrückungsjobs suchen oder den peinlichen Gang aufs Arbeitsamt antreten. Direktor Rolf Kutschera, der als alter Theaterprinzipal natürlich genau wusste, wie es um seine Schauspieler bestellt war, machte mir einmal in einer solchen Situation zwischen zwei Verträgen ein Angebot zur Mitwirkung in der kommenden Wiederaufnahme des Musicals *Der Mann von La Mancha* – mit folgenden Argumenten: „Das Stück war bei uns ein Riesenerfolg. Für Sie gäbe es zwar nur eine kleine Rolle, die hat aber ein sehr schönes Lied. Sie bekommen die gleiche Gage wie immer – und Sie können mit dem Meinrad spielen." Viele überzeugende Argumente gegen eine temporäre Arbeitslosigkeit.

Es war eine interessante, aber nicht unkomplizierte Ausgangslage. Die Produktion, die 1968 im Theater an der Wien ihre deutschsprachige Uraufführung erlebt hatte, war durch die Kraft ihrer literarischen Vorlage, durch ihre Musik, insbesondere aber auch durch eine phantasievolle und trotzdem stringente Regie von Dieter Haugk und vor allem durch die Qualität der Darsteller ein echtes Theaterereignis gewesen. Der Kurier schrieb: „Vor Versäumnis wird gewarnt!"

Josef Meinrad war ein Ritter von der traurigen Gestalt, wie man sich kaum einen überzeugenderen vorstellen konnte, Blanche Aubry eine Aldonza-Dulcinea, die sowohl die ‚dreckige Küchenschlampe' als auch die idealisierte Phantasiegestalt Don Quijotes glaubhaft darstellte, Fritz Muliar ein hinreißend irdischer und vor sich hinräsonierender Sancho Pansa und auch die übrige Besetzung war inzwischen legendär geworden.

Für diese Wiederaufnahme standen nun einige Künstler nicht mehr zur Verfügung. Vor allem Dieter Haugk, Blanche Aubry und Fritz Muliar – konnten oder wollten diesmal nicht mitmachen. Die adaptierte Regie übernahmen Wilfried Steiner und Anna Vaughn, Dagmar Koller sollte Aldonza-Dulcinea spielen und singen und Heinz Petters den Sancho Pansa. Fast jede Theaterproduktion erlebt während der Probenzeit eine Berg- und Talfahrt. Diesmal war das zeitweise besonders stark spürbar. Der Erfolgsdruck war durch die frühere triumphale Aufführungsserie enorm. Josef Meinrad, für den diese Wiederaufnahme erfolgt war, blieb bei allen Proben ein Fels in der Brandung. Stets ruhig, konzentriert und höchst professionell. Manchmal aber auch etwas distanziert.

Wir probten damals in der alten Reithalle des so genannten ‚Messepalastes', dem heutigen Museumsquartier. Da ich zu manchen Proben meinen Hund mitnehmen konnte, entstand bald eine besondere Beziehung zum Tierliebhaber Meinrad. Dieser Mann, der anderen Menschen gegenüber meist überaus reserviert und zurückhaltend war, begrüßte meinen Hund, der immer auf einer Decke in der Garderobe lag, stets besonders freundlich und verwöhnte ihn mit Leckerlis. Eines Tages machte ich mir den Spaß und legte mich

statt des Hundes auf den Boden und erbat auch als Mensch
Zuwendung.
Das und ein darauf folgendes Gespräch über unsere unterschiedliche, aber doch in manchen Punkten ähnliche Jugend brachten uns einander näher. Als ich ihm erzählte, dass ich als Jugendlicher oft in der kleinen Bäckerei meiner Mutter Semmeln ausgetragen hatte und dass ich mir mein Studium und vor allem die Schauspielausbildung gegen den Widerstand meiner Familie und unter beachtlichen wirtschaftlichen Einschränkungen selbst finanziert habe, war er berührt und belustigt. Auch er hatte für das Milchgeschäft seiner Mutter öfter Brot ausgetragen und auch er hatte sein Schauspielstudium gegen den Wunsch seiner Mutter selbst finanziert. Das ‚Eis' war gebrochen. Es ist uns daraufhin sogar vereinzelt gelungen, Meinrad zu einem kurzen Kaffee in die Kantine zu überreden, was bei ihm im Gegensatz zu den meisten Schauspielern wirklich eine besondere Ehre und Öffnung darstellte.
Nach all den Anspannungen brachten die Premiere und die darauf folgende Spielserie Gott sei Dank wieder den erhofften Erfolg. Dagmar Koller war eine starke Darstellerin für die Aldonza, die zu Recht bejubelt wurde, und Heinz Petters war eine durch und durch überzeugende Dienerseele als Sancho Pansa.
Josef Meinrad aber war wieder Galionsfigur und Leitgestalt dieser Aufführung – in jeder Phase großartig und überzeugend. Selbst seine brüchige Stimme gab der Zerbrochenheit der Figur noch zusätzliche Ausdruckskraft. Sein ‚Lied vom unmöglichen Traum' war eine Hymne auf die ethische Notwendigkeit, die Suche nach einer besseren Welt nie aufzugeben.
Glücklicherweise konnte ich den guten persönlichen Kontakt, den ich während der Probenzeit zu Josef Meinrad gefunden hatte, auch später weitgehend aufrecht erhalten und immer wieder sehr interessante Gespräche über seine Auffassungen von Theater, die Veränderungen der Ausdrucksformen durch die veränderten Lebensbedingungen

und Ähnliches mit ihm führen. Dabei war sein Bemühen um Menschlichkeit und seine Bescheidenheit immer spürbar. Nie hätte er zu irgendeinem Thema oder gar über einen anderen Menschen eine negative Meinung geäußert.

Seine besondere Bescheidenheit hatte für mich, als damals noch wesentlich jüngeren und undiplomatisch direkteren Menschen manchmal sogar fast etwas Unglaubwürdiges oder zumindest Seltsames. Wenn er sich etwa nie an internen Gesprächen über Interpretationsfragen unserer Aufführungen beteiligte oder Autogrammjägern und Fans stets abwehrend sagte: „Aber ich bin doch nur ein ganz einfacher Mensch."

Eine typische Episode für diese seltsame Bescheidenheit und Sparsamkeit, die sicher aus seiner ärmlichen Kindheit resultierte, ergab sich einmal, als mich Josef Meinrad nach einer Probe fragte, ob ich ihn nicht ein Stück in meinem Auto mitnehmen könnte. Er wollte nach Hause und sein kleiner Fiat, mit dem er normalerweise ins Theater kam, war beim Service.

Natürlich sagte ich gerne zu, ihn nach Hause zu bringen. Es war mir Ehre und Vertrauensbeweis – und ich sah eine Chance, am Heimweg endlich wieder ein längeres Gespräch mit ihm zu führen. Außerdem dachte ich, wenn ich ihn heimführe, wird er mich doch sicher in sein Haus zum Kaffee einladen. Und ich war ja neugierig.

Wir machten uns also nach der Probe gemeinsam auf den Weg. Ich wusste, dass das Haus der Meinrads in Mauer war, also fuhr ich am Theater an der Wien vorbei, die Linke Wienzeile stadtauswärts. Am Ende des Naschmarktes, knapp bevor der verbaute Wienfluss wieder an die Oberfläche kommt, also dort, wo heute an Wochenenden der Flohmarkt stattfindet, bat er mich, links in den Parkplatz einzubiegen. Ich war etwas erstaunt, dachte aber, dass er wohl noch rasch etwas einkaufen wollte. Doch nein – dort stand sein ‚Zweitauto', der berühmte Rolls-Royce.

Als ich ihn enttäuscht und wohl etwas fragend anschaute, meinte er wie immer bescheiden: „Mit dem großen Auto

find' ich ja beim Theater keinen Parkplatz – und es schauert auch ein bisserl protzig aus."
Naja – Adrienne Gessner, die große alte Burg-Mimin, soll schon früher einmal bezüglich der Diskrepanz zwischen dieser Luxuskarosse und Meinrads sonstiger Bescheidenheit in dem ihr eigenen und für sie typischen Tonfall gesagt haben: „Seit der Pepi einen Rolls-Royce hat, ist er noch bescheidener geworden."

KARIN SEDLAK

PER ASPERA AD ASTRA – VON DER KLEINKUNST IN DIE HOCHKULTUR

JOSEF MEINRADS ANFÄNGE IN DEN 1930ER JAHREN

In den von Massenarbeitslosigkeit geprägten 1930er Jahren boomten die Wiener Kleinkunstbühnen. Sie gaben vielen ab 1933 heimatlos gewordenen Schauspielern aus Deutschland ein neues Betätigungsfeld und ermöglichten ihnen, Kritik an den politischen Verhältnissen zu üben. Unbekannt ist, dass viele beliebte und oft auch später international bekannte Künstler in diesen für Österreich so entscheidenden Jahren in den kleinen, höchst ambitionierten Kellertheatern ihre Laufbahn begannen. In Stella Kadmons ‚Jung Wiener Theater zum lieben Augustin' war Peter Hammerschlag Hausautor; in der ‚Literatur am Naschmarkt' – gegründet von Rudolf Weys und dem ‚Bund junger Autoren' – begannen Hilde Krahl und Hans Weigel ihre Karrieren, im Kabarett ‚ABC' verdienten sich die junge Cissy Kraner, Josef Meinrad und der Dichter Jura Soyfer ihre ersten Sporen. Den Künstlern boten sich durch die schnelllebigen Produktionen mannigfaltige Möglichkeiten, ihr Talent zu erproben und reichlich Berufserfahrung zu sammeln.

In eine kinderreiche Familie ohne künstlerischen Hintergrund geboren – die Mutter arbeitete in einem Milchgeschäft, der Vater war Fahrer bei der Pferdestraßenbahn – wuchs Josef Moučka, der sich später Meinrad nannte, in ärmlichen Verhältnissen auf, in denen der Kampf ums tägliche Brot den Alltag prägte und ihn schon früh Disziplin, Sparsamkeit und Genügsamkeit lehrten. Sehr geprägt durch die religiöse Mutter kam der junge Meinrad ihrem Wunsch nach, das Priesterseminar der Redemptoristen in Katzelsdorf zu besuchen, um Geistlicher zu werden. Meinrad, der bereits seit frühen Schultagen Rollen in diversen Schulaufführungen übernommen hatte, schied jedoch nach einiger Zeit aus dem Priesterseminar aus, um seinen Traum, Schauspieler zu werden, zu verfolgen. Um neben seiner künstlerischen Tätigkeit einen Brotberuf zu erlernen, begab er sich auf die Suche nach einer Lehrstelle und arbeitete bis zum Abschluss seiner Lehrprüfung 1932 als Büroangestellter in einer Lackfabrik. Dafür legte er täglich den weiten Weg zwischen der elterlichen Wohnung in Hernals und der Fabrik in der Gumpendorfer Straße zurück. Nach Dienstschluss nahm er zusätzlich Unterricht in Sprecherziehung und Gesang in der Schauspielschule Kestranek am Kohlmarkt, wovon die regelmä-

Porträt 1934 anlässlich des Filmwettbewerbs
(WBR, HS, Nl. Meinrad)

ßigen Einträge in seinem Taschenkalender und sein Ausweis aus dem Wiener Volkskonservatorium zeugen.[1] Die Beherrschung des Bühnenhochdeutsch war für Josef Meinrad eine nicht unbeträchtliche Hürde auf seinem Weg zum Schauspieler, denn er wuchs zu Hause in einem Gemisch aus Deutsch und Tschechisch auf, mit seinen Freunden sprach er Hernalser Dialekt. Die Doppelbelastung der beiden Ausbildungen bewältigte er mit im Seminar anerzogener Disziplin und Durchhaltevermögen; beide Eigenschaften sollten ihm sein gesamtes Berufsleben zugute kommen.

Meinrad wurde Schüler der Schauspielschule von Carlheinz Roth, wo unter anderem Leopold Jessner, Oskar Maurus Fontana und Egon Friedell zu seinen Lehrern zählten, und absolvierte eine breit gefächerte Ausbildung, die sich von Rollenstudium über Pantomime, Sprechtechnik und Dramaturgie bis hin zu Kulturgeschichte und Theaterrecht erstreckte.

Jede Chance wurde genutzt, Erlerntes in die Praxis umzusetzen, denn Meinrad war bereits seit Lehrlingszeiten Mitglied eines kleinen, privaten Ensembles, in dem er verschiedenste Rollen verkörperte und auch einmal Regie führte.

1934 nahm er an einem Filmwettbewerb teil, sprach *Aases Tod* aus *Peer Gynt* vor und wurde dafür sogar prämiert.

Durch die Schauspielschule vermittelte Engagements führten ihn unter anderem ins Volkstheater *(Totentanz* von August Strindberg), ins Stadttheater Baden *(Das Dreimäderlhaus)*, in die Tribüne *(Drei entzückende Soldaten* von Owen Hill) und in die Wiener Urania *(König Spitznas)*. Laut eigenen Angaben legte sich Moučka bereits zu Beginn seiner Zeit als Schauspielschüler den Künstlernamen Meinrad zu, in der Befürchtung, seinen richtigen Namen würde man sich nicht merken. Einen Grund, weshalb er genau diesen Namen für seine Bühnenlaufbahn

---

1   Taschenkalender 1933, in: WBR, HS, Nl. Meinrad, ZPH 1502, Box 5 und Ausweis des Volkskonservatoriums, in: WBR, HS, Nl. Meinrad, ZPH 1502, Box 4.

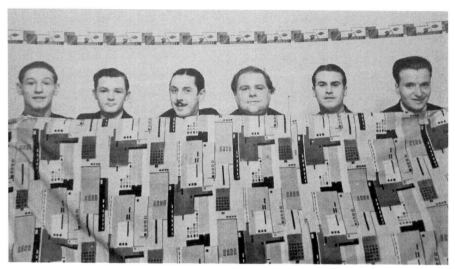

Herrenensemble, Ort und Programm unbekannt, ganz links: Josef Meinrad
(WBR, HS, Nl. Meinrad)

wählte, konnte er aber, laut eigener Aussage, nicht angeben.[2] Meinrads Ausbildung ließ sich mit seinem Broterwerb problemlos vereinbaren, denn der Unterricht fand „wochentags 4h nachmittags bis 9h abends"[3] statt und „[e]s [bestand] daher die Möglichkeit, bei ungestörtem Studium einer Erwerbstätigkeit nachzugehen."[4]

EINSTIEG IN DIE KLEINKUNSTSZENE

In Deutschland waren nicht zuletzt in Folge der Weltwirtschaftskrise die Nationalsozialisten an die Macht gekommen und Hitler 1933 zum Reichskanzler ernannt worden – eine Tatsache, deren Auswirkungen Österreich empfindlich zu spüren bekam. Das Land wurde unter Engelbert Dollfuß, der sich am ‚Duce' Benito Mussolini orientierte, zu einem autoritären Ständestaat. Die Bevölkerung war zahlreichen Unterdrückungsmaßnahmen ausgesetzt: Es wurden Anhaltelager für die Inhaftierung politischer Gegner errichtet, ein Verbot aller politischer Parteien erlassen und – was das Theaterleben entscheidend beeinflusste – die Zensur wieder eingeführt.

Tausende künstlerisch Tätige, die Deutschland aus politischen oder religiösen Gründen verlassen hatten, hofften, in Österreich in ihrer gewohnten Sprache

---

2   Gerd Holler, Josef Meinrad – „Da streiten sich die Leut herum ...", München 1995, S. 27.
3   WBR, HS, Nl. Meinrad, ZPH 1502, Box 21.
4   Ebd.

weiterarbeiten zu können. Viele von ihnen fanden in den Kleinkunstbühnen ein neues Betätigungsfeld, das ihnen ermöglichte, subversive Kritik an den politischen Umständen zu üben.

In Stella Kadmons ‚Jung Wiener Theater zum lieben Augustin', wo Peter Hammerschlag Hausautor war, widmete man sich zum ersten Mal seit Beginn des Jahrhunderts wieder dem literarischen Kabarett; in der ‚Literatur am Naschmarkt' – gegründet vom ‚Bund junger Autoren', unter ihnen Rudolf Weys – begannen Hilde Krahl und Hans Weigel ihre Karrieren. Die Gründung des politisch sehr engagierten Kabaretts ‚ABC', in dem Josef Meinrad erste Erfahrungen sammelte, vermutet man im März 1934, doch stellt das Fehlen von Texten, Kritiken und Programmschriften die Forschung vor Rätsel.[5] Der Name ‚ABC' leitete sich aus den Anfangsbuchstaben des Gründungsortes ab, als im Café ‚City' in der Porzellangasse Nr. 1, im Bezirk ‚Alsergrund', ein ‚Brettl' gegründet wurde. Zu den Autoren eines der ersten Programme gehörte unter anderem auch Hugo Wiener.

Nach nur einem Jahr in der Porzellangasse übersiedelte das ‚ABC' am 14. Juni 1935 ins Café Arkaden an der Ecke Universitätsstraße / Reichratsstraße, wo es den Platz des zuvor dort ansässigen Kabaretts ‚Regenbogen' einnahm und sich fortan ‚ABC im Regenbogen' nannte. Seine Gesamtleitung unterlag Hans Margulies, dem Inhaber der Zeitung *Wiener Tag*. Das ‚ABC' war wie viele andere Kleinkunstbühnen ein ‚Theater für 49', für das man keine Konzession benötigte.[6] Die Beiträge schrieb man zum Teil im Autorenkollektiv, weshalb der Verfasser oft schwierig festzustellen ist, und man spielte auf Teilung der Einnahmen, die ans Engagement im Programm gekoppelt waren. Leider existieren nur noch wenige Belege aus dieser Zeit. Einer der Hauptgründe hierfür besteht darin, dass die Szenen zum raschen, kurzfristigen Gebrauch verfasst wurden, um Zeitgeschehen möglichst aktuell aufzubereiten, und vieles im Laufe der Zeit vernichtet wurde oder verloren ging. Kleinkunsttexte wurden „schnell entworfen, schnell geschrieben, schnell geändert. Manche Änderungen ergaben sich während des Einspielens, manche erst nach der Premiere, wenn man sich auf die wirksamste Fassung geeinigt hatte, auf eine, die der Zensor gerade noch akzeptieren konnte."[7] Das

---

5   Ingeborg Reisner, Kabarett als Werkstatt des Theaters, Wien 2004, S. 225ff.
6   ‚Theater für 49' erhielten ihren Namen nach der lediglich für 49 Personen ausgerichteten Zuschauermenge. Ab 50 Personen wäre man unter das Theatergesetz gefallen und hätte bereits Abgaben zahlen müssen. Die Zahlenangabe 49 wurde allerdings als Richtlinie angesehen, an die man sich nicht unbedingt hielt und wesentlich mehr Zuschauer in den Saal ließ. Zu einer detaillierten Information über die ‚Theater für 49' vgl. die Dissertation Ulrike Mayers, die einige dieser Wiener Theater herausgreift und näher untersucht: Ulrike Mayer, Theater für 49 in Wien. Diss. Universität Wien 1994.
7   Horst Jarka, Jura Soyfer. Leben, Werk, Zeit, Wien 1987, S. 267.

Josef Meinrad mit Leon Askin, um 1970 (Privatbesitz)

Ensemble wiederum versuchte, kritische Stellen zu vertuschen und dem Publikum – nach erfolgter Prüfung – brisante Texte trotzdem zu vermitteln.

Vergleicht man die Programme des ‚ABC' mit denen der anderen Kleinkunstbühnen, waren die hier gebrachten politischen Anspielungen wesentlich direkter und aggressiver. Vor allem „nach der Übersiedelung ins Café Arkaden und gar mit Jura Soyfer als Hausautor ging man nun zum breiten Frontalangriff über."[8]

JOSEF MEINRAD IM KABARETT ‚ABC'

Leon Askin, der damals noch unter seinem Namen Leo Aschkenasy als Regisseur am ‚ABC' tätig war, schrieb über seine gewagten Intentionen:

> *Mein Ziel war es, ein wirklich politisches Kabarett auf die Bühne zu bringen. In den Jahren von 1933 bis 1938, wo faschistische Gesellschaftsformen zunehmend salonfähig geworden waren, wollten wir mit künstlerischen Mitteln auf die Gefahren hinweisen, denen Österreich in der*

---

8 Reisner, S. 227.

*Umklammerung durch Hitler, Mussolini und Horthy ausgesetzt war. [...]
Nach der Ausschaltung des Parlaments im März 1933 und dem Bürgerkrieg im Februar 1934 [...] wurde regimekritisches Verhalten hart bestraft.*[9]

Auch die Programme des ‚ABC' erschienen der Behörde suspekt, es wurde ihnen kommunistische Tendenz zugeschrieben[10] und somit umso strenger von Zensoren überwacht: Beamte besuchten Proben, um Dargebotenes vor der Premiere auf unerwünschte Inhalte zu kontrollieren.

Man hatte auf Aschkenasy und seine Truppe anscheinend ein besonders waches Auge, denn die Bundespolizeidirektion vermerkte in ihren Akten, „dass die in diesen Kleinkunstbühnen auftretenden Schauspieler fast durchwegs Juden, darunter viele Emigranten aus Deutschland, und dass auch die Besucher fast ausschließlich Juden sind."[11]

Hans Weigel, der als junger Autor unter anderem Beiträge für das ‚ABC' verfasste, schrieb, der Zusammenschluss der Akteure sei eine Art reiner Zweckgemeinschaft gewesen, um auf irgendeine Art die Lebensunterhaltskosten zu decken, denn laut ihm waren „[d]ie jungen Begabten [...] in Wien vor 1938 schon im Exil, in den Katakomben, ehe sie vor der Frage standen, ob sie emigrieren sollten. Die kleinen Bühnen aller Art waren nicht avantgardistisch und revolutionär und außenseiterisch aus Neigung und Überzeugung, sondern Notgemeinschaften zur prekären Sicherung der Existenz."[12]

Zu seinem Statement konträr steht die Aussage Leon Askins, denn dieser betont in seinen Memoiren, dass die Wirkung der dargebotenen Texte auf das Publikum wesentlich von der inneren Haltung des Schauspielers abhängt: „Es genügt nicht, die Technik des Vortragens zu beherrschen. Um die kabarettistische Darbietung glaubwürdig und zugkräftig auf die Bühne zu bringen, muss eine politische Überzeugung dahinterstehen."[13]

Mit welcher Haltung Josef Meinrad an diesen politisch engagierten Kleinbühnen spielte, lässt sich aus den vorhandenen Unterlagen nicht herauslesen. Fest steht jedoch, dass während solch turbulenter Zeiten in Kabaretts mit oft sehr riskanten Inhalten und Texten viel Risikobereitschaft vonnöten war, um die darzubietenden Nummern mit Überzeugung und Ausdruckskraft zu bringen.

---

9   Leon Askin, Der Mann mit den 99 Gesichtern, Wien u. a. 1998, S. 150–151.
10 Ebd., S. 151.
11 Zit. nach: Ebd., S. 151.
12 Hans Weigel, Versuch über Josef Meinrad, Velber b. Hannover 1962, S. 13.
13 Askin, S. 136.

Askin, der als Regisseur und künstlerischer Leiter für die Auswahl der Schauspieler zuständig war, erinnert sich an seine erste Begegnung mit dem jungen Josef Meinrad:

> *Eines Tages kam ein junger blonder Mann zu mir, der mir in einem furchtbaren Wiener Vorstadtdialekt erklärte: ‚I wuell a Schauspuela wern, i tua olles!' Weiters erzählte er mir, daß er Priester werden wollte und ein gelernter Tischler sei. Ich horchte auf, denn Tischler waren weit schwieriger zu bekommen als Schauspieler. So engagierte ich ihn, aber nur mit einem halben Punkt, was einer Nebenrolle gleichkam. Hauptdarsteller bekamen einen ganzen Punkt. Als künstlerisches Kollektiv arbeiteten wir nach Punkten und wurden auch danach bezahlt. Der verhinderte Priester mit dem schwer verständlichen Vorstadtdialekt war der spätere Ifflandringträger Josef Meinrad. Wir dachten sicher nicht gleich, wir lebten weit entfernt voneinander und doch verband uns viel.*[14]

Das handwerkliche Geschick, das Meinrad in den Augen Askins umso wertvoller machte, war für das Ensemble von großer Bedeutung, mussten die kleinen Bühnen doch nicht nur die Zensoren zufrieden stellen, sondern auch das Bühnenbild selbst anfertigen und daneben noch eine ganze Menge anderer behördlicher Auflagen erfüllen: Da Kleinkunstbühnen über keinen Eisernern Vorhang verfügen, waren sie verpflichtet, alles, was nicht aus Blech gefertigt war, mit nicht brennbarem Asbest zu überziehen. Dies war allerdings sehr kostspielig und diese verpflichtenden Ausgaben rissen neben teuren Materialien für das Bühnenbild ein gewaltiges Loch in die Kasse der ohnehin am Existenzminimum lebenden Künstler. Meinrads Gage betrug pro Abend 35 Groschen, wenig mehr als den Gegenwert eines Straßenbahnfahrscheins.[15] Laut eigener Aussage war nicht die Gage ausschlaggebend für seine Zusage, sondern die Möglichkeit, seine Fähigkeiten auszuloten, der Reiz, „daß man etwas darstellt und daß die Leute ruhig sein müssen, wenn man spricht."[16]

Meinrads erste Engagements dort waren in den Programmen *Siebzehn Kleinigkeiten* und *Viva Don Quichotte*, beide noch in den Räumen des Café City.

Im nächsten Programm, *Zwischen übermorgen und vorgestern* (10. Mai bis 14 Juli 1935), das ab Mitte Juni bereits im Café Arkaden in der Universitätsstraße gegeben wurde, steuerte neben Jura Soyfer, der für das ‚ABC' unter seinem Pseud-

---

14 Ebd., S. 145.
15 Vgl. Holler, S. 36.
16 Ebd., S. 36.

onym Walter West schrieb, auch Ernst Toller eine Szene bei, in der er den heiligen Franziskus und Napoleon auftreten ließ. Leon Askin führte Regie, Jimmy Berg war der musikalische Leiter. Da von diesem Programm kein Programmzettel mehr auffindbar war, wird im Folgenden eine der Kritiken fast zur Gänze abgedruckt, um ein konzises Bild des Gebotenen zu geben:

> *Zwischen Übermorgen und Vorgestern [...]. Unter diesem Titel bietet das Alsergrund-Brettl im City eine witzige Auslese heutiger Aktualitäten, die, teils im Märchengewand vergangener Zeiten, teils von Zukunftsmusik begleitet, ein Stückchen Weltgeschichte Revue passieren lassen. Jenseits von Zeit und Raum ist man von Heinrich Heines Wahlesel [...] begeistert oder freut sich, daß das bezaubernde Andersensche Märchen von des Kaisers neuen Kleidern [...] wieder einmal einen Dramatiker gefunden hat. X. und Walter Lindebaum haben in ihrem Eingroschenmärchen ein Märchenspiel von beängstigender Zeitnähe geschaffen, das durch die Songs von Jimmy Berg den erforderlichen Rhythmus erhält. Ernst Toller führt im Rahmen einer Olympischen Szene Napoleon und den Heiligen Franziskus ad personam vor. Eine entzückende Vorschau ist ‚Abbazia 1898', geistvoll ‚Utopia 1975': Wir sehen ein Land, wo alles registriert und kommandiert wird; von der Liebe bis zu den kriegerischen Übungen. Auch Alfred Polgar (gemeinsam mit Th. Tiger) kommt wieder zu Wort: Leo Askenasy spricht mit echten Stoßseufzern das Gebet eines Zeitungslesers. Sehr lustig zeigt H. F. Königsgarten in Stimmen der Völker den Verschwender in Amerika, Alt-Heidelberg in Japan. Enthusiastischen Beifall findet ein Ausflug in die Zeit der Jahrhundertwende im Kabarett 1900. Man spürt überhaupt, daß hier eine Spitzenleistung erreicht wurde, zu der Autoren, der Komponist, die Bühnenbildner und nicht zuletzt der Regisseur Leo Askenasy ihr ganzes Können beigetragen haben. Edith Berger, Nora Minor, Gerda Redlich, Helene Hilt und Lola Gerbod, Georg Braun, Theo Frisch-Gerlach, Peter Sturm und Josef Meinrad bieten zusammen eine Schauspielergruppe, in der die starke Eigenart jedes einzelnen hervortritt, ohne den geschlossenen Ensemblerahmen zu zerstören. Alex Szekelys Schnellzeichenkunst und Jimmy Bergs Kompositionen und Spiel schließen den Ring."*[17]

---

17 Der Tag, 15. Mai 1935, in: WBR, HS, Nl. Meinrad, ZPH 1502, Box 18.

Lok ABCD-Zug 1935, dahinter stehend: Josef Meinrad (WBR, HS, Nl. Meinrad)

Im nächsten Programm, dem *ABC-D-Zug*, fuhren Josef Meinrad und das Ensemble des ‚ABC' vom 17. Juli bis 5. August 1935 sowie nach der Sommerpause vom 1. September bis 27. September 1935 durch Wien, im Sommer gab man ein Gastspiel in Graz.

Leon Askin führte wieder Regie, Jimmy Berg zeichnete für die Musik verantwortlich. Josef Meinrad spielte in der *Moritat* von Fritz Eckhardt, in Jimmy Bergs *Liebe in Hollywood*, in Walter Lindenbaums *Auskunft für Reisende*, *Zwischen den Zügen* (Text von Walter Lindenbaum, Musik von Jimmy Berg), in *Ausg'steckt is* (wiederum von Fritz Eckhardt) und in *Vier Stationen* von Jimmy Berg.

Die Zeitungen streuten dem Ensemble Rosen:

> *In einer überraschend kurzen Zeit hat sich das von Hans Margulies geleitete Cabaret ‚ABC' zu einer der führenden Kleinkunstbühnen Wiens entwickelt, die sich im ‚Regenbogen' einen zweiten Wirkungskreis geschaffen hat. [...] Man spürt sogleich, daß in Leo Askenasy ein ausgezeichneter Regisseur und in Emil Wittenberg ein auffallend begabter Bühnenbildner am Werk sind. [...] Aus der Fülle des Gebotenen sei noch die als groteskes Wachsfigurenkabinett aufgezogene Moritat von Fritz Eckhardt und das zeitkritische Mittelstück Walter Lindenbaums Zwischen den Zügen erwähnt, in dem besonders die ernste und charakterliche Schönheit Mimi*

Programm ABCD-Zug, *Auskunft für Reisende*, von links: Eduard Linkers, Josef Meinrad, Karl Bruck (Leon Askin-Archiv)

> *Bekkers auffiel. Eine eigenartige intellektuell profilierte Begabung Helene Hilt [...], Irma Agoston, der begabte Komiker E[duard] Linkers, der ‚elegant-veruchte' Rob[ert] Lindner und J[osef] Meinrad vervollständigen das Ensemble.*[18]

Eine weitere Kritik hebt den Neuling lobend hervor, denn der Rezensent resümiert:

> *[...] Hans Margulies, kann mit dem Erfolg des ABC-D-Zuges zufrieden sein. Zu der Fülle witziger Einfälle und der wirklich guten Musik kommt flotteste Darstellung, die das Publikum mitreißt. Hohe Begabung zeigt die bildhübsche Mimi Bekker, reizend spielen und singen Irma Agoston, die Badner Schönheitskönigin, und Illa Raudnitz. Der junge, blonde Josef Meinrad, ein neuentdecktes Talent, wird noch seinen Weg machen.*[19]

---

18   Wiener Tag, ohne Datum, in: WBR, HS, Nl. Meinrad, ZPH 1502, Box 18.
19   Wiener Sonn- und Montagszeitung, 22. Mai 1935, in: WBR, HS, Nl. Meinrad, ZPH 1502, Box 18.

Von einem anderen Kritiker wurden er und seine Kollegen als „gutaussehende Typen" erwähnt.[20]

Vom *Bunten Herbstprogramm*, das vom 4. Oktober bis 11. Dezember 1935 gegeben wurde, liegen leider keinerlei Programme und keine Kritiken vor, die nachvollziehbar machen, welche Rollen Josef Meinrad verkörperte.

Anschließend spielte er im November 1935 zusammen mit der jungen Cissy Kraner (die damals noch als Gisy Kraner auftrat) im Programm *Narrenstreiche*, welches in einem Etablissement, das sich ‚Der Eulenspiegel' nannte, lief und sich in den ehemaligen Räumen des ursprünglichen ‚ABC' im Café City einquartiert hatte. Bereits auch an anderen Orten schaffende Autoren wurden hier tätig:

Liebe in Hollywood, Kabarett ABC 1935, Josef Meinrad und Irma Agoston (WBR, HS, Nl. Meinrad)

Die Trustbildung im Kaffeehaus Kabarettwesen greift weiter um sich. Nach der Liierung von ‚Literatur am Naschmarkt' mit der ‚Stachelbeere' hat sich der ‚Liebe Augustin' im ‚Eulenspiegel' (Café City) einen Kompagnon im 9. Bezirk geschaffen. Der vom Naschmarkt her bewährte Wilhelm Hufnagel [!] führt die Regie und der Hausdichter des Augustin, G. H. Mostar, debütiert als künstlerischer Leiter. Das erste Programm heißt ‚Narrenstreiche' und ist ein hübscher Auftakt, auf dessen Fortsetzung man neugierig sein darf. Cilly Wang legt ihre bekannten Tanz- und Sprechgrotesken ein. Karl Bruck ist ein vorzüglicher Schauspieler, der nur zu viel Theater spielt und zu wenig Kabarett; Eduard Linkers sucht noch nach einer persönlichen Note, die er nach längerer, praktischer Erfahrung zweifellos bekommen wird. [...] Gisy Kraner, Christa Bühler und Josef Meinrad helfen nach Kräften mit.[21]

---

20 Vgl. Das Echo, 30. Juli 1935, in: WBR, HS, Nl. Meinrad, ZPH 1502, Box 18.
21 Das Echo, 2. November 1934.

Ensemble ABCD-Zug, vorne Jimmy Berg (mit Akkordeon) und Leon Askin, hinten Dritter von rechts Josef Meinrad (Leon Askin-Archiv)

Die Inszenierung wurde von Wilhelm Hufnagl vorgenommen, die Kompositionen und musikalische Leitung lagen in den Händen Isko Thalers, Emil Wittenberg war für das Bühnenbild verantwortlich.

Für viele Texte des ‚ABC' gibt es kaum Quellen, doch im Sinne des ‚Oral History'-Verfahrens konnte Cissy Kraner noch im Jahr 2007 bereits verloren geglaubte Zeilen aus dieser Zeit rekonstruieren. Dazu zählen unter anderem die von Jimmy Berg vertonten Zeilen, mit denen das Ensemble sein Publikum begrüßte. Es waren exakt die gleichen Worte, die sich auch in Askins Memoiren wiederfinden: „Das ABC von A bis Z für Sie, der Text und auch die Melodie, vergessen Sie den Wahlspruch nie: ‚Das ABC von A bis Z für Sie!'"[22]

Wie sich herausstellte, beschränkten sich die gemerkten Texte nicht nur auf Kraners eigene Rollen, denn sie rekonstruierte sogar einige, laut ihr von Josef Meinrad vorgetragene Zeilen. Dem Wortlaut nach können die Worte am ehesten dem Solovortrag *Der Neandertaler* von Gerhart Hermann Mostar in *Der Narrenstreiche letzter Teil* im letzten Teil des Programms zugewiesen werden. In ihnen klingen bereits kritische Töne an, die sich in den folgenden Programmen des ‚ABC' noch weiter verstärken sollten: „Der erste Arier war ich ja – immer lustig, heissa, hopsassa! Doch außerdem war ich zugleich Semit, das machte kei-

22 Gespräch mit Cissy Kraner, 15. Juni 2007 und Askin, S. 150.

nen Unterschied! Den Rücken hab' ich manchem zugedraht und kannte dennoch nicht das Götzzitat! Baum auf, Baum ab – weil es noch keine Volksbildung gab!"[23] Weiters trat Meinrad als Portier und Sekretär in dem Programmpunkt *Don Quichote* von Jura Soyfer auf.

Im nächsten Programm *Wienerisches – Allzuwienerisches* (12. Dezember 1935 bis 19. Februar 1936), wieder im ‚ABC' in der Universitätsstraße, spielte Meinrad unter der Regie von Teddy Bill. Jimmy Berg[24] war musikalischer Leiter, Gerda Redlich conferierte. Neben Josef Meinrad spielte unter anderem Robert Klein-Lörk, der später viele Hauptrollen in Soyfers Stücken spielen sollte. Die Kritiken zollen *Wienerisches-Allzuwienerisches* – von Teddy Bill wirkungsvoll in Szene gesetzt – in mehreren Druckmedien großen Beifall. Die Bandbreite von Kritischem und Humoristischem findet großen Anklang. Neben Robert Klein-Lörk, dessen Darbietungen man als herausragend bezeichnen, findet man auch für das übrige Ensemble lobende Worte:

Erneut stellt man fest: Unter der Leitung von Hans Margulies wächst das Kollektiv dieser jungen und so begabten Künstler von Programm zu Programm. Eigenwillige und beachtenswerte Kräfte haben sich ihre besondere und dabei überaus amüsante Ausdrucksform geschaffen. Das neue Programm ist ausgezeichnet. Einzelne Szenen [...] zeigen, daß man geistreich unterhalten kann, ohne allzu angriffslustig zu sein. Der Song ‚Nicht vergessen' hinterläßt bleibenden Eindruck. Reizend fügen sich die originellen Bühnenbilder von Emil Wittenberg in ein Spiel, das an die besten Zeiten des seligen Überbrettls erinnert. [...][25]

Eine Reihe aktueller Chansons, kleine musikalische Lustspielszenen [...] bringen Stimmung und Atmosphäre, aber durch die farbig-bunte Außenfassade erblickt man bereits die ernsten Hintergründe. Robert Klein-Lörk ist zumeist der Wortführer [...]. Sein ‚Lied auf der Höhenstraße' (Walter West) und ein beschwörendes ‚Nie vergessen!' (Jimmy Berg) zeigen ihn als Schauspieler von eigenem Profil. Aber auch das übrige Ensemble kommt, wirksam eingesetzt, gut zur Geltung.[26]

---

23   Gespräch mit Cissy Kraner, 19. April 2009.
24   Jimmy Berg war Textautor, Hauskomponist, manchmal musikalischer Leiter im ‚ABC'. Er vertonte 21 Songs Soyfers (unter anderem die meisten in Weltuntergang, Astoria und Broadway-Melodie 1492)
25   Das Echo, 19. Dezember 1935
26   Der Wiener Tag, 20. Dezember 1935.

In *Wienerisches – Allzuwienerisches* sang Josef Meinrad zusammen mit Kraner zudem das von Jura Soyfer stammende Duett *Wenn der Ferdl und die Mizzi in den Prater geh'n*.

Die Künstlerin verfügte über ein phänomenales Erinnerungsvermögen, denn noch 2007 – mehr als 70 Jahre nach der Uraufführung – beherrschte sie den nahezu exakten Wortlaut des Liedes, so wie sie es bereits im Jahr 1982 Georg Markus diktiert hatte:[27]

> *Wenn der Ferdl und die Mizzi in den Prater geh'n, bleiben sie vor allem bei der Schießbude gleich steh'n. Ferdl zielt ins Schwarze und weil er gut zielen kann, kriegt er einen General aus weißem Porzellan.*
> *Oder wenn die Mizzi will einen Stoffhund in Zivil.*
> *Ja, der Ferdl, der kann zielen!*
> *Und durch die Zielsicherheit ist die Mizzi gleich bereit, doppelt heiß für ihn zu fühlen. [...]*
> *Das Schießen, das ist eben kein ganz eigenart'ger Sport,*
> *drum schießen wir halt (auch) gern und immerfort.*
> *Alles freut sich, alles lacht, wenn man einen Treffer macht.*
> *Ja bald hammas weit gebracht!*
> *Habe die Ehre, gute Nacht!*
> *Rüst ma halt a bisserl, denn a Hetz muss immer sein!*
> *Und das Rüsten is a Hetz, das sieht a jeder ein!*
> *Rüst ma halt a bisserl, denn das Rüsten ist gesund.*
> *Kriegt man auch kan Hund, so kommt ma sicher auf den Hund!*
> *Und so rüst (schieß) ma hin und her, wozu hat man ein Gewehr?*
> *Schließlich schießt man zum Vergnügen!*
> *Und wird's morgen (sollt's einmal) anders sein, geh'ma halt in Viererreihen![...]*
> *Geh' ma halt ein bisserl siegen!*
> *Man wechselt nur den Standplatz aus und hat ein andres Ziel.*
> *Ändert denn das wirklich gar so viel?*
> *Alles freut sich, alles lacht, wenn man einen Treffer macht.*
> *Ja, bald hammas weit gebracht!*
> *Habe die Ehre – gute Nacht!*[28]

---

27 WBR, HS, Nl. Meinrad, ZPH 1502, Box 2 und Karin Sedlak, Heiterkeit auf Lebenszeit...? Hugo Wiener und seine Wirkungsstätten. Ein Beitrag zur Kabarett und Exilforschung, Diss. Universität Wien 2009, S. 210.
28 Gespräch mit Cissy Kraner, 10. Dezember 2007.

Kraner hat das Duett jedoch in den ersten Wochen mit einem anderen Künstler gesungen, da Josef Meinrads Name weder im Programmzettel[29] noch in den Premierenkritiken aufschien.[30]

Dies liegt daran, dass er nicht von Beginn an, sondern erst ab 9. Jänner 1936 spielte,[31] als das Programm fast einen ganzen Monat lief. Trotzdem findet sich nach dem Besetzungswechsel eine neue Kritik, die auf sein Mitwirken Bezug nimmt:

> *[...] Teddy Bill bewährt sich als Regisseur mit Temperament und plastischer Ausdruckskraft. [...] [D]ie stimmungsvolle wienerische Note des Programms bestreiten Jimmy Bergs ‚Praterlieder', sodann ‚Die Ballade vom Zehngroschentarif' und die ‚Hofsänger' von Walter Lindenbaum. Unter der kultivierten künstlerischen Leitung von Hanns [!] Margulies ist ein flottes Ensemble am Werk, aus dem einige beachtenswerte Talente hervorragen: [...] Das volkstümliche Element fand in den Damen Gisy Kraner und Fritzi Schorr drastische Interpretinnen, bemerkenswert auch die Herren Eduard Kautzner und Josef Meinrad.*[32]

Wie Meinrads Einträge in seinem Taschenkalender zeigen, trug er seine Probentermine sorgfältig ein, oft versehen mit persönlichen Nebenbemerkungen. Auch scheint er eine Art Publikumsstatistik geführt zu haben, denn neben seinen Vorstellungsvormerkungen notierte er Zahlen, die zwischen unter zehn und über fünfzig Zuschauern variieren.[33] Mit einigen seiner Kollegen wie dem späteren Bockerer-Autor Peter Preses und Jura Soyfer pflegte er auch private Kontakte, wie ein Tagebucheintrag zu einem gemeinsamen Essen zeigt.[34]

Nach *Wienerisches – Allzuwienerisches* folgte direkt im Anschluss das Programm *Grenzfälle* (20. Februar 1936 bis 5. Mai 1936). Es war überaus erfolgreich und erlebte mehr als 50 Vorstellungen, was vor allem für eine Kleinkunstbühne einen großen Erfolg bedeutete. Bereits die Premierenkritiken ließen aber auf viele Reprisen hoffen:

---

29 Programmzettel Wienerisches – Allzuwienerisches, in: Sedlak, S. 367-368.
30 Große Volkszeitung, 20. Dezember 1935; Neue Freie Presse, 22. Dezember 1935; Der Zeitspiegel, 1. Dezember 1936
31 Taschenkalender Josef Meinrad 1936, in: WBR, HS, Nl. Meinrad, ZPH 1502, Box 5.
32 Das neue Wiener Tagblatt, 10. Jänner 1936.
33 Kalenderbuch Josef Meinrads 1935/36, in: WBR, HS, Nl. Meinrad, ZPH 1502, Box 5.
34 Tagebuch Josef Meinrad 1937 (in Privatbesitz).

Zwischen Himmel und Erde, Kabarett ABC 1936, Josef Meinrad als Straßensänger
(WBR, HS, Nl. Meinrad)

Mit den ‚Grenzfällen' hat das Cabaret ABC im Regenbogen den Höhepunkt dessen erreicht, was Kleinkunst zu bieten imstande ist. So viel Programmnummern – so viel glänzende Einfälle. Walter Lindenbaum, Walter West und Arnulf Zapf [...], die drei Hausdichter haben eine Reihe von Ensembleszenen und Soli geschaffen, die in ihrer zeit- und lebensnahen Aktualität und Unmittelbarkeit durch die Schärfe ihrer Dialektik überaus amüsant wirken. [...] [U]nd selbstverständlich stellen auch sämtliche Herren ihren Mann: Rudolf [!] Klein-Loerck [!], Karlhans Magnus, Fritz Eckhardt und Josef Meinrad sind ausgezeichnete, über den Augenblick hinauswachsende Darsteller.[35]

---

35 Ohne nähere Angabe, in: WBR, HS, Nl. Meinrad, ZPH 1502, Box 18.

Zwischen Himmel und Erde (6. Mai bis 6. Juli 1936) war die erste Regiearbeit Rudolf Steinboecks, dem späteren Direktor des Theaters in der Josefstadt.

Meinrad spielte in den Szenen *Der Lenz ist da* (von Julius Hansen, Musik: Jimmy Berg), in *Plagiat, Plagiat* (von Julius Hansen und Jura Syofer), in der *Drei Groschen Oper, angewandt* (Text und Musik von Bertolt Brecht und Kurt Weill, dreißig Worte geändert von Jura Soyfer), in *Brand im Opernhaus* von Hans Weigel, in *Wahr ist vielmehr* ... (ohne Autorenangabe) und verkörperte schließlich mehrere Rollen in Jura Soyfers Mittelstück *Zwischen Himmel und Erde*, das dem gesamten Programm den Namen gab. Es hieß ursprünglich *Der Weltuntergang* und ist auch heute wieder unter diesem Namen bekannt. Leon Askin spielte den Kometen Konrad, Robert Klein-Lörk gab den Wissenschafter Professor Guck.

Josef Meinrad sang in seiner Rolle des Straßensängers jenen Schlager von Hermann Leopoldi, dessen Refrain die Atmosphäre jener Zeit wiedergibt:

> *Gehn ma halt ein bisserl unter,*
> *Mit tschin-tschin in Viererreihn,*
> *Immer lustig, fesch und munter,*
> *Gar so arg kann's ja net sein.*
> *Erstens kann uns eh nix g'schehn,*
> *Zweitens ist das Untergehn,*
> *'s einzige, was der kleine Mann*
> *Heutzutag sich leisten kann.*
> *Drum geh'n ma halt ein bisserl unter,*
> *'s riskant, aber fein!*[36]

Die Presse nahm das neue Programm mit großer Begeisterung auf:

> *Das Kabarett ‚ABC im Regenbogen' tut erfreulicherweise mehr, als es müßte. Es behauptet sich nicht nur, es treibt sich aus schöner eigener Kraft empor [...]. Die eindrucksvoll dramatisierte Ballade vom Weltuntergang ‚Zwischen Himmel und Erde' [...] trägt den tieferen Sinn der Labilität von Anschauungen und anscheinend weltbewegenden Geschehnissen in sich. Nebenher geht die Persiflage des Wieners, der nicht untergeht, des Österreichers, der für alles Zeit hat und der somit der Ansicht ist, auch der Weltuntergang werde sich noch Zeit lassen. [...] Margulies verfügt nun über ein getestetes und rühmenswertes, von Rudolf Steinboeck vortrefflich*

---

36 Jura Soyfer, Szenen und Stücke, hg. von Horst Jarka, 2. Aufl., Wien/Zürich 1993, S. 88.

*geleitetes Ensemble, in dem sich [...] Meinrad, Klein-Lörk und Askenasy, jede und jeder gut am zugewiesenen Ort, finden.*³⁷

Mit einem seiner Programme – mit welchem ließ sich leider nicht mehr nachvollziehen – hinterließ das Ensemble des ‚ABC' bei einem äußerst finanzkräftigen Amerikaner mit österreichischen Wurzeln solch großen Eindruck, dass er es in der Folge unter seine Fittiche nahm, wie der Zeitungsausschnitt aus Josef Meinrads Nachlass zeigt. Unter der Schlagzeile *Ölmagnat finanziert Kleinkunstbühne* war zu lesen:

> *Vierzehn junge Wiener Künstler haben seit einigen Tagen einen Mäzen. Der Ölmagnat Mr. [O.] Eisenschimmel aus Chikago fand so viel Gefallen an dem Programm des ‚ABC'- Kabaretts, das unter Leitung des ambitionierten Hans Margulies steht, dass er sich der Künstlertruppe annahm. Eines Abends saß der große, starke Mann im Zuschauerraum des ‚A.B.C.'. [...] Kein Mensch ahnte, dass der Herr, der sich so gut amüsierte, der mächtige Ölmagnat Eisenschimmel war. Nach der Vorstellung ließ er sich den Leiter kommen und erklärte: ‚Wie machen Sie das, für 1,90 Schilling eine solche Vorstellung zu bieten? Ich habe mich so gut unterhalten, dass ich mich wirklich beschenkt fühlen müsste, wenn Sie nicht diese Kleinigkeit als Nachzahlung akzeptieren würden.' Und er drückte dem Erstaunten ein paar Hundert-Schilling-Scheine in die Hand. Beim Programmwechsel tauchte Mr. Eisenschimmel, der einst in Wien geboren ist, aber nun schon seit vielen Jahren nicht mehr in seiner Heimat war, wiederum auf. Auch diesmal amüsierte er sich für mehr, als er gezahlt hatte – und zahlte nach. Dem Textautor richtete er zudem noch eine kleine Wohnung ein.*³⁸

Vermutlich handelt es sich bei jenem angesprochenen Autor um Jura Soyfer und sein Mittelstück *Zwischen Himmel und Erde*.

Eisenschimmel, der sich so beeindruckt von Hans Margulies' Truppe gezeigt hatte, sollte noch eine wichtige Rolle im Leben der Künstler spielen. Laut Askin sponserte er der Truppe, um ins rettende Ausland zu kommen, die für die Einreise in die USA benötigten Affidavits.³⁹

---

37 Ohne Angabe, in: WBR, HS, Nl. Meinrad, ZPH 1502, Box 18.
38 WBR, HS, Nl. Meinrad, ZPH 1502, Box 4.
39 Askin, S. 151.

Nicht nur für Cissy Kraner und Josef Meinrad sollte das ‚ABC' eine wichtige Stufe auf dem Sprung zu einer großen Karriere sein: Neben Jura Soyfer, der am Beginn einer vielversprechenden Laufbahn als Autor stand (jedoch der NS-Verfolgung zum Opfer fiel und im Alter von 26 Jahren im KZ Buchenwald starb), waren weitere Ensemblemitglieder Herbert Berghof, der spätere Bockerer-Autor Peter Preses, Fritz Eckhardt und viele andere.

Als Autoren zeichneten neben Soyfer und Weigel unter anderem Friedrich Torberg (unter dem Pseudonym ‚Fritz Tann'), Preses und Franz Paul verantwortlich. Sie alle trugen wesentlich zum großen Erfolg dieses Kabaretts bei, wie Askin anmerkt: „Es war aber nicht Jura Soyfer allein, der dem ‚ABC' zu seinem guten Ruf verhalf; die ganze Gruppe hatte daran entscheidenden Anteil. Unser Bekanntheitsgrad reichte über die Grenzen Österreichs hinaus. Der Manchester Guardian, die zweitgrößte Zeitung Englands, bezeichnete das ‚ABC' als ‚The best bet in town'".[40]

Auch Cissy Kraner war ebenfalls voll des Lobes über ihre Kollegen: „Die waren sehr gut. Das waren lauter Literaten. Das muss ich sagen. Lauter g'scheite Leut'. [...] Alles mit Niveau, ja?"[41]

Der exzellente Ruf des Kabarett ‚ABC' begründet sich vor allem auf dessen gewagten Spielplan, auf den Mut, Zeitumstände anzuprangern und der mit kritischen Inhalten die Aufmerksamkeit und manches Mal den Unmut der Zensoren auf sich zog, was, wie erwähnt, auch Vermerke bei der Polizei nach sich zog.

Ein Schreiben Hans Margulies' belegt, dass Josef Meinrad in der Zeit zwischen August 1936 und Juli 1937 auch noch für zwei weitere Programme im ‚ABC' engagiert wurde.[42] 1937 nahm er eine Auszeit von der Bühne und reiste durch Europa. Seinen Lebensunterhalt finanzierte er sich mit kleinen Handwerksarbeiten.

JOSEF MEINRAD IN DER ‚INSEL', IN DER ‚KOMÖDIE' UND IM ‚WIENER WERKEL'

Zurückgekehrt nach Wien, spielte Meinrad in Leon Epps ‚Insel', dem ‚Hagenbund', der ‚Schutzhausbühne Wien' und dem ‚Theater an der Wien' und verdiente zusätzlich als technischer Zeichner bei einem Architekten.[43]

---

40 Ebd., S. 150.
41 Gespräch mit Cissy Kraner, 15. Juni 2007.
42 WBR, HS, Nl. Meinrad, ZPH 1502, Box 2.
43 Josef Meinrad spielte im ‚Hagenbund' in Mäcenas, in der Schutzhausbühne in Wien in Tangotraum, im Theater an der Wien in Lanzelot und Sanderein (vgl. Holler, S. 320). Der ‚Hagenbund' war eine im Jahr 1900 unter dem Namen ‚Kulturbund Hagen' gegründete Vereinigung bildender Künstler, die mit den Zuständen der ‚Gesellschaft bildender Künstler' unzufrieden waren.

Mit dem ‚Anschluss' an Nazi-Deutschland und dem Einmarsch der Nationalsozialisten war die Arbeitssituation an Österreichs Bühnen über Nacht eine völlig andere geworden. Jüdische Kulturschaffende erhielten Berufsverbot, kritische Programme wurden durch die Schließung sämtlicher Kleinkunstbühnen – mit Ausnahme des ‚Bierkabarett Simplizissimus' – verhindert und durch Inhalte, die der Kriegs-Propaganda dienen sollten, ersetzt.

Auch die ‚Insel' musste ihre Pforten schließen, aber Epp wurde 1939 kurz darauf Leiter der ‚Komödie' in der Johannesgasse und engagierte Josef Meinrad von neuem.[44]

Wie die meisten Arbeitnehmer in dieser Zeit war Meinrad Mitglied der ‚Deutschen Arbeitsfront', der damaligen Einheitsgewerkschaft; seine Mitgliedskarte ist datiert mit dem Jahr 1938.[45] Da er der Reichstheaterkammer einen „einwandfreien Ariernachweis" vorlegen konnte,[46] wurde ihm ohne Probleme eine Arbeitsbewilligung ausgestellt. Danach kam Meinrad nach eigenen Angaben nicht mehr mit den Behörden und Organisationen der Machthaber in Berührung. Damals beschloss er, sich nicht politisch zu engagieren, seine gesamte Energie und Disziplin konzentrierte er auf seinen Beruf.[47]

Neben der ‚Komödie' Leon Epps spielte Meinrad auch im inzwischen neu gegründeten ‚Wiener Werkel', das von Adolf Müller-Reitzner in Vereinbarung mit der Nationalsozialistischen Deutschen Arbeiter-Partei ins Leben gerufen und am 20. Jänner 1939 eröffnet worden war.[48] Gemeinsam mit dem ‚Bierkabarett Simplicissimus' war das ‚Wiener Werkel' die einzige Bühne, die ab dem Einmarsch der deutschen Truppen noch spielen durften, erst mit der totalen Theatersperre 1944 schlossen auch sie ihre Pforten.

---

44 Meinrad spielte in der ‚Komödie' unter der Leitung von Leon Epp in den Stücken Lilofee, Mädchen Till, Land ohne Herz, Eismeervolk, Was sagen Sie zu Monika, Hochzeitsreise ohne Mann, Ein unwiderstehliches Subjekt, Moisasurs Zauberfluch, Die Dampfmaschine, Irrfahrt der Wünsche und Goldregen (vgl. Holler, S. 322).

45 WBR, HS, Nl. Meinrad, ZPH 1502, Box 4. Die Deutsche Arbeitsfront (DAF) war nach Zwangsauflösung der Gewerkschaften (1933) ein der NSDAP angeschlossener Verband (1933– 1945), deren Mitgliedschaft auf freiwilliger Basis beruhte, in der Praxis jedoch obligatorisch war. Sie bildete einen Zusammenschluss der in Industrie, Handel und Gewerbe tätigen Arbeitnehmer und Arbeitgeber und widmete sich vor allem der sozialen Betreuung ihrer Mitglieder, um deren Arbeitsfähigkeit zu garantieren.

46 Vgl. Holler, S. 46.

47 Ebd., S. 46.

48 Genauere Recherchen über das ‚Wiener Werkel', seine Entstehung und seine Programme zeigt Daniela Loibl in ihrer Diplomarbeit auf: Daniela Loibl, Kabarett seiner Zeit. (Liter)arische Kleinkunst im ‚Wiener Werkel' von 1939 - 1944, Diplomarbeit Universität Wien 2003.

Adolf Müller-Reitzner, der Gründer und Leiter des ‚Wiener Werkel', war selbst Mitglied der NSDAP. Ausgerechnet diese Kleinkunstbühne, die im Auftrag der Nazis gegründet worden war, bot der so genannten Subkultur Gelegenheit, gegen die Obrigkeit zu agieren. Die Gründung des Kabaretts und sein künstlerischer Impetus, ein Ort des Widerstands zu sein, muss demnach umso kritischer betrachtet werden, denn

> *[I]n der Literatur wird oft ein Bild des ‚Wiener Werkels' entworfen, das die Wiener Kabarettbühne als Zentrum des österreichischen Widerstands zeigt. Es wird eine Kleinkunstbühne präsentiert, die es wagte, sich gegen das Regime aufzulehnen. [...] Der Mythos vom widerständigen Kabarett wird vor allem weiter getragen, wenn die unrealistische, ja widersprüchliche ‚Geschichte' von einem NSDAP-Anhänger erzählt wird, der mit – angeblich – politisch völlig anders orientieren Autoren und Schauspielern eine Kleinkunstbühne gründete und das höchstwahrscheinlich noch dazu im Auftrag des Propagandaministeriums.*[49]

Laut dem Dramaturgen Rudolf Weys wollte Müller-Reitzner eine eigene Bühne nach Vorbild der ‚Literatur am Naschmarkt' errichten und als Anwärter der NSDAP war es für ihn kein Problem, von der Reichstheaterkammer die erforderliche Erlaubnis zu bekommen. Man erwartete sich von ihm ein „national gesinntes, beispielgebendes Ostmark-Kabarett"[50] und eine möglichst baldige Eröffnung. In sein Team engagierte er viele ehemalige Beschäftigte der ‚Literatur am Naschmarkt', nicht ahnend, dass er damit die Erwartungen des Propagandaministeriums untergrub. Denn die neu engagierten Autoren waren weit davon entfernt, parteitreues, propagandistisches Programm zu machen. Weys erinnert sich:

> *[U]m rasch zu eröffnen, brauchte [Müller-Reitzner] noch rascher ein Programm, und als Direktor dachte er nicht schwärmerisch, sondern praktisch. Er wusste, dass ein kritikloses Cabaret nicht gedeihen kann. Also wandte er sich nicht an Mitarbeiter des Völkischen Beobachter, sondern an bewährte arische Schreiberlinge aus greulicher Vorzeit. Zunächst wollte er von mir und Franz Paul lediglich die Erlaubnis, erfolgreiche Stücke und Szenen wie das ‚Pratermärchen', ‚Kellnerprüfung' und andere nachspielen zu dürfen. [...] Doch schon mit dieser Zustimmung nahm alles*

---

49 Loibl, S. 12.
50 Rudolf Weys, Wien bleibt Wien und das geschieht ihm ganz recht, Wien 1978, S. 187.

Wiener Werkel 1939, *Senatus Vindobonae*, Josef Meinrad und Oskar Wegrostek
(Hans Weigel: Versuch über Josef Meinrad)

> *einen neuen Lauf. Die Hoffnung der Reichstheaterkammer konnte sich nicht mehr erfüllen. Mit uns beiden hatte Müller-Reitzner zwei trojanische Pferde angeheuert. Alle Autoren, die im Verlauf der fünf Jahre des Bestehens für das Wiener Werkel schrieben, waren engagierte Österreicher und schon deshalb Gegner des Großdeutschen Reiches. Unsere Parole war und blieb: Mir wer'n s' schon demoralisieren.[51]*

In Grundzügen bestand das Ensemble zu einem großen Teil aus der ‚arischen' Belegschaft der ‚Literatur am Naschmarkt', hinter manchen Autoren verbergen sich Fritz Eckhardt und Kurt Nachmann, die beide – in der damaligen NS-Diktion – als ‚Halbjuden' galten.

Meinrad stand hier in den ersten zwei Programmen, die jeweils ein halbes Jahr Laufzeit hatten, unter anderem mit Hugo Gottschlich, Oskar Wegrostek und seinem ehemaligen ‚ABC'-Kollegen Wilhelm Hufnagl auf der Bühne.

Im ersten Programm spielte er in *Variationen über ein altes Thema*, weiters in *Plauderei an österreichischen Kaminen* und in *Herrn Sebastian Kampls Höllenfahrt* von Eckhardt, Weys und Paul.

51 Ebd., S. 187.

Im zweiten Programm trat Meinrad unter anderem in *Kleine Geschichten von Groß-Wien* (Eine chronische Moritat von Hertha Schulda-Hüller und Herbert Mühlbauer) auf. Die 1. Moritat mit dem Titel *Senatus Vindobonae* stammte von Rudolf Weys. Meinrad spielte, laut Weys, den 2. Senator, den Bürgermeister mimte Hermann van Dyk und Edgar Melhardt war der 1. Senator.[52] Die Handlung besteht aus zusammen gewürfelten geläufigen lateinischen Sprüchen, mittels derer die drei Figuren miteinander kommunizieren:

> *1. Senator: Quo vadis, domine?*
> *Marcianus (ärgerlich): Noli turbare circulos meos! (schreitet weiter)*
> *2. Senator: In medias res! In medias res!*
> *Marcianus (bleibt unwillig stehen): ‚In medias res! In medias res!' Unum constat: Novus aquaeductus necessarius est pro Vindobona! [...]Et panem! Et circenses! [...]*
> *1. Senator: Ne quid Vindobona detrimenti capiat! Pagare necesse est! Novi tributi pro populis nostris!*
> *Marcianus: Novi tributi? Sed contra veminem? (Nachdenklich) Contra veminem, that's the question! (Verbessert sich) Ah, pardon! Haec est questio!*
> *1. Senator: Contra Veminem? (Stützt nachdenklich den Kopf in die Hand) Cogito ergo sum!*[53]

Am Schluss singen die drei – ganz echte Bürger Vindobonas – *Es wird a Wein sein* (*Et erit vinum*). Meinrad spielte noch in der 3. Moritat mit dem Titel *Das Speckschwartl*, in der 5. Moritat *Kaiser Josef und der Augarten*, in der 7. Moritat *Wien um 1900* und in Franz Böheims Szene *Zwei bei Italien gegen Deutschland*.

Im zweiten Programm brachte man *Das chinesische Wunder oder Der wandernde Zopf (ein Spiel um den Chinesen, der net untergeht)* von Franz Paul, eine gewagte politische Parodie auf den Einmarsch der Deutschen in Österreich. Josef Meinrad verkörperte den einmarschierten Japaner ‚Wil-Li', der mit der hier ansässigen Chinesin ‚Re-Si' anbandelt. Die Idee, den Einmarsch der Deutschen in Österreich mit dem Einmarsch der Japaner in China darzustellen, wurde mit sofortigem Spielstopp geahndet. Laut Weys setzte sich Müller-Reitzner jedoch für sein Ensemble ein und erwirkte die Fortsetzung der Aufführungsserie, indem er Gau-

---

52 Ebd., S. 203. Manfred Lang listet in seiner Dissertation über das Wiener Werkel Hermann van Dyk als Bürgermeister, Meinrad als 1. Senator und Edgar Nelhardt als 2. Senator auf: Manfred Lang, Kleinkunst im Widerstand. Das Wiener Werkel, Diss. Universität Wien 1967, S. 266.
53 Weys, S. 204–205.

leiter Josef Bürckel in die Vorstellung einlud, ihn fürstlich bewirten ließ, sodass die Wahrnehmung, rechtzeitig zu den brenzligen Textstellen, bereits getrübt war und die – vorsorglich vernuschelten – kritischen Passagen die Behörde passierten. Das Programm war von nun an auf lange Zeit im Vorhinein ausverkauft. Stets wandernd an der Grenze des noch Erlaubten und trotz mehrerer Ermahnungen bestand das ‚Wiener Werkel' bis zur Theatersperre 1944.

BASIS FÜR EINE ERFOLGREICHE KARRIERE

Die Jahre im Kabarett ersetzten Meinrad die Jahre der ‚Provinz', pro Abend hatte er stets mehrere Rollen zu präsentieren, wodurch er Spielpraxis erwerben konnte. In der Geschlossenheit der Kleinbühnen hatte er ein Terrain gefunden, auf dem er sich erproben, seine Gestaltung differenzieren lernen konnte. Er knüpfte viele Kontakte, erwarb sich ein großes Netzwerk und legte damit nicht nur den Grundstein für intensive spätere Zusammenarbeit mit Regisseuren wie Rudolf Steinboeck oder Leon Epp, sondern bildete auch die Basis für seine zukünftige internationale Karriere.

Duglore Pizzini würdigte anlässlich Meinrads 80. Geburtstags dessen Figurengestaltung und Spielfreude, durch die er das Publikum für sich einnahm: „Josef Meinrad [...] hat den Leuten ganz einfach Freude gemacht. Sein Theater war nicht pseudo-intellektuelles Versuchslabor, sondern große, bunte Spielwiese eines erwachsen gewordenen Kindes."[54] Den Grundstock hierzu legte er in seinen Anfängen in den 1930er Jahren, als er jede Möglichkeit ergriff, die unterschiedlichsten Figuren darzustellen, zu improvisieren und sich so jede Menge Routine und Kompetenz zu erwerben.

Sein damaliger Weggefährte Hans Weigel bricht eine Lanze für Meinrads Entscheidung, trotz eines Angebots nicht unmittelbar ans Burgtheater, sondern ins lothringisches Metz gegangen zu sein. Er sieht darin den entscheidenden Impuls zu Meinrads künftigen Lorbeeren:

Er wurde in den Fünfziger-Jahren der ‚würdigste' Kollege des Werner Krauss, weil er 1940, im späten Anfangsstadium, nicht bereit gewesen war, ein Kollege des Werner Krauss zu werden.[55] *[...] Das Große muß Gelegenheit haben, klein gewesen zu sein und in Ruhe zu wachsen.*[56]

---

54 Duglore Pizzini, Einfach, schlicht, wahrhaft, würdig. Josef Meinrad, Träger des Iffland-Rings feiert seinen 80. Geburtstag, in: Die Presse, 21. April 1993, in: WBR, HS, Nl. Meinrad, ZPH 1502, Box 2.
55 Weigel, S. 13.
56 Weigel, S. 15.

VERONIKA ZANGL

JOSEF MEINRAD IN METZ

Aus den Materialien, die sich im Nachlass Josef Meinrad zu den Jahren 1940 bis 1944 finden, ergeben sich vor allem Fragen. Prägend für die Jahre sind insbesondere Lücken, und zwar sowohl in Bezug auf sogenannte Lebensdokumente im Nachlass als auch in Bezug auf das Deutsche Theater in Metz.

In Interviews und biographischen Notizen finden sich vor allem zwei Gründe für das Engagement von Josef Meinrad am Deutschen Theater in Metz: zum einen, um nicht zur Wehrmacht eingezogen zu werden, zum anderen um nicht zu früh in ein Rollenfach gedrängt zu werden.[1] Hans Weigel bezeichnet Metz in seinem *Versuch über Josef Meinrad* als „glücklichen toten Winkel der Weltgeschichte", wo Meinrad unter der Intendanz von Viktor Pruscha und Alfred Huttig in vielfältigen Rollen eingesetzt wurde.[2] Dass die Erweiterung des Rollenfachs scheinbar nur teilweise gelang, lässt sich aus dem Rollenregister und den Dienstverträgen mit dem Deutschen Theater in Metz erschließen. Zwar spielt Meinrad auch in Schillers *Don Carlos* (Rolle: Parma), Goethes *Faust* (Rolle: Valentin) oder Lessings *Emilia Galotti* (Rolle: Conti), doch handelt es sich dabei durchwegs um Nebenrollen. Tragende Rollen oder Hauptrollen übernimmt er vor allem in (Salon-)Komödien, Lustspielen und Operetten. In den Dienstverträgen mit dem Theater in Metz wird er bis 1942/43 für das Fach „Jugendlicher Naturbursch und Rollen nach Eignung" bzw. „Rollen nach Individualität" engagiert, in den Verträgen 1943/44 steht „jgdl. Bonvivant und Rollen nach Individualität". In beiden Verträgen findet sich außerdem der Zusatz: „Herr Meinrad erhält für die Übernahme jeder grossen Gesangspartie in Operette und Musikal. Lustspiel ein Sonderhonorar von RM 20,--. Dieses Honorar wird im Monat 10 x garantiert."[3] Es ist daher anzunehmen, dass Meinrad sich in Metz vor allem in Operetten und Singspielen profilieren konnte.

Aus zwei Dokumenten aus dem Nachlass Josef Meinrad sind dennoch Rückschlüsse auf die Geschichte des Fronttheaters bzw. der Truppenbetreuung während des Zweiten Weltkrieges möglich. Es handelt sich dabei um die Mitgliedskarte „Die Deutsche Arbeitsfront"[4] sowie um den Mitgliedsausweis der Reichskultur-

---

1   Vgl. Regine Mayer, Josef Meinrad. Zur Popularität und Wirkung eines Schauspieleridols, Diss., Universität Wien 1995, S. 8.
2   Hans Weigel, Versuch über Josef Meinrad, Velber b. Hannover 1962, S. 15.
3   WBR, HS, Nl. Meinrad, ZPH 1502, Box 5.
4   WBR, HS, Nl. Meinrad, ZPH 1502, Box 4.

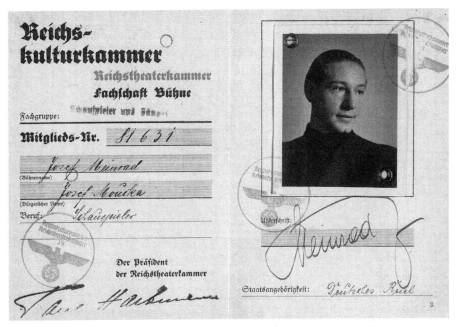

Mitgliedsausweis Meinrads bei der Reichskulturkammer, 1941 (WBR, HS, Nl. Meinrad)

kammer, Reichstheaterkammer Fachschaft Bühne.[5] Beide Mitgliedskarten weisen Besonderheiten auf. Die Mitgliedskarte der Deutschen Arbeitsfront vermeldet etwa als Eintrittsdatum 1. November 1938, doch fehlt die Unterschrift von Meinrad, darüber hinaus fehlt jeder Hinweis darauf, dass Meinrad jemals Mitgliedsbeiträge bezahlt hat. Die Mitgliedskarte ist auf den Geburtsnamen „Josef Moucka" ausgestellt und als Beruf wird „Techniker" angeführt. Dies ist insofern von Interesse, als sich Meinrad in seinem Merkbuch von 1938 als „Schauspieler" bezeichnet und er im November 1938 bereits durchgängig in der ‚Insel' spielt. Der Beitritt zur Reichskulturkammer erfolgt mit 1. September 1941 außergewöhnlich spät. Aus den Stempeln für die Mitgliedsbeiträge von September 1941 bis September 1942 lässt sich schließen, dass sämtliche Mitgliedsbeiträge nachträglich im September 1942 in Berlin einbezahlt wurden.[6] Erst danach werden die Mitgliedsbeiträge mit dem Stempel „F/B Metz Deutsches Theater" bestätigt.

Zum einen ist es erstaunlich, dass Josef Meinrad ohne Mitgliedschaft bei der Reichskulturkammer Engagements als Schauspieler erhielt, andererseits stellt sich die Frage, warum er 1941 dennoch beitrat bzw. beitreten musste. Die Mit-

---

5   Ebd.
6   Vgl. ebda.

gliedskarte der Deutschen Arbeitsfront von 1938 sowie die Mitgliedschaft bei der Reichskulturkammer ab 1941 sind in gewisser Weise repräsentativ für den Kompetenzstreit im Bereich der NS-Kulturpolitik. Geerte Murmann nennt in ihrem grundlegenden Buch *Komödianten für den Krieg* die wesentlichen Personen bzw. Instanzen, die Anspruch auf Fronttheater bzw. Truppenbetreuung machten:

> *In der Kulturpolitik kämpften, – um nur die höchsten Instanzen zu nennen – Rosenberg, der „Beauftragte des Führers", gegen Ley, den Chef der Deutschen Arbeitsfront, Ley gegen Goebbels, den Propagandaminister, Goebbels gegen Rosenberg, Rosenberg gegen Himmler, den Chef der SS.*[7]

In diesem Kompetenzstreit einigten sich schließlich Robert Ley und Goebbels auf einen Kompromiss, wobei Ley zugunsten der NS-Gemeinschaft ‚Kraft durch Freude' die Künstlerverbände aus der Deutschen Arbeitsfront an Goebbels neu geschaffene Reichskulturkammer überließ.[8] Bis 1938 hatte sich die NS-Gemeinschaft ‚Kraft durch Freude' (KdF) zu einem Kultur- und Freizeitimperium entwickelt, mit eigenen Ferienanlagen, Kreuzfahrtschiffen, Theater- und Konzertsälen.[9] Die Zuständigkeiten zwischen KdF und Reichskulturkammer (RKK) mussten nach Kriegsbeginn insofern neu verhandelt werden, als das Oberkommando der Wehrmacht (OKW) die Finanzierung der kulturellen Betreuung der Truppen übernahm. Bei den Auseinandersetzungen ging es vor allem darum, ob das OKW die Gelder für die Truppenbetreuung an Ley und die DAF/KdF oder an Goebbels überweist. Schlussendlich gewann Goebbels den Streit und behielt damit seinen Einfluss auf das Programm der Front- und Wehrmachtstheater. Ab 1939 wurde für die Koordination der Truppenbetreuung ein neues Amt eingerichtet, das ‚Sonderreferat Truppenbetreuung', das ab Juni 1940 unter der Leitung von Hans Hinkel stand. Hinkel war zuvor für die Entlassung, Überwachung und Konzentration jüdischer Künstler und Künstlerinnen zuständig, 1941 erhielt er die Stelle des ‚Generalsekretärs der Reichskulturkammer' und war damit nach Goebbels die oberste Instanz für die Truppenbetreuung.[10] 1941 entschied Goebbels den Kompetenzstreit in Bezug auf Fronttheater und Truppenbetreuung zumindest in finanzieller Hinsicht für sich, indem er durchsetzen konnte, dass die Gelder für die Truppenbetreuung

---

7   Geerte Murmann, Komödianten für den Krieg. Deutsches und alliiertes Fronttheater, Düsseldorf 1992, S. 53.
8   Vgl. Frank Vossler, Propaganda in die eigene Truppe. Die Truppenbetreuung in der Wehrmacht 1939–1945, Paderborn u.a. 2005, S. 89; vgl. Murmann, Komödianten, S. 61.
9   Vgl. Murmann, Komödianten, S. 76ff.
10 Vgl. Vossler, Propaganda, S. 91.

ohne Umweg über das OKW direkt an das Reichspropagandaministerium überwiesen wurden.[11] Der Macht- und Kompetenzstreit zwischen Goebbels, Ley und Hinkel sowie dem OKW war damit jedoch nicht beendet und führte bis zum Ende des Krieges zu Unstimmigkeiten zwischen den einzelnen Personen und Ämtern.[12]

Unabhängig von den typischen Unklarheiten in Bezug auf Zuständigkeiten im NS-Regime sind an dieser Stelle jedoch insbesondere die Konsequenzen für Schauspieler und Schauspielerinnen von Bedeutung, die im Rahmen der Truppenbetreuung zum Einsatz kamen. Vor allem bis 1942 brachte die Tätigkeit im Rahmen der Truppenbetreuung einige Vorteile mit sich, wie etwa sehr gute Bezahlung, Befreiung von Front- und Arbeitsdienst.[13] Der letzte Punkt war für Meinrad offensichtlich von wesentlicher Bedeutung. Im Nachlass finden sich unter anderem die Taschenkalender aus den Jahren 1933, 1935 bis 1939, in denen er zur Großteil Termine notierte. Im Kalender von 1939 findet sich am 7. März der Eintrag „9.30 Musterung" und darunter „Heiligenstädterst 129". Es ist nicht deutlich, ob diese beiden Eintragungen in Zusammenhang stehen.[14]

Am 28. Juni und am 9. Oktober stehen Termine beim „Wehrbezirkskom." notiert. Es liegt die Vermutung nahe, dass es sich bei diesen Terminen um die Möglichkeit der Einberufung bzw. um die Zurückstellung von der Einberufung handelte. Meinrad spielt in dieser Zeit zwar regelmäßig im ‚Wiener Werkel', seine Erfolge beginnen aber vor allem mit seinem Engagement in dem von Rudolf Haybach gegründeten Theater ‚Die Komödie'. Seine Hauptrolle im Stück *Das unwiderstehliche Subjekt* von Martin Luserke, in der Inszenierung von Leon Epp, führt zum wahrscheinlich ersten Schauspielerporträt in einer Zeitung, und zwar der *Volks=Zeitung* vom 4. April 1940. Bereits in dieser Darstellung findet sich das ‚Programm' Meinrad, das sich noch öfters wiederholen wird: „[…] immer wirkte er heiter, lebensbejahend, ausgleichend, ein wenig unbeholfen, aber ehrlich, grundehrlich."[15] Weniger häufig wird die biographische Lesart wiederholt, die in der *Volks=Zeitung* angeführt wird. Nach seiner Rückkehr von der Pariser Weltausstellung 1937 nach Wien, heißt es dort,

---

11   Vgl. ebd., S. 141; vgl. Murmann, Komödianten, S. 115.
12   Ausführlich dazu Vossler, Propaganda, S. 129-153, vgl. auch Alexander Hirt, „Die Heimat reicht der Front die Hand". Kulturelle Truppenbetreuung im Zweiten Weltkrieg 1939-1945. Ein deutsch-englischer Vergleich, Diss. Georg-August-Universität Göttingen 2006, S. 31.
13   Vgl. Murmann, Komödianten, S. 90.
14   WBR, HS, Nl. Meinrad, ZPH 1502, Box 5. Der Taschenkalender von 1939 befindet sich im Umschlag von 1940. Der Kalender von 1940 ist nicht vorhanden.
15   Der Künstlerhans reist durchs Land. Josef Meinrad erzählt über seine Rolle im ‚Unwiderstehlichen Subjekt', in: Volks=Zeitung, 4. April 1940 (signiert „B.", Seite unbekannt).

kam der Umbruch, und damit war für Meinrad der Weg zum Theater offen. Die jüdischen Schauspieler verschwanden über Nacht, und der arische Nachwuchs trat hervor. Im April 1938 stand er in Walter Hans Boeses „Gymnasiasten" im Theater an der Wien zum erstenmal in einer wirklichen Rolle auf dem Theater. Daran schloß sich dann die Erfolgsserie im Wiener Werkel, und von dort erfolgte der schon geschilderte Uebertritt in die Komödie. Man kann also sagen, daß dieser große, blonde Bursche, der immer an die Erreichung seines Zieles geglaubt hat, alles aus eigener Kraft fertig brachte und daß er darum auch weiter seinen Weg machen wird.[16]

Aber abgesehen davon, dass diese Darstellung Meinrads Tätigkeit an Epps Theater ‚Die Insel' übergeht, das im Juni 1938 schließen musste, konnte er sich bis 1939 wahrscheinlich nicht soweit profilieren, um eine uk-Stellung zu bekommen. Von Interesse ist in diesem Zusammenhang die Mitgliedskarte der ‚Deutschen Arbeitsfront', die über die NS-Gemeinschaft ‚Kraft durch Freude' auch Theatertourneen organisierte. Obwohl die Wiener ‚Komödie' erst 1941 dem Volkstheater angegliedert und damit zum zweiten KdF-Theater in Wien wurde, organisierte die KdF bereits im Juli 1940 ein Gastspiel der ‚Komödie' in Thorn (im damals besetzten Polen).[17] Dass Josef Meinrad schließlich am 23. Oktober 1940 einen Dienstvertrag mit dem Schauspielhaus in Metz mit einem garantierten Monatseinkommen von 650 Reichsmark unterschreibt, einem Theater mit einer KdF-Besucherorganisation, dürfte ihn als jungen Schauspieler besser vor einem Wehrmachtseinsatz geschützt haben als ein Engagement am Burgtheater. Meinrad unterzeichnete den Vertrag vor allem in einer Zeit, in der massiv für die Truppenbetreuung geworben wurde. So betrachtete Hans Hinkel die kulturelle Truppenbetreuung 1940/41 als Teil der modernen Kriegsführung[18] und proklamierte eine „Gemeinschaft von Schwert und Leier",[19] in der *Bühne* wurden regelmäßig Berichte über Fronttheater veröffentlicht.[20] Als Höhepunkt der Werbekampagne kann nicht zuletzt der 1942 veröffentlichte Film *Fronttheater* gesehen werden. Wenn Meinrad über die

---

16 Ebd.
17 Vgl. Valentin Polcuch, Die Wiener ‚Komödie' gastierte in Thorn, in: Thorner Freiheit, 12. Juli 1940, S. 3.
18 Vgl. Hirt, Heimat, S. 76.
19 Hans Hinkel, Gemeinschaft von Schwert und Leier. Kraft durch Freude für unsere Soldaten, 1940, zit. nach Alan E. Steinweis, Art, Ideology & Economics in Nazi Germany. The Reich Chambers of Music, Theater, and the Visual Arts, Chapel Hill/London 1993, S. 150.
20 Vgl. Fronttheater, in: Die Bühne, 20. Jänner 1940; Schauspieler und Soldat, in: Die Bühne, 23. Februar 1940 (zit. nach Steinweis, Art, S. 150).

NS-Gemeinschaft KdF zum Deutschen Theater in Metz kam, so ist jedoch nicht zu klären, warum auf dem Mitgliedausweis als Beruf „Techniker" angeführt wird. Eine weitere Besonderheit des Vertrages ist, dass das Deutsche Theater in Metz zu Vertragsabschluss zumindest laut *Deutschem Bühnen-Jahrbuch* noch nicht existierte. Auch im *Deutschen Bühnen-Jahrbuch* von 1941 findet sich nur der Vermerk „Im Aufbau begriffen".[21] Erst im *Bühnen-Jahrbuch* 1942 heißt es „1941 durchgreifend umgebaut, im Dezember 1941 eröffnet [...]".[22] Wie also lässt sich die Diskrepanz zwischen dem Dienstvertrag von Josef Meinrad, beginnend am 15. November 1940, und den Einträgen im *Bühnen-Jahrbuch* erklären? Das Rollenregister weist jedenfalls ab 10. Dezember Rollen am Deutschen Theater Metz aus.

Zum Deutschen Theater in Metz liegen bislang kaum ausführliche Forschungsarbeiten vor. So beschränkt sich etwa der Eintrag zu Metz in dem von Thomas Eicher, Barbara Panse und Henning Rischbieter herausgegebenen Standardwerk *Theater im „Dritten Reich"* auf die wenigen Hinweise, die sich in den *Bühnen-Jahrbüchern* 1940 bis 1945 finden.[23] Geerte Murmann, Frank Vossler oder Alexander Hirt erwähnen Metz nicht oder nur am Rande. Die einzige ausführlichere Arbeit zum Theater in Metz ist die Diplomarbeit von Virginie Wittmer mit dem Titel *Le Théâtre à Metz sous l'Annexion Allemande (1940–1941)*,[24] in der sich ansatzweise eine Erklärung für den Übergang des Theaters in Metz zum Deutschen Theater Metz findet. Wittmer führt aus, das Viktor Pruscha im September 1940 von Josef Bürckel die Leitung des Theaters übertragen wurde, der für die Saison von Dezember bis Juni 1941 ein engagiertes und, wie sich herausstellte, erfolgreiches Programm zusammenstellte. In den ersten sechs Monaten wurden 16 Stücke inszeniert, die 129 Mal aufgeführt wurden, wobei zwei Wochen lang für die Wehrmacht in Nancy gespielt wurde.[25] Eröffnet wurde die Saison am 8. Dezember 1940 mit *Kabale und Liebe* von Friedrich Schiller, danach folgten am 9. Dezember 1940 *Der verkaufte Großvater* von Franz Streicher, am 17. Dezember *Flitterwochen* von Paul Helwig und am 28. Dezember *Der G'wissenswurm* von Ludwig Anzengruber.[26] Meinrad spielte laut Rollenregister in allen Stücken außer in *Kabale und*

---

21 Deutsches Bühnen-Jahrbuch. Theatergeschichtliches Jahr- und Adressenbuch, 52. Jg. (1941), S. 547.
22 Ebd., 53. Jg. (1942), S. 566.
23 Vgl. Henning Rischbieter, NS-Theaterpolitik, in: Ders. (Hg.), Theater im „Dritten Reich". Theaterpolitik. Spielplanstruktur. NS-Dramatik, Seelze-Velber 2000, S. 13–277, hier S. 277.
24 Virginie Wittmer, Le théâtre à Metz sous l'Annexion Allemande (1940–1941), Dipl.-Arbeit Universität Metz 2004/05 (http://fgimello.free.fr/documents/memoire_wittmer.pdf; abgerufen am 16.02.2013).
25 Vgl. ebd., S. 33.
26 Vgl. ebd., S. 31f.

Josef Meinrad mit Hugo Gottschlich, ganz rechts, u. a. in Metz, 1944 (WBR, HS, Nl. Meinrad)

Liebe. Während Pruscha für das künstlerische Programm und Verwaltung des Theaters zuständig war, musste die Stadt Metz als Eigentümerin für finanzielle Ausfälle aufkommen. Obwohl es Pruscha gelang, in kurzer Zeit ein erfolgreiches Programm umzusetzen, endete die Saison mit einem beachtlichen Defizit.[27] Darin lag auch der Grund für seine Entlassung, worauf Alfred Huttig die Intendanz des Theaters übernahm. Warum das Theater in Metz im *Deutschen Bühnen-Jahrbuch* erst ab 1942 als Deutsches Theater Metz geführt wurde, lässt sich aus dem derzeitigen Quellenstand jedoch nicht vollständig klären.

In Bezug auf die Einordnung des Theaters ist schließlich eine Veranstaltungsübersicht des Theaters im Jänner 1941 von Interesse, die insgesamt 15.153 ‚verkaufte' Karten ausweist, davon entfallen 5.320 an das Militär, 5.020 an die SS, 2.336 wurden im freien Verkauf erworben, der Rest besteht aus Freikarten für die Kreisleitung, Einladungen zu Premieren etc.[28] Murmann weist in ihrem Buch darauf hin, dass zwischen Wehrmachttheater, Fronttheater und Wandertheater unterschieden werden muss, wobei Wehrmachttheater „die im Reich und in den Besatzungsgebieten tätigen Bühnen heißen" sollten und die Bezeichnung „Fronttheater" nur für Künstler zutraf, die tatsächlich in der Nähe der Front tätig waren.[29] In diesem Sinn handelte es sich bei Metz zumindest bis August/September 1944 um ein Wehrmachttheater, das noch an weiteren Bühnen (u.a. Nancy, Verdun, Toul und Luxemburg) im besetzten Elsass-Lothringen gastierte. Dass es sich bei Metz um

---

27 Vgl. ebd., S. 39.
28 Vgl. ebd., S. 54.
29 Murmann, Komödianten für den Krieg, S. 91f.

einen, wie Weigel formulierte, „glücklichen toten Winkel der Weltgeschichte"[30] handelte, kann allerdings bei dem hohen Publikumsanteil an Wehrmachtssoldaten und SS-Angehörigen nicht bestätigt werden, im Gegenteil: Das Deutsche Theater Metz hatte, wie andere deutsche Theater in den besetzten Gebieten, sowohl die Aufgabe, deutsche Kultur und Ideologie zu vermitteln, als auch den Truppen (kultivierten) Ausgleich für ihren Einsatz an der Front zu bieten. Der definitive Übergang zum Deutschen Theater Metz und die zumindest auf dem Papier stattfindende Grenzziehung zwischen KdF, Reichpropagandaministerium und dem Oberkommando der Wehrmacht fällt wohl nicht zufällig mit Meinrads Mitgliedschaft bei der Reichskulturkammer ab September 1941 zusammen. Dass ein Schauspieler bei einem so wichtig eingeschätzten Propagandainstrument wie einem Wehrmachttheater tätig ist, ohne Mitglied der Reichskulturkammer zu sein, ist schwer vorstellbar.

Die Bedeutung von Metz ist nicht zuletzt an den Gästen erkennbar, die in den *Bühnen-Jahrbüchern* genannt werden: 1942 sind es unter anderem Raoul Aslan, Hans Thimig, Christl Mardayn, Alma Seidler und Paula Wessely.[31] 1943 werden weit weniger Gäste erwähnt, 1944 gastieren unter anderen Walter Felstenstein, der drei Stücke von Schiller inszeniert, Annie Rosar, Dagny Dervaes und abermals Paula Wessely.[32] Diese Gästeliste könnte jedoch auch damit zusammenhängen, das Hinkel 1942 alle Mitglieder der Reichskulturkammer dazu verpflichtete, sechs Wochen pro Jahr im Rahmen der Truppenbetreuung tätig zu werden, um das Niveau der Programme zumindest punktuell gewährleisten zu können.[33]

Mit diesen Ausführungen sind die Lücken in Meinrads Biographie, die Jahre in Metz betreffend, jedoch keineswegs geklärt. Schwierig sind vor allem auch die Lücken in den Lebensdokumenten. Selbst wenn sich die Eintragungen in den Taschenkalendern der Jahre 1935 bis 1939 hauptsächlich auf Termineinträge beschränken, so ist es doch bedauerlich, dass der Kalender von 1938 große Lücken aufweist. So fehlen die 13./14. Woche, die 29. und 34. Woche sowie die 43. bis 48. Woche im Kalender.[34] In den Sommermonaten schrieb Meinrad eine Art Urlaubstagebuch seiner Reise durch Deutschland, die ihn über München, Nürnberg, Berlin, Weimar zurück nach Passau und Wien führte. Meinrad erwähnt jeweils die „alte Grenze", auf der Rückreise merkt er an: „Die Straßen werden leider wie mit

---

30 Weigel, Versuch, S. 15.
31 Vgl. Bühnen-Jahrbuch, 53. Jg. (1942), S. 567.
32 Ebd., 55. Jg. (1944), S. 351.
33 Anordnung des Präsidenten der Reichskulturkammer zur Regelung des Einsatzes von Kulturschaffenden im Rahmen der Truppenbetreuung, 21. März 1942, zit. nach Steinweis, Art, S. 150.
34 WBR, HS, Nl. Meinrad, ZPH 1502, Box 5.

Tagebuch von Josef Meinrad, 1944 (Privatbesitz)

einem Schlag in der Ostmark staubig." Dieser Kommentar ist der einzige Hinweis auf den ‚Anschluss' Österreichs im Jahr 1938.

Meinrad dokumentierte auch die Tage vom 29. August bis 28. September 1944 in Metz in Tagebuchform, als amerikanische Truppen erstmals versuchten, die Stadt einzunehmen. Meinrad beginnt die Notizen damit, dass die meisten Mitarbeiter des Theaters den Einberufungsbefehl bekommen, ausgenommen sind unter anderem Martin Elbers und Adolf Spickermann.[35] In den darauf folgenden Tagen wartet er weiter auf den Einberufungsbefehl, der aber nicht kommt. Am 31. August spitzt sich die Situation offensichtlich zu. Es gibt schwere Detonationen und das Gerücht, dass die Partisanen die Stadt übernehmen.[36] Josef Meinrad und Hugo Gottschlich müssen offensichtlich untertauchen, sie finden bei einem „St. Eve" Unterkunft. Germaine versorgt Meinrad mit Essen, Kochgeschirr, Decken und Pullover. Meinrad verbringt die Zeit mit Aufräumen, dem Umnähen seines grauen

---

35 Vgl. ebd., Eintrag 29. August 1944.
36 Vgl. ebd., Eintrag 31. August 1944.

Mantels und mit Französisch Lernen. Am 8. September sieht er einen toten Soldaten auf einem Wagen. Am 9. September beschließen sie (Gottschlich und er?), sich im Polizeirevier zu melden: „Es hat uns schon zu lange gedauert. Wir sollten wissen woran wir sind." Der Inspektor schickt sie jedoch mit der Bemerkung, dass sie schon längst weg sein sollten, wieder zurück. Als er am 13. September in der Zeitung „Brückenkessel bei Metz beseitigt" liest, stellt er fest, dass „es einen doch mehr [berührt], als wenn man sonst von der Front las". Die Eintragungen sind trotz ununterbrochener Detonationen, Artillerieangriffen und Bombentreffern auf gespenstische Weise vom Alltag geprägt: Warten auf die Einberufung, Essen, Decken, die Tage mit Beschäftigungen verbringen. Am 21. September wird das Theaterviertel geräumt, weil Straßenkämpfe erwartet werden. Am 23. September bittet St. Eve (?) Germaine nicht so oft zu kommen, was für Meinrad zwar ein harter Schlag ist, aber „wo die Not am größten, ist die Gans am nächsten: Antoine hat uns eine Gans gebracht [...]."[37] Der Gänsebraten reicht schließlich bis 26. September, an dem Meinrad eine französische Ausgabe von Karl May, die ihm Germaine vor einiger Zeit gebracht hatte, zu übersetzen beginnt. Einer der längsten Einträge am 28. September 1944 berichtet vom Besuch Dr. Ewigs, dem Leiter des Metzer Archivs. Das Tagebuch bricht am 29. September 1944 mit dem Eintrag „Heute wieder rege Fliegertätigkeit, da der Himmel ganz klar und sonnig ist" ab.[38] Diese Tagbucheinträge nehmen nie explizit zur politischen Lage Stellung, es kommen nicht einmal „sentiments anti-nazis" zum Ausdruck, wie es auf dem Entlastungsschreiben von Marie Sagnet vom 20. Jänner 1945 heißt.[39] Der wiederholte Entschluss zum Französisch Lernen bringt allerdings durchaus die freundschaftlichen Gefühle für Frankreich zum Ausdruck, die ebenfalls im Entlastungsschreiben angeführt werden. Abgesehen davon ist das Tagebuch ein Dokument eines unheimlichen Alltags unmittelbar vor dem Zusammenbruch des ‚Deutschen Reiches', den Meinrad bis zum 29. September kommentarlos mit dem Warten auf die Einberufung verbringt.

Die Dokumente von und über Meinrad im Nachlass der Wienbibliothek können zweifellos als Dokumente der Zurückhaltung gelesen werden – teilweise durchaus auch als inszenierte Zurückhaltung – die allerdings nicht darüber hinwegtäuschen sollten, dass Fronttheater bzw. Deutsche Theater in besetzten Gebieten im Zentrum der nationalsozialistischen Propaganda standen.

---

37 Vgl. ebd., Eintrag 23. September 1944.
38 Vgl. ebd., Eintrag 29. September 1944.
39 WBR, HS, Nl. Meinrad, ZPH 1502, Box 4, Zwei Bescheinigungen in französischer Sprache.

Achim Benning

Lappalien
Zum 100. Geburtstag von Josef Meinrad

Erbetene Erinnerungen - ausgesprochen oder aufgeschrieben verlieren sie ihre Unschuld. Sie gerinnen im Banne eines eindrucksvollen Gedenktages schnell zu Zeit-Zeugnissen, geraten zumindest in den Verdacht, aufklärerische Kompetenz und unantastbaren dokumentarischen Wert zu beanspruchen. Teilt der Sich-Erinnernde diese Befürchtung und erinnert sich zudem an den bei solchen Gelegenheiten gern zitierten Historiker-Spruch, *jemand lüge wie ein Zeitzeuge*, dann behielte er seine Erinnerungen besser für sich.
Eine solche Bescheidenheit wäre freilich der sprichwörtlichen Bescheidenheit des vermutlich tatsächlich bescheidenen Josef Meinrad angemessen, wäre aber den unterhaltsamen Feierlichkeiten zu seinem 100. Geburtstag nicht zuträglich. Unbescheidene Laudatoren könnten sich sowieso auf ihre eventuelle Beliebtheit und die Maxime verlassen, dass es gar nicht wichtig sei, ob eine Erinnerung richtig oder falsch ist, sondern wer sie hat. Aber alle sich erinnernden Gratulanten, bescheidene und unbescheidene können im Fall von Josef Meinrad ihr Heil jedenfalls nicht in der wundersamen Welt der Anekdoten suchen; denn der zu Feiernde ist einigermaßen anekdotenresistent; nur die besagte menschliche Bescheidenheit und ihr Gegenbild, eine erhebliche finanzielle Unbescheidenheit, bieten bescheidene Ausnahmen einer geschichtenlosen Makellosigkeit.
Meine Erinnerungen sind jenseits meiner staunenden Bewunderung für einen herausragenden Schauspieler ganz und gar nicht wichtig; es ist eher unbescheiden, sie hier überhaupt zu erwähnen. Aber gerade das wurde erbeten. Also: Im Oktober 1959 begegnete ich Josef Meinrad zum ersten Mal zufällig im Burgtheater am Fuß der Feststiege auf der

Landtmann-Seite, als sich aus einem anfänglichen Durcheinander von Schauspielern und Ehrengästen schließlich der Trauerzug formierte, der hinter dem Sarg von Werner Krauss feierlich um das Burgtheater herum schritt. Ich geriet an die Seite von Josef Meinrad, stellte mich vor und beantwortete aufgeregt die leisen Fragen des berühmten Mannes nach meinen Personalien. Diese harmlose Formalie während der für mich exotischen Trauerzeremonie machte mir damals bewusst, dass ich dazugehörte, zum Burgtheater und zu der Trauergemeinde, die es umkreiste. Die Teilnahme an dieser Zeremonie war meine erste Dienstleistung am Burgtheater, da ich mein Engagement wegen einer Herbst-Tournee des Reinhardt-Seminars erst im Oktober antreten konnte.
Einen Monat später kam ich der selbstverständlichen Verpflichtung nach, auf der Bühne des Burgtheaters in den Reihen des Herren-Ensembles, das bei Festakten seltsamerweise immer auf der ‚Damenseite' saß, der Verleihung des Iffland-Ringes an Josef Meinrad durch einen leibhaftigen Minister beizuwohnen.
Von dem feierlichen theaterhistorischen Akt ist mir eigentlich nur im Gedächtnis haften geblieben, dass die Hauptperson von allen Akteuren am unscheinbarsten, so gar nicht feierlich gekleidet war, als hätte sie sich, vielleicht vom Lampenfieber verwirrt, bei der Auswahl der Kleidung, zumindest des Sakkos vergriffen, so dass der dunkle Anzug die festlichsten Stunden im Leben seines Besitzers im Kleiderschrank versäumte. Vielleicht war der Gefeierte aber vorsätzlich underdressed, um seine allseits gepriesene Bescheidenheit gerade an diesem Tage nicht durch ungewohnte Noblesse in Frage zu stellen. Vielleicht.
Als ich nach der Ring-Verleihung an die Reihe kam, dem Geehrten zu gratulieren, begrüßte mich der mit den Worten „Ach, der Kollege aus Magdeburg." Ich war verblüfft und gerührt, dass sich der berühmte Mann an unser zufälliges Nebeneinander bei der Krauss-Prozession erinnerte. Das war der zweite und der letzte direkte Beitrag von Josef

Meinrad zu meiner Integration als schüchterner ‚Piefke' in das Ensemble des Burgtheaters.
Diese lächerlichen Lappalien - ein Bild, ein Satz an diesem Tag - fand ich 1959 gar nicht lächerlich. Merkwürdigerweise versanken diese bedeutungsarmen Nebensächlichkeiten nicht in den Tiefen des Vergessens, sondern tauchten im Laufe der Jahre immer wieder auf, gesellten sich zu späteren Erinnerungen und alterten gemeinsam mit ihnen.
Wenn ich in Großgmain, wo wir seit 1970 zeitweise wohnen, am Hause der Meinrads vorbeikomme, besonders abends, und hinter den Fenstern wieder kein Licht zu sehen ist, dann tauchen aus dem Dunkel des riesigen Hauses vielleicht Schatten von Erinnerungen auf: Dann gehe ich wieder in einem Trauerzug wie 1959 hinter dem Sarg eines Iffland-Ring-Trägers her, dieses Mal 37 Jahre später, in Großgmain auf einem langen Weg durch den Ort, der länger war als der um das Burgtheater. Josef Meinrad wird verabschiedet.
Zehn Jahre später, wieder in Großgmain, ein letztes längeres Beisammensein mit Gusti Wolf, die mit Edith Böheim aus Wien zur Beerdigung von Germaine Meinrad gekommen ist. Heute ist das Meinrad-Grab eine kaum besuchte Sehenswürdigkeit und der Anfangs- und Endpunkt von Marien-Prozessionen, was den frommen Josef Meinrad sicher gefreut hätte. Schließlich sollte er in seiner frühen Jugend einmal Priester werden wollen.
Aber trotzdem sind Tod und Vergänglichkeit auch für einen gläubigen Menschen keine Geburtstagsgaben, auch nicht zu seinem posthumen 100. Geburtstag und auch dann nicht, wenn sein wichtigster Schutzheiliger Nestroy die Geburt als den Zeitpunkt bezeichnet hat, an dem über jeden Menschen ein Todesurteil gesprochen wird, dessen Vollstreckung nur auf unbestimmte Zeit aufgeschoben werde.
Heitere Erinnerungen sind an diesem Tag angesagt - auf dem Weg vorbei am Meinrad-Haus. Zum Beispiel: 1984 im Sommer, da besuchten wir mit Leopold Lindtberg und Leo Bei, die bei uns zu Gast waren, die Meinrads. Der Haus-

herr führte uns durch sein museales Wohnreich mit all den zahllosen antiquarischen Trophäen von seinen vielen Tourneen, hinunter in das Bad mit den Figuren aus dem alten Diana-Bad in Wien, in die Tischlerwerkstatt, wo man das Hobellied zu hören glaubte. Tatsächlich bot uns der Besuchte einen Stock höher eine andere musikalische Delikatesse: ein Duett mit seinem Lieblingshund, dem er rittlings auf einer Bank gegenüber saß. Die abstrusesten Szenen des absurden Theaters verblassen zu faden realistischen Alltäglichkeiten neben diesem gemischten Duett. Der offenbar ernste Ehrgeiz des tierverliebten stimmführenden Sängers erreichte ein irgendwie melodisches Jaulen seines hündischen Partners. – Die Befragung des sprechenden Hundes *Bello* in Loriots wunderbarem Hunde-Sketch entspricht in etwa dieser grotesken Szene an einem Sommerabend im Hause Meinrads.
Leopold Lindtberg rang auf dem Rückweg zu unserem Haus, immer wieder verwirrt stehen bleibend, nach Fassung ob dieser absonderlichen Darbietung seines Nestroy-, Raimund- und Shakespeare-Schauspielers. Der jahrelang vertraute Arbeitspartner war ihm plötzlich fremd geworden. Leopold Lindtberg war der wichtigste Regisseur im Leben Josef Meinrads, der so intelligent und sprachmächtig wie bisher sonst niemand über *seinen* Schauspieler geschrieben hat; was immer die dümmlich klügelnden Besserwisser ihm gerade wegen seiner angeblich damals gestrigen Nestroy-Auffassung und seiner Verharmlosung der Figuren des großen Autors, für die eben der Heile-Welt-Schauspieler Josef Meinrad stand, alles an Klischee-Vorwürfen zu machen hatten, ist verzichtbar. Vielleicht kann man Lindtberg *vorwerfen,* dass er nicht nur den realen Josef Meinrad künstlerisch geformt hat, sondern sich kraft seiner intelligenten Phantasie auch einen Lindtberg'schen Ideal-Meinrad geschaffen und zu seinem Arbeitspartner erhoben hat, der mit dem realen beliebten Volksschauspieler wohl verwandt, aber eben nicht identisch war, der mehr Gegenwart an sich herangelassen hat, von dem ihn weniger Unausgesprochenes trennte und der nicht mei-

nungsfrei war. Andererseits ermöglichte vielleicht gerade das Unausgesprochene die enge Arbeitsbeziehung zwischen Lindtberg und Meinrad.

Aber nun laufe ich Gefahr, das kleine Territorium der Lappalien-Erinnerungen zu verlassen und mich in höhere Regionen der Interpretation zu versteigen. Das Thema wäre verfehlt, und ich würde jedenfalls an der Meinungsaskese Meinrads scheitern.

Ich weiß ja bis heute nicht einmal, ob bei meinem einzigen Meinrad-Konflikt Meinrad überhaupt mein Konfliktpartner war - oder ob es nur der Direktor Bär aus Bregenz war. Die Dunkelheit des Unausgesprochenen lässt viele Irrwege zu. Die Rede ist von Lindtbergs *Jux*-Inszenierung von 1980. In dem besten Text über Meinrad nach Lindtberg, den Peter Roessler geschrieben hat, findet man Einzelheiten dieser Affäre von 1980. Hier nur so viel: Der Direktor der Festspiele übte heftigen Druck auf die Burgtheaterdirektion aus, um die alte Besetzung mit Meinrad und Konradi noch einmal durchzusetzen; er argumentierte auch im Sinne der kulturpolitischen Kampagne gegen meine Direktion und drohte mit dem Abbruch der Beziehungen zwischen dem Burgtheater und den Bregenzer Festspielen. Schließlich akzeptierte er Robert Meyer als Christopherl, bekämpfte aber bis zum Schluss die Besetzung des Weinberl mit Rudolf Buczolich - der aber schließlich und endlich spielte. Lindtberg nahm aus uns verständlichen Gründen an dem Konflikt nicht teil, war aber mit Meyer und Buczolich einverstanden. Meinrad übte sich in demütiger Zurückhaltung, obwohl er gern mit seinen 67 Jahren den Weinberl noch einmal gespielt hätte. Wir achteten alle am Ende seine kollegiale Haltung, als er bei der Premiere in Bregenz nach all den Intrigen gegen die Buczolich-Besetzung seinem Rollennachfolger auf der Bühne gratulierte.

Im selben Sommer wurde Josef Meinrad der Ehrenring der Bregenzer Festspiele verliehen. Die Zusammenarbeit des Burgtheaters mit den Festspielen erholte sich nie wieder. Nun wollte ich in meinem Erinnerungsdurcheinander noch andere Lappalien über Meinrad aus früheren Bregenzer Jah-

ren anfügen, zum Beispiel aus dem Jahr 1963, als ich in einem ganz und gar überflüssigen Stück von Max Zweig namens *Franziskus* einen gewissen Leo gespielt habe. Meinrad war natürlich Franziskus. Das Stück war dermaßen kitschig, dass das Ensemble auf den Proben höflich meuterte; niemand wollte ja leichtfertig den Bregenzer Nebenverdienst aufs Spiel setzen. Meinrad meuterte nicht, streichelte auf den Brettern des Lusterbodens hingebungsvoll die lieben Blümelein und tätschelte die lieben Tierlein auf dem Felde. Es war furchtbar. Der Regie führende ehrenwerte Helmut Schwarz fand keinen Ausweg aus der Peinlichkeit und legte die Regie nieder. Die übernahm Paul Hoffmann, zog die einzig mögliche Konsequenz und ließ das Unspielbare nicht mehr spielen. Wir wurden in Kirchenbänken postiert, blieben dort den ganzen Abend auf unseren Plätzen und boten dem bedauernswerten Publikum den Text, losgelöst von szenischen Zusammenhängen, quasi liturgieähnlich. Ich saß neben Josef Meinrad und beobachtete ihn fasziniert. Er spielte mit der gleichen Inbrunst nichts, mit der er zuvor alles gespielt hatte. Er folgte freundlich Paul Hoffmann wie zuvor Helmut Schwarz. Seine Meinung über das Stück erfuhren wir nie. Vielleicht hat er sich in diesem Fall diese außergewöhnliche Meinungsaskese als Disziplin auferlegt, denn seine Meinung hätte die Produktion wenigstens zu diesem Zeitpunkt nicht aus der Misere geführt.
Wie gesagt, auf diese vielleicht symptomatische Lappalie wollte ich mich noch einlassen, versage mir das aber, da mein Vertrauen in mein Erinnerungsvermögen, während ich diesen Text schreibe, einigermaßen erschüttert wurde. Folgendes ist mir widerfahren: Ich wollte meine *Franziskus*-Erinnerungen ein wenig absichern und das Premierendatum und die Besetzung verifizieren. In solchen Fällen pflegt der Normalschreiber ohne kriminalistischen Ehrgeiz sich bedingungslos auf das Standardwerk *Burgtheater 1776-1976* des Österreichischen Bundestheaterverbandes zu verlassen. Nach diesem Standardwerk habe ich in Bregenz im *Franziskus* gar nicht gespielt; meinen Leo habe Peter

P. Jost gegeben; ich kann aber meine Version photographisch belegen. Ich habe mich Hilfe suchend ins Internet begeben: *Chronik der Bregenzer Festspiele* - und, Gott sei Dank, da habe ich gespielt. Aber Paul Hoffmann hat nicht inszeniert! Da steht: Inszenierung: Josef Gielen, Regie: Helmut Schwarz. Und das viele Jahre vor der Erfindung des ‚Regietheaters': ein Inszenator und ein Regisseur! Ich weiß es wirklich besser, aber ich kann doch niemand zumuten, mir mehr zu glauben als einem Standardwerk und dem Internet.
Verunsichert greife ich dann auch noch wegen der anderen erwähnten Bregenzer Begebenheit, Lindtbergs *Jux* von 1980 zu dem just erschienenen ausgezeichneten Standardwerk *Burgtheater 1976-2009* der Burgtheater GmbH und siehe da: Lindtbergs *Einen Jux will er sich machen* hat dort gar nicht stattgefunden! Noch ein Tiefschlag gegen meine Glaubwürdigkeit.
Vielleicht sind das die einzigen Fehler dieser tatsächlich unentbehrlichen hervorragenden Standardwerke, die ausgerechnet meine Erinnerungsversuche in Frage stellen, aber umso mehr irritieren sie. Sie treffen schließlich auf meine grundsätzliche Skepsis gegenüber der Integrität des Gedächtnisses und die gebotenen Zweifel an den Zeitzeugen-Erinnerungen, auf die am Anfang dieses Textes ausdrücklich hingewiesen wurde.
Ich habe mich auf absichtliche Erinnerungen eingelassen, da ich einsehe, dass verantwortungsvolles Schweigen der Zeitzeugen der Geschichte auch nicht weiterhilft. Man kann auch nicht immer die Ratschläge von Karl Kraus befolgen, der gefordert hat, wer etwas zu sagen habe, der trete vor und schweige. Aber ich werde mich abschließend nur noch auf bildliche Erinnerungen zurückgreifen, um auf diese bescheidenere Weise dem Jubilar meine Reverenz zu erweisen.
In Moskau, im Schloss von Ostankino, sehe ich Meinrad und seine Frau, vor oder nach einer Besichtigung, wartend, freundlich gesprächig. Meine Erinnerungen sind vielleicht eher Erinnerungen an Photos als an die reale Situation

bei unserem Russland-Gastspiel 1982; aber die Bilder zeigen Gespräche.
Ich habe den bei weitem überwiegenden Teil meiner privaten Gespräche mit Josef Meinrad im Ausland geführt, bei Gastspielen. Nicht nur deshalb, weil man da zwangsläufig viel Zeit miteinander verbrachte, sondern es gab in fremden Ländern ‚neutrale' Anlässe für Gespräche; solche ‚exterritorialen' Gespräche litten nicht unter Themenmangel und führten ohne Aufwand an jeglichem Meinungszwang vorbei. Das Theater von Ostankino war da anscheinend eine ergiebigere Gesprächsquelle als alle möglichen Wiener Themen.
Ich erinnere mich an andere Situationen, in denen es nur kurze Fragen gab. Mehrmals traf ich Meinrad mit seiner Frau, Gusti Wolf und Hugo Gottschlich im Gefolge auf den endlosen Gängen des Rossija-Hotels. Sie verirrten sich immer wieder und suchten die richtigen Ausgänge oder Lifte und fragten danach. Gottschlich raunzte über die kommunistische Architektur. Er wich dem Meinrad nach Möglichkeit nie von der Seite. Dort sehe ich ihn auch im Meinrad-Tross jenseits des großen Glaskastens über die Lenin-Leiche hinweg bei dem Besuch des Mausoleums am Roten Platz. Die Blicke unserer Volksschauspieler auf den Revolutionsführer sind mir so unvergesslich wie schwer beschreibbar. Das angewiderte ‚G'schau' von Gottschlich war geradezu eine mimische Proklamation seiner politischen Überzeugung.
Solche mimischen Eindeutigkeiten gab es bei Meinrad nicht, aber doch kleine Entgleisungen, wie zum Beispiel in einem inneren Hof des Kremls. Wir kamen auf diesen Platz aus einem angrenzenden Gebäude, wo einige Mitglieder unseres Ensembles bei einem stellvertretenden Kulturminister der Sowjetunion zum Mittagessen eingeladen waren. Über diesen Platz marschierte gerade eine westdeutsche Reisegruppe; einige Touristen entdeckten Fritz Muliar, woraufhin ihn alle mit großem Hallo umringten und Autogramme verlangten. Muliar genoss die Huldigungen in vollen Zügen; wir schauten zu. Auch Meinrad, als habe er

einen toten Frosch im Mund. Nach Erfüllung ihrer Wünsche gaben die Touristen Muliar wieder frei und nahmen jetzt erst unsere kleine Gruppe wahr. Muliar stellte uns pauschal vor, aber Meinrad nahm er an der Hand und präsentierte ihn den Touristen als Kollegen, der in Österreich auch ziemlich bekannt sei. Die Touristen nahmen das wohlwollend zur Kenntnis. Dieser Triumph des Publikumslieblings Muliar über den Publikumsliebling Meinrad war wohl nur im Kreml möglich. Der eine genoss, der andere litt. Und das war zu sehen.
Es gab also Momente, in denen hielt die sonst so stabile Freundlichkeitsmaske Meinrads selbst so kleinen Beleidigungen nicht stand. Das hatte ich schon einmal bemerkt, auf der Welttournee des Burgtheaters 1968. Ich gehörte als einziger ‚Piefke' zur ‚Meinrad-Family'; unter diesem Namen firmierte unsere kleine Lesegruppe auf Flughäfen, die wir auf unserer Reise zu verschiedenen amerikanischen Universitäten benutzen mussten, wo wir in den German Departments österreichische Literatur vortrugen.
In Salt Lake City passierte Meinrad bei der Lesung ein kleines Missgeschick. Er las, ich glaube am Ende des Programms, Grillparzers fatale Rede an Österreich aus dem *König Ottokar* und versprach sich ausnahmsweise; statt „[…] inmitten dem *Kinde Italien* und dem *Manne Deutschland* liegst du ein wangenroter *Jüngling* da […]" sagte er: „[…] inmitten dem *Manne Italien* und dem *Herrn Deutschland* liegst du […]". Wir anderen am Lesetisch kämpften mit dem Lachen. Meinrad ärgerte sich über sich und uns und nach der Lesung wurde die berühmte Maske der ewigen Freundlichkeit noch durchlässiger, als ihn der Direktor des deutschsprachigen Theaters von Salt Lake City, ein vollbärtiger Bilderbuch-Mormone, gerade wegen seines Grillparzer-Textes lobte und ihn mit dem Satz „Wir freuen uns immer, wenn wir die deutsche Sprache hören, selbst wenn es im Dialekt ist" zum Zeichen seiner Anerkennung zu kraftvoll auf die Schulter schlug. Als er ihm dann auch noch seine Frau vorstellte, die er im Kurtheater Westerland auf Sylt kennen und lieben gelernt hatte, wo er vor

seiner Auswanderung seine großen Theatererfolge feiern konnte, da wurde Meinrad geradezu unhöflich und lehnte die mormonische Einladung zum Abendessen im deutschsprachigen Theater, das nichts anderes war als das Wohnhaus des Direktors mit einer Zimmerbühne, für sich und die gesamte ‚Meinrad-Family' ab.
Fritz Lehmann und ich entkamen dem freundlichen Direktor trotzdem nicht und verbrachten den irrwitzigsten Abend unserer Amerika-Tournee im deutschen Theater von Salt Lake City, der noch viele Seiten ausführlicher Schilderungen rechtfertigen würde, die aber hier nicht hergehören, weil Meinrad nicht dabei war.
Hingegen steht er im Zentrum einer anderen Erinnerung: Auf der Bühne des Berliner Ensembles geriet Josef Meinrad, der Protagonist der reinen politikfreien Kunst, beim Eröffnungsabend des Staatsgastspiels des Burgtheaters in der DDR 1979 völlig unschuldig in die Rolle eines politischen Agitators. Er spielte, sprach und sang so wie auch Fritz Muliar, Johannes Schauer, Gertraud Jesserer und andere Kollegen in einem Potpourri-Programm mit dem Titel *Begegnungen mit Österreichischer Literatur*. Sein Part war natürlich vor allem, dem Ost-Berliner Publikum Nestroy zu präsentieren. Meinrad tat das in gewohnter Qualität mit souveräner professioneller Routine ohne Fehl und Tadel. Aber plötzlich zerbarst diese Souveränität an den unerwarteten Reaktionen des Publikums, die sich Meinrad längere Zeit nicht erklären konnte, und die nicht nur ihn überraschten. Er wurde unsicher. Beim ersten scheinbar grundlosen aber schallenden Gelächter während seines Textes aus *Der Färber und sein Zwillingsbruder* schaute er an sich herunter, als fürchtete er, seine Hose sei runtergerutscht; dann blickte er sich um, ob vielleicht die Kollegen hinter seinem Rücken irgend einen Schabernack trieben. Erst allmählich und infolge seiner Verwirrung begriff er später als die anderen, dass das unerwartete Gelächter und der wiederholte Zwischenapplaus auf ‚politischen' Missverständnissen beruhte. Das Berliner Publikum, das nicht einmal ein richtiges Ber-

Mit Nestroys *Der Färber und sein Zwillingsbruder*, Berliner Ensemble, 1979, Ekkehard Schall, Josef Meinrad, Sylvia Lukan (Privatbesitz)

liner Publikum war, sondern an diesem Eröffnungsabend fast ausnahmslos aus der Bonzen-Society des DDR-Establishments bestand - mit dem Außenminister Fischer an der Spitze - dieses Funktionärspublikum hörte in die Nestroytexte immer wieder politische Anspielungen hinein. Bei Nestroy völlig unpolitische Begriffe, wie die „Mauer des Missvergnügens", die Feststellung des Kilian Blau, dass er nicht rot werden könne, die illegalen Grenzübertritte des Hermann Blau und viele andere harmlose Sätze oder Worte wurden als politische Reizworte verstanden, so ähnlich und so unsinnig, wie pubertäre Kinder-Jugendliche in der Gruppe jedes zweite Wort als sexuelle Schweinerei umdeuten. Jedenfalls brach das kommunistische Publikum im schützenden Dunkel des Zuschauerraums auf diese Stichworte hin in antikommunistisches Gelächter aus. So entlarvte Josef Meinrad unabsichtlich mit seinen Nestroy-Texten den Saal voller etablierter DDR-Kommunisten als Versammlung überzeugter Opportunisten.

Und mir bleibt das Bild eines verwirrten, für Momente ängstlichen Josef Meinrad bei seinem einzigen politischen Ausrutscher, ein Bild von den wenigen Bildern, die hinter der Maske der ewigen Freundlichkeit manchmal sichtbar wurden.
Aber: Alle die erinnerten Lappalien bleiben unbedeutend neben den unverzichtbaren Erinnerungen an einen fabelhaften Schauspieler, an glückliche Stunden mit Kampl und anderen, mit Fluellen und Don Quichotte vor allem – zusammen mit Fritz Muliar und der für immer unerreichbaren Blanche Aubry. Diese großen Erinnerungen bleiben nur groß, wenn man sie still bewahrt, wenn man sie für sich behält. Das Leben von Josef Meinrad wäre ohne mich nicht anders verlaufen – und meines nicht ohne ihn; also reichen die Lappalien aus.
Dass wir einmal unfreiwillig Konkurrenten um die Burgtheaterdirektion waren, zusammen mit Thomas Bernhard, das ändert daran nichts. Erstens wollen alle Österreicher einmal Burgtheaterdirektor werden, und zweitens war Meinrad letzten Endes glücklich, dass dieser Kelch an ihm vorübergegangen ist. Im Gegensatz zu Thomas Bernhard. Der war bös darüber, sehr und lange.
Von beiden habe ich viel ‚Österreich' gelernt. Ich bin dankbar dafür.
Wem die Lappalien zu unkritisch sind, der sei an einen Satz von Polgar erinnert: „Die Fehler, die Du mir aufzeigst, sind die Schatten meiner Tugenden."

PETER ROESSLER

JOSEF MEINRAD – VOLKSSCHAUSPIELER

ELEMENTE UND PROJEKTIONEN

VOLKSSCHAUSPIELER UND BURGTHEATER – DIE AHNEN

Das Bild vom Volksschauspieler kann mit der Gewohnheit verbunden sein, eine Genealogie zu konstruieren. Die Genealogie fällt für das Burgtheater allerdings kürzer aus als die alten generalisierenden Ableitungen des Volksschauspielers – von Stranitzky über Raimund und Nestroy bis in die jeweilige Gegenwart. In dieser verkürzten Genealogie bekommt als Urahn aller Volksschauspieler am Burgtheater Alexander Girardi in der Rolle des Fortunatus Wurzel stets seinen Auftritt. Natürlich hat diese Erzählung ihren schwankenden Boden, denn wo bleiben darin die alten Komiker und die vielen trivialen Stücke im Spielplan des Hofburgtheaters? Aber die Konstruktion hat auch ihre Plausibilität, wenn man die Wahrnehmungen der Zeitgenossen nimmt: Für Anton Kuh erhielt Girardi mit seiner Aufnahme ins Burgtheater – kurz vor seinem Tod – die „nie erreichte Ehre eines Volksschauspielers", dieser habe gewusst, „daß er als der erste seines Stammes Einlaß in eine geweihte Gegend erhalte."[1]

Anton Kuh, Alfred Polgar und Karl Kraus, die Bewunderer und literarischen Ausdeuter Girardis, trafen einander darin, dass sie den unerhörten Gegensatz zwischen Girardis Darstellung des Fortunatus Wurzel und der Weise, wie das Burgtheater mit dieser Aufführung zugleich Raimunds Stück *Der Bauer als Millionär* pompös zelebriert haben soll, anprangerten.[2] Girardi wurde den drei Satirikern zum Instrument der Kritik, die sie ohnehin am Burgtheater zu üben gewohnt waren. Am schärfsten hatte dies Karl Kraus gefasst, dieser schrieb anlässlich des Todes von Alexander Girardi 1918 über das Burgtheater von einem „Etablissement […], das außen von Marmor ist und innen ohne Geist" und über „den kindischen Einfall,

---

1   Anton Kuh, Der Bürger als Komödiant, in: Ders., Der unsterbliche Österreicher, hg. und mit einem Vorwort von Ulrich N. Schulenburg, Wien 2001, S. 74.
2   Vgl. etwa Alfred Polgar, Der Raimund als Millionär, in: Ders., Kleine Schriften, Bd. 6 (Theater II), hg. von Marcel Reich-Ranicki in Zusammenarbeit mit Ulrich Weinzierl, Reinbek bei Hamburg 1986, S. 137-140.

einem Girardi das Burgtheater zu eröffnen, anstatt es ihm zu Ehren zuzusperren."[3] Anton Kuh wiederum lobte mit Girardi die „Vorstadtbühnen, welche die Schauspielkunst gottlob wichtiger nehmen als die Dichtkunst".[4]

Der kurze Aufenthalt Alexander Girardis am Burgtheater verlief nicht synchron mit der Aufnahme von Nestroy- und Raimund-Stücken in den Spielplan, diese waren, wenn auch in geringer Zahl, dort bereits aufgeführt worden. Ein Josef Lewinsky indes wurde keineswegs als Vorgänger Girardis angesehen, auch wenn er den Knieriem in der Erstaufführung des *Lumpazivagabundus* am Burgtheater 1901 – die zugleich die erste Aufführung eines Stückes von Nestroy an diesem Theater war – gespielt hatte: Er, der Darsteller des Franz Moor, kam aus einer anderen, höheren Sphäre, so profan es darin zugehen sollte. Dafür aber wurde Girardi ein Nachfolger zugeschrieben: nämlich Ferdinand Maierhofer,[5] der Girardi tatsächlich in der Rolle des Fortunatus Wurzel nachgefolgt war. Im Unterschied zu Girardi, von dem Kuh ironisch träumerisch geschrieben hatte, dass er in einer Zeit wirkte, in der „der Komödiant nichts anderes war als ein Bürger von schlampiger Lebensführung, aus der Kleinwelt gerissen, aber mit einem unstillbaren Drang zur bürgerlichen Moralität",[6] verkörperte Maierhofer den ordinären Typus, schwankend zwischen Lakai und Kleinbürger, zwischen Stumpfheit und Pfiffigkeit, der missmutig in Bewegung gerät, wenn er nach Kleingeld und Essen hascht und die Verhältnisse der ihm Übergeordneten in Unordnung bringt. Wer, wie es in der Verklärung des Volksschauspielers oft getan wird, dem Typus eine genuine Subversivität zuschreiben möchte, sollte sich allerdings mit diesem Vertreter näher befassen, um von solchen Illusionen kuriert zu werden.

Ferdinand Maierhofer war 1938 der NSDAP beigetreten,[7] und eine einschlägige Anekdote dazu hat Milan Dubrovic überliefert, der sie von der Schauspielerin Maria Kramer erzählt bekam. Die Geschichte hat selbst Züge eines negativen Volksstücks: Nach der Festvorstellung von Nestroys *Einen Jux will er sich machen* am Burgtheater anlässlich der Reichs-Theaterfestwoche 1939 gab es einen

---

3   Karl Kraus, Am Sarg Alexander Girardis, in: Die Fackel, Nr. 474–483 (23. Mai 1918), XX. Jahr, S. 121.
4   Kuh, S. 75.
5   Vgl. etwa Arbeiter-Zeitung, 8. September 1959.
6   Kuh, S. 75.
7   NS-Registrierungsakt Ferdinand Maierhofer, geb. 9. April 1881, Kammerschauspieler (WStLA, M.Abt 119, A 42): Laut eigenen Angaben, anlässlich der NS-Registrierung vom 25. September 1947, war er vom Herbst 1938 bis zum 27. April 1945 Mitglied der NSDAP. Laut Auskunft des Innenministeriums vom 6. Februar 1948 war er seit 27. Mai 1938 Mitglied der NSDAP und beim Tag der Deutschen Kunst [keine näheren Angaben] als ‚Ehrengast des Führers' geladen (der im Registrierungsakt zitierte Gauakt des Innenministeriums Nr. 165379 befindet sich heute wahrscheinlich im ÖStA).

Josef Meinrad bei der Enthüllung des Ölgemäldes, Abschiedsvorstellung im Burgtheater, 1983, im Hintergrund Achim Benning und Rudolf Steinboeck (WBR, HS, Nl. Meinrad)

Empfang bei Adolf Hitler: „Als Hitler den Saal betrat, löste sich der Komiker Ferdinand Maierhofer aus der Reihe, kniete vor seinem Führer nieder und rief mit freudig bewegtem Schluchzen: ‚Heil mein geliebter Führer!' und mit ausgebreiteten Armen fügte er hinzu: ‚Mein Führer, Sie san mei Himmelvota! Das ist der schönste Augenblick in mein ganz'n Leben. Meine alte Mutter hat zu Haus an großen Wäschekorb voll mit alle Reden von Ihna und die Propagandazettln, alle aus der illegalen Zeit!'"[8] Hermann Thimig, der den Weinberl gespielt hatte, soll Milan Dubrovic zufolge diesen „Kniefall" „bis zu seinem Lebensende unzählige Male" als „Kabarettnummer" vorgeführt haben.[9]

Die Portraits von Alexander Girardi und von Ferdinand Maierhofer in der Ehrengalerie des Burgtheaters verewigen deren Status als Volksschauspieler: Girardi ist als zum Aschenmann gewordener Fortunatus Wurzel gemalt und Ferdinand Maierhofer als Diener Habakuk aus Raimunds *Der Alpenkönig und der Menschenfeind*. Entstanden sind die Bilder 1968 und 1970 – also lange nach dem Tod der auch hier zu Gleichen gemachten Schauspieler –, sie sind dadurch verbunden, dass ihre Portraits vom selben Maler stammen, von Carry Hauser, der übrigens in jenen Jahren, als Maierhofer öffentlich seinen Führer verehrte, im Exil in der Schweiz sein musste. Durch die Stilistik Carry Hausers haftet diesen Portraits eine forcierte Modernität an, was sie angesichts der ‚vormodernen' Personen, die zu sehen sind, auch

---

8   Milan Dubrovic, Veruntreute Geschichte. Die Wiener Salons und Literatencafés, Berlin 2001, S. 189.
9   Ebd.

hierin merkwürdig macht. In ganz anderer Manier, nicht nur vom malerischen Stil her, der ungeschickt Reminiszenzen an Romantik und Biedermeier anstrebt, ist das Portrait von Josef Meinrad gehalten, das bereits 1966 entstanden war, aber erst während der Direktions-Zeit von Achim Benning in die Ehrengalerie aufgenommen wurde.

Der Maler Boleslaw Jan Czedekowski hat Meinrad knabenhaft portraitiert, mit einem Körper und einem Gesicht ohne Geschichte, und nur die kleine Theaterfigur, die im Hintergrund zu erkennen ist, sowie ein Kopf, der zaubrisch vom Rand des Bildes auf den sitzenden Josef Meinrad blickt, lassen eine poetische Volkstümlichkeit in Raimund'scher Manier erahnen. Der portraitierte Knabenmann befand sich 1966 bereits auf den Höhen der Beliebtheit, die noch lange währen sollte, und dass er ein Volksschauspieler sei, gehörte ebenso zur Selbstverständlichkeit wie die in der Presse immer wieder hergestellten Vergleiche zu Alexander Girardi – manchmal wurde er sogar zu dessen Wiedergänger erklärt.

STATUS UND ELEMENTE DES ERFOLGS

Josef Meinrads Beliebtheit und sein Status als Volksschauspieler ergeben sich nicht rein aus seiner Karriere am Burgtheater, auch besteht das Rollenverzeichnis keineswegs nur aus Raimund- und Nestroy-Rollen. Am Burgtheater, an das er (abgesehen von einem kurzen Engagement 1940 für ein Stück von Hermann Bahr)[10] schließlich im Jahr 1947 – also während der Direktionszeit von Raoul Aslan – engagiert worden war, spielte er zwar zunächst den Geist Lumpazivagabundus in der Inszenierung von Josef Gielen, wurde jedoch danach häufig mit der Rolle des netten Burschen besetzt, der auch ein nice guy sein konnte: mit dem netten Besucher Jim O'Connor etwa, in der von Berthold Viertel 1949 inszenierten *Glasmenagerie*. „Naturbursche" war einst ein Rollenfach des Theaters gewesen, für das Meinrad übrigens ans Deutsche Theater in Metz engagiert worden war, wo er von 1940 bis 1944 spielte.[11]

Das Odium der Nettigkeit war also bei Meinrad vorgegeben, bevor er sich zum Volksschauspieler spezialisierte. Die große Popularität aber und damit seinen herausragenden Status als Volksschauspieler erwarb Meinrad sich in Kino- und dann in Fernsehfilmen, zu einer Zeit, da das Fernsehen zum eigentlichen Volkstheater geworden war. Er erlangte dadurch aber keine internationale Prominenz, wie

---

10 Meinrad spielte die Rolle des Reisl in Hermann Bahrs Stück *Der Franzl*. Ein Verzeichnis der Theater-, Film- und Fernsehrollen sowie der Verfilmungen bzw. TV-Aufzeichnungen von Inszenierungen findet sich in: Regine Mayer, Josef Meinrad. (Zur Popularität und Wirkung eines Schauspieleridols). Diss. Universität Wien 1995, S. 223ff.

11 Vgl. Vertrag Schauspielhaus Metz mit Josef Meinrad (WBR, HS, Nl. Meinrad, ZPH 1502, Box 5).

sie einige wenige Schauspieler, die dem Burgtheater angehört hatten, in dieser Periode erstmals über die große Filmindustrie erreichten. Eine solche Prominenz war oft mit der Erzeugung eines Images verbunden, das nicht nur aus den schauspielerischen Eigentümlichkeiten destilliert wurde, sondern aus den Geschichten und Skandalen um die Person herum zu erzeugen war. Für Meinrad, der in einem enger gezogenen Kreis agierte, ergab sich durch Film und Fernsehen zunächst vor allem eine Steigerung seiner lokalen Bekanntheit, und seine Erfolge in Deutschland wirkten wie ein Export des Lokalen – auch wenn das Film-Geschehen auf anderen Schauplätzen spielte.

Die Filmarbeit stand durchaus in zeitlicher Kollision mit den Burgtheaterverpflichtungen, denen Meinrad immer wieder mit freundlicher List auswich, worauf Direktor Adolf Rott in einem Geburtstagsbrief von 1956 anspielte.[12] Darüber hinaus konnten die hohen Einnahmen beim deutschen Film von Meinrad als Argument dazu verwendet werden, die Gagen bei seiner Mitwirkung an Theaterproduktionen außerhalb des Burgtheaters hinauf zu treiben. Das war etwa bei den Salzburger Festspielen der Fall, als es 1961 um Meinrads Auftritt als Lustige Person im Vorspiel zu *Faust I* in der Regie von Leopold Lindtberg ging. Die Verhandlungen drohten an den pekuniären Vorstellungen Meinrads zu scheitern, durch die Intervention des Burgtheaterdirektors Ernst Haeusserman erreichte Meinrad schließlich doch ein enormes Honorar.[13]

Josef Meinrads Prominenz durch das Fernsehen – vollends ab Mitte der 1960er Jahre als Don Quichotte und Pater Brown – wurde zu einer wesentlichen Voraussetzung für die umfangreichen Theatertourneen, die er etwa in der Bundesrepublik Deutschland unternehmen konnte. Diese wurden für Meinrad zu einer sprudelnden Einnahmequelle. Etwas Lustiges von Nestroy oder auch von Molière wurde auf den Tourneen präsentiert, aber das Stück war nicht so wichtig. Meinrad war ein Publikumsliebling, über den man vorab schon alles zu wissen glaubte, den man leibhaftig zu sehen wünschte, und der mit den Rollen, die er am Burgtheater verkörpert hatte, in Theatern oder Stadthallen auftrat. Begleitet wurde er jeweils von einer Truppe,

---

12 Vgl. Adolf Rott, Brief an Josef Meinrad, 29. März 1956 (WBR, HS, Nl. Meinrad, ZPH 1502, Box 2). Darin heißt es etwa: „Stimmen meiner Direktion behaupten, Du seist der liebenswürdigste Gangster an diesem Theater, den die letzten Jahre hervorgebracht haben. Ich weiss nicht, ob das stimmt! Auf jeden Fall aber wünsche ich Ihnen [sic] auch für das neue Lebensjahr so viel Kräfte und kämpferischen Geist [,] um den Anfechtungen der Direktion zu widerstehen und trotzdem dem Theater die Treue zu halten, was für Ihre Entwicklung – glaube ich – massgeblich wäre und auch dafür sprechen würde, dass Sie unser Haus doch als Ihre Heimat ansehen."

13 Vgl. Schreiben der Direktion der Salzburger Festspiele vom 13. Jänner 1961 und vom 23. Jänner 1961, worin Meinrad ein „Pauschalhonorar von S 100.000" sowie eine „Reisepauschale von S 10.000" zugesagt wurde (WBR, HS, Nl. Meinrad, ZPH 1502, Box 2).

deren Mitglieder aus dem Burgtheater und dem Theater in der Josefstadt stammen konnten, was in der Werbung und den ihr nachschreibenden Theaterkritiken hervorgehoben wurde.[14] Dabei firmierte er häufig sogar als Regisseur, indem er de facto Burgtheater-Inszenierungen, in denen er gespielt hatte, für die Tournee-Produktionen nachbildete, was durchaus nicht verschwiegen wurde.[15] Irgendwie erhielt das Ganze, obwohl von einer Agentur organisiert, den Nimbus eines Burgtheater-Gastspiels, vor allem aber wurde es als Gastspiel Josef Meinrads bejubelt.

Der Pater Brown hatte an Bekanntheit bald den Träger des Iffland-Ringes übertrumpft. Dennoch wurde bei den Tourneen damit geworben und die Theaterkritiker zeigten sodann ihre Informiertheit darüber vor,[16] wozu gehören konnte, dass sie sich über die Vergabe des Ringes an Meinrad mokierten. Wollte man für einen Augenblick beim Iffland-Ring an nachvollziehbare Kriterien glauben, so ließe sich ironischerweise festhalten, dass August Wilhelm Ifflands Theaterkunstbegriff – mit seinem priesterlichen Pathos der Menschendarstellung und seiner Maxime, dass man auf der Bühne am besten als edler Mann erscheinen könne, wenn man sich bemühe es zu sein[17] – dem Ethos des Ring-Trägers Meinrad nicht so gänzlich fern gewesen sein musste. Anders sah es beim Iffland-Ring-Träger Werner Krauss aus, dessen äußerliches, chargierendes, extrovertiertes Spiel als schauspielerischer Gegensatz zu Meinrad gelten kann. Aber all diese Kriterien des Schauspielens waren natürlich für die Vergabe des Ringes nicht relevant und bleiben daher hier nur Gedankenspiel. In wohlmeinenden Zeitungsartikeln war 1959 zu lesen, dass der Iffland-Ring-Träger Albert Bassermann geplant hatte, Alexander Girardi den Ring zu vererben und nach dessen Tod den Ring für den Komiker Max Pallenberg bestimmt hatte, der allerdings ebenfalls vorzeitig starb. So wurden in manchen Presseberichten kleine, brüchige Genealogien entworfen, diese widerstrebten den anderswo zu lesenden publizistischen Kleinheiten, die beim neuen Iffland-Ring-Träger Meinrad die ‚Größe' vermissten und das Theater in Gefahr sahen.[18]

In der – niemals vollständigen – Anverwandlung des Iffland-Mythos an Josef Meinrad zeigen sich durchaus einige Besonderheiten seines Volksschauspieler-

---

14 Vgl. die Sammlung von Theaterkritiken (WBR, HS, Nl. Meinrad, ZPH 1502, Box 9).

15 „Nach einer Inszenierung von Axel von Ambesser" hieß es etwa bei Josef Meinrads Tournee-Inszenierung von Nestroys *Der Färber und sein Zwillingsbruder*. Vgl. Badische Zeitung, 14. November 1961 (WBR, HS, Nl. Meinrad, ZPH 1502, Box 18).

16 Vgl. dazu neuerlich die Sammlung von Kritiken im Nachlass, etwa die Wiedergabe eines Gespräches mit Josef Meinrad in der Schweinfurter Zeitung vom 11. Jänner 1964 anlässlich der Aufführung von Nestroys *Einen Jux will er sich machen* (WBR, HS, Nl. Meinrad, ZPH 1502, Box 9).

17 Vgl. Gerda Baumbach, Schauspieler. Historische Anthropologie des Akteurs (Bd. 1: Schauspielstile), Leipzig 2012, S. 29–31.

18 WBR, HS, Nl. Meinrad, ZPH 1502, Box 6.

tums. Nicht wenige Zeitgenossen und auch Meinrad selbst, hatten Stoff für dieses Zauberstück geliefert. „Einfachheit", „Schlichtheit", „Wahrhaftigkeit", diese Bezeichnungen für den Schauspieler Meinrad, die Werner Krauss in seinem Schreiben benutzte, mit dem er ihn als nächsten Träger des Ringes bestimmte, waren zuvor schon längst bei der Beschreibung von Meinrads Arbeit in Gebrauch gewesen, aber sie hatten nunmehr eine gewisse Weihe erhalten. Auch in dem kleinen Buch der Reihe *Theater heute* über Meinrad, das eine Folge der Verleihung des Iffland-Ringes ist, führt Hans Weigel die entsprechende Stelle des Briefes von Werner Krauss an, sie gibt ihm die Linie seines Schreibens vor. Hans Weigel, der Meinrad einen „Volkskomödianten" nennt und auf Girardi Bezug nimmt, hat seinem „Versuch über Josef Meinrad" ein „In Memoriam Werner Krauss" vorangestellt und erzählt von Krauss als Bewunderer Meinrads.[19] Der Werner Krauss-Bewunderer Hans Weigel verliert hier kein Wort über den Antisemitismus von Werner Krauss und dessen Parteigängertum mit den Nationalsozialisten. Von diesem großen Schweigen aus entsteht bei Weigel gleichsam eine Brücke zur kleinen Stummheit des Josef Meinrad.

Tatsächlich existieren kaum öffentliche Äußerungen Meinrads, die man – mit den durchaus fragwürdigen Begriffen – als ‚Meinungen' oder ‚Ansichten' bezeichnen könnte, geschweige denn irgendwelche politische Anmerkungen. Das ist zunächst für einen Schauspieler dieser Periode nicht ungewöhnlich und mag erst heute bemerkt werden, da prominente Mimen in den Medien zu allen nur möglichen Themen befragt werden und die Rolle der Experten eilfertig spielen. Auffällig an Meinrad ist eher die Verbindung von Persönlichem und Unpersönlichem, die seine öffentliche Erscheinung bestimmte. Die merkwürdige Distanz, die Meinrad im Leben offenkundig zu all dem, was als pralle Wirklichkeit bezeichnet werden konnte, einzuhalten suchte, verlieh ihm etwas Unpersönliches, obwohl er doch als Schauspieler für seinen persönlichen Ton gelobt wurde und auch die Berichte in den Zeitungen von seiner Person zu handeln schienen, indem sie stereotyp von der Bescheidenheit und Freundlichkeit der Privatperson sowie ihrer Liebe zu Tieren und Antiquitäten erzählten. Sich heraushalten aus allem, keine Feinde haben – solches wurde mit Meinrad verbunden, und das lässt sich gewiss biografisch deuten, würde allerdings unweigerlich zu den Geschichten führen, die in den Zeitungen stets zu lesen waren, also vom katholisch erzogenen Mann, der aus dem Volke kam, eigentlich, dem Wunsch der Mutter nach, Priester werden

---

19 Vgl. Hans Weigel, Versuch über Josef Meinrad, Velber b. Hannover 1962, S. 8ff.

sollte und diesen Habitus nie gänzlich abgelegt hatte.[20] Dabei war seine märchenhaft anmutende Behauptung von Schlichtheit seltsam mit der Aura eines Künstlertums verschränkt, das über der Erde zu schweben schien. Dieses war durchaus keine Seltenheit, gehörte eher zu den gängigen zeitgenössischen Vorstellungen von Kunst, der auch das Theater zugeordnet wurde, wenn es denn in bedeutenden Gemäuern stattfand. Aber diese Idee von Kunst war doch sonst mehr im hermetischen Turm der Rilke-Rezitatoren anzutreffen als im zugänglichen Bezirk der Volksschauspieler, an denen gewöhnlich der Staub der Erde haftet.

All diese genannten Eigentümlichkeiten sind nur Elemente, aus denen kein Ganzes zu konstruieren ist, aber sie gehören zum Meinrad-Bild, wie es heute noch zu erkennen ist, scheinbar klar, doch eigentlich verschwommen. Auch lassen sich diese Elemente weder der schauspielerischen Tätigkeit noch der Privatperson umstandslos zuschreiben, vielmehr hatten sie gleichsam ihr Eigenleben außerhalb der konkreten Bühnenarbeit erlangt, der sie vielleicht entsprungen waren und auf die sie zurückwirkten. Vor allem hatten sie ihren Anteil am Nimbus des Josef Meinrad, der doch über sich selbst gerne schwieg. Mochten sie so erscheinen, als seien sie von der Geschichte unberührt, bewegten sie sich dennoch in einem geschichtlichen Rahmen. Das Ideal des Sichheraushaltens etwa, so absichtslos es subjektiv gemeint sein konnte, fiel unweigerlich mit der Ideologie vom ‚österreichischen Menschen' zusammen, der bescheiden, friedlich, ehrlich und von den Zeitläufen unberührt geblieben sein soll. In der postnazistischen Gesellschaft war diese viel beschworene Vorstellung vom ‚österreichischen Menschen' nicht nur wieder erweckt, sondern zugleich vermeintlich von allem Ideologischen gereinigt worden; die Harmlosigkeit und die damit verbundene Ethik der inneren Anständigkeit waren zum Allerwelts-Credo der österreichischen Identität avanciert, die wie ein Siegel der Unschuld wirkte. Schuld waren größere Mächte – der kleine Österreicher und sein Land hingegen blieben Opfer. Josef Meinrads politische Instrumentalisierung hierfür zeigte sich im Österreich-ideologischen Propaganda-Spielfilm *1. April 2000* (1952), der von der Bundesregierung in Auftrag gegeben worden war.[21]

---

20 Vgl. etwa: Die Josef Meinrad Saga von Dolores Maria Bauer, Neues Österreich, 30. Oktober 1960 (WBR, HS, Nl. Meinrad, ZPH 1502, Box 17). Die Josef Meinrad Saga erschien in mehreren Folgen.
21 Vgl. Beate Hochholdinger-Reiterer, „Die Befreiung hab' ich mir ganz anders vorgestellt". Österreich in Filmen der Nachkriegszeit, in: Modern Austrian Literature (Special Issue: Austria in Film), Vol. 32 (1999), Nr. 4, S. 302ff.

ALLGEMEINE LAGE UND ALTERNATIVEN

Es ist vielleicht notwendig, sich neuerlich etwas von Josef Meinrad zu entfernen und ins Allgemeine zu gehen: Das Gros der als Volksschauspieler angesehenen Bühnen-Akteure schien aus einer anderen Zeit zu stammen und mit Politik nichts zu tun zu haben, aber gerade das machte wohl ein wesentliches Moment der Beliebtheit aus. Die dramatische Welt der kleinen Kaufleute, der Handwerker und Diener, mit denen die Volksschauspieler verschmolzen waren, konnte aus dieser Perspektive betrachtet durchaus als nostalgisches Erlebnis genossen werden. Mancher Publikumsliebling wirkte dabei auf paradoxe Weise zugleich versteinert und lebendig, fern der Zeit und damit einem Publikum nahe, das von seiner Zeit nichts wissen wollte, lieber die eigenen Illusionen über ein Alt-Wien suchte, als sich der jüngeren Vergangenheit, die noch Gegenwart war, zu stellen. Viele der Lieblinge waren ohnehin schon in der jüngsten Vergangenheit Lieblinge gewesen, denn die nationalsozialistische Theaterpolitik hatte sich der Stücke Raimunds und auch Nestroys bedient, einerseits zur Unterhaltung und Ablenkung des Publikums und andererseits – wie im Falle Raimunds – zur direkten propagandistischen Vereinnahmung.

Dabei gab es allerdings in der Nachkriegszeit Möglichkeiten, die Folgen dieser Instrumentalisierung des Volksschauspielers radikal zu überwinden, sie waren indes durchaus rar und hatten die fundamentale Kritik der Verhältnisse zur Voraussetzung. Zwei davon seien hier erwähnt, die von besonderer Bedeutung waren: Die erste Möglichkeit war mit dem Typus des deklariert politischen Volksschauspielers gegeben, wie er sich am Neuen Theater in der Scala zeigte, das 1948 vorwiegend von Theaterleuten begründet worden war, die aus dem Exil zurückgekehrt waren und sich als Kommunisten verstanden. Das dort bezeugte Engagement für das Volksstück hatte mit Nestroy-Inszenierungen, vor allem auch der unbekannten Stücke, ihren prononcierten Ausdruck. Der realistische Anspruch konnte in der Praxis die ungeschönte Darstellung und die satirische Schärfe ebenso einschließen wie Dogma, politische Romantik und Projektion. Die Protagonisten dieses Theaters – die von ihrem Selbstverständnis her allerdings nicht in der Rolle des Volksschauspielers aufgingen – repräsentierten gleichsam die optimistische Möglichkeit des Volksschauspielertums, die entlarvende Darstellung des Alltäglichen war mit dem idealistischen Glauben an die schließliche Überwindung der bedrängenden Verhältnisse verbunden. Dabei wurde versucht, verschiedene kulturelle und politische Stränge der antifaschistischen ‚Volksfront' in die Nachkriegszeit hinein zu verlängern.

Der jüngeren Generation des Ensembles gehörte Otto Tausig an, der aus dem englischen Exil nach Wien zurückgekehrt war. Tausig, der nach dem erzwungenen Ende der Scala 1956 – so wie viele andere führende Ensemblemitglieder – in die DDR gegangen war, diese aber enttäuscht wieder verlassen hatte, konnte viele Jahre in Wien kein Engagement finden, da er immer noch als Kommunist galt. 1971 jedoch wurde Tausig von Gerhard Klingenberg ans Burgtheater engagiert. Konträr zur Moral der inneren Anständigkeit und ihrer politischen Stummheit, erlangte Otto Tausig schließlich als öffentliche wie private Person hohes Ansehen – weit über das Theater und weit über die Kreise der sozial und politisch Engagierten hinaus. Er wurde zum Inbegriff des anständigen Menschen, der sich öffentlich couragiert exponierte; seine wesentlich moralisch bestimmte Position basierte letztlich vor allem auf der tätigen Hilfe für die Verfolgten und Unterdrückten.[22]

Ein politisch engagiertes, antifaschistisches Volksschauspielertum hat es allerdings auch am Neuen Theater in der Scala nicht lückenlos gegeben: Im Eröffnungsjahr 1948 spielte der beliebte Fritz Imhoff, der damals in der Hierarchie der Wiener Volksschauspieler den zweiten Rang hinter Hans Moser einnahm, in der Uraufführung des Exilstücks *Der Bockerer* von Ulrich Becher und Peter Preses die Figur des Fleischhauers Bockerer, der – in seiner kleinmenschlichen Behäbigkeit – genuin gegen die Nazis eingestellt ist. Der Volksschauspieler Fritz Imhoff jedoch hatte im nationalsozialistischen Hetzfilm *Leinen aus Irland* (1939) die Figur des Ostjuden Sigi Pollack dargestellt – als antisemitische Karikatur und mit durchaus volkstümlichen Mitteln.

Die zweite Möglichkeit einer radikalen Verwandlung des angestammten Bildes vom Volksschauspieler zeigte sich beim *Herrn Karl* von Helmut Qualtinger und Carl Merz (1961). Das geniale Werk und die damit untrennbar verknüpfte schauspielerische Gestaltung der Figur durch Helmut Qualtinger erzeugen so etwas wie die pessimistische Perspektive des Volksschauspielertums. Die beiden Autoren zerrissen den Schleier der Gemütlichkeit, der über dem Volkstümlichen lag, widerriefen damit die positive Bewertung des Kleinmenschlichen, das auch im antifaschistischen Kabarett der 1930er Jahre und des Exils als Widerpart zum NS-Regime gesehen wurde,[23] und begriffen die biedere Kleinmenschlichkeit als Teil des mörderischen Geschehens. Dabei lag die Ungeheuerlichkeit der Gestaltung auch darin, dass das Mörderische nicht direkt ausgedrückt werden musste, sondern sich im Gestus der Harmlosigkeit und Freundlichkeit spiegelte. Mit Hel-

---

22 Vgl. Otto Tausig, Kasperl, Kummerl, Jud. Eine Lebensgeschichte. Nach seiner Erzählung aufgeschrieben von Inge Fasan, 2. Aufl., Wien 2006.
23 Vgl. Konstantin Kaiser, Die Karrieren des Kleinen Mannes. Hirnschal, Seicherl, Schwejk und Bockerer im Zweiten Weltkrieg, in: Ders., Ohnmacht und Empörung. Schriften 1982–2006, hg. von Primus-Heinz Kucher, Karl Müller und Peter Roessler, Wien, Klagenfurt/Celovec 2008, S. 196–214.

Helmut Qualtinger und Josef Meinrad in Raimunds
Der Alpenkönig und der Menschenfeind, 1969
(WBR, HS, NI. Meinrad)

mut Qualtingers Darstellung des Herrn Karl wird die Erscheinung des Volksschauspielers zugleich ausgeschöpft und zurückgenommen. Etwas vom Herrn Karl lebte in den Nestroy-Rollen fort, die Qualtinger später am Volkstheater verkörperte oder in Lesungen präsentierte,[24] und bei denen das Gemütliche und das Freundliche vom Bösen nicht zu scheiden war.

In den nachgelassenen Alben des Josef Meinrad findet sich ein eingeklebter Zeitungsausschnitt mit einem Probenfoto zur Inszenierung von Ferdinand Raimunds *Der Alpenkönig und der Menschenfeind* bei den Salzburger Festspielen 1969.[25] Zu sehen sind darauf Helmut Qualtinger als Habakuk – der gerade mit einem Messer „einen Cichorie ausstechen" gehen soll – und Josef Meinrad als Rappelkopf, der glaubt, dass „sein Weib" ihn „ermorden lassen" will; beide Schauspieler agieren noch nicht in Kostüm und Maske. Vom „harmlosen Habakuk" wurde in der journalistischen Bildlegende geschrieben – aber Helmut Qualtingers Proben-Auftritt als Habakuk, im Straßenanzug, treuherzig ein riesiges Messer haltend, mag doch die Assoziation erzeugen, dass die Nachfahren des Habakuk im 20. Jahrhundert

---

24 Vgl. Arnold Klaffenböck, „.... es ist eine Art Wahlverwandtschaft ...". Helmut Qualtinger und Johann Nestroy. Eine Spurensuche zu Helmut Qualtingers 75. Geburtstag am 8. Oktober 2003, in: Nestroyana 24 (2004), H. 1–2, S. 66ff.
25 Vgl. Express, 22. Juli 1969 (WBR, HS, NI. Meinrad, ZPH 1502, Box 8).

keineswegs harmlos waren und dass ihre Messer den mörderischen Zwecken der Volksgemeinschaft gedient hatten.

ELEMENTE SCHAUSPIELERISCHER ARBEIT

In der Burgtheater-Inszenierung von *Einen Jux will er sich machen* (1956), durch die Josef Meinrad im öffentlichen Bewusstsein nicht nur mit der Rolle des Weinberl verschmolz, sondern endgültig zum steten Darsteller der Nestroy-Rollen avancierte, spielten Schauspieler mit höchst verschiedenen Biografien. Das erzählt nicht viel über die Inszenierung, aber manches über die Situation. Der erwähnte Ferdinand Maierhofer war mit der Rolle des Hausknechts Melchior besetzt. Richard Eybner spielte den Prinzipal Zangler; Eybner, der im Spektrum der Volksschauspieler die Rollen der Vorgesetzten oder des Bürgers innehatte – stets nasal und oft von intrigantem Zuschnitt – war ebenfalls Nationalsozialist gewesen, er hatte bereits vor 1938 der Gruppe von Burgschauspielern um Fred Hennings angehört, die Anhänger des Nationalsozialismus waren.[26] Zu den Aktivitäten außerhalb des Theaters, denen sich Richard Eybner auch nach 1945 passioniert widmete, gehörte die Gestaltung unzähliger Lesungen der Gedichte Josef Weinhebers, er wurde zum Ehrenmitglied der Josef Weinheber-Gesellschaft. Mit der Figur des Christopherl verwuchs damals Inge Konradi, die 1942 von Walter Bruno Iltz ans Volkstheater engagiert worden war und diesem Theater auch nach 1945 angehört hatte, bevor sie 1951 ans Burgtheater geholt wurde. Den Hausknecht Kraps spielte Hans Thimig, langjähriges Ensemble-Mitglied des Theaters in der Josefstadt, dort auch als Regisseur tätig und von 1938 bis 1942 stellvertretender Direktor. In der Rolle des Fräulein von Blumenblatt trat Adrienne Gessner auf, die ebenfalls an der Josefstadt engagiert gewesen war, bevor sie 1938 ins amerikanische Exil hatte flüchten müssen. Der Regisseur dieser überaus erfolgreichen Inszenierung war Leopold Lindtberg, der vor dem NS-Regime in die Schweiz geflohen und dort zu einem der wichtigsten Regisseure des Zürcher Schauspielhauses geworden war. Der politisch bewusste Intellektuelle Leopold Lindtberg und der apolitische Naive Josef Meinrad waren über viele Jahre Arbeitspartner am Burgtheater, nicht nur auf dem Felde der Nestroy-Produktionen.

„Meinrad ist ein Volksschauspieler im besten Sinne", schrieb Leopold Lindtberg, er sei „in vielen Sätteln gerecht", aber „in zwei Domänen" verfüge er über

---

26 Vgl. dazu die eigenen Angaben von Richard Eybner im NS-Registrierungsakt. Laut Angaben des Meldeblattes (Nachtragsregistrierungsliste) war Richard Eybner (der bereits 1938 den Aufnahmeantrag gestellt hatte) im April 1940 NSDAP-Mitglied geworden (WStLA, M.Abt. 119, A 42: 480/19. Bez.).

"eine Art von doppelter Staatsbürgerschaft; das sind die grossen Charakterrollen der Wiener Volkskomödie und es sind Shakespeares Clownrollen. Wenn man – in Wien zumindest – nach Meinrads schönsten Rollen fragt, hört man unfehlbar: der Weinberl, der Schnoferl, der Valentin, aber dann heisst es im gleichen Atemzug: Junker Bleichenwang, Thysbe, Holzapfel und Zettel."[27] Diese Sätze finden sich in einem Text Leopold Lindtbergs von 1973, in dem er die Gestaltung einer Rolle durch Meinrad beschreibt; zu erkennen ist dabei, wie bewusst der Regisseur seinen Schauspieler einsetzte und wie sehr er ihn schätzte.[28] Aufgefordert, über eine Shakespeare-Rolle eines Schauspielers seiner Wahl zu berichten, hatte Lindtberg, der im Laufe seines Lebens auf eine überaus hohe Zahl an Shakespeare-Inszenierungen gekommen war und dabei mit vielen bedeutenden Schauspielern gearbeitet hatte, eine enorm große Auswahl. Lindtberg wählte Josef Meinrads Darstellung des Captain Fluellen in *König Heinrich V.* (1961).

Für die Typologie des Volksschauspielers – und zur Stellung Meinrads in ihr – scheint interessant, dass Fluellen meist als Gegentyp zum ausschweifenden, lebenshungrigen Falstaff gesehen wird; worauf Lindtberg auch eingeht. Aus seinem Text, der zugleich als Text über den Regisseur Lindtberg gelesen werden kann, lassen sich erneut einige Elemente eines Meinrad-Bildes gewinnen, wiederum ohne dass damit der ganze Meinrad gefasst wäre. Lindtberg zählt Meinrad zu den „heute selten gewordenen Schauspielern, deren ursprüngliche komödiantische Phantasie eine Gestalt aus dem Material des Textes und wenigen präzisen Angaben organisch entstehen lassen können", diese Schauspieler besäßen ein „innere[s] Gehör", eine „Fähigkeit, sich selbst zu hören und gleichzeitig spontan anzunehmen und zu reflektieren, was auf der Probenarbeit um sie herum geschieht; es ist eine vibrierende Präsenz von äusserster Wachheit und Hellhörigkeit, die sich gleichermassen im intellektuellen wie im emotionalen Bereich manifestiert." Dieser Vorgang, so Lindtberg, sei durchaus kein Rauschzustand, sondern „nüchtern und auf das Wesentliche gerichtet."[29]

Der Beitrag von Leopold Lindtberg kann auch den Blick auf Rollen des Josef Meinrad lenken, über die meist im Rückblick nicht geschrieben wird oder die gänzlich aus der Erinnerung geraten sind. Es sind jene zahlreichen Rollen, die

---

27 Leopold Lindtberg, Die Qual der Wahl und ihr Ergebnis. Josef Meinrad als Fluellen, Offizier in König Heinrichs Armee, in: Erwin Leiser, „Du weißt ja nicht, wie es in mir schäumt". Schriften - Bilder - Dokumente. Zürich, St. Gallen, S. 131.
28 Vgl. auch Nicole Metzger, „Alles in Szene setzen, nur sich selber nicht." Der Regisseur Leopold Lindtberg (Blickpunkte. Wiener Studien zur Kulturwissenschaft und Schriften 23 der Schweizerischen Gesellschaft für Theaterkultur), Wien, Basel 2002, S. 199f.
29 Lindtberg, S. 133.

nicht per se einen Meinrad-Abend erzeugten, aber durch die kleinen in die Handlung verflochtenen Auftritte dessen Fähigkeiten in der Verdichtung markant hervortreten hatten lassen. Auch Lindtbergs Beitrag vermag, wie alles Schreiben über Theaterarbeit, diese niemals vollständig abzubilden, er ist aber das Gegenteil der üblichen Meinrad-Beschreibungen, die gewöhnlich Attribute aneinanderreihen und diese dann loben oder – wie es zu der Zeit, als Lindtberg seinen Text schrieb, öfter vorkam – tadeln. Leopold Lindtberg geht vielmehr dramaturgisch vor, indem er seine – politische – Lesart des Stückes entfaltet und die Beschreibung von Meinrads Darstellung des Fluellen mit der Analyse der entsprechenden Szenen verbindet. Neben harmlosen Auftritten des pedantischen und geschwätzigen Fluellen nennt Lindtberg erschreckende Szenen, die Fluellen als Repräsentanten einer „unerbittliche[n], zweckgerichtete[n], technisierte[n] und auf Eroberung eingestellte[n] Kriegsmaschinerie"[30] erkennen lassen. Lindtberg zeigt das vor allem durch den Umschlag innerhalb einer Szene, bei dem Meinrad plötzlich ein anderes, nicht harmloses Bild des Fluellen als verbissenen „Subalternoffizier" bot. Meinrads „Können eines souveränen Schauspielers" sah nun Lindtberg darin, dass jener dabei „durchaus die gleiche Person" geblieben sei, „die kontrastierenden Farben – und viele andere – hatten in ihr Platz."[31]

Josef Meinrad als Holzapfel in Shakespeares *Viel Lärm um nichts*, 1953 (WBR, HS, Nl. Meinrad)

Leopold Lindtbergs Wertschätzung Meinrads hat sich vermutlich, in einem weiteren Sinn als er selbst es in seinem Meinrad-Aufsatz bekundet hat, darauf erstreckt, dass jener eben auch sonst „durchaus die gleiche Person" geblieben ist,

30 Ebd., S. 134.
31 Ebd.

in der die „kontrastierenden Farben" ihren Platz hatten. Arbeitspartnerschaften zwischen Regisseuren und Schauspielern können aus Gewohnheiten entstehen, Teil der Theaterbequemlichkeit sein, aber ebenso kann in ihnen ein Potential für unerhörte Ergebnisse stecken. Es gab keinen Grund, diese Zusammenarbeit zwischen Lindtberg und Meinrad – die eine der erfolgreichsten und längsten in der jüngeren Geschichte des Burgtheaters gewesen ist – aufzulösen. Es gab zudem keine Alternativen: Die Schauspieler, mit denen Lindtberg am Zürcher Schauspielhaus in der Exilzeit zusammengearbeitet hatte, auch bei seinen dortigen Nestroy-Inszenierungen, die es allerdings nur in geringer Zahl gegeben hat, diese Schauspieler waren danach an der ‚Scala' und wurden später ein zweites Mal vertrieben; sie wären ihm am Burgtheater zunächst nicht zur Verfügung gestanden, oder besser gesagt: Sie waren in der Zeit des Kalten Krieges politisch ausgegrenzt. Die Nestroy-Auffassungen Leopold Lindtbergs und die der ‚Scala'-Leute – wie sie etwa Karl Paryla vertrat[32] – waren übrigens in mancherlei Hinsicht verschieden.

Die Beliebtheit Josef Meinrads beim Publikum lässt sich nun tatsächlich – in allerdings anderer, engerer Weise – nicht zuletzt darauf zurückführen, dass er als Schauspieler immer gleich geblieben ist. Ein Bedürfnis nach dem Bekannten, das Teil der Schauspieler-Verehrung ist und sich bei der Personalunion von Volks- und Burgschauspieler noch steigert, fand für die Zuschauer mit den Auftritten von Meinrad seine verlässliche Erfüllung. Wenn die Erwartungen zudem bedient wurden, musste das zum Klischee führen, insbesondere bei Tourneen oder gesonderten Produktionen, da Meinrad noch dazu als Regisseur firmierte. Nachvollziehbar ist dies etwa an einer Aufzeichnung der von ihm verantworteten Inszenierung von Nestroys *Der Färber und sein Zwillingsbruder*, die überdies auf einer banalisierenden Bearbeitung des Textes durch Hans Weigel beruht.[33] Und evident ist dies bei den vielen Film- und Fernsehauftritten Meinrads, die Schablonen waren, mit denen das Immergleiche triumphierte.

„Mensch ohne Maske. Josef Meinrad, der Schauspieler, der sich nicht verstellt", lautete der Titel eines frühen Zeitungsportraits, das sich in einem Heft (mit zahlreichen anderen Artikeln) sorgsam eingeklebt findet. „Man ist gewohnt, Masken zu tragen", heißt es darin „[u]nd dann trifft man plötzlich das, was man

---

32 Vgl. Evelyn Deutsch-Schreiner, Karl Paryla. Ein Unbeherrschter, Salzburg 1992, S. 96ff. Vgl. auch: Dies., Der verhinderte Satiriker. Aspekte zu Nestroy im Wiederaufbau, in: Nestroyana 14 (1994), H. 3-4, S. 104-124.

33 *Der Färber und sein Zwillingsbruder* von Johann Nestroy. Bearbeitet von Hans Weigel, Regie: Josef Meinrad. Eine Gemeinschaftsproduktion des Österreichischen, Bayrischen und Schweizer Fernsehens (1961).

am wenigsten erwartet hätte: einen Menschen ohne Maske."[34] Ohne Maske – der private Meinrad und der Schauspieler sind in dieser Geschichte eins. So wurde über Meinrad geschrieben. Doch ein anderes Märchen ließe sich ausdenken: Der Mann mit der freundlichen Maske erscheint, wir nehmen ihm diese Maske ab, aber darunter ist kein böses Gesicht, sondern wieder eine freundliche Maske. Eine Maske nach der anderen nehmen wir ab, hastig, und stets finden wir wieder nur eine weitere freundliche Maske. Die Frage nach der Person funktioniert nicht. Aber vielleicht gibt uns das Theater einen Halt für das allgemeine Begreifen eines Phänomens von Mensch und Gesellschaft; denn bei den dargestellten Figuren konnte Meinrad etwas Verbissenes, Böses mitspielen, das unter der Oberfläche lag[35] oder umgekehrt eine Weichheit, die hinter der Härte zu erkennen war.[36]

Josef Meinrad in der Titelrolle von Molnárs *Liliom*, 1963 (WBR, HS, Nl. Meinrad)

Dass der Schauspieler Meinrad immer irgendwie der Gleiche war, korrespondierte durchaus mit den Rollen, die er am Theater spielte, das gilt vor allem für die Nestroy-Rollen. Viele der grandiosen Rollen, die Johann Nestroy für sich selbst geschrieben und dann verkörpert hatte, und auf die Meinrad abonniert war, sind einander schon im Aufbau ähnlich, zumindest in einigen wesentlichen Zügen, die sich allerdings verschieben und dann zu ganz verschiedenen Charakteren führen können. Der Kontakt mit dem Publikum,

---

34 Wiener Montag, 21. März 1949 (WBR, HS, Nl. Meinrad, ZPH 1502, Box 6).
35 Vgl. etwa die Malvolio-Szene, zu sehen in der Dokumentation: Demgemäß alles in Ordnung – Josef Meinrad und seine Welt. Buch und Regie: Wolf-Dieter Hugelmann. Eine Produktion der Intertel (München) im Auftrag des ZDF (1975).
36 Das wäre bei Meinrads Darstellung des Liliom zu sehen. Vgl. die ORF-Aufzeichnung von Franz Molnárs *Liliom* (Inszenierung: Kurt Meisel), Aufführung von 1963, in der Reihe „edition Burgtheater" (Hoanzl).

den diese Figuren halten, sowie die Parteinahme der Zuschauer für sie führen zu einer besonderen Stellung der jeweiligen Schauspieler. Das monologische Räsonieren und die Couplets können den Eindruck oder den Wunsch verstärken, der Schauspieler sei mit der Figur identisch. Dazu kommt noch das Moment der Herausgehobenheit dieser Figuren, nicht nur weil sie ‚Hauptrollen', sondern weil sie vielfach Außenseiter sind und dem Getriebe der kleinen Dramenwelt entgegen wirken, obzwar sie sich auch in ihm behaupten müssen. Wenn dann wie beim Agenten Schnoferl[37] oder beim Arzt Kampl[38] etwas Moralisches an ihnen haftet, das sie von den anderen Figuren unterscheidet, sie also nicht nur von niederen Motiven getrieben sind, dann war die Bereitschaft groß, sich mit ihnen zu identifizieren. Josef Meinrad war der Gute, das war die Erwartung, bevor das Stück begann.

Wenn Leopold Lindtberg die Möglichkeiten des Schauspielers Meinrad in seiner Beschreibung einer Chargenrolle skizzierte und damit das vermeintlich Periphere ins Zentrum schob, so gab es wohl für Meinrad ein anderes schauspielerisches Zentrum, besser gesagt, eine zentrale Rolle, die in vielen Rollen spürbar war: Der Tischler Valentin aus dem *Verschwender*, den Meinrad immer wieder in verschiedenen Konstellationen spielte. Meinrad hat übrigens in einem Interview nicht widersprochen, als er gefragt wurde, ob nicht seine Nestroy-Rollen von Raimund aus gestaltet seien.[39] Die moralische Figur des Valentin ist, wie das ganze Stück, kaum mit Komik ausgestattet, sie räsoniert nicht, sondern wirkt eigentlich allegorisch, auch wenn sie menschlich rührt. Valentin hat sich nicht überhoben wie sein ehemaliger Herr Flottwell, er ist die kleinmenschliche Gegenfigur zur Hybris: bescheiden und sich dreinfügend. So wie Meinrad gesehen wurde und sich präsentierte. Valentin bleibt der Eine, der für die Vielen steht, obwohl er doch nur in seiner Vereinzelung darstellbar ist, er weist den Weg zu einem Glück, das nicht nur als Hoffnung ausgedrückt wird, sondern in der Wirklichkeit des Stückes existiert. Die Figur kommt aus einer Welt, mit deren Verklärung schon Raimund implizit der Gewalt der Industrialisierung und Kapitalisierung zu widerstreben gesucht hatte,[40] einer Welt also, die nunmehr weitgehend verschwunden war, aber durch diesen einen Schauspieler prominent am Leben gehalten wurde; so etwa mit dem *Verschwender*-Film von 1953 in der Regie von Leopold Heinisch. Das „Hobel-

---

37 Vgl. die ORF-Aufzeichnung von Johann Nestroys *Das Mädl aus der Vorstadt* (Inszenierung: Leopold Lindtberg), Aufführung von 1962, in der Reihe „edition Burgtheater" (Hoanzl).
38 Vgl. die ORF-Aufzeichnung von Johann Nestroys *Kampl* (Inszenierung: Leopold Lindtberg), Aufführung von 1979.
39 Vgl. Demgemäß alles in Ordnung, Dokumentation, ZDF, 1975.
40 Zu dieser Thematik im Werk Ferdinand Raimunds allgemein vgl. Gerhard Scheit, Hanswurst und der Staat. Eine kleine Geschichte der Komik. Von Mozart bis Thomas Bernhard, Wien 1995, S. 77ff.

lied" des Valentin, gesungen von Josef Meinrad, gab es auf Amadeo-Schallplatte, es hatte sich verselbständigt und war mit ihm doch so sehr verbunden, ernst wie das „Aschenlied" des Fortunatus aus dem *Bauer als Millionär*, das Meinrad ebenfalls sang, und worin die Demut traurig klang.

Die Verselbständigung einer Figur – die freilich wie im Falle des Valentin bereits im Stück angelegt sein kann – enthebt diese indes nicht der geschichtlichen Zusammenhänge und provoziert die Frage, welche Bedeutung diesem Eigenleben zukommt oder zuwächst. Der allgemeinen Beliebtheit des Meinrad'schen Valentin beim Publikum wird nicht nur die Sehnsucht nach der alten Zeit beigemischt gewesen sein, sondern auch die Illusion oder Lüge vom Nichtbeteiligtsein des ‚kleinen Österreichers' an den Schrecknissen der jüngeren Zeit. Immer wieder findet sich, besonders in den 1950er Jahren, der Meinrad'sche Valentin in

Josef Meinrad als Valentin in Raimunds *Der Verschwender*, 1955 (ÖTM)

den Zeitungen abgebildet, sein Hobel wirkt dabei wie ein Instrument, das die allgemeine Beruhigung erzeugen soll. Jeglicher kritische Sinn scheint sich gegenüber dieser fotografischen Allegorie des Einverständnisses ins Unrecht zu setzen. Jegliche Empörung muss als Störung dieser Kunst der Abgeklärtheit gelten. Bald scheinen die Fotografien nicht mehr unterscheidbar, der nette Valentin mit Hobel oder der nette Privatmann Meinrad mit Mantel und Hut, manchmal auch mit seinem Hund, ein wohlhabender Valentin, ein zufriedener Kleinbürger. Meinrad kam hier eine Rolle in einem größeren Gefüge zu. Das Bildnis des Österreichers als zufriedener Kleinbürger war eine allgegenwärtige Erscheinung im Nachkriegsösterreich, auch in Bereichen, die der Bildung zugeordnet wurden, wo die ernste Ambition sich mit einem versöhnlichen Humor verbinden durfte. In einer belehrenden Fernsehsendung von Hans Weigel und Ernst Hagen mit dem Titel *Deutsch für Inländer* (1957) konnte man etwa fröhliche Kleinbürger-Figuren – volkschauspielerisch-kabarettistisch dargestellt – bei ihren Bemühungen um richtiges Deutsch belächeln; manchmal freuen sich diese Figuren über die Grammatik-Fehler der anderen, sonst aber wirken sie gutmütig.

Hans Weigel gerät in dem erwähnten Beitrag für das Meinrad-Buch von 1962 förmlich ins Schwärmen, wenn er von dessen Darstellung des Valentin schreibt. Für ihn ist der „Valentin in Raimunds ‚Verschwender' [...] eine klassische wienerische Ur-Rolle", er betrachtet ihn als „einen sehr großen ‚kleinen Mann', der recht unverbunden durch die eigentliche Märchenhandlung geht und doch zu ihrem Zentrum wird, einfältig, kommun, treuherzig und gutmütig." Er, Weigel, habe Meinrad mindestens viermal in dieser Rolle gesehen und sei jedes Mal bei der Stelle erschüttert gewesen, da Meinrads Valentin seinen „ehemaligen Gebieter erkennt und ausruft: ‚Mein gnäd'ger Herr! Mein gnäd'ger Herr!'"[41] Ein ganz anderes Bild der Figur des Valentin gibt Berthold Viertel; in seinem Lyrikband *Fürchte dich nicht*, den er 1941 im amerikanischen Exil veröffentlicht hatte, findet sich das fünfstrophige Gedicht „Der Valentin". Gegenüber der ursprünglichen Version, die erstmals 1919 abgedruckt wurde und noch eine positive Sicht auf den Valentin bot, reflektiert die Exil-Version nunmehr die aktuelle geschichtliche Situation, in die diese Figur gestellt wird. Die erste Strophe lautet:

> *„Das Schicksal setzt den Hobel an*
> *Und hobelt beide gleich."*
> *Dein Alterstrost, du Biedermann*
> *Im alten Österreich.*

Und die letzte, gänzlich hinzugefügte Strophe gibt das Resümee der Epoche:

> *Du hobelst. Weltkulisse fällt.*
> *Zuletzt wird alles gleich:*
> *Es überließ dich Gott und Welt*
> *Dem Dritten Reich.*[42]

Fürs Theater wäre die Valentin-Frage nicht ohne die Betrachtung der jeweiligen Inszenierungen zu behandeln, in denen Josef Meinrad spielte und zu denen

---

41 Weigel, S. 21.
42 Berthold Viertel, Der Valentin, in: Ders., Das graue Tuch. Gedichte (Studienausgabe Bd. 3), hg. von Konstantin Kaiser. Mit einem Nachwort von Eberhard Frey, Wien 1994, S. 164. Im Glossar werden die Änderungen gegenüber der ersten Version des Gedichts (1919) genau nachgewiesen. Vgl. auch Scheit, S. 176f.

etwa auch die von Leopold Lindtberg gehörten, der gewiss nicht den österreichischen Biedermann rehabilitieren wollte. Es war besonders die Naivität der Figuren, die Meinrad in seinen Raimund-Rollen so auffällig zeigte, und die sich in der Gestaltung der Nestroy-Rollen wieder findet, wobei sie dort durchaus mit Schläue verbunden sein konnte. Die Naivität ist etwa bei Meinrads Weinberl ersichtlich, der heute harmlos wirkt. Vom Erlebnis späterer Inszenierungen aus gesehen – mit anderen Schauspielern –, in denen die Konturen schärfer gezogen sind, kann diese Manier des Meinrad'schen Weinberl irritierend, ja abstoßend wirken. War die damalige Wirkung einer solchen Darstellung harmonisierend, entschärfte sie das ohnehin operettenhafte Geschehen des *Jux*? Fungierte die Unbedarftheit als Identifikationsangebot für das Publikum? Oder war die Harmlosigkeit des Weinberl zu belachen, als Ausdruck seines kuriosen Einverständnisses mit den Verhältnissen, namentlich mit seinem Prinzipal,

Inge Konradi und Josef Meinrad in Nestroys *Einen Jux will er sich machen*, 1968 (WBR, HS, Nl. Meinrad)

der ihn befördert hat? Ging es verstärkt um die Geschichte von einem Naiven, der einmal aus dem engen Alltag ausbricht, sich schlau dünkt und im Getriebe der Stadt in größte Schwierigkeiten gerät? Rasch lägen Antworten bereit, die die tradierten Meinrad-Bilder, positive oder negative, nur neuerlich bestätigen würden, den Schauspieler Meinrad gleichfalls – was ohnehin stets passiert – aus allen Zusammenhängen rissen, und viele Fragen beiseite ließen: etwa nach den älteren Weinberl-Darstellungen, nach den schauspielerischen Möglichkeiten Meinrads und den Eigentümlichkeiten der Figur, nach den Erwartungen der Zeitgenossen, vor allem aber nach der Inszenierung Leopold Lindtbergs, deren filmische Aufzeichnung uns heute nur eine Ahnung geben kann.[43] Im Unterschied zur Burgtheater-Aufführung etwa sind in der Fernseh-Version die Monologe des Weinberl stark gestrichen oder weggelassen, was die Figur aus den Zusammenhängen ihres eigenen Räsonnements löst.[44]

Schon damals wurde Meinrads Weinberl allerdings aus mancherlei Zusammenhängen gelöst, nicht zuletzt von Meinrad selbst. Dazu zählte eine Tournee des *Jux* (1964) mit Meinrad als Weinberl und Meinrad als seinem eigenen Regisseur. Der Rückgriff auf frühere Inszenierungs-Elemente, zu denen vordringlich die Besetzung gehörte, beschränkte sich indes nicht nur auf Produktionen, die rasch für eine Meinrad-Tournee hergestellt wurden. Im Jahr 1967 – das wegen des 105. Todestages als Nestroy-Jahr gelten musste – gab es eine neuerliche Inszenierung des *Jux* am Burgtheater, diesmal durch Axel von Ambesser.[45] Das Protagonisten-Duo war vorgegeben, ebenso wie dessen Beliebtheit und dessen Möglichkeiten: den Weinberl spielte Josef Meinrad, den Christopherl Inge Konradi. Gewohnheit und Repräsentanz mochten hier die Leitlinien gewesen sein, Erstarrung das Ergebnis. Die Inszenierung wurde im Rahmen der Welttournee des Burgtheaters (1967/68) – unter der Direktion Ernst Haeussermans – auf Reisen geschickt, der Botschafter Weinberl gelangte so unter anderem nach Paris, New York, Tokio, Luxemburg.

Die konservierten Erwartungen an Meinrad und Nestroy trafen in dieser Periode bereits auf die Effekte einer veränderten Gesellschaft. Der Vorwurf der Harmlosigkeit und die Forderung nach dem Politischen gehörten allgemein zu den Kontroversen um Nestroy-Inszenierungen in den 1960er und vollends in den 1970er Jahren. Das reichte von der Gewinnung neuer gesellschaftlicher Gesichtspunkte bis zu politischen Projektionen auf das Nestroy'sche Werk, die ihrerseits wieder der Naivität nicht entbehren. Nicht immer waren dabei die Rollen der Kontrahenten im Streit um Nestroy klar verteilt, vor allem, wenn es um die konkrete Theaterarbeit ging oder wenn das Politische zu einer abstrakten Behauptung wurde. Die Situation kann hier nicht näher untersucht werden; es sei nur eine gewisse Stimmungslage konstatiert, bei der – wie so oft – die Termini ‚alt' und ‚neu' ins Spiel gebracht wurden. Bezogen auf die großen Häuser wurde von den Zeitungen jedenfalls in der Nestroy-Frage häufig eine Teilung des Wiener Theaterlebens vorgenommen: auf der einen Seite (alt, verharmlosend, biedermeierlich) der Burgthe-

---

43 Vgl. die Aufzeichnung von Johann Nestroys *Einen Jux will er sich machen* (1957) in der Reihe „edition Burgtheater" (Hoanzl).
44 Vgl. Soufflierbuch im Archiv des Burgtheaters.
45 Das Soufflierbuch befindet sich im Archiv des Burgtheaters.

ater-Nestroy sowie der Nestroy am Theater in der Josefstadt und auf der anderen Seite (neu, pur, sozialkritisch) der Nestroy am Volkstheater.

Josef Meinrad hat sich an Auseinandersetzungen um Nestroy nie öffentlich beteiligt, er blieb wohl auch aus seiner Sicht stets der Gleiche, aber er wurde dabei sogar von den kritischen Beobachtern des Theaters nicht immer nur als Prototyp der Harmlosigkeit angesehen. Manch eigentümlich auseinanderstrebendes Urteil kam dabei zustande, wie sich an einem frühen Beispiel illustrieren lässt: Otto Basil, der als Autorität in Nestroy-Fragen schrieb, lobte etwa 1962 in seiner Theaterkritik Leopold Lindtbergs Inszenierung von Nestroys *Das Mädl aus der Vorstadt* als „unüberbietbar[e] Interpretation", vermisste zugleich aber den „politische[n] Nestroy" und stellte die Frage, „wo [...] in Lindtbergs Inszenierung der Nestroy, den Brecht, Horváth und Dürrenmatt sich zum Vorbild genommen haben", geblieben sei, um schließlich Meinrads schauspielerische Leistung zu feiern: „Ein schauspielerisches Furioso wie es Nestroy einst gewesen sein muß: Josef Meinrad als Schnoferl."[46]

Zur Frage der Harmlosigkeit hatte sich Leopold Lindtberg 1977 in seiner Dankesrede für den Nestroy-Ring selbst geäußert. Er bemerkte darin, „dass man bei der Aufführung eines Nestroy-Stückes nicht nur sozialkritisch geschockt und historisch-materialistisch belehrt werden soll, sondern auch lachen darf." Und er setzte fort: „So meine ich etwa, dass der Josef Meinrad gut daran tut, den charakterlosen Lumpen Nebel in ‚Liebesgeschichten und Heiratssachen' nicht nur charakterlos und lumpenhaft, sondern auch abgefeimt, hinterlistig, gewinnend, ja unwiderstehlich attraktiv zu spielen, weil nämlich sonst kein Mensch auf so einen Hochstapler hereinfällt. Das hat mit harmloser Ausdeutung nicht das mindeste zu tun, ich würde denken, eher das Gegenteil [...]."[47] Erneut zeigt sich an diesen Ausführungen, wie unterschiedlich Meinrads Wirkung sein konnte und wie wesentlich die szenischen Zusammenhänge waren, in denen er agierte, vor allem aber wie sich seine Möglichkeiten von einem Regisseur nutzen ließen. So wird etwas wie eine Spaltung des immer so homogen wirkenden Schauspielers Meinrad erkennbar: Vermochte in einer Inszenierung ein Regisseur und die entsprechenden Konstellationen verschiedene Dimensionen des Schauspielers zu öffnen, so konnte umgekehrt in einer anderen Inszenierung die Marke Meinrad Stereotypien liefern, die sich ausdehnten, über das gesamte Geschehen legten und alles neutralisierten.[48]

---

46 Neues Österreich, 9. Juni 1962 (WBR, HS, Nl. Meinrad, ZPH 1502, Box 9).
47 Leopold Lindtberg, Dank für den Nestroy-Ring, in: Leiser, S. 88. Vgl. auch Metzger, S. 189f. Aufzeichnung der Inszenierung durch den ORF (1976).
48 Vgl. in diesem Sinne etwa die Aufzeichnung einer Aufführung von Molières *Der eingebildete Kranke* (1966), in der Bearbeitung und Regie von Josef Meinrad, der auch die Rolle des Argan

Gewiss wandelte sich das Verhältnis von öffentlicher Verehrung und Ablehnung der kulturellen Ikonen verstärkt in den 1970er Jahren, das betraf nicht nur Josef Meinrad. Der Versuch, die verschiedenen Urteile über Meinrad und ihre Wandlungen nachzuvollziehen, die An- und Aberkennung von Nestroy-Insignien zu deuten oder gar Ordnung in die publizistischen Plattitüden zu bringen, hätte allerdings etwas Vergebliches. Solchem Unterfangen nämlich stünde doch das Phänomen der eigentümlichen Konstanz gegenüber, mit der Meinrad seine schauspielerische Arbeit ausführen konnte. Das wurde auch durch seine Position innerhalb des Burgtheaters ermöglicht, die wie aus einer alten Zeit in die Gegenwart ragte. Meinrad gehörte zu den letzten Vertretern jener Burgschauspieler, die einen Heroenstatus eingenommen hatten und gleichsam einen Besitzstand an Rollen sowie den Rang eines Königs im Reich des jeweiligen Rollenfaches besaßen, obwohl das natürlich nirgends festgeschrieben war. Für Meinrad bedeutete dies, dass er über Jahrzehnte innerhalb des Hauses den obersten Platz in der Hierarchie der Volksschauspieler eingenommen hatte, ob er nun gerade spielte oder nicht. Das stabilisierte seine singuläre Stellung und wirkte als komplementäres Phänomen zu seiner aus Film und Fernsehen gewonnenen Prominenz.

JOSEF MEINRAD UNTER DEN VOLKSSCHAUSPIELERN

Wollte man eine Geschichte der Volksschauspieler, auch der jüngeren Zeit, nachzeichnen – vielleicht bis zu deren Verschwinden von den Bühnen oder deren Transformationen in der Unterhaltungsindustrie oder deren Wiederbelebungsversuchen im Ein-Personen-Kabarett –, so fehlte dieser Geschichtsschreibung manche Möglichkeit zur Systematik, es ergäbe sich ein Durcheinander der Typen und Auftritte, passend zum schwankenden Thema. Dazu gehört die Historie der Institutionen und Gruppierungen, das Wechseln der einzelnen Akteure zwischen den Theatern, Genres und Gattungen.[49] Können die ideologischen Projektionen auch entlarvt werden, so würden andererseits Versuche, den Volksschauspieler zu definieren, vergeblich den alten Ideologisierungen widerstreben, vielmehr diese eher noch verstärken.

---

spielte. In der Fernseh-Dokumentation *Demgemäß alles in Ordnung* verwendet Paul Blaha in einem Interview das Wort von der „Meinradiana". Er verweist dort auf Meinrads Darstellung der Rolle des Jourdain in der Burgtheater-Inszenierung von Molières *Der Bürger als Edelmann* (Regie: Jean Louis Barrault), von der Ausschnitte zu sehen sind. Das Phänomen wurde also auch im Falle von anspruchsvollen Regisseuren konstatiert. Die Fernseh-Dokumentation bietet weiteres Material zur Problematik, etwa Probenausschnitte zum *Unbestechlichen* für eine Tournee (Regie: Josef Meinrad).

49 Vgl. Jürgen Hein, Das Wiener Volkstheater, 3. Aufl., Darmstadt 1997.

Wenn hier immer von *dem* Volksschauspieler die Rede ist, also von der männlichen Form im Areal dieser schauspielerischen Spezies, dann hängt dies mit dem Thema Josef Meinrad zusammen. Eine größer angelegte Geschichte des Typus müsste sich selbstverständlich auch auf die Metamorphosen der Volksschauspielerin im Schauspiel, der Operette und im Film erstrecken. Es ergäben sich bei dieser großen Frage nach den Volksschauspielerinnen noch zahlreiche weitere Fragen zur Situation der Schauspielerin, zu den Institutionen, zu den Stücken; beim Vergleich mit den männlichen Kollegen wären nicht nur Übereinstimmungen, sondern ebenso erhebliche Divergenzen zu konstatieren.

Zu bedenken wäre ferner, dass viele Schauspieler durchwegs nicht auf diese eine Funktion des Volksschauspielers festgelegt sein mussten, sondern daneben oder gar hauptsächlich gänzlich andere Figuren darstellten. Man würde wohl Attila Hörbiger oder Heinrich Schweiger nicht so ohne weiteres als Volksschauspieler bezeichnen, obwohl beide wesentliche Rollen in Raimund- und Nestroy-Stücken spielten. Meist entstehen Etikettierungen von Schauspielern und Schauspielerinnen ohnehin nicht durch Theaterbesuche, sondern fußen auf anderen unsicheren Quellen, zu denen mediale Behauptungen gehören. Es bleibt die Paradoxie, dass die Langlebigkeit der Spezies Volksschauspieler zweifellos zu diagnostizieren ist, was die Bezeichnung zu rechtfertigen scheint. Zugleich sind Zweifel an der Verwendung dieser Kategorie anzumelden; Zweifel, die zumindest das Augenmerk auf die Brüche im scheinbaren Kontinuum lenken können.

Auch institutionsgeschichtlich betrachtet, sind erhebliche Brüche zu erkennen: Das Ensemble oder Konglomerat der Nestroy-Spieler und -Spielerinnen hatte sich am Burgtheater spätestens in der zweiten Hälfte der 1970er Jahre aufgelöst, nur wenige der alten Protagonisten standen noch zur Verfügung und diese waren für die Rollen, die sie gespielt hatten, nunmehr oft zu alt, obwohl sie in den Köpfen Vieler auf ewig mit den immer gleichen Rollen verbunden bleiben sollten. Dieses Phänomen aber glich mehr schon einem volkstümlichen Pantheon als der aktuellen Realität des Burgtheaters. Unter der Direktion von Achim Benning (ab 1976) wurde systematisch ein neues Nestroy-Ensemble aufgebaut, das nicht nur ein Weiterspielen, sondern eine Neuerschließung des Nestroy'schen Werkes ermöglichen sollte. Zu diesem Nestroy-Ensemble zählten sowohl junge Schauspieler und Schauspielerinnen, die entdeckt und engagiert worden waren, als auch erfahrene, die neu ans Haus geholt wurden und die zuvor an anderen Theatern, etwa dem Volkstheater, gespielt hatten; andere, die bereits dem Burgtheater angehörten, konnten einbezogen und mit neuen Aufgaben betraut werden. Das somit geschaffene Nestroy-Ensemble war kein geschlossenes Ensemble, keine isolierte Einheit, eher eine Möglichkeit inmitten eines überhaupt erneuerten Gesamtensembles. Auch hier wurde die Kategorie des Volksschauspielers praktisch und auf eine moderne Weise in Frage gestellt, denn viele dieser Darsteller von Nestroy-Figuren spielten oft ihre größten und besten Rollen auf ganz anderen Gebieten der Dramatik. In den Nestroy-Inszenierungen wirkten unter anderem Rudolf Buczolich, Walter Langer, Herbert Probst, Kurt Sowinetz, Karlheinz Hackl, Robert Meyer, Franz Morak, Oliver Stern, Erika Pluhar, Sylvia Lukan, Bibiana Zeller, Elisabeth Augustin, Regina Fritsch, Ulrike Beimpold, aber auch weiterhin Hugo Gottschlich, Fritz Muliar, Richard Eybner. Dieses Nestroy-Ensemble existierte sehr lange und ermöglichte Achim Bennings spätere Inszenierungen der Stücke Nestroys, als er in der Direktions-Zeit von Claus Peymann (ab 1986) zum nahezu einzigen Nestroy-Regisseur des Burgtheaters wurde.

Am Theater gibt es keine scharf umgrenzten Epochen und Regionen, wenngleich sie im Rückblick gerne konstruiert werden. Manchmal zeigen sich die Brüche aber in den Kuriositäten, die mehr anekdotisch zu fassen sind. Für 1980 planten die Bregenzer Festspiele unter dessen Intendanten Ernst Bär gemeinsam mit dem Burgtheater Nestroys *Einen Jux will er sich machen* in der Inszenierung von Leopold Lindtberg; die Produktion sollte wie stets ihre Premiere in Bregenz haben und dann ans Burgtheater übersiedeln.[50] Bär bestand auf der Besetzung des Weinberl mit Josef Meinrad – der damals bereits immerhin 67 Jahre alt war –, den Christopherl sollte wiederum Inge Konradi spielen; das wäre nunmehr die dritte *Jux*-Inszenierung am Burgtheater mit Josef Meinrad und Inge Konradi gewesen. Seitens der Burgtheater-Direktion aber waren Rudolf Buczolich als Weinberl und Robert Meyer als Christopherl vorgesehen. Aufgrund des Konflikts zwischen dem verstockten Festhalten der Bregenzer Festspiele am alten prominenten Rollenmonopol des Meinrad und dem Bestehen des Burgtheaters auf der neuen Besetzung des Weinberl mit dem damals noch nicht prominenten Rudolf Buczolich drohte die Produktion zu scheitern. Josef Meinrad war an dieser Auseinandersetzung, soweit ersichtlich, nicht beteiligt, bei der Premiere in Bregenz saß er dann nicht nur als „Stargast"[51] im Zuschauerraum, sondern gratulierte dem schließlich durchgesetzten Buczolich beim Schlussapplaus durch Überreichung eines Blumenstraußes auf offener Bühne.[52]

Josef Meinrad spielte während der Direktion von Achim Benning weiterhin am Burgtheater – und es lässt sich an seinen letzten Rollen auf merkwürdige

---

50 Die folgende Wiedergabe der Bregenzer Ereignisse basiert auf einem Gespräch des Autors mit Achim Benning am 7. Dezember 2012.
51 Vorarlberger Nachrichten, 12. August 1980 (WBR, HS, Nl. Meinrad, ZPH 1502, Box 20).
52 Von einer Burgtheater-Aufführung dieser Inszenierung des *Jux* existiert eine ORF-Aufzeichnung (1981). Souffllierbuch und Kritiken finden sich im Archiv des Burgtheaters.

Weise gleichermaßen Kontinuität wie Relativierung des ewigen Volksschauspielers Meinrad herausdeuten, ohne dass er dieses wohl intendiert hatte. Ist das als Abschluss eines schauspielerischen Weges zu deuten, der so frei von Brüchen war? Entsprang das der veränderten Situation am Burgtheater? Oder gehört dieser Eindruck nunmehr zu meinen Meinrad-Projektionen, die ich hier in Elementen zu entfalten gesucht habe? Während jedenfalls das mediale Bild des Josef Meinrad sich längst zum Inbegriff des harmlosen Typus verfestigt hatte, konnte er auf der Bühne nochmals ein Panoptikum der Charaktere erstehen lassen, stets gleich in wechselnden Facetten: der Nebel, der Kampl und – auch diese Figur mag man dazu zählen – der Diener Theodor in Hugo von Hofmannsthals Komödie *Der Unbestechliche*, den Meinrad so oft und dann als letzte Bühnenrolle nochmals gespielt hatte.[53]

Josef Meinrad, der Volksschauspieler – so ist es festgeschrieben und ein Staunen darüber findet sich selten, obwohl es doch angebracht wäre. Denn Meinrads Spiel setzte sich eben doch in manchem von dem anderer Schauspieler und Schauspielerinnen ab, die zur Gruppe der Volksschauspieler gezählt werden. Die Gegensätze zwischen Meinrad und den anderen hoben ihn nicht nur heraus, sondern erzeugten ihre komischen Wirkungen und beförderten die heterogene Typologie der Volksschauspieler des Burgtheaters. Das galt für das Auftreten mit langjährigen Bühnenpartnern wie Inge Konradi, deren Spiel eine gewisse Schärfe aufwies, die ins Spöttische übergehen konnte, oder wie Hugo Gottschlich (mit dem Meinrad schon in Metz auf der Bühne gestanden war), dessen griesgrämige Figuren zwischen Blödigkeit und Berechnung schwankten. Hugo Gottschlich gehörte zu den wenigen Kollegen, denen der stets freundliche Meinrad freundschaftlich verbunden war, einige private Fotos haben sich erhalten[54] sowie ein Brief von 1958, in dem es um allerlei geht, auch um einen Bauernkasten, und der wie die Verlängerung eines Bühnenauftritts ins Schriftliche wirkt. Gottschlich, der gerade am Burgtheater eine Rolle von Josef Meinrad übernehmen hatte müssen, schrieb seinem Freund, den er als „Hundsgfraßt im Priestergewande" bezeichnete, wie nebenher: „Ich kann jetzt die Rolle wie ein abgeschlecktes Betthupferl übernehmen, damit der Herr Schlossherr recht viele Filme drehen kann und die Gagen mit dem Handwagl heim schleppt."[55] Die späteren Bühnenpartner bildeten ebenfalls einen Gegensatz zum Spiel Meinrads, so etwa Fritz Muliar, der oftmals die polternden, groben Figuren darstellte. Fritz Muliar war auch sonst ein Gegentyp zu Meinrad,

---

53 Vgl. die ORF-Aufzeichnung von Hugo von Hofmannsthals *Der Unbestechliche* (Inszenierung: Rudolf Steinboeck), Aufführung von 1984, in der Reihe „edition Burgtheater" (Hoanzl).
54 Vgl. WBR, HS, Nl. Meinrad, ZPH 1502, Box 11.
55 Vgl. Brief von Hugo Gottschlich an Josef Meinrad, 28. Juni 1958 (WBR, HS, Nl. Meinrad, ZPH 1502, Box 1).

den er schätzte,[56] denn er galt als Volksschauspieler, der seine politische Haltung öffentlich bekundete, ein deklarierter Sozialdemokrat und in späterer Zeit nicht nur an der Gesellschaft interessiert, sondern zugleich daran, eine wichtige Rolle im ‚Gesellschaftsleben' zu spielen.

Nach dem Volksschauspieler Josef Meinrad fragend, wird man in ihm nicht nur den berühmten Vertreter dieser Sphäre erblicken, sondern auch erkennen, dass er zugleich auf wundersame Weise unter die Volksschauspieler geraten ist. Von manchem war schon die Rede, etwa von seiner Aura des Künstlertums, die ihn der Welt zu entheben schien, aber es war noch anderes, das ihn unterschied. Meinrad zeigte auf der Bühne nicht jene Gelassenheit, die bei Volksschauspielern häufig zu beobachten ist, und die – besonders bei älteren Schauspielern – irgendwie auszudrücken scheint, dass man nicht agieren muss, da ohnehin nichts passieren kann. Die Intensität, die Meinrad auf der Bühne vorführte, schien nicht aus der Ruhe zu kommen, sondern aus einem Druck, der auch stimmlich zu erkennen war. Durch diesen Druck, dieses Überatmen fungierte die Atemsäule nicht als Transportweg der Emotion. Ließ sich auch etwas Tänzerisches in seinem Auftreten beobachten, so wurde die jeweilige Figur doch gleichsam mit der Stimme erhöht, es war als riefe Meinrad seine Rollen aus. Der Ausdruck des Jubels, den er gelegentlich in diese seine Ausrufungen brachte, war dann wie ein Verweis auf die Emotionen, namentlich die Freude. Die konstante Heiserkeit des Josef Meinrad wirkte wie ein Erkennungsmerkmal seiner Anstrengungen. Meinrads Agieren war fern der ‚Schmiere', stattdessen war es von einer Präzision gekennzeichnet, die bis zur Pedanterie reichen konnte; der Nestroy'sche Sprachfuror wurde nicht herausgeschleudert, sondern vorexerziert.

Der Schauspieler Josef Meinrad bleibt rätselhaft, bis zu den Wirkungen, die entstehen konnten, auch wenn diese aus der spezifischen schauspielerischen Eigenart deutbar sind. Etwas Tautologisches war in seiner Erscheinung, die von der Rückkoppelung auf die Erwartungen des Publikums mitgeprägt war – der Meinrad ist der Meinrad und bleibt der Meinrad. Aber da ist noch etwas anderes zu erkennen: Durch den Widerspruch zwischen der Übersteigerung und dem immer dezenten Ausgangspunkt seines Spiels erwuchs sogar eine sonderbare Distanz des Schauspielers zur Rolle, die von ihm sicher nicht beabsichtigt war und die eigentlich mehr dem Brecht'schen Theater zugeordnet wird, dem Meinrad sonst denkbar fern stand. Josef Meinrad – so der Effekt, der sich auf verschiedenen Niveaus zeigen konnte – führt eine Figur vor, er ist sie und doch auch nicht. Niemals aber glich Meinrad dem Komödianten, der lärmt und übertreibt, er griff nicht nach den

---

56 Vgl. Demgemäß alles in Ordnung.

Möglichkeiten des Karikaturhaften oder Kabarettistischen, obgleich seine schauspielerischen Anfänge im Kabarett – der politischen Kleinkunstbühne ‚ABC im Regenbogen' (1935/36) – lagen. Meinrad war nicht von sich aus komisch, erzeugte kaum Komik, sondern vertraute auf eine Wirkung des Textes, dessen menschlicher Abgesandter er zu sein hatte. Das wiederum konnte den Eindruck erwecken, als sollten die Verhältnisse generell vermenschlicht werden, und der Darstellung etwas Apologetisches verleihen, als hätte das Undurchdringliche seine heimelige Orientierung erhalten. Es ließen sich jedoch, wenn die entsprechenden szenischen Verhältnisse vorhanden oder hergestellt waren, auch, und das nicht selten, all die Wahnwitzigkeiten und Fatalitäten des Menschlichen entdecken, bis hin zu den Gesichtern des Offiziers Fluellen oder den Masken des Hochstaplers Nebel.

Sollte hier eine letzte Projektion zu wagen sein, dann die, dass Meinrad bei seinen Auftritten so isoliert von den anderen wirkte, wie Johann Nestroy in seinen Rollen auf den erhaltenen Kupferstichen und Aquarellen. Aber das würde nur wieder in die gewaltsamen Konstruktionen einer Genealogie führen, denn es gibt natürlich keine Gewissheit über das Spiel des Johann Nestroy, trotz der tradierten Dokumente,[57] und es gibt eigentlich auch keine Gewissheit über das Spiel des Josef Meinrad, trotz der vielen Aufzeichnungen. Eher eine Empfindung: Josef Meinrad mochte wie ein Solist erscheinen, um den herum die Szene gebaut war, zugleich war seiner Darstellung eine Einsamkeit beigegeben, die zu den großen Themen des Theaters gehört, und die zu den weltliterarischen Figuren der kleinen Welt passt – von Valentin und Fortunatus bis zu Schnoferl und Kampl.

---

57 Vgl. W. Edgar Yates, „Bin Dichter nur der Posse": Johann Nepomuk Nestroy. Versuch einer Biographie (Quodlibet, Bd. 11), Wien 2012, S. 151ff.

FRANZ SCHUH

THEATER ALS POLITIK-ERSATZ

THESEN ÜBER DEN HISTORISCHEN RAHMEN EINER SCHAUSPIELERISCHEN VIRTUOSITÄT

Seltsam die Rolle, die man einnehmen kann, wenn man „seinerzeit" dabei war. Als man dabei war, hatte man doch ein Gefühl von Unmittelbarkeit: Die Ereignisse, die auf der Bühne stattfanden, passierten unmittelbar und man verschwendete keinen Gedanken daran, dass sie einmal – ‚Zeitzeugen' hervorrufende – Vergangenheit sein würden. Zur Unmittelbarkeit der Ereignisse kam damals ihre Unvermeidlichkeit dazu: Am Burgtheater der 1960er Jahre, von dem ich hier rede, kam man, falls man zur bildungshungrigen oder zu einer von der von Bildung gequälten Schicht gehörte, nicht vorbei; es gab im Prinzip auf diesem Niveau und in dieser Art nichts anderes als das Burgtheater.

In den 1960er Jahren hatten sowohl das Josefstädter Theater als auch das Volkstheater ein voneinander grundsätzlich unterschiedenes Programm. Die beiden Bühnen wollten so sehr etwas anderes, wie man es sich heute nicht mehr vorstellen kann. Heute gibt es einen bestimmten Grad an – nennen wir es ‚Könnerschaft' – dieser Grad gilt als Maßstab für alle Theater. Und alles, was dieser Könnerschaft nicht entspricht, fällt ab.

Eine solche Vereinheitlichung mit daraus folgendem Abfall gab es damals nicht. Der Fetisch ‚Qualität' ließ sich damals auf sehr verschiedene Arten sehen. Besonders das Volkstheater baute unter sozialdemokratischen Vorzeichen eine Art von politischem Theater auf, dessen Höhepunkt 1962/63 mit der Inszenierung von Bertolt Brechts *Mutter Courage* stattfand. Das war zugleich auch der erste Bruch des Brecht-Boykotts auf einer institutionalisierten Bühne.

Die Josefstadt hingegen hatte – sagen wir es ironisch, aber sympathisierend – die Juweliere aus dem 8. und 9. Bezirk zum Publikum – wobei der 9. Bezirk schon zu weit gegriffen ist. Da saßen konservative Menschen, die – ernst ist das Leben – ein Bedürfnis nach Unterhaltung und eine Vorstellung von Gesellschaft hatten, die eine Vorstellung von Geselligkeit war, von Konvention, und davon, wie man vornehm miteinander umgeht. Hier waren Persönlichkeiten wie Leopold Rudolf und Vilma Degischer auf der Bühne, also Gesellschaftsmenschen-Darsteller, ebenso Susanne Almassy – auch sie eine wunderbare Künstlerin.

Das Burgtheater hingegen war, aus den 1950er Jahren kommend, mit einer starken Tendenz ausgestattet, sich von dort nicht wegzubewegen. Das Haus war so etwas wie der Versuch einer österreichisch-nationalen Bühne. Es stand auch in Konkurrenz mit dem Theater in Deutschland, das ja bis heute stark von Brecht beeinflusst geblieben ist. Erst Jahre später – unter Peymann – hat sich diese Konkurrenz auch in all ihren hässlichen Facetten offen gezeigt. Anderseits wurde sie nicht zuletzt wegen der damaligen Ausbrüche und ihrer von Peymann geschickt und lehrreich in Szene gesetzten Schmalspurigkeit ein für alle Mal erledigt.

Im Wesentlichen, wenn man grob und cum grano salis urteilt, war das Burgtheater ein Träger der sogenannten Österreich-Ideologie. Damit ist gemeint: Wir sind zwar kein großes Reich mehr, aber wir haben Hunger und Not überwunden und den Hass der politischen Lager aufeinander halbwegs sublimiert. Einer der wichtigsten Bücher, die Österreich zu seiner Selbstreflexion hat, ist *Die Schrift an der Wand*, ein Tagebuch für die Jahre 1941 bis 1966. Darin findet man den Aphorismus: „*Theorielose Skepsis* war ohnehin eine Attitüde des Österreichers. Die Ohnmacht des Landes verstärkt sie."

In diesem Buch heißt es über eine Wiener kulturelle Veranstaltung mitten im Nachkrieg: „Da man den Krieg, als wäre er nicht gewesen, überspringt, ebenso die Hitlerzeit, kommt es nicht mehr darauf an, noch etwas weiter zurückzuspringen. Wo man landet, schreibt man etwa 1912." Das war – willkürlich oder unbewusst – eine der Richtung gebenden Ideologien. In dieser Richtung lagen auch, ohne dass sie etwas dafür konnten, Johann Nestroy und Ferdinand Raimund. Zu deren Renaissance ist zu sagen, dass man dem Burgtheater für sie danken muss: Diese Volksstücke wurden nämlich – wie manche Speisen, die zuerst in proletarischen Hinterzimmern zubereitet werden – ‚aufgerüstet', verfeinert und in faszinierender Weise als Köstlichkeit der gebildeten Schicht, dem Bildungsbürgertum serviert.

Es ist mir erst viel später klar geworden: Die Schauspieler hatten damals eine vollkommen andere Bedeutung und eine vollkommen andere Rolle. Heute sind sie entweder literarische Schauspieler, die mit dem Hochmut der versinkenden Hochkultur den Rest der Welt nerven, oder sie sind Leute, die ihre schauspielerische Arbeitskraft wunderbar über Film- und Medienindustrie verkaufen können. Sonst sind sie das, was Schauspieler immer schon waren, nämlich Leute, die auf ihre Rolle warten. Daher – dieses Wartens und dieser Erwartung wegen – ist die Anthropologie des Schauspielers ein wesentlicher Beitrag zur Erhellung der Existenz der Menschen und des Menschseins.

In den 1950er und 1960er Jahren – und das hängt, sagen wir es ironisch, mit dem illusionärem Datum 1912 zusammen – hatten Schauspieler eine Art pseudopolitische Funktion in der österreichischen Öffentlichkeit. Heinz Conrads zum Beispiel, auch wenn der Grund eine persönliche Überempfindlichkeit war, hatte aufgehört Schauspieler zu sein und ist gleich Moderator geworden, weil er wie viele andere auch im Fokus einer idyllisierenden Aufmerksamkeit stehen wollte. Der großartige Volksschauspieler etablierte als Moderator den ‚Conradsismus‘, eine österreichische Ideologie, der gemäß alles, vor allem das ‚moderne Leben‘, zwar furchtbar, aber eh in Ordnung war.

Schauspieler waren damals – und das hätten sie niemals von sich selber glauben können (und es ist ja auch eine nicht unwagemutige These) – Politik-Ersatz. Das galt in erster Linie für die Burgschauspieler. Paradoxerweise galt es am allerwenigsten für die Schauspieler am Volkstheater, in dem versucht wurde, einen politischen Anspruch mit einem künstlerischen in Einklang zu bringen.

Es ist meine These, dass in diesem von mir wie oben gezeichneten Rahmen eine der wunderbarsten Erscheinungen Josef Meinrad war. Es ist ja nicht so, dass die Leute von den ideologischen und politischen Bedingungen als Künstler aufgefressen werden. Sie sind im jeweiligen Rahmen Künstler und sie bearbeiten das aus ihnen selbst kommende, aber auch das ihnen von außen zugeschriebene Material: Sie machen etwas daraus, etwas Unverwechselbares, das ihnen keiner nachmacht. Schauspieler machen das Ihre über ‚Vermittlungen‘, also über den Text, den Regisseur, die Probe und die Premiere. ‚Vermittlungen‘ als geistiger, als Hegelianischer Begriff: Unmittelbarkeit wird über ‚Vermittlung‘, und sei es nur durch Disziplin – erzeugt. Sie machen etwas daraus, was ihnen vorgesetzt ist. Und was hat Meinrad aus seinen Voraussetzungen gemacht?

Zuerst eine unzweifelhafte und später dann niemals gesehene Virtuosität. Meinrad war ein virtuoser Schauspieler, das heißt, alle Bewegungen saßen, alle Abstimmungen mit anderen, besonders mit Inge Konradi, waren in einer geradezu symbiotischen Perfektion angelegt. Die Leichtigkeit, die er in den meisten seiner Rollen hatte, war bemerkenswert – zum Merken wert – also ich habe sie nie vergessen: dieses Gefühl für Abläufe, aber auch für Stimmungen und ihre satirischen Brüche.

In der Iffland-Ring-Rede hat er damit kokettiert, dass er ein Schauspieler für das Komische sei und dass er sich darüber freue, dass das Komische nicht der Abklatsch des Bühnengeschehens sein dürfte, sondern etwas, das dem der Iffland-Ring gebühre. Da hat er unter dem Niveau seiner schauspielerischen Tätigkeit argumentiert, denn er spielte auch tragische Rollen, zum Beispiel in František

Langers Stück *Peripherie*, worin er dem Elend, der menschlichen Tragödie, sein Gesicht – wie man sagen muss – lieh. Übrigens ein Stück, das Regisseuren wie Martin Kušej, die einen ausgeprägten Sinn für die Finsternis im Leben und auf der Bühne haben, entgegenkommen müsste. Der Terminus ‚Peripherie' stand damals für Randständigkeit, für Kriminalität, Mord und Totschlag, für die Welt der Gauner und ihrer Belange.

1963 spielte Meinrad ebenso wunderbar – das hat nach ihm niemand so gespielt – Molnárs *Liliom*. Sein *Liliom* war in der Kunstsprache virtuos. Ähnlich wie bei Karl Kraus, der ja auf die vielen Dialekte anspielt, die man nicht mehr kennt, sprach Meinrad eine Kunstsprache (wie selbstverständlich auch Helmut Qualtingers *Herr Karl* eine Kunstsprache spricht) auf der Basis dessen, was man als Unterschichten-Wienerisch im Ohr hatte. Sein Kollege Leopold Rudolf hat dafür das Oberschichten-Wienerisch kunstsprachlich perfekt beherrscht. Man kann es, Elias Canetti folgend, eine ‚akustische Maske' nennen: Durch Meinrad ist auf der Grundlage des Wienerischen ‚vermittelt' durch Nestroys Text eine virtuose Kunstsprache geworden. Um es deutlich zu machen: Es ist nicht das Wienerisch, das wir sprechen, es ist aber auch nicht *nicht* das Wienerisch, es ist ein künstlerischer Überbau mit dem Klang dieser Sprache, und es ist der Witz der Sache, dass in der Künstlichkeit das Original sich spiegelt und zwar so, dass man nicht nur eine Freude damit hat, sondern dass man diese Sprache dann auch im Original besser versteht.

Als Kunst-Sprecher war Meinrad beim Verschönerungsverein des Wienerischen. Das kann man besonders aus seinen Nestroy-Darstellungen heraushören. Und es gibt aus dieser Zeit nichts, was mir mehr an intensiver Erinnerung geschaffen hat als *Einen Jux will er sich machen* mit Meinrad und Konradi. Der Psychiater Harald Leupold-Löwenthal hat in einem Vortrag diesen Aspekt wunderbar herausgearbeitet: Was ist der eigentliche Wunsch dieses Weinberl Meinrad? „Wenn ich nur einen wiffen Punkt wüßt', in meinem Leben, wenn ich nur von ein paar Tag sagen könnt', da bin ich ein verfluchter Kerl gewesen [...]"

Einmal ein verfluchter Kerl *gewesen* sein! Das heißt, man wünscht, dass man es schon hinter sich hat. Das ist eine unglaublich treffende, erschütternde Mentalitätsanalyse mittels dieser Figur. Und natürlich hat Meinrad extrem idylisiert, dieser Extremismus war damals so üblich. Da geht es eben um 1912, um dieses ewige Zurück in eine Zeit vor der Zeit, in der die Menschen nicht so putzig, nicht so spielerisch waren und von der manche Kreise des Bildungsbürgertums nur Bestimmtes oder besser gleich nichts wissen wollten. Diese Verweigerung hat auch mit dem sogenannten Wiederaufbau zu tun: Es war das berühmte ‚kommunikative Schweigen', das einem auch im Burgtheater in den Ohren dröhnte: Hätte man alles ausgesprochen, was auszusprechen gewesen wäre, dann hätte der Wiederaufbau nicht stattgefunden, man hätte einander bekriegen oder wenigstens tödlich hassen müssen. Diese Kultur damals – sie war wohl deutlicher denn je ‚affirmative Kultur': Man hat die Kultur bejaht, ihre Produzenten (mit Recht) geliebt und verehrt, aber nicht zuletzt deshalb, weil man sich nicht mit der politischen Realität auseinandersetzen wollte. Für eine Publikumsschicht kompensierte der Kunstgenuss, woran man zu denken nicht wagte.

Die Figuren auf der Bühne und vor allem auch der harmlose Kult um die Schauspieler haben diesen Ausweg aus der Zeit, ins ewige 1912, mit ermöglicht. Allerdings gab es auch in der Burg andere Ansätze, und vor allem: Ohne diese strikt und artistisch durchgeführten, idyllisierenden Darstellungen wäre es späteren Regisseuren, zum Beispiel Helmut Wiesner, nicht möglich gewesen, Nestroys andere Seiten zu zeigen: Damit meine ich die Aspekte der aggressiven Überlebensstrategien der Figuren – Figuren, die ihre Sache auf nichts gebaut haben und die Aug in Aug mit der Gemeinheit ihrer Umgebung durchkommen müssen. Ohne die idealisierenden Spielweisen am Burgtheater, ohne Josef Meinrad, wäre das Gegenteil davon nicht möglich gewesen. Auch in diesem Sinne: Hoch Meinrad und die Seinen!

CHRISTIAN CARGNELLI

JOSEF MEINRADS ANFÄNGE IM ÖSTERREICHISCHEN FILM

Als Josef Meinrad Ende 1946 zum ersten Mal im Filmatelier steht, ist es um den österreichischen Film schlecht bestellt – besser gesagt: Nach dem Ende des Krieges ist die Filmproduktion noch kaum angelaufen. Gerade einmal vier Produktionen erreichen bis Ende 1946 die heimischen Kinos.[1] Meinrad macht sich zu dieser Zeit als fixes Ensemblemitglied des kleinen, von Leon Epp geleiteten Wiener Theaters ‚Die Insel' einen Namen. So urteilt etwa die Wiener *Arbeiter-Zeitung* über seine Performance in Shakespeares *Die beiden Veroneser*: „Ein wirklicher Gewinn des Abends ist einzig Josef Meinrad als einfältig-weiser Diener Lanz [...] – hier leuchtete etwas von Shakespeareschem Komödiengeist auf."[2] Die wirtschaftliche Situation in den ersten Nachkriegsjahren ist katastrophal. „Vienna is still a sad city, and the Viennese a frayed people", berichtet der Wien-Korrespondent der Londoner *Times* im Herbst 1946. „In other capitals of Europe there is either food or enthusiasm. [...] In Vienna one finds too little of either and sees less of the phoenix than of the ashes. A revival is beginning, but one has to look for it."[3] Einen Neubeginn trotz kaum vorhandener Ressourcen sucht auch der österreichische Film. Anfang 1946 vergibt die US-Besatzungsmacht die erste Drehlizenz an eine österreichische Firma für den Film *Glaube an mich* – und schon der Titel, so lässt der Wiener Kulturstadtrat Viktor Matejka verlauten, solle Anleitung sein, „daß wir den Glauben an die Zukunft des österreichischen Films, den Glauben an die Zukunft Österreichs hochhalten".[4] Film als Teil und/oder Reflexion und/oder Motor nationaler Selbstvergewisserung: In diesen Diskurs, so könnte man meinen, schreiben sich Image und Person des gerne als typisch österreichisch apostrophierten Darstellers Josef Meinrad ein.

Wie sollte nun der österreichische Nachkriegsfilm aussehen? Im Herbst 1946 widmet sich der im Februar 1934 ins Exil nach Prag und im Sommer 1939 weiter nach London vertriebene österreichische Filmjournalist Fritz Rosenfeld in der *Arbeiter-Zeitung* der Vergangenheit und Zukunft des österreichischen Films:

---

1 *Der weite Weg* (Eduard Hoesch), *Schleichendes Gift* (Hermann Wallbrück), *Glaube an mich* (Geza von Cziffra) und *Praterbuben* (Paul Martin).
2 Arbeiter-Zeitung, 31. Oktober 1946.
3 The Sadness of Vienna, in: Times, 16. November 1946.
4 Mein Film, Nr. 3, 18. Jänner 1946.

Der billige, banale, weinselige Lokalpatriotismus, der in Verzückungskrämpfe verfällt, wenn festgestellt wird, daß im Prater wieder die Bäume blühen, muß endgültig aus dem Film verschwinden. [...] Wenn es wieder eine österreichische Filmproduktion geben wird, die ihres Namens wert sein will, dann wird es endlich eine Gegenwartsproduktion sein müssen, nicht mehr der „Letzte Fiaker" und die Gerippe aus der Kapuzinergruft, sondern die Menschen, die in dem neuen Wien einer neuen österreichischen Republik leben. [...] Der österreichische Film von morgen muß ein Avantgardefilm vom Leben und Kampf des Gegenwartsmenschen in Österreich sein. Nur so kann er das Interesse der ganzen fortschrittlichen Welt erregen und damit eine gesunde Basis für seine künstlerische Entwicklung finden.[5]

Der Sozialdemokrat Rosenfeld rekurriert hier auf die Tradition des ‚Wiener Films' der 1930er und 1940er Jahre – als sein Artikel erscheint, gibt es den österreichischen Nachkriegsfilm noch nicht.[6] Seine Forderungen und Hoffnungen sollten sich, von wenigen Ausnahmen abgesehen, nicht erfüllen.

Schon die Wintersportkomödie *Glaube an mich* „macht es einem schwer, an eine Wiedergeburt des österreichischen Filmschaffens zu glauben. Da gibt es Skiszenen und Szenen in Unterwäsche; wenn die beiden ineinander übergehen, hat dieser ‚bescheidene Anfang' [von dem im Filmprogramm die Rede ist, C.C.] seinen Höhepunkt erreicht".[7] *Die Zeit* ortet „farblosen, vorgestrigen, eisgefrorenen Rührkitsch, der keine Platitüde meidet und alle geistigen Kosten scheut", für den *Spiegel* ist der Film schlicht ein „Schmarren".[8] Das Heimkehrerdrama *Der weite Weg* wiederum versuche immerhin, wie Walter Fritz schreibt, „von der Realität Notiz zu nehmen", obwohl es „alle traditionellen Handlungselemente eines österreichischen Films [....], die melodramatische Liebesgeschichte, die Verwechslung, das Mißverständnis und das Happy-End" enthalte.[9] Vernichtend fällt das zeitgenössische Urteil der New Yorker Exilzeitung *Aufbau* aus:

Nicht ein Funke von wirklichem Nachdenken, von Besinnung und Empörung ist in dem ganzen Spiel. [...] Man ahnt, wie die Darsteller beim

---

5 Fritz Rosenfeld, Der österreichische Film. Vergangenheit und Zukunft, in: Arbeiter-Zeitung, 6. Oktober 1946.
6 Nur *Der weite Weg* und *Schleichendes Gift* sind zu diesem Zeitpunkt schon herausgekommen.
7 Arbeiter-Zeitung, 24. November 1946.
8 Die Zeit, 5. Juni 1947; Spiegel, 17. Mai 1947.
9 Walter Fritz, Kino in Österreich 1945–1983, Wien 1984, S. 22f.

Drehen gehungert und gefroren haben. Aber nichts davon ist im Film zu sehen. [...] Es ist ein Film, der an der wahren österreichischen Welt und Tragik von heute vorbei geht und damit leider eine grosse Enttäuschung. Dieser „Weite Weg" ist ein „weiter Umweg" um die Wahrheit.[10]

Man mag einen halbherzigen, konventionell erzählten Versuch in Richtung Realismus wie *Der weite Weg* auch in der Weise lesen, dass er immerhin „in keiner Einstellung" verschleiere, „woran ihm gelegen ist, nämlich an einer Restaurierung Österreichs und gleichzeitig an einer Wiederbelebung des österreichischen Films".[11] Noch deutlicher wird in dieser Hinsicht Josef Meinrads Filmdebüt, das erste echte *message picture* des österreichischen Nachkriegskinos, *Die Welt dreht sich verkehrt* (J. A. Hübler-Kahla), uraufgeführt im Februar 1947. Darin reist der ewige Wiener Raunzer und Beamte im Ruhestand Franz Xaver Sylvester Pomeisl (Hans Moser), der sich nach der ‚guten alten Zeit' sehnt, mit Hilfe eines magischen Ringes in drei Episoden in ebendiese zurück: Wiener Kongress 1814, Türkenbelagerung 1683, das römische Vindobona 176 n. Chr. „Pomeisl's yearning for the ‚good old times'", schreibt Maria Fritsche, „must have resonated strongly with audiences: when the film premiered in Vienna on 17 February 1947 the Austrians, still reeling from the effects of war, were suffering an extremely cold winter, exacerbated by coal and electricity shortages; schools had been shut since Christmas, and the city had been cut off from any coal or oil deliveries since 12 February."[12] Als Pomeisl wieder in der Gegenwart des Silvesterabends 1946 angelangt ist, resümiert er und schließt damit auch den Film ab:

„Tja, vielleicht gibt's die gute oide Zeit goa nicht. Vielleicht bilden wir sie uns nur ein, weil ma mit unserer eigenen nie zufrieden sind. Aber da wär's fast g'scheiter, wenn man sich einbilden möcht', dass die gute Zeit *vor* einem und nicht hinter einem liegt. Die Welt dreht sich schon nicht verkehrt – wir müssen sie nur richtig verstehen lernen."

Nämlich so, dass das friedliebende Österreich in der Geschichte immer wieder der Aggression fremder Mächte ausgesetzt war, gegen die es sich mit schlauer Insubordination zu wehren verstand – das klassische Verständnis des Opfermythos der Zweiten Republik. Fritsche weist daraufhin, dass *Die Welt dreht sich verkehrt*

---

10 Aufbau, 22. November 1946.
11 Franz Marksteiner, Quäl dich nicht mehr... Trost und Rat für Heimkehrer, in: Ohne Untertitel. Fragmente einer Geschichte des österreichischen Kinos, hg. von Ruth Beckermann und Christa Blümlinger, Wien 1996, S. 239.
12 Maria Fritsche, Homemade Men in Postwar Austrian Cinema. Nationhood, Genre and Masculinity, New York/Oxford 2013, S. 67.

allerdings auch politisch widerspüchliche Botschaften zur Rolle Österreichs zwischen 1938 und 1945 aussendet – eine Ambivalenz, die in späteren Filmen nicht mehr auftauchen würde.[13] Freilich gelingt es Pomeisl in seinen diversen historischen Inkarnationen, seine jeweiligen Kontrahenten für sich einzunehmen. Als er 1683 zufällig zum richtigen Zeitpunkt am richtigen Ort ist, um eine militärische Botschaft zu überbringen, wird er von türkischen Truppen festgesetzt. Josef Meinrad befragt den Wiener Eindringling, und sein Spitzbart und spitzer Turban passen gut zu seinem quasi spitzbübischen Auftreten. Zunächst beäugt er Hans Moser, als ob dieser ein exotischer Fremdling sei, schmettert ihm dann „Schweig, du ungläubiger Hund!" entgegen, versucht ihm mit „diesem kleinen Schwert zum Köpfen" Angst zu machen, ehe er ihm schelmisch „Du gefällst mir!" offeriert und den „komischesten Kauz", dem er je begegnet sei, schließlich als Spion verpflichten will. „Du bist köstlich!" ist er von Moser begeistert, lässt ihn als Hofnarren für Kara Mustafa einkleiden und lacht dabei frenetisch – da sehen sich die Türken plötzlich umzingelt, Meinrad muss türmen, Wien ist befreit.

In knapp sieben Minuten erschafft Meinrad eine plastische Miniatur, die überzeugendste Nebenrolle in einem Film, in dem sich buchstäblich alles um Hans Moser dreht. In einer Rezension wird der „großartige Josef Meinrad als Kümmeltürk Agha" erwähnt, mit dem Zusatz „wann wird dieser Schauspieler endlich die richtige Filmrolle erhalten?" (eine Frage, die beim ersten Film eher seltsam anmutet).[14] In der *Weltpresse*, die dem Film Längen vorwirft, heißt es, Marianne Schönauer, Alfred Gerasch, Alfred Neugebauer, Josef Meinrad, Karl Skraup und Theodor Danegger würden „geben, was man von ihnen forderte".[15] „Das hätte ein Wiener Film für die Welt werden können", urteilt die *Arbeiter-Zeitung*. „Glauben die Produzenten, daß der neue Moser-Film das ist? Angesichts der auch hier wieder verpaßten Möglichkeiten kann man nur sagen: die österreichischen Filmproduzenten werden sich's viel saurer machen müssen, wenn sie sich in der Welt wieder durchsetzen wollen."[16]

Josef Meinrad hat nie ein Hehl daraus gemacht, dass das Theater für ihn an erster Stelle steht – und der Film nicht zuletzt dazu dient, im ganzen deutschen Sprachraum bekannt zu werden. In einem frühen Porträt liest sich das so: „In erster Linie denkt er an seine Rolle, die ihm eine neue Ausdrucksform bietet und Gelegenheit gibt, populär zu werden. Popularität ist der Wunsch jedes Schauspielers.

---

13 Fritsche, S. 69.
14 O. B. [Otto Basil?], Die Welt dreht sich verkehrt, unbezeichnete Rezension, in: WBR, HS, Nl. Meinrad, ZPH 1502, Box 8.
15 Weltpresse, 18. Februar 1947.
16 Arbeiter-Zeitung, 19. Februar 1947.

Der Ruf der Bühne geht meist nicht über die Stadtmauern hinaus. Ein Film aber macht manchmal eine Reise um die Welt..."[17] Noch früher schreibt die *Weltpresse* mit Bezug auf *Die Welt dreht sich verkehrt*: „Von seiner neuen Tätigkeit als Filmschauspieler ist Josef Meinrad begeistert. Dies nicht nur deshalb, weil mit der ersten Filmrolle der eigentliche Sprung in die breite Öffentlichkeit getan ist, sondern weil Herr Meinrad findet, daß die Kamera der Schauspielkunst erst zur vollen Geltung verhilft."[18] Folgt man den zahlreichen Würdigungen Josef Meinrads zu seinen Lebzeiten und nach seinem Tod, verdankt sich der Ruhm des Schauspielers sicherlich nicht seiner Arbeit im Film. Diese wird in Porträts und Nachrufen entweder nur ganz kurz erwähnt oder überhaupt ignoriert – wenn sie nicht sogar dazu dient, die Tätigkeit am Theater als die einzig wahre gegen die sozusagen minderwertige im Film auszuspielen.

So widmet Dolores Bauer 1960 in ihrem ausführlichen sechsteiligen Lebensbericht in der Tageszeitung *Neues Österreich* der Filmarbeit Meinrads gerade einmal sieben dürre Zeilen.[19] Meinrad hat zu diesem Zeitpunkt immerhin bereits in über 40 Filmen in Haupt- und Nebenrollen mitgewirkt. Viktor Reimann erinnert 1963 in seinem Buch *Die Adelsrepublik der Künstler* an hämische Kommentare deutscher „Bühnenkollegen und Kulturredakteure", als Meinrad 1959 der Iffland-Ring verliehen worden war: „‚Wer ist denn Josef Meinrad?' – ‚Josef Meinrad ist der Schauspieler, der irgendeinen Blödel in *Sissy* [sic] und ähnlichen Filmen spielte, nett aber harmlos.'"[20] Und Hans Weigel kommentiert Meinrads Tätigkeit im Film und den Iffland-Ring 1962 folgendermaßen:

Aber nicht alle Schauspieler, nicht alle Kritiker und Kommentatoren kannten ihn. Und etliche meinten ihn zu kennen, indem sie ihn im Film gesehen hatten, kannten ihn also noch weniger als die, welche ihn nicht kannten. [...] Er hat seine Karriere nur seinem Können zu verdanken, er ist durch den Film eher geschädigt als gefördert und jedenfalls bis heute nicht wahrhaft erkannt worden. [...] Filmproduzenten hatten nur künstlerisch nichtssagende Aufgaben für ihn.[21]

---

17 L I Z., Die Neuentdeckten (IX). Josef Meinrad – ein junger Charakterdarsteller, in: Der Erzähler, o.D. [vermutlich 24. April 1947], in: WBR, HS, Nl. Meinrad, ZPH 1502, Box 8.
18 Fritzi Jindrak, Einer, der zu leben und zu spielen versteht, in: Weltpresse, 18. Dezember 1946.
19 Dolores Bauer, Der Pepi von Hernals – die Josef-Meinrad-Saga, in: Neues Österreich, 30. Oktober bis 6. November 1960.
20 Viktor Reimann, Die Adelsrepublik der Künstler. Schauspieler an der „Burg", Düsseldorf/Wien 1963, S. 124.
21 Hans Weigel, Versuch über Josef Meinrad, Velber b. Hannover 1962, S. 8 u. 25.

Lässt sich diese Einschätzung tatsächlich aufrechterhalten? Welche Rolle spielt der Film in Meinrads früher Nachkriegskarriere – und welche Rollen spielte er, konnte er spielen?

Josef Meinrads frühe Filmkarriere ist untrennbar mit der Produktionsfirma Wiener Mundus-Film seines Freundes Alfred Stöger verbunden. Von 1947 bis 1950 tritt er in den ersten fünf Filmen der Mundus-Film auf, Regie führt dabei immer Stöger selbst: *Triumph der Liebe* (1947), *Rendezvous im Salzkammergut* (1948), *Das Siegel Gottes* (1949), *Mein Freund, der nicht nein sagen kann* (1949) und *Das Jahr des Herrn* (1950).[22] Meinrad und Stöger hatten sich im Herbst 1945 in der ‚Insel' kennengelernt. Am 22. Oktober 1945 treten sie gemeinsam in der 2. Eröffnungspremiere des Theaters in Shaws *Zu wahr, um schön zu sein* auf. Die *Volksstimme* ist begeistert: „Alfred Stöger (Oberst Tallboys) und Josef Meinrad (Infanterist Freundlich) vertreten zwei prachtvolle komische Figuren: ersterer ganz sparsam und trocken, letzterer ausgelassen und drastisch. Beide ein sich glänzend ergänzendes Paar von zwerchfelderschütternder Wirkung."[23] Meinrad und Stöger, der in der ‚Insel' auch als Regisseur tätig ist, verbindet bis zu Stögers Tod (1962) eine tiefe Freundschaft.

Es überrascht also nicht, dass Meinrad in *Triumph der Liebe*, der ersten Produktion der Wiener Mundus-Film, jene Rolle des Kinesias übernimmt, die er bereits in Stögers Inszenierung von *Lysistrata* in der ‚Insel' im Jänner 1946 gespielt hatte – ist der Film doch eine Adaption der Antikriegs-Komödie von Aristophanes. Schon in der Theaterversion fällt manchem Kritiker Meinrads körperbetontes Spiel auf, das man heute kaum noch mit dem Schauspieler verbindet, das aber für folgende (Film)Rollen (mit) prägend sein sollte: „Ein prächtiger Lackel", meint etwa die *Wiener Zeitung*, „der sein Weibchen erheblich in die Gefahr bringt, zur ehrvergessenen Streikbrecherin zu werden, den sie dann aber ja doch um den Finger wickelt! In seinen äußerst physischen Liebesnöten ist er urkomisch, erntet Lachstürme – und bleibt doch immer dezent."[24] Schon in seiner Kabarettzeit in den 1930er Jahren war Meinrad durch „seine frische Natürlichkeit" positiv aufgefallen.[25] In der ‚Insel' scheint er dann auf den Typus des Naturburschen festgelegt – „Josef Meinrad gibt einen seiner bewährten Naturburschen", heißt es in einer Rezension der

---

22 Später spielt er noch in den Mundus-Filmen *Fräulein Casanova* (E. W. Emo, 1953), *Sarajevo – Um Thron und Liebe* (Fritz Kortner, 1955), *Ein tolles Hotel* (Hans Wolff, 1956), *August, der Halbstarke* (Hans Wolff, 1957), *Familie Schimek* (Georg Jacoby, 1957) und *Man ist nur zweimal jung* (Helmut Weiss, 1958).
23 Volksstimme, 24. Oktober 1945.
24 Wiener Zeitung, 10. Jänner 1946.
25 Neue Freie Presse, 26. Mai 1935.

Komödie *Mit meinen Augen*[26] –, und man nimmt freudig zur Kenntnis, wenn er einmal von dieser Schablone abweicht „und zeigt, daß er mehr kann".[27] In *Triumph der Liebe* setzt Meinrad an der Vitalität dieser Bühnenrollen an. Als die Frauen Athens ihre Ehemänner bestreiken, um den Krieg zu beenden, dringt Kinesias bei ‚seiner' Myrrhine (Hilde Berndt) ein – „ich sterbe vor Sehnsucht!" –, rasiert sich für sie, bedrängt sie schließlich im Bett, den Oberkörper entblößt. Als sie ihn, statt ihn zu erhören, auslacht und frech mit Polsterfedern ‚beschneit', geht er mit Athens Männern zu den Hetären – und will dort gar nicht mehr weg.

Die Kritik nimmt von Meinrad kaum Notiz – und stampft den Film in Grund und Boden. „Dieser Film ist ohne Leben", schreibt Franz Tassié in der *Weltpresse*. „Er ist innerlich vollständig tot. Was gesprochen und gesungen wird, ist billiger Plunder."[28] Der *Aufbau* bedauert, dass der österreichische Film ausgerechnet „ein so verfehltes und schwaches Opus zur Einführung in New York gewählt hat. Diese Lysistrata im Dreivierteltakt ist stilmässig ebenso verunglückt wie die Darstellung und Inszenierung um gute 25 Jahre in der Entwicklung stehengeblieben ist". Die DarstellerInnen hätten sich zwar ehrlich abgemüht, „mit athenischem Esprit zu glänzen, verwechselten aber offenbar die Akropolis mit dem Prater und dem Kahlenberg".[29] Die *Arbeiter-Zeitung* ortet fehlendes Tempo und zu wenig dramatische Tiefe – und schließt mit einem Urteil, das das frühe österreichische Nachkriegskino Film für Film begleiten wird: „Ein Anfang, nicht mehr, und kein guter."[30] Die Hoffnungen eines Kritikers vor der Premiere, dass *Triumph der Liebe* „etwas Eigenes, etwas Besonderes und, neben anderem Schönen, auch etwas wirklich ‚Österreichisches'" werden könnte, hatten sich nicht erfüllt.[31] Die Öffentlichkeit wartet auf ‚Herausreißer', also auf Filme, die Österreich wieder als Herkunftsort anspruchsvoller Kinoproduktionen etablieren würden – am Besten mit österreichischen Stoffen. Diese sollten freilich künstlerisch ergiebiger sein als der Heurige und „die dauernd offerierte Versicherung, daß wir teils alte Drahrer, teils harmlose Teppen sind und daß Wien ohne Wein nicht Wien ist".[32] Große Hoffnungen setzt man in dieser Hinsicht in G. W. Pabsts *Der Prozeß* (1948), in dem Josef Meinrad seine nächste – und sicherlich interessanteste – frühe Filmrolle verkörpert. Was man im Vorfeld über dieses Projekt gehört hätte, gäbe, so

---

26 Arbeiter-Zeitung, 6. April 1946.
27 Rezension von *Braut ohne Mitgift*, in: Arbeiter-Zeitung, 26. Juni 1946.
28 Weltpresse, 19. April 1947.
29 Aufbau, 25. Juni 1948.
30 Arbeiter-Zeitung, 22. April 1947.
31 Heinrich Satter, Aristophanes gegen den Krieg, unbezeichneter Zeitungsartikel, in: WBR, HS, Nl. Meinrad, ZPH 1502, Box 8.
32 M. H., Debakel des österreichischen Films?, Welt am Montag, 8. März 1948.

Josef Meinrad als Untersuchungsrichter Bary in *Der Prozeß*, 1948 (Filmarchiv Austria)

die *Welt am Montag*, Anlass zur Hoffnung, „daß wir unsere Meinungen über den österreichischen Film nach der Wiener Premiere werden revidieren müssen. Gott gebe es! Wir möchten uns so gern eines Besseren belehren lassen!"[33] *Der Prozeß* erzählt eine historisch verbürgte Geschichte aus dem Jahr 1882: Im ungarischen Dorf Tisza-Eszlar verschwindet ein Dienstmädchen, die jüdischen Bewohner werden beschuldigt, sie in einem Ritualmord geopfert zu haben, das Geständnis eines Tempeldieners wird erpresst, im Prozess kämpft ein liberaler christlicher Anwalt und Abgeordneter für die Sache der Juden.

Viel ist über Pabsts Film geschrieben worden, über sein „Ausweichen vor einem präzisen Blick auf die Zusammenhänge der Gegenwart sowie auf Motive, die das eigene Verhalten bestimmen."[34] „*Der Prozeß* ist sicher ein sehr gut gemeinter Streifen [...]", schreibt Walter Fritz. „Aber seine Erkenntnis, daß alle Menschen sind, hatte und hat doch wohl mehr Gemütswert als aufklärerischen Sinn. Über die

---

33 Ebd.
34 Elisabeth Büttner/Christian Dewald, Anschluss an Morgen. Eine Geschichte des österreichischen Films von 1945 bis zur Gegenwart, Salzburg/Wien 1997, S. 120.

wirklichen Ursachen des Antisemitismus wird erst gar nicht gesprochen, ebensowenig wie über die möglichen Lösungen oder Lehren, die aus dieser Problematik zu ziehen wären."[35] In seiner Analyse des Films kommt Michael Kitzberger zu folgendem Schluss:

> *Betrachtet man die Bilder, in denen diese Geschichte über Gewalt gegen ‚Fremde', die rohe Gewalt des Volkes und die normierte Gewalt des Staates, erzählt wird, dann wird aus der Intention, in einer Geschichte die verheerenden Folgen des Antisemitismus aufzuzeigen, die Ausübung einer Form von Gewalt, einer strukturellen Gewalt der Bilder, in denen ein christlicher Held gefunden und konstituiert wird, die ‚Fremden' aber fremd bleiben und aus dem Blick verschwinden.*[36]

Josef Meinrad kommt in Pabsts Film die Rolle des eitlen, karrieresüchtigen, nicht gerade intellektuellen Untersuchungsrichters Bary zu, der nur allzu gern auf die antisemitische Pogromstimmung aufspringt: Als braver Erfüllungsgehilfe der vor allem von Baron Onody (Heinz Moog) angestachelten Volksverhetzung trägt er freilich durch Folter und Umdeutung der Beweise selbst aktiv zum letztendlich doch vereitelten Justizverbrechen bei. Parallelen zum politischen Nachkriegsdiskurs um Schuld, Verantwortung und ‚Aufarbeitung' liegen hier natürlich auf der Hand – und diesen an Meinrads Figur zu akzentuieren und scharf zu konturieren, hätte ein Film, der sich weniger bekennerhaft am sogenannten ‚Menschlichen' orientiert und über einfache Schwarzweiß-Zeichnung hinausgeht, leisten können. „Ich habe keinen Film für die Juden gemacht, sondern einen Film gegen die Gewalt", sagte Pabst, und genau das ist womöglich das Problem.[37] Jedenfalls wird Meinrad im *Prozeß* absolut gegen sein bis dahin vorherrschendes Image des charmant-herzlichen Draufgängers besetzt und liefert vermutlich die bösartigste, negativste Rolle seiner ganzen Karriere ab. Gegen Ende des Films kann er beim Lokalaugenschein am (angeblichen) Tatort nicht erklären, wie sich der Mord zugetragen haben soll, und schmeißt die Nerven weg. Er bleibt, in der Totale, zurück. Allein.

Die zeitgenössische Kritik reagiert differenziert auf den *Prozeß*. Durchgängig wird die Bedeutung des Films für das nationale Filmschaffen betont. „Zweifellos der gekonnteste von allen österreichischen Filmen der letzten drei Jahre", ist eine

---

35   Fritz, Kino in Österreich 1945–1983, S, 34f.
36   Michael Kitzberger, Das Volk, die Fremden, der Held und die Bilder davon. Zu G. W. Pabsts Der Prozeß, in: Ohne Untertitel. Fragmente einer Geschichte des österreichischen Kinos, hg. von Ruth Beckermann und Christa Blümlinger, Wien 1996, S. 199.
37   Welt am Montag, 1. März 1948.

durchaus typische Einschätzung – wenn in derselben Rezension auch starke Einwände gegen das Leitartikelhafte des Drehbuchs und die allzu passiv duldende und leidende Charakterisierung der jüdischen Figuren erhoben werden.[38] Auch Felix Hubalek in der *Arbeiter-Zeitung* sieht im *Prozeß* „trotz allen ihm anhaftenden Mängeln ein bedeutendes Kunstwerk mit all der hohen menschlichen und moralischen Wirkung, die einem solchen innewohnt, und er ist ein Ehrenblatt in der Geschichte des neuen österreichischen Films; bis jetzt das erste."[39] Meinrads Leistung wird unterschiedlich bewertet. „Josef Meinrad, der den Untersuchungsrichter Bari [sic] auf sich genommen hat, spielt sich mit großem Können über die peinlichen Stellen seiner Rolle hinweg", urteilt die *Wiener Tageszeitung*;[40] für die *Weltpresse* wirkt sein Untersuchungsrichter „diesmal etwas überspitzt".[41] Meinrad mache, meint hingegen die *Welt am Abend*, „aus der Rolle des Untersuchungsrichters Bary eine atemnehmende Studie hündischer Verschlagenheit".[42] Auch die *Arbeiter-Zeitung* ist begeistert: „Josef Meinrad als Untersuchungsrichter stellte nun in einer großen Filmrolle seine bedeutende Begabung auch hier unter schlüssigen Beweis."[43] Ins große Ensemble des Pabst-Films fügt sich Meinrad jedenfalls ebenso gut ein wie in jenes des Burgtheaters, wo er seit Herbst 1947 engagiert ist. Mit dem Mundus-Film *Rendezvous im Salzkammergut* kehrt er wieder in sein ‚angestammtes' Rollenfach zurück: „Inge Konradi und Hertha Mayen als Trägerinnen der weiblichen Hauptrollen sind hübsch und jugendfrisch, Hans Holt und Josef Meinrad natürlich und sympathisch."[44] *Rendezvous im Salzkammergut* ist eine Verwechslungskomödie mit musikalischen Einsprengseln, ein Roadmovie und ein Touristenfilm ohne deutsche Gäste (die kamen erst später). „Wenn an diesem durch und durch harmlosen Film überhaupt etwas auffällt", schreibt Ines Steiner, „dann ist es die Unaufdringlichkeit, mit der er sein Geschäft betreibt." Gags würden nicht ungebührlich in die Länge gezogen, Schmalz weitgehend vermieden, „auch die Dialoge scheinen zumeist wie ad hoc aus der Situation entwickelt, was ihnen eine angenehm belanglose Nüchternheit verleiht".[45] *Rendezvous im Salzkammergut* projiziert Österreich-Bilder. Als die Wiener Sekretärin Gretl (Inge Konradi) am Weg nach St. Gilgen unterwegs einem jungen Mann namens Thomas

---

38 Wiener Zeitung, 23. März 1948.
39 Arbeiter-Zeitung, 21. März 1948.
40 Wiener Tageszeitung, 21. März 1948.
41 Weltpresse, 20. März 1948.
42 Welt am Abend, 22. März 1948.
43 Arbeiter-Zeitung, 21. März 1948.
44 Ebd., 28. März 1948.
45 Ines Steiner, Österreich-Bilder im Film der Besatzungszeit, in: Besetzte Bilder. Film, Kultur und Propaganda in Österreich 1945–1955, hg. von Karin Moser, Wien 2005, S. 229ff.

(Hans Holt) begegnet, stellt sich dieser als Fotograf heraus, der Aufnahmen für ein Buch mit dem Titel *Das schöne Österreich* macht. Natürlich spielt das Motiv der pittoresken Landschaft, wie im österreichischen Film insgesamt, hier eine Rolle – aber gleich im doppelten, auch buchstäblichen Sinn. Als Thomas sein Auto anhält, um zu fotografieren, kommentiert Gretl das so: „Versteh' ich nicht, wozu Sie sich all die Mühe mit den vielen Seen und Bergen hier geben – das können Sie viel billiger haben." Thomas: „Wieso?" Gretl: „Naja, kaufen Sie sich einfach Postkarten." Maria Fritsche: „[U]nlike in *Heimatfilm* or historical costume film, tourist film demonstrates awareness of the artificiality of these images."[46] Bleibt die Landschaft auch im Hintergrund und wird nicht idealisiert wie im Heimatfilm, „kombiniert" *Rendezvous im Salzkammergut* doch „unaufdringlich Anliegen seiner Entstehungszeit. [...] Kino beginnt sich in den Dienst des Fremdenverkehrs zu stellen und wird damit zum volkswirtschaftlichen Faktor. Dieses Argument liefert den Freibrief, der den österreichischen Film im Laufe der ‚langen fünfziger Jahre' an den Rand der bewußtlosen, risikolosen Klamotte treibt".[47] Soweit sind wir hier noch nicht. Auch die relativ progressive Darstellung des Geschlechterverhältnisses war nur wenige Jahre später undenkbar. Als treibende Kräfte der Handlung fungieren die beiden Sekretärinnen Gretl und Fritzi (Herta Mayen), die sich, nachdem sie ihr Urlaubsgeld mit ‚Hilfe' ihres Kollegen Harry (Harry Fuss) beim Trabrennen in der Krieau verspielt haben, nach St. Gilgen am Wolfgangsee aufmachen, um dort ihren Urlaub zu verbringen; Gretl ist lose mit dem dort lebenden Hoteliersohn Peter (Josef Meinrad) liiert. Die beiden gelangen per Autostopp und recht abenteuerlich an ihr Ziel, wo sich eine Verwechslungskomödie entspinnt – am Ende kommen die ‚richtigen' Paare zusammen.

„Indeed, from the very beginning", so Maria Fritsche, „the initiative lies with the women, in practical as well as in erotic matters."[48] Süßliche oder gar kitschige Sentimentalität hat hier keinen Platz, zwischen den Geschlechtern herrscht ein eher entspanntes, fast schon pragmatisches Verhältnis. Peter macht auch kein Hehl daraus, dass er Gretl auch deshalb eingeladen habe, weil er sehen wollte, wie sie sich im Hotel zurechtfinden würde. Dass er dann allerdings nicht mit der eher romantisch veranlagten Gretl, sondern mit der patenten, realitätsnahen Fritzi, die sich als Kellnerin eingeschlichen hat und dabei ihre Frau steht, zusammenkommt, ist nur folgerichtig. Freilich, ökonomisch hat Peter die Hosen an – wenn es auch kurze Hosen sind, wie er sie die ganze zweite Filmhälfte hindurch trägt.

---

46 Fritsche, S. 149.
47 Büttner/Dewald, S. 309.
48 Fritsche, S. 142.

Josef Meinrad betritt den Film in St. Wolfgang als fescher Kerl im ‚Steieranzug' mit zwei jungen Damen im Arm – jede kriegt noch ein Busserl, bevor er im Regen mit dem Boot, auf dem er Fritzi begegnet, nach St. Gilgen übersetzt. Bei ihrer zweiten gemeinsamen Überfahrt brechen die beiden dann in Gesang aus: „Ein kleiner Jodler klingt durchs Land..." Ganz sauber klingen die Stimmen nicht zusammen, aber es ist ja auch Meinrads Filmdebüt im musikalischen Fach. Dass Alfred Stöger zu den Gesangsszenen filmisch wenig einfällt und das Ende des Films in Blasmusik, Schuhplatteln und nächtlichem Feuerwerk versinkt, soll nicht verschwiegen werden.

Bei der Premiere von *Rendezvous im Salzkammergut* werden die HauptdarstellerInnen mit viel Beifall bedacht. „Den Löwenanteil an den Ovationen hatte wohl Robert Stolz",[49] berichtet die *Weltpresse* – und wer seine Kompositionen für den österreichischen Film mit denen seiner Zeitgenossen (wie etwa Anton Profes) vergleicht, kann das gut nachvollziehen. Sonst steht das Blatt dem Film eher reserviert gegenüber. Die *Welt am Montag* sieht „einen Abgrund von Witzlosigkeit und Schablonenhaftigkeit",[50] die *Welt am Abend* vermutet unter dem Titel „Plätschern wir weiter", Alfred Stöger habe „den Film nur gedreht, um seinen Hörern im Theaterwissenschaftlichen Seminar der Universität einen neuern dokumentarischen Beweis dafür zu erbringen, wie man es nicht machen soll".[51] Im Gegensatz zu dieser etwas überzogenen Polemik stuft die *Arbeiter-Zeitung* den Film als „recht vergnügliche Filmoperette" ein, das *Linzer Volksblatt* sieht „einen Fortschritt in der Entwicklung des neuen österreichischen Unterhaltungsfilmes", und das führende US-Branchenblatt *Variety*, das *Rendezvous im Salzkammergut* im Wiener Apollo-Kino gesichtet hat, meint, trotz mancher Schwächen im Drehbuch und mangelhafter Kameraarbeit könnte der Film, nicht zuletzt dank Stolz' schwungvoller Musik, „some U.S. audiences" ansprechen.[52] Josef Meinrad, der während der Dreharbeiten aus Mangel an Unterkunftsmöglichkeiten sogar im Polizeigefängnis übernachten muss,[53] wird in den Rezensionen bestenfalls kurz erwähnt – diesen Film betrachtet wohl keine/e Kritiker/in als Fortschritt in seiner Filmkarriere. Ähnlich verhält es sich mit seinem nächsten, *Anni – Eine Wiener Ballade* (1948), dem ersten österreichischen Nachkriegsfilm des Exilanten Max Neufeld.[54] In diesem Ende

---

49 Weltpresse, 30. März 1948.
50 Welt am Montag, 30. März 1948.
51 Welt am Abend, 26. März 1948.
52 Arbeiter-Zeitung, 28. März 1948; Linzer Volksblatt, 16. November 1948; Variety, 14. April 1948.
53 Siehe Mein Film, Nr. 39, 26. September 1947.
54 Zu Neufeld siehe Kunst der Routine. Der Schauspieler und Regisseur Max Neufeld, hg. von Armin Loacker, Wien 2008.

Josef Meinrad als Heinrich Buchgraber mit Elfie Mayerhofer als Anni im gleichnamigen Film, 1948 (Filmarchiv Austria)

des 19. Jahrhunderts angesiedelten Melodram spielt Meinrad erstmals im Film einen Wiener Charakter, den gutherzigen Klavierbauer Heinrich Buchgraber, der die Titelheldin (Elfie Mayerhofer) – eine Sängerin, die ihn nicht liebt –, heiratet; sie stirbt schließlich, nicht ohne Zutun des Klaviervirtuosen Radkofsky (Siegfried Breuer), der ihr ein Kind gemacht hat, an gebrochenem Herzen.

Die Kritik urteilt fast unisono unbarmherzig. Als „Wiener Fünfkreuzerroman" tituliert die *Arbeiter-Zeitung* den Film, „denn die Regie hat sich bei der Verfilmung des zuckersüßen Drehbuches keine, aber schon gar keine Chance entgehen lassen, in wildestem Kitsch zu machen".[55] Ein „Allerweltspotpourri" sieht die *Wiener Zeitung*: „Man wähle für dieses Substrat aus unzähligen Librettis und Filmen höchst willkürlicherweise den Ringtheaterbrand als schaurigen Zeithintergrund und garniere das Ganze mit einer Galerie historischer Panoptikumsfiguren. Doch vergebens. Unsere Augen wollen sich bei alledem nicht mehr feuchten."[56]

---

55 Arbeiter-Zeitung, 8. Juni 1948.
56 Wiener Zeitung, 8. Juni 1948.

Meinrad wird von der heftigen Kritik ausgenommen. Seine „große Begabung" sei „auch durch verstaubte Rührseligkeit nicht umzubringen", heißt es da.[57] Oder: „Josef Meinrad ist ein inniger Klavierbauer namens Heinrich, vor dem's uns graut, wenn wir die Fähigkeiten dieses Schauspielers mit diesem Schmarren von einer Rolle konfrontieren."[58] Gegenläufig zur veröffentlichten Meinung wird *Anni* ein Bombengeschäft, mit 1,8 Millionen BesucherInnen in Österreich hinter *Hofrat Geiger* (Hans Wolff, 1947) der zweiterfolgreichste österreichische Film der Jahre 1946–1952.[59] Mit 1,58 Millionen BesucherInnen annähernd so erfolgreich ist Meinrads nächster Film *Fregola* (Harald Röbbeling, 1948).[60] „Marika Rökk wird die investierten Summen hereinbringen", vermutet Rudolf Weys in seiner Uraufführungskritik, und er sollte Recht behalten.[61] Anders als *Anni* kann *Fregola* nicht einmal mit halbwegs routinierter Melodramatik aufwarten: In ihrem ersten Nachkriegsfilm nach vorübergehendem Betätigungsverbot dreht sich hier alles um Titelheldin Marika Rökk, zwischen deren Revueszenen eine Krimihandlung eingepasst wurde, für die die Bezeichnung ‚konstruiert' noch zu schmeichelhaft wäre. „Die Dialoge [...] rascheln weithin hörbar", meint *Die Presse*, „sie sind nämlich ausnahmslos aus Papier. Die Menschen reden, als hätten sie Spruchbänder aus Courths-Mahler-Romanen verschluckt."[62] Als Privatdozent Dr. Wegscheider, Erfinder des Nervenberuhigungsmittels Narkotilin, der sich von Fregola überreden lässt, ihren Ehemann zu spielen, unternimmt Meinrad, diesmal mit Oberlippenbärtchen, verzweifelte Versuche komisch zu sein: „Er macht aus der Schablone des zerstreuten Gelehrten eine köstlich-komische Persönlichkeit."[63]

Während Meinrads nächster Film *Das Siegel Gottes* (Alfred Stöger, 1949), in dem er in seiner ersten wirklichen Hauptrolle als Pater Clemens auftritt, in den Wiener Kinos läuft, wird er gefragt, ob es womöglich Parallelen zwischen dem Beruf des Schauspielers und dem des Priesters gebe. Meinrads Antwort:

Sicherlich, wenn man es auch nicht gerne hören will. Schauspieler und Priester müßten in die gleiche Schule gehen. Schließlich sollten sie beide demselben Ziel entgegenstreben. Nicht umsonst sind bei den Griechen Religion wie Schauspielkunst aus den Mysterienspielen hervorgegangen.

---

57 Der Abend, 5. Juni 1948.
58 Welt am Abend, 8. Juni 1948.
59 Österreichische Film- und Kinozeitung, 29. November 1952.
60 Ebd.
61 Die Presse, 28. Dezember 1948.
62 Ebd.
63 Das kleine Volksblatt, 30. Dezember 1948.

Josef Meinrad als Pater Clemens in *Das Siegel Gottes*, 1949 (WBR, PS, P-14249)

Der Beruf des Schauspielers ist ein heiliger Beruf. Natürlich sagt man sich das nicht alle Tage vor.[64]

Mit der Mundus-Film-Produktion *Das Siegel Gottes* beginnt sich Meinrads Image um eine zentrale Dimension zu erweitern, die in der Rezeption bis heute gleich nach dem ‚typischen Österreicher' kommt – oder, besser gesagt, untrennbar mit ihm verbunden zu sein scheint: Meinrad als Christ, besser: als Katholik. In dieser Meinrad-Persona verschmelzen, quasi ‚naturgegeben', möglicherweise allzu leicht, Leben und Beruf, Privatmensch und Rolle. Im zitierten Porträt wird Meinrads Zeit im Priesterseminar erwähnt – und auf die Frage „Hat Sie Ihre Rolle [...] nach Ihren ursprünglichen Berufsabsichten nicht eigenartig berührt?" antwortet Meinrad: „O, sicher, es war alles so schön – das alte Kloster und daß ich in den Gewändern des Priesters am Altar stehen und mit den heiligen Geräten hantieren durfte."[65] *Das Siegel Gottes* ist ein Heimatfilm. Ein wesentliches Motiv des Genres stellt die Liebe zur Natur dar, das Eingebettetsein in sie als Teil der natürlichen Ordnung und der (göttlichen) Schöpfung. Wenn Pater Clemens am Ende des Films die beiden Liebenden vereint, ist die natürliche Ordnung, die durch Lüge, Meineid und Dekadenz in Gefahr geraten war, wieder hergestellt – Meinrad ist nun zwar kein ‚Naturbursch' im eigentlichen Sinne mehr, aber eins mit der Natur, unverändert ‚natürlich' geblieben, wurde keinesfalls zum Denker und Analytiker. Er hat, mit dem Beichtgeheimnis ringend, den wahren Schuldigen eines verheerenden Waldbrandes aufgesucht und diesen mit einem Appell ans Gewissen dazu gebracht, sich zu stellen – oder wie der katholische österreichische Filmpublizist Roman Herle die Figur und ihre Kalamität beschrieb: „Dorfpfarrer P. Clemens (sehr klare, lichte Darstellung durch Josef Meinrad), dessen seelische Disziplin gegenüber dem Beichtgeheimnis einem irrenden Menschen den Weg zu Reue und Sühne weist."[66] Herle vergisst auch nicht, die „verständnisvolle Geste des berufenen hohen geistlichen Sprechers bei der Festaufführung des Films", gemeint ist der Domkapitular und spätere „Filmprälat" Karl Rudolf, zu erwähnen, der *Das Siegel Gottes* „dem Publikum nicht nur als ein Werk aus echter katholischer Geistigkeit, sondern auch als unverfälschtes, liebenswürdiges Lied unserer schönen Heimat als Stimme Österreichs empfahl".[67] (Eine Beobachtung eines anderen Kri-

---

64 M.-R., P., Mensch ohne Maske, Zeitungsartikel hs. bezeichnet als „Montag-Ausgabe, 21.3.49", in: WBR, HS, Nl. Meinrad, ZPH 1502, Box 6.
65 Ebd.
66 Roman Herle, Das Siegel Gottes. Ein österreichischer Film aus katholischem Geist, Die Furche, 19. Februar 1949.
67 Ebd.

tikers bei dieser Uraufführung: „Wenn Domkapitular Dr. Rudolph [sic] in den einleitenden Worten diesen Film den ‚Heimatgauen' empfahl, meinte er sicher die Bundesländer!"[68]) Dass der Festpremiere im Wiener Apollo-Kino Unterrichtsminister Felix Hurdes (ÖVP) und zahlreiche hohe politische und kirchliche Würdenträger beiwohnen, überrascht nicht – unter ihnen auch Kardinal Erzbischof Theodor Innitzer, den Meinrad in seiner Karriere gleich zweimal verkörpern wird.[69] Nicht alle RezensentInnen stimmen ins Hohelied auf *Das Siegel Gottes* ein. „Wäre nur der halbe Film so gut geworden wie die eine Szene, wo der junge Pfarrer um die Preisgabe des Beichtgeheimnisses ringt", schreibt *Neues Österreich*, „er würde ein Meisterwerk sein."[70] (Unwillkürlich kommt einem hier Hitchcocks *I Confess* von 1953 in den Sinn, der dieses Kunststück zuwege bringt.) „Leider blieben Buch und Regie alles schuldig", heißt es im *Wiener Kurier*, „und machten eine zuckersüße inhaltlich unwahre Courths-Mahler-Story daraus, die natürlich in feudalen Gutsbesitzerkreisen mit dem Bauernvolk als bloße Staffage spielt."[71] Die Rezension in der *Wiener Tageszeitung* verdient besonderes Interesse, führt sie doch oben diskutierte Motive in wenigen Zeilen sehr konzentriert zusammen:

> *Der Regisseur Alfred Stöger weiß sehr gut, wo die ersten Vorteile der Fabel liegen. Der wirksamste Mitspieler heißt Österreich, das mit seiner Landschaft und den liebenswerten Menschentypen, die das Drehbuch von Alexander Lix oft scharf und wirksam, bisweilen flüchtiger erfaßt, jede Wirkung von vornherein unterstützt. Immer wieder ist die sicher gesteigerte Handlung im besten Sinn ‚in die Landschaft gestellt'. Gerade in ihr treten die Höhepunkte: der Waldbrand, die nächtlichen Zusammenkünfte, der Seelenkampf des Schuldigen am eindrucksvollsten hervor. […] So hat diesmal, bei aller Schlichtheit der volkstümlichen Fabel, ja, gerade durch sie gestützt, der religiöse, die Menschentiefe bewegende, der ‚Problemfilm', eine wichtige Prüfung bestanden.*[72]

Österreich – Landschaft – Religion: Eins fügt sich bruchlos ins andere, wird sozusagen naturgegeben zu einem Ganzen. Weitere Gesellschaft, ja Gesellschaft überhaupt: unerwünscht. 1,38 Millionen BesucherInnen konnten freilich nicht irren.

---

68 Der Abend, 10. Februar 1949.
69 *The Cardinal* (Otto Preminger, 1963) und *Theodor Kardinal Innitzer* (Hermann Lanske, ORF/ZDF-Fernsehfilm, 1971).
70 Neues Österreich, 10. Februar 1949.
71 Wiener Kurier, 10. Februar 1949.
72 Wiener Tageszeitung, 10. Februar 1949.

Meinrads schauspielerische Leistung erfährt durchgängig höchstes Lob. „Josef Meinrad meistert diese gewiß nicht leichte Rolle mit sparsamen Mitteln und mit wohltuender unpathetischer Art", urteilt etwa der *Wiener Montag*.[73] Und er wird erstmals als „Star" tituliert; wobei ihm, wird hinzugefügt, „dieser Ehrentitel gar nicht recht sein dürfte, [er] ihn sich aber gefallen lassen muss".[74]

Im deutschen Film, mit dem Meinrad nun erstmals beruflich Bekanntschaft macht, ist es noch nicht soweit. Über das in Berlin gedrehte Theo Lingen-Vehikel *Nichts als Zufälle* (E. W. Emo, D 1949), von der *Zeit* als „Klamauk" tituliert,[75] schreibt die *Weltpresse*: „Unter E. W. Emos Regie hat Theo Lingen einmal mehr die immer dankbare Aufgabe, ‚Theo Lingen' zu spielen (diesmal als ewig verhinderter Bräutigam); als sein Freund zeigt Josef Meinrad, wie schön es ist (abgesehen von der geringeren Gage natürlich), immer noch ein Schauspieler und kein Star zu sein..."[76]

Zurück im vertrauten Umfeld der Mundus-Film spielt Meinrad, wieder unter Stögers Regie, seine erste Starrolle in einer Komödie. In *Mein Freund, der nicht nein sagen kann* (1949) ist er der Wiener Steuerbeamte Dr. Leopold Bachmann, der immer wieder in verzwickte Situationen gerät, weil er Frauen einfach nichts abschlagen kann. Als er, ein klassisches Lustspielmissverständnis, nach einer versoffenen Nacht unversehens vor dem Eintritt in eine ungewollte Ehe steht und die Beziehungen zu seinen diversen Verehrerinnen abbrechen soll, wird seine Lage brisant. „Quite interestingly", analysiert Maria Fritsche, „Leopold's lack of traditional masculine qualities, such as assertiveness or willpower, contrasts with his evident popularity with women." In diesem Film wie in den frühen österreichischen Nachkriegskomödien allgemein sieht sie folgende ideologische Ausrichtung des Geschlechterverhältnisses:

> *Crucially, these early comedies do not ridicule or punish women, nor do they present men as unhappy victims, even though they have to play to the wishes of women. By showcasing self-assured, powerful women, they give satisfaction to the female audience, but at the same time the comic structure reassures the male spectator that what they are seeing is just a fantasy.*[77]

---

73 Wiener Montag, 14. Februar 1949.
74 Wiener Zeitung, 10. Februar 1949.
75 Die Zeit, 7. Juli 1949.
76 Weltpresse, 12. September 1949.
77 Fritsche, S. 183.

Josef Meinrad als Leopold und Inge Konradi als Steffi in *Mein Freund, der nicht nein sagen kann*, 1949 (Filmarchiv Austria)

In einer Szene fällt Meinrads physische, ‚männliche' Präsenz, Stichwort: Naturbursch, auf: Wenn er sich morgens nach dem Aufstehen seinen Pyjama auszieht, kommen ein athletischer Oberkörper und muskulöse Arme zum Vorschein. Freilich bleibt diese Körperlichkeit den jungen Damen im Film verborgen und wird nur den ZuschauerInnen und der erotisch ungefährlichen Zimmerwirtin und ‚Schwiegermutter in spe' (Elisabeth Markus) zur Ansicht gebracht – und selbst ihr gegenüber zeigt sich Leopold g'schamig und hält sich die Pyjamajacke vor.

Mein Freund, der nicht nein sagen kann ist auf gewisse Weise auch ein touristischer Prospekt durch Wiener Schauplätze: Schönbrunn, Stadtpark, Volksgarten, Prater, Wiener Stadion. In einer der wenigen wirklich komischen Szenen des Films besuchen Leopold und Steffi (die wie meistens großartige Inge Konradi) das Fußballmatch Österreich-Italien. Die anderen ‚Akteure' beschreibt die *Weltpresse* folgendermaßen:

Josef Meinrad mit Hilde Krahl in *1. April 2000*, 1952 (WBR, HS, Nl. Meinrad)

Die Stärke dieses Regisseurs [Alfred Stöger] scheint im Grotesken, in der Persiflage zu liegen, etwa wie er (vielleicht ein bißchen zu lang) das Irrenhaus eines Filmateliers, den hutzertrampelnden Spielleiter [Ernst Waldbrunn], die tobenden Inspizienten, oder – viel knapper und überzeugender – die beschauliche Ruhe der papierfigurenschneidenden Beamten des Finanzamtes hinter einer schützenden Tafel ‚Eintritt streng verboten' zeigt.[78]

Für die Kritik ist *Mein Freund, der nicht nein sagen kann* ein weiterer österreichischer Film, „zu dem man beim besten Willen nicht ja sagen kann [...] [A]lte Kabarettwitze, lose aneinandergereihte, klischiert ‚wienerische' Szenen, die das wahre und wirkliche Wesen unserer Stadt verfälschen".[79] Einzelne DarstellerInnen wie Meinrad, Hans Olden und Elisabeth Markus gelinge es zwar, „dank ihres urwüchsigen Theaterblutes aus mancher Belanglosigkeit eine Pointe herauszuschlagen [....], aber werden wir auf die Dauer mit solchen Filmen noch etwas von dem Ruf, den die österreichische Filmproduktion einst hatte, erhalten können?"[80] In einem Grundsatzartikel im *Wiener Kurier* stellt sich der junge Regisseur Georg Tressler, der bislang mit Kurzfilmen hervorgetreten war und später wichtige Beiträge zum deutschen Spielfilm leisten sollte (etwa *Die Halbstarken*, 1956, und *Endstation Liebe*, 1958) im Mai 1949 ebendiese(r) Frage.[81] Was er im österreichischen Film vor allem vermisst, ist „Wirklichkeits-

---

78 Weltpresse, 23. Dezember 1949.
79 Neues Österreich, 1. Jänner 1950.
80 Wiener Tageszeitung, 22. Dezember 1949.
81 Zu Tressler siehe Halbstark. Georg Tressler: Zwischen Auftrag und Autor, hg. von Robert Buchschwenter und Lukas Maurer, Wien 2003.

sinn". Das zeige sich nicht zuletzt in „unserer Themenwahl, die in zu großem Ausmaß oberflächliche Ablenkung bevorzugt, anstatt Hinlenkung auf die Probleme unserer Zeit". Tressler fordert „einen völlig neuen Geist" – solange „es dieselben Herren sind, die seit Kriegsende bewiesen haben, daß ihre Auffassungen veraltet, ihre Form und ihr künstlerischer Geschmack erstarrt sind, wird ein Aufschwung kaum möglich sein".[82]

Josef Meinrad konnte bis zu einem gewissen Grad nur so gut sein wie die Filme, in denen er spielte: Seine Filmkarriere kann nicht ohne Rekurs auf den spezifischen Kontext der österreichischen Filmproduktion gelesen werden. Freilich verlässt er auch in den 1950er Jahren kaum sein angestammtes Rollenfach (herzlich bis komisch bis christlich, immer menschlich). Spätestens seit seinem Auftritt als Valentin in Raimunds *Der Verschwender* bei den Salzburger Festspielen 1950 war Meinrads „Weg zum Volksschauspieler"[83] vorgezeichnet. Wie das ‚Österreichische' sich auch in seinen Filmen manifestierte, habe ich ansatzweise zu umreißen versucht.

AUSBLICK AUF DIE 1950ER JAHRE: IMMER WIEDER ÖSTERREICH

Als es 1952 darum geht, die Hauptrolle des österreichischen Ministerpräsidenten für den ‚Staatsfilm' *1. April 2000* (Wolfgang Liebeneiner, 1952) zu besetzen, konnte man wohl keine bessere Wahl treffen als Josef Meinrad. Ein charmanter und schlauer Staatsmann ist zu finden, der die Alliierten dazu bewegen soll, dem Land doch endlich die Freiheit zu schenken. Vor allem soll er dabei die historischen und kulturellen Errungenschaften Österreichs überzeugend herausstellen. Meinrad hatte sich, nicht zuletzt durch seine Nestroyrollen am Theater, endgültig als ‚Volksschauspieler', etabliert. Sein „wienerisch gefärbtes Burgtheaterdeutsch ist eine Grundlage seines Charmes", schreiben Andrea Lang und Franz Marksteiner,[84] und für Edgardo Cozarinsky erscheint er „mit seinen tadellosen Manieren und seiner berechnenden Verführung – er weiß genau, wieviel er geben muß, um ebensoviel zu nehmen – ganz und gar nicht heldenhaft, sondern als Mann von Welt mit einem verschlagenen Lächeln".[85] Für den *Wiener Montag*

---

82 Georg Tressler, Nur ein völlig neuer Geist kann das österreichische Filmschaffen retten, in: Wiener Kurier, 28. Mai 1949.
83 Gerd Holler, Josef Meinrad – „Da streiten sich die Leut' herum ...", Wien 1995, S. 106.
84 Andrea Lang/Franz Marksteiner, Ich bin der Hase. Stimmen, Stars und Schauspieler in 1. April 2000, in: 1. April 2000, hg. von Ernst Kieninger, Nikola Langreiter, Armin Loacker und Klara Löffler, Wien 2000, S. 121.
85 Edgardo Cozarinsky, 1. April 2000 in Buenos Aires, in: Ohne Untertitel, S. 378.

Pepi-Polka aus dem Film *Pepi Columbus*, 1954
(WBR, HS, Nl. Meinrad)

war Meinrad denn auch folgerichtig „wohl der österreichischeste Ministerpräsident, den man sich denken kann".[86]

Als ‚typischer' Österreicher begibt sich Meinrad im Frühling 1953 auf eine mehrwöchige Reise durch die Vereinigten Staaten – und zwar für den vom USIS (United States Information Service) produzierten Dokumentarfilm *Pepi Columbus* (Ernst Haeusserman, 1954). Was sich die US-Behörde von dem Film mit dem zunächst vorgesehenen Titel *Ein Österreicher in Amerika* erwartet, liest sich so: „Film should illustrate incidentally how US, as participant in community of Western culture, respects and benefits from European achievement in cultural and other fields. This subsidiary theme would complement principal topic of film, American cultural vitality as seen by European."[87]

Eine Wiener Zeitung bringt einen Vorbericht zu Meinrads Reise, darin heißt es:

Man fühlt sich Josef Meinrad immer gleich nahe und verwandt, ob er nun einen liebenswürdig-scharmanten Ministerpräsidenten oder einen Tischlergesellen darstellt, wahrscheinlich deshalb, weil er wie kaum ein zweiter der jungen Schauspielergeneration so sehr das spezifisch Österreichische verkörpert. Darum hat man auch sicher nicht lange überlegt, als

---

86 Wiener Montag, 24. November 1952. Über den 1. April 2000 und sein ideologisches Projekt – Stichworte: Nationalepos, Opfermythos, Geschichtsklitterung, Kalter Krieg – wurde viel publiziert; siehe etwa *1. April 2000*, hg. von Ernst Kieninger, Nikola Langreiter, Armin Loacker und Klara Löffler, Wien 2000.

87 An Austrian Sees America, ungezeichnetes einseitiges Memorandum, typoscr., March 6, 1953, in: WBR, HS, Teilnachlass Torberg, ZPH 588, Box 42.

man einen Darsteller für den Dokumentarfilm ‚Ein Österreicher in Amerika' suchte.[88]

Den Begleittext zu dem von Meinrad erzählten Film schreibt Friedrich Torberg, seine Stimme wird den in den USA gedrehten ‚stummen' Aufnahmen in Wien hinzugefügt. Meinrads Reise beginnt in New York, führt über Washington, D.C. und Chicago in Thornton Wilders ‚Kleine Stadt', dann über Springfield, Illinois, und St. Louis nach New Orleans, Arizona, San Francisco, Los Angeles incl. Hollywood und wieder zurück nach New York. Meinrad trifft dabei Leute aus der ‚Branche', etwa die berühmte Tänzerin Katherine Dunham, die exilierten Theaterregisseure William Melnitz und Heinrich Schnitzler oder aus Österreich stammende SchauspielerkollegInnen wie Gusti Huber, Helmut Dantine, Willy Eichberger und Paul Henreid, aber er besucht auch ein „richtiges amerikanisches Heim", fährt mit dem Schiff den Mississippi hinunter, reitet im Wilden Westen. Bevorzugter Modus: Staunen. Meinrad trifft Indianer, die „zu unserem Gott" beten, besucht Harlem, interessiert sich in Los Angeles für mexikanische Volkskunst – interessanter bleibt freilich, was ausgespart bleibt: Rassentrennung, Koreakrieg, Julius und Ethel Rosenberg, nicht zuletzt das hysterische Klima der McCarthy-Ära und der Kalte Krieg.

Das offizielle Amerika war mit dem propagandistischen Effekt denn auch ziemlich zufrieden. Im Report des High Commissioner for Austria heißt es:

> *Warm reception was given in Vienna to Pepi Columbus, a USIS produced 70 minutes documentary film showing the trip of Joseph [sic] Meinrad through the US. Meinrad is one of the younger and more beloved actors of the Vienna Burgtheater. That fact alone is sufficient in Vienna to make him the object of interest. The producers of the film must have been conscious of this appeal factor when they shot the picture, for the camera never shifts from him. [...] For anyone who knows America, the film is an amusing review of the country in the company of a charming and gay Austrian, whose running commentary is humorous and consistently warmhearted.*

---

88 Ein Österreicher in Amerika, unbezeichneter Zeitungsausschnitt o.D., in: WBR, HS, Nl. Meinrad, ZPH 1502, Box 6.

Josef Meinrad als Chauffeur in Fritz Kortners Film *Sarajevo*, 1955 (Filmarchiv Austria)

Eine kleine Einschränkung gibt es allerdings doch: „But the camera moves so fast and so indiscriminately that one feels that Pepi sees the surface of many things, but never actually comes to grips with America."[89]

Die *Arbeiter-Zeitung* sieht das ähnlich: „Sauber photographiertes Tagebuch eines Reisenden, versäumte der Film alle Möglichkeiten zu einer erregenden amerikanischen Symphonie."[90]

Nachdem Meinrad in die Alte Welt zurückgekehrt ist, sitzt er in der letzten Szene des Films „am Hange eines weinumkränzten Hügels der Wiener Landschaft"[91] im Kreise der Wiener KollegInnen, unter ihnen Hans Moser, Fritz Imhoff, Helene Thimig, Franz Antel, Rudolf Prack und Susi Nicoletti. Und alle singen gemeinsam: „Man kommt nicht aus dem Staunen raus, wenn man auf Reisen geht."

---

89 Office of the U.S. High Commissioner for Austria, Weekly Summary, National Archives, College Park, RG 469 US Foreign Assistance Agencies, Office of Information, Entry Nr. 337, File 59 Austria Reports Weekly July 1954.
90 Arbeiter-Zeitung, 19. Dezember 1954.
91 Ebd.

EPILOG

Sarajevo (1955) von Fritz Kortner, schwarzweißer Antikitsch-Gegenentwurf zu Ernst Marischkas zuckerlbunter k.u.k. Konfektion. Josef Meinrad und sein enger Freund Hugo Gottschlich[92] spielen zwei Chauffeure des Konvois des Thronfolgerpaares Franz Ferdinand (Ewald Balser) und Sophie (Luise Ullrich). Als die beiden, die gerade eine Pause machen, von einem Vorgesetzten per „Vorwärts!" aufgefordert werden, in die Autos zu steigen und weiterzufahren, murmelt Meinrad in sich hinein: „Hoit de Goschn!" Die Rück- und Unterseite des lustigen Wiener- bzw. Österreichertums – auch dorthin hätte der österreichische Film, und mit ihm Meinrad, gehen können.[93]

Mein herzlicher Dank für wertvolle Informationen gilt Maria Fritsche.

---

92 „Tiefe Freundschaft verband ihn nur mit dem Schauspieler Hugo Gottschlich, der ebenfalls ein Sonderling, sozusagen ‚das derbere Ich Meinrads' war, und dem Regisseur Alfred Stöger." Regine Mayer, Josef Meinrad (Zur Popularität und Wirkung eines Schauspieleridols), Diss., Universität Wien, 1995, S. 220. Zitat im Zitat: Viktor Reimann, Die Adelsrepublik der Künstler, S. 129.

93 Eine prägnante Analyse dieses Films findet sich in Maria Fritsche, Homemade Men in Postwar Austrian Cinema, S. 71-75.

AGNES KAPIAS

„THEATERSPIELEN – DAS IST FÜR MICH WIE BETEN ...!"

JOSEF MEINRADS DARSTELLUNG GEISTLICHER WÜRDENTRÄGER

„Mancher Lasterhafte verbirgt seine Laster nicht so sorgfältig – obwohl er doch Grund dazu hätte – als mancher Tugendhafte seine Tugend".[1] Diese von Adalbert Stifter stammende Aussage charakterisiert nicht nur die im Film *Kalkstein* von Josef Meinrad verkörperte Priesterrolle, sondern auch das im 20. Jahrhundert bestehende Image des populären Mimen. Meinrad galt als „der Liebenswürdige", „der Enthaltsame", „der Bescheidene" oder „der Vorbildliche".

Über Jahrzehnte prägten solche Zuschreibungen die Meinrad-Rezeption und trugen besonders vor dem Hintergrund seiner zahlreichen Priesterrollen erheblich zur wenig differenzierten Wahrnehmung von Rolle, Künstler und Privatperson bei.

Sie stehen aber auch beispielhaft für die Stilisierung des Schauspielers, welche wünschenswerte Charaktereigenschaften erfüllt und damit zur Projektionsfläche für ein idealisiertes Menschenbild wird.

Im identitätsverunsicherten Österreich der Nachkriegsjahre nahm Josef Meinrad eine ,Rolle' ein, die ihn zur Identifikationsfigur und zum Repräsentanten eines sich neu etablierenden Österreichbewusstseins erhob. Meinrads scheinbare Prädestination für Klerikerrollen bot überdies die Grundlage für jene zahlreichen Zuschreibungen.

Während er 1949 in der Rolle des Pater Clemens im Wiener Mundus-Film *Das Siegel Gottes* vermutlich noch eher zufällig sein filmisches ,Priester-Debüt' feierte, schienen ihm die darauffolgenden Priesterrollen schon mit deutlicher vermarktungsstrategischer Intention auferlegt. Meinrad bediente mit diesen Charakteren ein breites Kategorienspektrum, welches das sich neu etablierende Selbstverständnis Österreichs reflektierte.

Als Lehrer und Pfarrer Dr. Wasner in der *Trapp-Familie* sammelte er 1956 und 1958 weitere Erfahrungen in der Darstellung geistlicher Würdenträger. Der Heimatfilm demonstriert die Vertreibung von Kulturellem und Geistlichem aus Österreich während des Nationalsozialismus. Dem gegenüber steht die Zur-Wehr-

---

[1] Adalbert Stifter, Der Arme Wohltäter, in: Erzählungen in der Urfassung, hg. von Max Stefl, Augsburg 1952, S. 210.

Setzung der Betroffenen, die durch den Versuch einer Neu-Etablierung der österreichischen Kultur in den USA einen selbsterwirtschafteten Ausweg aus ihrem Notstand suchen.

Ein Jahr später wurde der Schauspieler am Burgtheater von Regisseur Leopold Lindtberg als Kapuzinermönch besetzt. In *Wallensteins Lager* appellierte Meinrad an die Ablehnung von Raffsucht, Gewalt und unchristlicher Lebensweise.

1963 leistete Meinrad als Kardinal Theodor Innitzer im Otto Preminger-Film *Der Kardinal* einen wesentlichen Beitrag zur Auseinandersetzung mit Entscheidungen der katholischen Kirche unmittelbar vor dem ‚Anschluss' an Nazi-Deutschland. Die Darstellung der Haltung des Kirchenfürsten, die in den 1960er Jahren zunächst auf Widerstand stieß, ging einher mit einer auf allgemeine Zufriedenheit stoßende Interpretation der Rolle durch Josef Meinrad. Daraus resultierend erfolgte 1971 eine erneute Besetzung der Kardinalsfigur durch Meinrad im Dokumentarfilm *Theodor Kardinal Innitzer*, in dem auch die Haltung Innitzers einem idealisierten österreichischen Selbstverständnis angepasst wurde.

Josef Meinrad als Kapuzinermönch in Schillers *Wallensteins Lager*, 1959 (WBR, HS, Nl. Meinrad)

In diesen Jahren etablierte sich jene Auffassung, dass, wo immer ein Geistlicher verkörpert werden muss, es Josef Meinrad zur Stelle braucht. Seine Vergangenheit im Internat des Redemptoristenordens leistete einen kleinen – wohl aber wesentlichen – Beitrag zu dieser Annahme. Noch wichtiger aber scheint die allgemein gefestigte Überzeugung, dass Meinrad als die „Personifikation des Liebenswürdigen"[2] galt, als ein bedacht handelnder, scheinbar bedürfnisloser Ein-

---

2 Neue Illustrierte Wochenschau, 29. September 1974 (Nr. 39), S. 8, in: WBR, HS, Nl. Meinrad, ZPH 1502, Box 19.

Josef Meinrad in der Titelrolle der gleichnamigen TV-Serie *Pater Brown*, 1966 (WBR, HS, Nl. Meinrad)

zelgänger, der in seiner Haltung schlicht und „von vornehmer Gesinnung und souveräner Einfachheit"[3] ist. Die Überzeugungskraft dieses projizierten Wunschbildes reichte aus, um den Schauspieler zur neuen österreichischen Identifikationsfigur zu nominieren.

In Max Zweigs *Franziskus* wurde Meinrad 1963 zum Repräsentanten einer Ikone der römisch-katholischen Kirche. Die Darstellung dieser Figur, deren Rezeption in erster Linie Naturverbundenheit und Askese sowie die durch ihn eingeleitete Ordensgründung in den Vordergrund rückt, reflektiert den österreichischen Wiederaufbau und symbolisiert die Möglichkeit zur Schaffung von Neuem gegen alle Widerstände und aus eigener Motivation heraus.

Auch im kriminalistischen Genre bewegte sich Josef Meinrad als Priesterfigur. In der Serie *Pater Brown* adressierte er von 1965 bis 1971 als Titelfigur ein neues Zuschauerfeld, indem er als katholischer Priester der Freizeitbeschäftigung, Kriminalfälle zu lösen, nachging.

Mit der Darstellung des fiktiven Papstes *Hadrian VII.* statuierte Meinrad 1970 am Burgtheater ein Exempel für die Möglichkeit zur Durchbrechung hierarchischer Strukturen. Unter der Regie Dietrich Haugks spielte er einen von der Familie verstoßenen Konvertiten, der – teils durch Zufall, teils als Resultat seiner Dreistigkeit – zum Papst gewählt wird und unter dem Widerstand der Kardinäle die Kirche revolutioniert.

Als *Büßer Boleslaw* verkörperte Meinrad 1980 unter der Regie Adolf Rotts den Diener eines Königs, welcher dem Evangelium nicht den Status einer „Samm-

---

3   Fränkische Landeszeitung, 28. Februar 1966, in: WBR, HS, Nl. Meinrad, ZPH 1502, Box 7.

lung utopischer Lehren"[4] verlieh, sondern das Gebot der Nachfolge Christi wörtlich vollzog. Das nach einer polnischen Sage von Roman Brandstätter verfasste Theaterstück kann nach den politisch turbulenten 1960er und 1970er Jahren als Appell an die Ausrichtung des Lebens nach Vorgaben des Evangeliums gesehen werden.

Mit der Rolle des Armen Wohltäters im Adalbert Stifter-Film *Kalkstein* wurde Meinrad 1982 als eine selbstlose und bescheidene Person präsentiert, welche entgegen der Gewohnheiten anderer christliche Glaubensvorstellungen zu wahren sucht.

Im 1987 in der Münchner Bürgersaalkirche aufgeführten Stück *Ich schweige nicht* wurde Meinrad als Mitglied des katholischen Widerstands zum Dissidenten gegen staatliche Autorität. In der Rolle des aus Stuttgart stammenden Priesters Rupert Mayer setzte ihn Géza von Földessy gezielt im Sinne der Aufarbeitung der nationalsozialistischen Geschehen in Deutschland ein.

Josef Meinrad in der Titelrolle von Rolfes *Hadrian VII.*, 1970 (WBR, HS, Nl. Meinrad)

Durch eine Aufzeichnung des Bayerischen Rundfunks kam Meinrad damit auch in Deutschland hohe und vor allem breite Anerkennung zu. Wie sein Biograf Gerd Holler anmerkt, wurde er für diese Darstellung überdies durch ein persönliches Schreiben Helmut Kohls geehrt.[5]

Als Abt eines Klosters in der Serie *Ora et Labora*, die zugleich eine seiner letzten Produktionen war, beendete Meinrad unter der Regie Georg Lohmeiers 1988 seine Karriere als ‚idealer Vertreter der katholischen Kirche'.

---

4   Roman Brandstätter, Der Büßer Boleslaw. Bürgschaft vor Gott, Wien 1989, S. 59.
5   Vgl. Gerd Holler, Josef Meinrad – „Da streiten sich die Leut' herum", Wien 1996, S. 303.

DER SCHAUSPIELER ALS REPRÄSENTANT DES ‚NEUEN' ÖSTERREICH – IDENTITÄTSBESTREBUNGEN DER ZWEITEN REPUBLIK

Josef Meinrad, der von Presse und Publikum stets als ‚einzigartig' wahrgenommen wurde, nahm in der österreichischen Theater- und Filmszene schon bald eine Sonderstellung ein. Diese Anerkennung lässt sich als ein Resultat sich neu konstituierender Identitätsbestrebungen Österreichs lesen.

Wie bereits der Soziologe Bernhard Giesen in seinen *Studien zur Entwicklung des kollektiven Bewusstseins in der Neuzeit* schreibt, ergibt sich Identität „aus dem Zwang zu Abgrenzung und Distinktion und steigert sich, wenn die politisch-staatliche Einheit noch aussteht, zu einer Stilisierung kultureller Eigenart, wenn nicht Überlegenheit."[6]

In Anbetracht der historisch bewegten Zeit in Österreich zwischen 1933/34 und 1938, zwischen 1938 und 1945 sowie während der Besatzungszeit bis 1955 wird jene Notwendigkeit der Abgrenzung, der Neudefinition und Affirmation bestimmter Werte und Bilder deutlich. Durch die Vereinnahmung des Wiener Schauspielers Josef Meinrad wurde mit dem Ziel der Suggestion von Überlegenheit eine im öffentlichen Leben stehende Person nominiert, spezielle Werte affirmativ zu repräsentieren.

Nach dem Zerfall der Habsburgermonarchie, so resümiert der Historiker Karl Vocelka, ging es entscheidend um die Hervorbringung eines Nationalstaats und um das Selbstbestimmungsrecht der Völker. Mit der Ausrufung der Republik Deutsch-Österreich 1918 und der sogenannten ‚Annexion' 1938 wurde dieses Selbstbestimmungsrecht im Falle Österreichs jedoch nichtig.[7] „Der Staat wider Willen entwickelte daher zunächst auch keine eigene Identität, verstand sich als Teil Deutschlands. Wer in der Ersten Republik ‚national' eingestellt war, war ‚alldeutsch', nicht österreichisch, lehnte das Land, in dem er lebte, als eigenständiges politisches Gebilde vehement ab."[8]

Besonders die Jahre während des austrofaschistischen Ständestaats bis zum Ende des Zweiten Weltkriegs gelten in diesem Zusammenhang als Sinnbild für die politische und geistige Spaltung Österreichs, welches einerseits den Nationalsozialismus ablehnte, andererseits aber in seiner politischen Haltung autoritäre und später nationalsozialistische Denkmuster vertrat.

---

6 Bernhard Giesen (Hg.), Nationale und kulturelle Identität. Studien des kollektiven Bewusstseins in der Neuzeit, Frankfurt am Main 1991, S. 13.
7 Vgl. Karl Vocelka, Geschichte Österreichs. Kultur, Gesellschaft, Politik, Graz/Wien/Köln 2000, S. 13f.
8 Ebd., S. 14.

Die daraus – und aus der langen Kriegsschulddiskussion – resultierende ‚Identitätsproblematik' führte dementsprechend nach 1945, mehr aber noch nach 1955 zu neuen Identitätsbestrebungen. Aufgrund der umfassenden Orientierungslosigkeit wurden vor allem Aspekte und Werte, die bereits während der Monarchie als Merkmale österreichischer Identität galten, nach dem Zerfall des Habsburgerreiches weiterhin hochgehalten und im internationalen Bewusstsein verankert.

Vor allem während des austrofaschistischen Ständestaats wurde der Katholizismus in Österreich politisch vereinnahmt und galt als (wenig schlagkräftiger) Abwehrmechanismus gegen das nationalsozialistische Deutschland. Die subjektive Unterlegenheit der noch jungen Republik Österreich gegenüber Deutschland wurde durch die Propagierung eines politischen Katholizismus thematisiert und gezielt zum Zwecke der ‚Abgrenzung und Distinktion' eingesetzt.

Auch die Betonung des ‚kulturellen Erbes' Österreichs wurde nach 1945 zu einem identitätsstiftenden Faktor. Musikalische Größen wie Wolfgang Amadeus Mozart, Johann Strauss oder Ludwig van Beethoven – als ‚Vollender' der Wiener Klassik – prägen das Österreichbild bis in die heutige Zeit. Auf dem Gebiet des Theaters oder der Literatur fand „[d]er Österreicher als ‚der Schwierige', als ‚der Gespaltene', als ‚der Zerrissene'"[9] seine Identität in den Werken Johann Nepomuk Nestroys, Hermann Bahrs, Ferdinand Raimunds und Hugo von Hofmannsthals.[10]

Josef Meinrad wurde im Laufe seiner Karriere zum typischen Vertreter dieser Charaktere. Als Theaterschaffender trug er zur Pflege und Vermittlung dieses ‚kulturellen Erbes' Österreichs bei. Die allgemeine Vorstellung, dass er auch privat ein Leben nach christlichen Glaubensgrundsätzen führte, machte ihn zu einer idealen Projektionsfigur für ein nach außen zu tragendes Österreichbild. Seine als vorbildlich geltende Lebensführung – Meinrad war Antialkoholiker, Nichtraucher, führte eine mustergültige Ehe, galt als karitativ und tierlieb – wurde zusätzlich zur Prädestination für die zu verkörpernden Priesterrollen erklärt.

---

9   Friedrich Heer, Der Kampf um die Österreichische Identität, 2., unveränd. Aufl., Wien/Köln/Weimar 1996, S. 17.
10 Vgl. Vocelka, S. 16f.

MEINRAD ALS PROJEKTIONSFLÄCHE FÜR EIN IDEALISIERTES MENSCHENBILD – REALISIERUNGEN

„Seine doch eher rauhe und kehlige Stimme hat eine merkwürdige und zarte Rührsamkeit und sein Gesicht eine so von innen erleuchtete Freundlichkeit, daß wir wirklich etwas von dem Geheimnis des religiösen Genies verspürten [...]",[11] heißt es in einem Artikel der *Schwäbischen Zeitung*.

Viele Eigenschaften qualifizierten Meinrad für die Darstellung von Priesterrollen. Medienberichte, Fanbriefe und nicht zuletzt Meinrads Selbstdarstellung boten die entscheidende Grundlage für das dem Schauspieler zugeschriebene Image. Sie alle verweisen auf die Qualifikation Meinrads für jene Rolle des Vorbild-Österreichers und zeigen die hinter der reinen Informationsabsicht hervortretenden Vermittlungsintentionen.

Bis heute gilt Meinrad als personifizierte Bescheidenheit. „Dieser große und bewundernswert vielseitige Darsteller hat sich in allen Phasen seiner Laufbahn jene Eigenschaften bewahrt, die ihn als Mensch und Künstler gleich liebenswert machen: Humor, Bescheidenheit und Abneigung gegen jegliches Startum",[12] heißt es in einem Bericht der *Schweizer Illustrierten Zeitung*. In keiner Quelle werden ihm Starallüren, Unentschlossenheit oder Unsicherheit in Bezug auf seine moralischen Überzeugungen nachgesagt. Sein schauspielerisches Können bezeichnete er selbst nicht als außergewöhnliche Leistung, sondern schlicht als „Gottesgeschenk": „Ich weiß nicht, worauf ich stolz sein könnte. Den Begriff Stolz dürfte es überhaupt nicht geben im Leben. [...] Ich bin unendlich froh, daß ich schön verdiene, dass ich als Schauspieler geachtet, daß ich geschätzt werde. Aber Stolz – nein, das Wort kenne ich nicht."[13] Den Rolls-Royce deklarierte er nicht als Luxusartikel, sondern als Investition in die eigene Sicherheit: „Ich kann nur sagen, dass ich dieses Auto aus Sparsamkeitsgründen gekauft habe. Ich wechsle nicht, wie viele andere, alle zwei Jahre den Wagen, sondern ich fahre dieses Auto schon jahrelang und habe es nie bereut. Und es ist ein enorm sicheres Auto."[14] Und der Ifflandring erschien ihm weniger Auszeichnung seiner Leistung als vielmehr bedeutsame Aufgabe und Herausforderung: „Ach, könnt' ich doch noch mit Werner Krauss reden [...], ich würde ihm schon sagen können, daß es viele gibt, die viel würdiger sind, diesen Ring zu tragen, als ich."[15]

---

11 Schwäbische Zeitung, 23. Juli 1963 (Nr. 166), in: WBR, HS, Nl. Meinrad, ZPH 1502, Box 8.
12 Schweizer Illustrierte Zeitung, 22. April 1963, in: WBR, HS, Nl. Meinrad, ZPH 1502, Box 19.
13 Berliner Zeitung, o.D., in: WBR, HS, Nl. Meinrad, ZPH 1502, Box 17.
14 Tele, 27. Mai 1976 (Nr. 22), S. 61, in: WBR, HS, Nl. Meinrad, ZPH 1502, Box 19.
15 Bild am Sonntag, 8. November 1959, in: WBR, HS, Nl. Meinrad, ZPH 1502, Box 17.

Seine deklarierte ‚Bescheidenheit' ist jener Aspekt seiner Persönlichkeit, der in kaum einer Charakterisierung des Schauspielers fehlte. Sie wurde zum Identifikationskriterium für ein breites Publikum und brachte ihm auch in sozial benachteiligten Bevölkerungsschichten enorme Popularität ein.

Der Schauspieler galt stets als äußerst liebenswürdig und warmherzig: „In manchen Kritiken wird Josef Meinrad als ‚Personifikation des Liebenswerten' interpretiert. Obwohl er das gar nicht gern sieht, ist es wirklich so… […] Er wird nicht brüllen, um seine Meinung durchzusetzen. Er bittet darum, ‚etwas sagen zu dürfen'",[16] heißt es in einem Bericht der *Neuen Illustrierten Wochenschau*.

Meinrad selbst trug aktiv dazu bei, dieses Image zu stärken und aufrecht zu erhalten. Seine Lebensdevise, die er – so scheint es – wiederholt in den Medien kommunizierte, wurde von diesen gerne und häufig aufgegriffen: „Ich meine, man müsste immer versuchen, so zu sein, wie man es sich auch von den anderen wünscht. […] Darin sehe ich den Sinn des Lebens."[17]

Neben seiner deklarierten ‚Bescheidenheit' und ‚Liebenswürdigkeit' gehörte eine enthaltsame und nach christlichen Vorstellungen orientierte Lebensweise zu Meinrads Selbst- und Fremdbild. Dass er weder Alkohol trank noch rauchte, waren Anhaltspunkte, die diese Vorbildstellung begünstigten. Daneben wurden seine ausgeprägte Religiosität und Frömmigkeit mitunter ins Zentrum seiner Charakterisierungen gestellt: „Anläßlich eines religiösen Hörspiels mußte Meinrad, der bei den Kollegen als gläubiger Katholik bekannt ist und auch kein Geheimnis daraus macht, daß er jeden Sonntag die heilige Messe besucht, ununterbrochen Auskünfte geben; Alles sollte er wissen – und interessanterweise – er wußte es auch und beantwortete geduldig sämtliche Fragen."[18]

Dass er nach christlichen Glaubensvorstellungen lebte, war auch im Bild des Publikums verankert. Dementsprechend erfolgten die Zuschreibungen auf Basis der allgemein bekannten und medial etablierten Kategorien. Der von den Medien erzeugte Empathieeindruck Meinrads ließ ihn gegenüber seinen Zuschauern als ‚Teil des Volks' erscheinen. Durch seinen Spielstil und seine Persönlichkeit erweckte er überdies den Eindruck, bei seinem Publikum bestehende aktuelle Themen und Bedürfnisse zu berühren. Die stets apostrophierte Volksnähe und das enge Beziehungsgefühl, welches Medien beim Publikum geschaffen hatten, ließ die Zuschauer ein ‚vollständiges' Bild von Meinrads Persönlichkeit kreieren: „Sie

---

16   Neue Illustrierte Wochenschau, 29. September 1974 (Nr. 39), S. 8, in: WBR, HS, Nl. Meinrad, ZPH 1502, Box 19.
17   Oberösterreichische Nachrichten, 3. Jänner 1976 (Nr. 2), S. 11, in: WBR, HS, Nl. Meinrad, ZPH 1502, Box 19.
18   Der Fels, o.D., in: WBR, HS, Nl. Meinrad, ZPH 1502, Box 17.

sind wirklich der Würdigste, denn Sie sind der Warmherzigste, in einer allzu oft menschenverachtenden Zeit. Ich bin kein großer Theaterkenner oder Kritiker, aber ich sah Sie einst mit den Augen eines Kindes, und das sind die wahrhaft kritischsten. Seit dieser Zeit liebe ich Ihre Art die Menschen zu verstehen",[19] heißt es in einem Fanbrief aus dem Jahr 1987.

Die zeitgenössische Rezeption zeigt die häufige Verwechslung bzw. Gleichsetzung von Künstler, Privatperson und Rolle/Figur, die sich von der Medienberichterstattung über die Zuschauerstimmen bis hin zu Meinrads Selbstdarstellung erstreckte.

Der Privatmensch Meinrad verfügte im öffentlichen Ansehen über jene Charakterzüge und Eigenschaften, die ein Priester gemäß der allgemeinen Vorstellung erfüllen sollte. Menschlichkeit und Nächstenliebe sind nur zwei der ihm konstant auferlegten Attribute. Auch seine Ausstrahlung, sein Erscheinungsbild und sein Handeln kreierten jene Idee mit, dass im Schauspieler Meinrad letztlich ein Priester ‚verborgen' lag. Die Medien berichteten, er wäre „[...] verhalten, sein Auftreten gedämpft, sein Abgehen und Auftreten unauffällig. Seine Lieblingsfarbe müßte grau sein oder blaßblau wie seine Augen. [...] Ein Schauspieler der Barmherzigkeit und Toleranz. In jedem Augenblick und in alle Ewigkeit. [...] er ist kein Ritter von der traurigen Gestalt, er ist ein Friedensritter, stets auf dem Kreuzzug der Nächstenliebe [...]".[20] „Er ist ruhig, überlegt, seine Stimme ist weich, sie hat einen Samtunterton, direkt salbungsvoll könnte man sie bezeichnen."[21]

Differenzierungen zwischen realer Person und Bühnen- bzw. Filmrolle schienen sogleich sekundär, wenn von Meinrad in der Rolle eines geistlichen Würdenträgers die Rede war. Viel zu offensichtlich präsentierte sich in diesem Zusammenhang Meinrads Vergangenheit bzw. Erziehung im klösterlichen Internat. In einem Bericht der *Neuen Illustrierten Wochenschau* heißt es etwa: „Auch er sollte Priester werden. Nach dem Wunsch seiner frommen Eltern besuchte er sogar schon das Priesterseminar, und immer wenn der Künstler in seiner großen Schauspielerlaufbahn, so wie jetzt, eine Gestalt in der Soutane verkörpert, geht etwas ‚Besonderes', der Abglanz einer Berufung von ihm aus".[22] Hierin liegt ebenfalls ein Teil jener unreflektierten Grundannahme, zufolge welcher Meinrad aufgrund seiner persön-

---

19 Janine Moinzadeh, Fanbrief an Josef Meinrad vom 3. November 1987, in: WBR, HS, Nl. Meinrad, ZPH 1502, Box 2.
20 Krone bunt, [1982], S. 15, in: WBR, HS, Nl. Meinrad, ZPH 1502, Box 20.
21 TVR – Television und Radio. Beilage der Wiener Wochenausgabe, 28. Dezember 1967 bis 3. Jänner 1968, in: WBR, HS, Nl. Meinrad, ZPH 1502, Box 19.
22 Neue Illustrierte Wochenschau, 29. März 1970 (Nr. 13), in: WBR, HS, Nl. Meinrad, ZPH 1502, Box 17.

lichen Vergangenheit wie kein anderer Schauspieler für die Darstellung von Klerikerrollen geeignet war. Es handelt sich im Falle Meinrads um ein Kuriosum, bei dem die persönlichen vielseitigen Facetten einer Person kontinuierlich als ‚Maßstab' für seine Rollengestaltung herangezogen wurden.

Meinrad selbst etablierte sich als Mitgestalter jener Auffassung. Er verwies konstant auf die Bedeutung der religiösen Prägung in seiner Kindheit und auf die „sonderbare Fügung des Schicksals", die ihn schließlich zum ‚Priester auf der Bühne' machte: „Daß ich für den Priesterberuf bestimmt war, in einem Internat darauf vorbereitet wurde, daß es mich aber unaufhaltsam zum Theater drängte",[23] wird als eine Aussage Meinrads postuliert, die jene Verbindung zwischen der Berufung zum Priesteramt und der Berufung zum Schauspieler hervorbringt.

Seinem Beruf schrieb Meinrad mehr als nur künstlerische Funktion zu. In Medienberichten sprach er nicht selten von der „höheren" sozialen Aufgabe des Theaters. Seiner Überzeugung zufolge streben Theater und Religion dasselbe Ziel an, wodurch in der Öffentlichkeit einmal mehr die Möglichkeit zur Vereinbarung von Schauspieler- und Priesterberuf konstatiert wurde: „In einer gewissen Art erscheint mir die höchste Aufgabe des Künstlers mit der des Priesters irgendwie identisch: Ich will wie er, nur mit anderen Mitteln, dem inneren Menschen helfen – will ihn weicher, duldsamer, verträglicher, versöhnlicher stimmen… ja, darin sehe ich meine Aufgabe als Künstler."[24] Und nicht zuletzt proklamierte er, in seinem Beruf als Schauspieler auch seine Berufung als Priester wiedergefunden zu haben: „Theater zu spielen, […] auf der Bühne zu stehen, das ist für mich Erfüllung. Fast wie Beten…".[25]

DER PRIESTER ALS DER SELBSTLOSE UND BESCHEIDENE – MEINRAD ALS REPRÄSENTANT VON PRINZIPIEN KATHOLISCHER MORAL

Im Jahr 1949 wurde eine Priesterfigur erstmals mit Josef Meinrad besetzt. Unter der Regie Alfred Stögers gab der Schauspieler in *Das Siegel Gottes* den Pater Clemens. Der Heimatfilm, der als einer von vielen noch während der Besatzungszeit durch die Alliierten in Österreich entstand, fungiert als Symbol für den Versuch einer Konflikt-Überwindung: Jenes Österreich, für das zu dieser Zeit weder eine erneute Teilung noch eine Integration in den ‚Ost-' oder ‚Westblock' auszuschließen waren, suggeriert darin sein heiles, idyllisches und vom Krieg unberühr-

---

23 Ausstellungskurier. Monatsschrift des Ausstellungs- und Einkaufs-Zentrums im Bahnhof Hauptzollamt, Wien, November 1957 (Nr. 42, Jg. 4), in: WBR, HS, Nl. Meinrad, ZPH 1502, Box 18..
24 Nikolaus Cerha, Interview mit Ifflandringträger Josef Meinrad, 25. September 1962, S. 6 [Typoskr., 6 Bl.], in: WBR, HS, Nl. Meinrad, ZPH 1502, Box 16.
25 Bild am Sonntag, 17. April 1983, S. 34, in: WBR, HS, Nl. Meinrad, ZPH 1502, Box 19.

Josef Meinrad als Pater Clemens in
Das Siegel Gottes, 1949 (WBR, HS, Nl. Meinrad)

tes Selbstverständnis. Der Historiker Roman Sandgruber definiert die Charakteristika des österreichischen Heimatfilms anhand ihrer plakativen visuellen Ebene: „Im Vordergrund standen die heroische Landschaft und die heile Dorfkulisse: die Wachau, das Salzkammergut […], aber auch die Symbole des Wirtschaftswunders, Kaprun und der Erzberg."[26] Alfred Stögers *Siegel Gottes* greift diese Vorgehensweise in einem entsprechenden Umfeld auf.

Ein Wechselspiel von Dialogszenen und langen Einspielungen von Landschaftsbildern aus Kärnten und der Steiermark bestimmt den Duktus des Films, welcher die Idylle der österreichischen Gebirge, Wälder und Täler betont. Freiheit und das einvernehmliche Zusammenleben von Mensch und Tier kennzeichnen den typischen ‚Österreicher', der in einem idealisierten Verständnis als naturverbunden und gemeinschaftlich dargestellt wird. Neben dem visuellen Verweis auf die idyllische Landschaft Österreichs, liegen auch die Äußerungen der Charaktere auf der gezielten Betonung der „wunderschönen Aussicht" oder dem „herrlichen Blick auf das Dorf".[27]

Das zentrale Motiv des Films stellt den Gewissenskonflikt des jungen Pater Clemens, welcher aus dem Zwang zur Wahrung des Beichtgeheimnisses resultiert, in den Vordergrund. Für Pater Clemens besteht die Kunst darin, das Priesteramt pflichtbewusst und seinem Weiheversprechen getreu auszuüben, über die Beichte eines ungesühnten Verbrechens zu schweigen und zugleich für Gerechtigkeit und Moral zu sorgen.

---

26 Roman Sandgruber, Das 20. Jahrhundert (Geschichte Österreichs, Bd. 6), Wien 2003, S. 136.
27 *Das Siegel Gottes*. Regie: Alfred Stöger, A 1949, 0:24.

Meinrads Darstellung eines grundlegend rechtschaffenen Charakters, welcher dem ‚Sieg des Bösen' keinerlei Raum oder Möglichkeit einräumt und den Morallosen damit zum Geständnis leitet, evoziert jenes über Jahrzehnte anhaltende und charakteristische Meinrad-Bild. Jede der Handlungen des Priesters wirkt wohl überlegt, keine Äußerung ist Resultat reiner Impulsivität, sondern scheint – wie alles an dieser Figur – mit Bedacht gewählt.

Dieser Pater Clemens erfüllt nicht nur die Funktion des Dorfpfarrers, sondern ist zugleich gleichgestelltes Mitglied der Familie von Andrea – der weiblichen Hauptfigur – in der er zur Wahrung der Harmonie beiträgt und den Familienvater über die ‚Bedeutung der wahren Liebe' aufklärt.

Neben der Josef Meinrad durch das Drehbuch vorgegebenen Figurenstruktur liegen die Einzigartigkeit und der Wiedererkennungswert jener spezifischen Besetzung in Meinrads scheinbar geübter Repräsentation von Klerikerfiguren. Seine Körperhaltung, seine zurückhaltende und diplomatische Ausdrucksweise und die für einen Priester charakteristische Gestik realisiert Meinrad in einer Form, die eine Art ‚frühe Einverleibung' jener klerikalen Gebärden vermuten lassen.

Die Vermischung bzw. Verwechslung von Privatperson und geistlicher Rolle findet auch in den Kritiken zu diesem Film Ausdruck:

> *Eine solche Rolle erfordert vor allem Persönlichkeit, Vertrautheit mit den Gepflogenheiten des geistlichen Standes und Einfühlungsvermögen. Die Echtheit der Haltung in Gestik, Mimik und Sprache soll ja dem Bild eines Priesters nahekommen, wie das Volk ihn kennt und achtet. Die priesterliche Würde muß sich dazu mit einem ausgeprägten Charakter verbinden, der echt menschlich und auch vorbildlich ist.*[28]

Meinrads Umsetzung der Rolle des Pater Clemens diente sowohl als Motor für die später derart intensive Identifikation mit seiner Person als auch für die fortbestehende Synchronsetzung von Privatperson, Künstler und Rolle. *Das Siegel Gottes* etablierte mit Meinrad in der Hauptrolle in den späten 1940er Jahren ein Österreichbild, welches sich gegen das Image eines kriegsgeplagten und fremdbestimmten Staates auflehnte. Thematisiert wurde überdies das Element der religiösen Moral als Grundlage des menschlichen Zusammenlebens in Österreich.

In den folgenden Jahrzehnten hielt und intensivierte sich dieses Bild: 1982 wirkte Meinrad in Stifters *Kalkstein* mit, worin er signifikant als Wahrer christlichkatholischer Maximen präsentiert wurde. In der Verfilmung der Adalbert Stifter-

---

28 Wiener Montag, 7. Februar 1949.

Josef Meinrad als Armer Wohltäter und Karl-Heinz Martell als Landvermesser in der Verfilmung von Stifters *Kalkstein*, 1982 (WBR, HS, Nl. Meinrad)

Novelle verkörperte er den Armen Wohltäter, einen Landpfarrer, der durch seine auffällig asketische Lebensweise ins Blickfeld eines aufmerksamen Landvermessers gerät.

Die Regie Imo Moszkowiczs trägt zu einer Verschiebung des Handlungszentrums der Geschichte bei. Während in Stifters literarischer Vorlage die Rahmenhandlung noch von Naturbeschreibungen und der Kreation eines Landschaftsbildes überlagert wird, liegt das Hauptaugenmerk in Moszkowiczs Umsetzung auf einer detaillierten Beschreibung und In-Szene-Setzung der Priesterpersönlichkeit.

Die starke Thematisierung der gewollt kärglich geführten Lebensweise und (scheinbaren) Bedürfnislosigkeit des Pfarrers schafft nahezu ein Porträt des ‚wahren' Josef Meinrad-Charakters, wie er sich in der öffentlichen Vorstellung etabliert hat. *Kalkstein* erzeugt den Eindruck einer auf Meinrad abgestimmten filmischen Inszenierung der in der Realität auf ihn projizierten Charaktereigenschaften.

Die medial etablierten Zuschreibungen, die ihn als „Sinnbild einer sich in nichts auflösenden, persönlichen Bescheidenheit"[29] charakterisieren und ihm

---

29 Die Bühne, Jänner 1960 (Nr. 16), S. 17, in: WBR, HS, Nl. Meinrad, ZPH 1502, Box 21.

Attribute wie „einfach, schlicht, wahrhaft, unverfälscht, demütig vor dem Werk"[30] auferlegen, erfahren hier eine Realisierung.

Indem er Schüchternheit, Zurückhaltung und Befangenheit ausstrahlt, verweist Josef Meinrad in der Rolle des Armen Wohltäters auf seine Bemühungen um maximale Unauffälligkeit. Er schämt sich nicht seiner Armut, sondern vielmehr seines Besitzes feiner Handkrausen, die er auch in unbeobachteten Momenten unter den Ärmeln seines Talars versteckt. Moszkowicz nutzt jede Gelegenheit, um die Ablehnung des Pfarrers gegen alles Materielle, gegen Konsumdenken (zu dem auch Völlerei, Neid und Stolz gehören) auszustellen. Die Bescheidenheit, Askese und Wohltätigkeit des Pfarrers, die zugleich ein Spiegel von Meinrads bekannter Haltung sind, stellen sich im Kontrast zur Maßlosigkeit der Dorfbewohner und Arbeiter dar.

In *Kalkstein* erfährt Meinrad als der Arme Wohltäter quasi die Porträtierung seiner selbst bzw. die Hervorhebung seiner privaten, als repräsentativ erachteten Charakterzüge. Diese Art der offensichtlichen Kategorisierung und vermarktungsstrategisch eingesetzten Persönlichkeitsmerkmale Meinrads vollzieht sich nach bereits mehreren Jahrzehnten seiner Priesterdarstellung.

Mit der Verfilmung der Novelle eines bedeutenden österreichischen Schriftstellers, dessen künstlerische Anfänge zudem in Wien begründet liegen, wird in den frühen 1980er Jahren erneut auf Österreich als ‚Kulturstaat' zurückgegriffen. Meinrad dient in diesem Film als Repräsentant der geglückten Regenerierung des sich in den 1940er und 1950er Jahren noch im ‚Wiederaufbau' befindenden österreichischen Selbstverständnisses. Er wird zudem eingesetzt, um gewünschte und maßgebende Moralvorstellungen zu repräsentieren und ein Beispiel für vorbildliche Lebensführung zu liefern.

EIN ÖSTERREICHER ALS REPRÄSENTANT EUROPÄISCHER KULTUR IN DER WELT – DIE TRAPP-FAMILIE

„Amerika mit den alten Meistern der Kirchenmusik bekannt zu machen, das ist unsere Mission",[31] verkündet Josef Meinrad in der Rolle des Pfarrers Dr. Franz Wasner im Film *Die Trapp-Familie in Amerika*. In der Verfilmung der in Buchform veröffentlichten Erinnerungen von Maria Augusta Trapp in den Filmen *Die Trapp-Familie* und *Die Trapp-Familie in Amerika* kreierte Meinrad damit in den Jahren 1956 und 1958 ein neues, durch ihn bislang noch nicht realisiertes Priesterbild. Als Pfarrer und musikalischer Leiter der singenden Familie begleitet er Baron

---

30 Die Presse, 21. April 1988, in: WBR, HS, Nl. Meinrad, ZPH 1502, Box 20.
31 *Die Trapp-Familie in Amerika*, Regie: Wolfgang Liebeneiner, D 1958, 0:39.

Josef Meinrad als Pfarrer Dr. Wasner in *Die Trapp-Familie*, 1956 (WBR, HS, Nl. Meinrad)

Georg von Trapp, seine Frau Maria und ihre acht Kinder ins Exil nach Amerika. Meinrad als Priesterfigur steht nun aber nicht mehr im Mittelpunkt des Films, sondern ist eine treibende Kraft für die Würdigung des ‚typisch' Österreichischen im internationalen Kontext.

Der Heimatfilm repräsentiert die Notwendigkeit, Österreichs Kultur und Traditionen im internationalen Raum zu etablieren als Folge der Vertreibung jener österreichischen Kultur und ‚repräsentativer' Persönlichkeiten während des Nationalsozialismus. Der ‚Österreicher', der hier als arbeitsam und durchhaltewillig in Erscheinung tritt, zeigt sich trotz schwerer Rückschläge zur Bewältigung der durch die Weltwirtschaftskrise entstandenen Konsequenzen aus eigener Kraft bereit.

Das zu Beginn des Films kreierte friedfertige und solide Österreichbild impliziert ein in den späten 1920er Jahren bestehendes starkes Identitätsbewusstsein. Der Handlungsort Aigen in Salzburg betont die Schönheit und Idylle der österreichischen Landschaft, in welcher sich die mit Österreichfahnen geschmückte Villa Trapp befindet.

Propagiert wird überdies der in Österreich bestehende tiefe Katholizismus, der sich anfänglich in der Darstellung des Klosterlebens der jungen Novizin Maria Augusta Trapp widerspiegelt und am Ende des ersten Teils durch den Eintritt des Pfarrers Dr. Franz Wasner ins Handlungsgeschehen fortgeführt wird.

Josef Meinrad nimmt in diesem Film die für einen Priester typische Funktion ein. Er betont stets die Wichtigkeit der Verbreitung traditioneller Kirchenmusik, welche er über die wirtschaftliche Not der Familie stellt. Innerhalb der Familie Trapp nimmt er eine kalmierende und vermittelnde Position ein, indem er auch in angespannten Momenten keine Partei ergreift und an die Bedeutung des Friedens zwischen den Familienmitgliedern appelliert.

Innerhalb des zweiteiligen Films erfährt jenes zu Beginn so solide wirkende Österreichbild zunächst einen Bruch. Während Baron Georg von Trapp kurz vor dem ‚Anschluss' noch mit den Worten „Ich glaube an Österreich"[32] sein Vertrauen in den Staat verlautbart, wird jene Hoffnung durch seinen darauffolgenden finanziellen Ruin und durch die Machtergreifung der Nationalsozialisten vernichtet. Im als Utopie dargestellten ‚Land der unbegrenzten Möglichkeiten' Amerika versuchen die Trapps neu Fuß zu fassen. Während die Familie mit dem Singen von schlichten europäischen Volks- und Kirchenliedern (dazu gehören Lieder von Johann Sebastian Bach, Alessandro Scarlatti oder Giovanni Pierluigi da Palestrina) zunächst kaum Erfolg hat, reüssiert sie mit dem von Franz Grothe eigens für den Film komponierten *Jagdlied*, einem Musikstück, das im ersten Teil des Films von Bundeskanzler Kurt Schuschnigg noch als „Stück vom besten Österreich"[33] deklariert wird. Und auch mit Johann Strauss' *Geschichten aus dem Wienerwald* erzielt die Familie in traditionelle österreichische Tracht gekleidet große Erfolge.

Josef Meinrad ist hier einmal nicht Hauptfigur und dennoch ein wesentlicher Ansporn zur Manifestation des Österreichischen in den USA. Im zeitlichen Kontext der 1950er Jahre lässt sich damit ein Statement ablesen, welches in Abgrenzung zu den Besatzungsmächten die Fähigkeit Österreichs zur ‚Selbstrestaurierung' proklamiert.

MEINRAD ALS REPRÄSENTANT ÖSTERREICHISCHER GESCHICHTE – THEODOR KARDINAL INNITZER

Es war das Jahr 1963, in dem Josef Meinrad Medienberichten zufolge eine ‚Welt-Karriere' blühen sollte.[34] Die Otto Preminger-Produktion *Der Kardinal*, in der Meinrad die Nebenrolle des umstrittenen Wiener Kardinals Theodor Innitzer verkörperte, erwies sich für den Schauspieler im Hinblick auf seine internationale Popularität als vielversprechend.

---

32 *Die Trapp-Familie*. Regie: Wolfgang Liebeneiner, D 1956, 0:57.
33 Ebd., 1:10.
34 Vgl. Express, 9. Juli 1963, in: WBR, HS, Nl. Meinrad, ZPH 1502, Box 8.

Dieter Eppler als Josef Bürckel, Gustav Dieffenbacher als Bischof Waitz und Josef Meinrad in der Titelrolle des Dokumentarfilms *Theodor Kardinal Innitzer*, 1971

Der Kardinal – die Verfilmung des gleichnamigen Roman-Bestsellers von Henry Morton Robinson – weist im Vergleich zur literarischen Vorlage jedoch einen entscheidenden Unterschied auf. Der noch in Österreich-Ungarn geborene und später in die USA emigrierte Otto Preminger versetzte einen Teil der Handlung, welcher sich ursprünglich in Paris abspielte, ins Wien des Jahres 1938, in welches sich die dem Drehbuch hinzugefügte Figur des Theodor Innitzer gut einbetten ließ.

Das Verhalten des Kardinals in den Jahren vor und nach dem ‚Anschluss' wurde durch seine umstrittene Haltung dem austrofaschistischen Ständestaat und dem Nationalsozialismus gegenüber vielfach beanstandet. Bereits 1938 kam Innitzer sowohl von der (katholischen) Bevölkerung als auch vom Vatikan harsche Kritik entgegen.[35]

---

35 Vgl. bspw. Rudolf Leeb u.a., Geschichte des Christentums in Österreich. Von der Spätantike bis zur Gegenwart, in: Österreichische Geschichte, hg. von Herwig Wolfram, Wien 2003, S. 423ff.

Josef Meinrad als Kardinal Innitzer in Premingers Film *The Cardinal*, 1963 (WBR, HS, Nl. Meinrad)

Eine solche ‚Neu-Thematisierung' dieser Vergangenheit der katholischen Kirche war im Wien der 1960er Jahre nur ungern gesehen. Die *Wochenpresse* berichtete von einer „verharschten Wunde", die durch die Innitzer-Episode im Film neu aufreiße[36] und vom empörten erzbischöflichen Palais, welches strikt gegen das Hissen einer Hakenkreuzfahne am Stephansdom sei. Generell war der Aufruhr gegen den Dreh des Films in Wien sehr groß. Der damalige Unterrichtsminister Heinrich Drimmel sprach Preminger gegenüber das Verbot aus, die Österreichische Nationalbibliothek und den Redoutensaal in der Hofburg für Dreharbeiten zu nutzen[37] und die katholische Buchhandlung ‚Tyrolia' reichte der *Wochenpresse* zufolge Klage gegen den Regisseur ein, weil dieser zu Filmzwecken ungefragt das Firmenschild mit einem Banner zudecken ließ, welcher die Aufschrift „Wir stimmen ja! Ein Volk, ein Reich, ein Führer!" trug.[38]

36 Vgl. Wochenpresse, o.D., in: WBR, HS, Nl. Meinrad, ZPH 1502, Box 19.
37 Vgl. Spiegel, 13. April 1963 (Nr. 14), S. 92, in: WBR, HS, Nl. Meinrad, ZPH 1502, Box 20.
38 Vgl. Wochenpresse, o.D., in: WBR, HS, Nl. Meinrad, ZPH 1502, Box 19..

Auch die Verkörperung des Kardinals Innitzer durch Josef Meinrad stand nicht von Beginn an fest. Die ursprünglich geplante Besetzung der Rolle durch Curd Jürgens geriet durch seine ‚unsittliche' Lebensweise, zu der „drei Scheidungen, Alkoholexzesse und eine Ohrfeigenaffäre in einem Wiener Strip-tease-Lokal [sic!]"[39] gehörten, in die Kritik. Der *Express* urteilte damals: „[…] es zeigte sich […], daß man den von allzustarkem Lebenswandel behafteten Curd Jürgens gewiß nicht im Ornat auf die Kanzel des Stephansdoms steigen lassen wird."[40] Dementsprechend schien eine Neubesetzung der Rolle durch den vorbildlichen und skandalfreien Josef Meinrad als ideale Lösung, um sich – wie der *Express* schrieb – „der höheren Einsicht der Kirche in Demut [zu] beug[en]".[41]

Bei allem Aufruhr um diesen Film scheint die Notwendigkeit einer zweiten Ausgrabung jener ‚Innitzer-Thematik' im Jahr 1971 beinahe verständlich. Im Dokumentarfilm *Theodor Kardinal Innitzer* wird unter der Regie von Hermann Lanske ein zu Premingers Kardinal konträres Bild der Person Innitzers gezeichnet. Lanske, der diesen Film auf der Grundlage des Buches *Innitzer – Kardinal zwischen Hitler und Rom* von Viktor Reimann produzierte,[42] liefert damit ein Statement für die Bemühung um eine ‚Versöhnung' mit der katholischen Kirche und für den Versuch, ihr Ansehen wieder ‚ins rechte Licht' zu rücken.

Reimanns Darstellung des Kardinals ist eine Beschwichtigung des oftmals so scharf kritisierten Verhaltens Innitzers und der Versuch, dieses aus der Perspektive eines naiven und zu gutgläubigen Kirchenmannes zu zeigen. „Er betrieb Politik im Grunde nicht anders als der kleine Mann auf der Straße, der grundsätzlich der Obrigkeit gehorcht, nur von Zeit zu Zeit an ihr herumnörgelt. Er war zu aufrichtig, um ein guter Diplomat, und zu impulsiv und zu sprunghaft im Denken, um ein guter Politiker zu sein",[43] beschreibt Reimann – der Gründungsmitglied des Verbandes der Unabhängigen und Chefredakteur der Zeitung *Neue Front* war – den von vielen Seiten als ‚Nazi-Kardinal' beschimpften geistlichen Würdenträger.

In der Tat divergiert die Realisierung der Kardinalfigur von Hermann Lanske stark von jener Otto Premingers. Während Meinrad in der Hollywood-Verfilmung noch einen dominanten, selbstsicheren und nahezu nationalistisch eingestellten Kirchenfürsten mimt, ist sein Kardinal in Lanskes Dokumentarspiel naiv und von den guten Absichten Hitlers überzeugt. So antwortet Innitzer auf einen Einwand seines Assistenten, dass „Hitler jetzt Führer des Deutschen Reiches" sei mit gut-

---

39 Ebd.
40 Express, o.D., S. 8, in: WBR, HS, Nl. Meinrad, ZPH 1502, Box 19.
41 Ebd.
42 Vgl. Pater Brown wird Kardinal, ohne Angaben, in: WBR, HS, Nl. Meinrad, ZPH 1502, Box 20.
43 Viktor Reimann, Innitzer. Kardinal zwischen Hitler und Rom, Wien/München 1988, S. 38.

gläubiger und vertrauenerweckender Stimme: „...und bemüht ein Konkordat mit dem Heiligen Stuhl abzuschließen".[44] Meinrad verkörpert hier einen grundlegend warmherzigen und sich den Armen gegenüber spendabel erweisenden Innitzer, welcher sich letztlich aus eigener Einsicht in sein Fehlverhalten bekehrt.

Demgegenüber repräsentiert Meinrad in der Preminger-Produktion einen kühlen und berechnenden Kirchenfürsten, der selbst nicht vor einer Erpressung des in diplomatischer Mission aus Rom gesandten Bischofs Stephen Fermoyle zurückschreckt.

Dass Fermoyle letztlich zum ausschlaggebenden Grund für die Einsicht Innitzers in seine Fehleinschätzung des Nationalsozialismus wird, ist ein weiterer Umstand, der die katholische Kirche in den 1960er Jahren in Aufruhr versetzte.[45] Ebenso provozierte die Tatsache, dass der für seine Askese bekannte Innitzer Rum trinkend und Apfelstrudel essend dargestellt wird. Der Apfelstrudel als typisch österreichische Nachspeise wird hier im Sinne der Propagierung österreichischer Identitätsmerkmale eingesetzt, welche durch die Preminger-Produktion auch einem internationalen Publikum nahe gebracht werden konnten.

Bezug nehmend auf Meinrads Ausführungen aus den Jahren 1963 und 1971 zeichnet sich eine scheinbar frühe Meinungsbildung des Schauspielers über die von ihm verkörperte Rolle ab. Bereits während der Dreharbeiten zum Otto Preminger-Film gab er an, sich mit den Gegebenheiten während der Machtergreifung Hitlers genau auseinandergesetzt zu haben: „Ich finde, daß Preminger ein mutiges Werk zu Wege brachte. Die turbulenten Ereignisse in Wien beim Einmarsch der Nazis sind naturgetreu geschildert. Ich kann dies sagen, weil ich die Originalakten gründlich studierte."[46]

In Meinrads Äußerungen zur In-Szene-Setzung der Kardinal-Persönlichkeit tritt eine Form von unreflektierter Naivität zu Tage. Meinrad, der sich in der Öffentlichkeit selbst stets als äußerst gläubig und der katholischen Kirche verbunden präsentierte, nimmt in der Reflexion über seine Rolle eine tendenziell unkritische und die negativen Aspekte negierende Haltung ein. Die *Aachener Volkszeitung* zitierte ihn 1963:

> *Es ist für mich eine sehr dankbare Rolle [...], weil ich hier einen mutigen Priester, Theodor Kardinal Innitzer, spiele, den ich selbst kannte. Ob alles*

---

44 *Theodor Kardinal Innitzer*, Regie: Hermann Lanske, D/A 1971, 0:05.
45 Vgl. Wochenpresse, o.D., in: WBR, HS, Nl. Meinrad, ZPH 1502, Box 19.
46 Romy Schneider kam in strahlendem Weiß. Der Kardinal in Paris uraufgeführt, ohne Angaben, in: WBR, HS, Nl. Meinrad, ZPH 1502, Box 20.

historisch stimmt, werden später berufene Stellen zu entscheiden haben. Nach dem mir vorliegenden Drehbuchtext erlebt Kardinal Innitzer eine große Wandlung. Für seine Kirche und für sein Volk wollte er nur das Beste. Für mich wäre es undenkbar, etwas spielen zu müssen, was nicht den Tatsachen entspricht oder was der katholischen Kirche schaden könnte.[47]

Möglicherweise von der abwiegelnden Inszenierung Lanskes beeinflusst, fungiert Meinrad in den Berichten zum Dokumentarspiel gar als Vermittler zwischen Theodor Innitzer und einem potenziell kritischen Publikum. So heißt es in einem Interview:

Innitzer war Sudetendeutscher [...], ist es da wirklich so erstaunlich, daß er für die Ansichten Hitlers Verständnis hatte und zum Deutschtum tendierte? Ich habe mich viel mit der Persönlichkeit des Kardinals auseinandergesetzt, ich habe sein Leben in der vorhandenen Literatur studiert und bin daraufgekommen [sic!], daß er eine sehr ausgeprägte Persönlichkeit war. Er lebte ausgesprochen spartanisch: er lehnte üppiges Essen ab und ging ohne Socken. Alle seine Entscheidungen basierten auf dem ihm eingeimpften Deutschnationaltum.[48]

Mit der Besetzung von Josef Meinrad in der Rolle des Theodor Kardinal Innitzer gelang 1971 einmal mehr die Vermittlung eines gewünschten Österreichbildes zum Zwecke der Aufarbeitung und Abmilderung belastender Geschehnisse vor 1945.

Josef Meinrad, der selbst auch Parallelen in seiner Lebensweise zu der des Kardinals öffentlich kundtat, konnte aufgrund seiner 1971 bereits beachtlichen Popularität als Bindeglied zwischen der zu verbreitenden Thematik und dem Publikum herangezogen werden.

‚Der Kirche nicht schaden zu wollen', die katholische Kirche Österreichs ins bestmögliche Licht zu stellen und letztlich nur die positiven Seiten einer äußerst umstrittenen Persönlichkeit zu erwägen, all das sind Aspekte, die Meinrads Rolle des ‚idealen Österreichers' entscheidend mitkonstruierten.

Die Bedeutung der katholischen Kirche (mit ihren barocken Elementen) stellte neben vielen anderen Attributen eine wesentliche Säule in der Identitätsfindung Österreichs während der Nachkriegsjahre dar, da sie auf bewährte – aus der Mon-

---

47 Aachener Volkszeitung, 17. April 1963, in: WBR, HS, Nl. Meinrad, ZPH 1502, Box 8.
48 Stern, o.D., S. 46., in: WBR, HS, Nl. Meinrad, ZPH 1502, Box 20.

archie und dem austrofaschistischen Ständestaat stammende – Muster zurückgriff. Gleichzeitig erhielt die Kirche mit Meinrad im Zentrum in der zweiten Hälfte des 20. Jahrhunderts wieder einen Status von Modernität und Aktualität, da zum einen kirchenhistorische Fakten aufgearbeitet wurden, zum anderen die Popularität des Schauspielers eine Brücke zwischen dem Konservativismus der Kirche und einem jungen Publikum schuf.

SIEGFRIED STEINLECHNER

„DER UNBESTECHLICHE" – ZUR TRADIERUNG VON ZUSCHREIBUNGEN, GESCHICHTSBILD, OPFER UND NACHKRIEGSZEIT

Er spielte nicht den Theodor,
sondern er war der Theodor.[1]

Als Josef Meinrad am Ende seiner Theaterlaufbahn vom damaligen Burgtheaterdirektor Achim Benning gefragt wurde, welches Stück er sich zum Abschied wünsche, antwortete Meinrad ohne zu zögern: Mit dem Theodor im *Unbestechlichen* wolle er vom Burgtheater und seinem Publikum Abschied nehmen.[2] Dies geschah 1983 wunschgemäß und unter großer Anteilnahme seiner Fangemeinde.

Theodor, der ‚von Gott Gegebene', steht im Mittelpunkt von Hofmannsthals *Der Unbestechliche. Der Unbestechliche* wurde für Josef Meinrad nicht nur zu einer Paraderolle, sondern vor allem zu seiner Lieblingsrolle, die er in verschiedener Besetzung jahrzehntelang spielte, ja sogar selbst inszenierte, weil er sich mit ihr auf mehreren Ebenen identifizierte. Das hat auch seinen Biografen Gerd Holler zu der eingangs erwähnten Zuschreibung geführt. Wie Theodor hätte auch Meinrad „bekanntlichst eine geistliche Person"[3] werden sollen, wie Theodor war auch Meinrads *Herkunft aus dem dritten Stand*.

Mittelpunkt meiner Überlegungen ist die Rezeption *Des Unbestechlichen* in Hinblick auf Josef Meinrads Leben und seine Rolle als Theodor. Mit welchen Tradierungen und Geschichtsbildern der Nachkriegszeit der Beitrag konfrontiert, wird im Folgenden dargelegt.

---

1   Gerd Holler, Josef Meinrad – „Da streiten sich die Leute herum ...", München 1995, S. 135.
2   Ebd.
3   Norbert Altenhofer, Hofmannsthal Lustspiel „Der Unbestechliche" (Frankfurter Beiträge zur Germanistik, Bd. 2), Berlin 1967, S. 62.

NACHKRIEGSMYTHEN

> *[...] in der postkatholischen Zwänglichkeit, schuldlos bleiben zu müssen, hat sich nie jemand zu einer Katastrophe bekannt. Alle Katastrophen sind so ewig existent.*[4]

Ohne Mythisierung des gesamten Lebens, ohne die Verdrängung aktiv oder / und passiv erlittener Traumata und die Findung neuer Identitäten durch die Erfindung neuer Traditionen wäre Österreich nach dem Zweiten Weltkrieg nicht in der heute erlebbaren Form wiedererstanden. Dieses massive Abwehren von Verantwortung für Vergangenes und das fehlende Erarbeiten von Techniken mit aufgeladener Schuld umzugehen, ist bis heute wirksam. Sowohl Kulturschaffende als auch Kulturpolitik trugen die Mythen der Nachkriegszeit fort.

Vor allem der Opfermythos Österreichs gegenüber dem NS-Regime schien keineswegs stabil und homogen, sondern war von Verhandlungen, Konflikten und Umdeutungen geprägt. Nach einer kurzen Phase des antifaschistischen Grundkon-

Festvorstellung von *Der Unbestechliche* anlässlich Meinrads 70. Geburtstag am 21. April 1983 (WBR, HS, Nl. Meinrad)

---

4   Marlene Streeruwitz, Böse Erbschaften, in: Der Standard, 15. Dezember 2012, S. A2.

sens aller gesellschaftlichen Kräfte der Nachkriegszeit, verbunden mit rigorosen Entnazifizierungen und strafrechtlichen Verfolgungen von NS-Verbrechen, veränderten sich bereits Ende der 1940er Jahre die geschichtspolitischen Rahmenbedingungen. Die Forderungen nach dem Ziehen eines „Schlussstrichs" wurden immer lauter. Historische Narrative änderten sich und aus den Opfern des Nationalsozialismus wurden die Opfer des Krieges gegen den Nationalsozialismus. Damit konnten sich ehemalige Nationalsozialisten identifizieren,[5] Widerstandskämpfer behielten jedoch nur kurze Zeit ihre Geltung „als Helden".

Friedrich Heer stellte dazu in seiner Rede vor der Lagergemeinschaft Auschwitz 1975 fest:

Österreich 1945 bis heute ist ja wesentlich auch dies: Eine Verdrängungsgemeinschaft, in der man die nahe Vergangenheit verdrängte, wie man in der Ersten Republik die Erinnerungen an das alte Reich verdrängte. Für diese Verdrängungen müssen heute und morgen unsere politischen Parteien bezahlen; und es bezahlen, ohne zu wissen, unsere in den Schulen unaufgeklärte Generationen: Ohne Wissensbildung gibt es keine Gewissensbildung.[6]

Heers Rede verweist darauf, dass Verdrängung als Mechanismus in der österreichischen Vergangenheitsbewältigung des 20. Jahrhunderts System hat. Ähnlich wie die Ereignisse rund um den Ersten Weltkrieg nicht thematisiert wurden, blieben lange Zeit auch die Auseinandersetzungen mit den Zweiten Weltkrieg aus. Erst in den 1980er Jahren begann man von offizieller Seite damit – der ‚Waldheim-Skandal' 1986 war dafür Initialzündung –, den Opfermythos gegen eine Mit-Verantwortung Österreichs an den Gräueln des Nationalsozialismus umzuformen.

IDENTITÄT

„Eine Nation ist also nicht nur ein politisches Gebilde, sondern auch etwas, was Bedeutungen produziert – ein System kultureller Repräsentation. Menschen sind nicht nur rechtmäßige Bürger einer Nation, sie partizipieren auch an der Idee der Nation, wie sie in ihrer nationalen Kultur repräsentiert wird."[7] Stuart Hall, prominenter Vertreter der Cultural Studies, fasst diese Bestrebungen einer Nation,

---

5   Heidemarie Uhl, Jede Gegenwart schafft sich ihre Vergangenheit neu. Die Transformation des kulturellen Gedächtnisses, in: Xing 02/05, S. 28.
6   Friedrich Heer, Ausschwitz heute, in: Der neue Mahnruf, Nr. 2, 1975.
7   Stuart Hall, Rassismus und kulturelle Identität (Ausgewählte Schriften, Bd. 2), Hamburg 2000, S. 200.

ihre Bürger an sich zu binden unter fünf Punkten zusammen. Der von ihm an erster Stelle genannte Punkt ist: Erzählungen von der Nation. Diese werden in Kunst, Medien und Alltagskultur sowie Brauchtum immer wieder vorgetragen, so dass ein Zusammenhang von Geschichten, Symbolen, Ritualen und Vorstellungen hergestellt wird, der vermittelt, was es bedeutet, der Nation anzugehören.[8] Als weiteren Aspekt nennt Hall „die Erfindung von Tradition(en)." Identität ist damit ein unentbehrlicher und ständig fortlaufender Prozess der historischen Selbstverortung; man bezieht einen Standpunkt. Dieses ‚Positioning', mit dem sowohl Selbst- als auch Fremdpositionierung gemeint ist, vollzieht sich „innerhalb von Erzählungen über die Vergangenheit".[9]

Ein Individuum kann also nur dann eine eigene Identität entwickeln, wenn es sich seiner Geschichte bewusst ist. Dabei sind mit Geschichte sowohl die eigene Lebensgeschichte als auch die kollektive Geschichte, die kollektiven Narrative der historischen Bezugsgruppen, gemeint. Identität erfordert die kontinuierliche Reflexion der eigenen Lebensgeschichte sowie der kollektiven Geschichte und damit die Integration von Vergangenheitsdimensionen in den eigenen Lebensentwurf. Wir alle sind im Laufe unseres Lebens mit unterschiedlichen historischen Ereignissen konfrontiert. Vorstellungen über Geschichte sind in jeder Ich-Identität enthalten.[10]

„Regeln des Anstands richtig verstanden, sind Wegweiser auch im Geistigen."[11] Danach handelt Hofmannsthals Theodor und verteidigt die Heiligkeit der Ehe (Meinrad, der vorbildliche Ehemann schien auch in diesem Punkt Parallelen zur dargestellten Figur aufzuweisen) seines Herrn, wenn auch gegen dessen Willen. Freilich bringt er dabei sein eigenes Schäfchen, die junge Witwe Hermine, ins Trockene. Aber „der, durch den alles geschieht", gebraucht eben den dienstbaren Geist nur als Werkzeug.

In einer Zeit des Zusammenbruchs der politischen und gesellschaftlichen Leitbilder schien die Institution der Ehe für den Katholiken Hofmannsthal der einzige, noch mögliche Ort für gefundene Identität.[12] Durch ihre Vereinigung im Stand der Ehe gewinnen die Figuren eine höhere Daseinsstufe, gelangen von der ‚Prä-

---

8 Ebd., S. 202ff.
9 Viola Georgi, Entliehene Erinnerung Geschichtsbilder junger Migranten in Deutschland, Hamburg 2003, S. 27.
10 Christiane Hintermann, Dissonante Geschichtsbilder? Empirische Untersuchung zu Geschichtsbewusstsein und Identitätskonstruktion von Jugendlichen mit Migrationshintergrund in Wien, Endbericht, Wien 2007, S. 34f.
11 Hugo von Hofmannsthal, Buch der Freude, Wiesbaden 1986, S. 250.
12 Paul Stefanek, Zur Theorie und Praxis der Komödie bei Hofmannsthal, in: Ders., Gesammelte (publizierte) Aufsätze und Kurzbeiträge, Wien 1989, S. 241.

Josef Meinrad als Theodor und Gusti Wolf als Hermine in Hofmannsthals *Der Unbestechliche*, um 1960 (WBR, HS, Nl. Meinrad)

existenz' zur ‚Existenz'. Damit genügen sie nicht bloß einer Konvention, sondern erreichen eine höhere beziehungsweise die eigentliche Form von Menschlichkeit. Diese postulierte „gefundene Identität" bleibt dem isolierten Individuum versagt (so Hofmannsthal) und gelingt nur in bewusst eingegangener Partnerschaft.

(ERFUNDENE) TRADITION

Tradition ist, wie Max Weber es formuliert, „der Glaube an die Unverbrüchlichkeit des immer so Gewesenen als solcher",[13] dessen Recht die einen, meist die Älteren, einfordern, während die anderen, meist die Jüngeren, ihren Anspruch auf bleibende Gültigkeit bestreiten. Traditionell strukturierte Gesellschaften sind solche, in denen die meisten oder sogar fast alle Mitglieder das Recht des Immerso-Gewesenen wie selbstverständlich anerkennen, während in modernen Gesellschaften den Mitgliedern freigestellt ist, welche(n) Tradition(en) – wenn überhaupt eine – sie wählen. Moderne Gesellschaften sind in diesem Sinne als post-traditionell zu verstehen.

Der Historiker Eric Hobsbawm definiert diese Form von erfundener Tradition als

> *ein Bündel von Praktiken ritueller oder symbolischer Natur, die gewöhnlich von offen oder stillschweigend anerkannten Regeln bestimmt werden. Sie zielt darauf ab, bestimmte Verhaltenswerte und -weisen durch Wiederholung zu festigen, was von sich aus die Kontinuität mit der Vergangenheit beinhaltet. Tatsächlich wird, wo immer möglich versucht, Kontinuität mit einer passenden Epoche herzustellen. [...] Jedoch liegt die Eigenart der erfundenen Tradition darin, dass die Kontinuität mit der historischen Vergangenheit, auf die Bezug genommen wird, weithin künstlich ist. Kurzum handelt es sich um Antworten auf neuartige Umgebungen, deren Form sich auf alte Umgebungen bezieht oder die ihre eigene Vergangenheit schaffen mittels einer gleichsam zwingenden Wiederholung.*[14]

---

13 Max Weber, Wirtschaft und Gesellschaft: Grundriß der Verstehenden Soziologie, Tübingen 1980, S. 580.
14 Eric Hobsbawm, Introduction: Inventing Traditions, in: Ders./Terence Ranger, The Invention of Tradition, Cambridge 1993, S. 1f.: „‚Invented tradition' is taken to mean a set of practices, normally governed by overtly or tacitly accepted rules and of a ritual or symbolic nature, which seek to inculcate certain values and norms of behaviour by repetition, which automatically implies continuity with the past. In fact, where possible, they normally attempt to establish continuity with a suitable historic past. [...] However, insofar as there is such reference to a historic past, the peculiarity of ‚invented' traditions is that the continuity with it is largely factitious. In

Erfundene, d.h. in ihrer jeweiligen Gegenwart konstruierte und in eine bestimmte Vergangenheit projizierte Traditionen sollen als historische Fiktion dazu dienen, bestimmte Normen und Strukturen gegenüber einem gegenwärtigen Wandlungsdruck gesellschaftlich zu legitimieren und zu festigen. Historische Fiktionen werden gezielt konstruiert, um den sozialen Zusammenhang und die kulturelle Identität einer Gruppe zu begründen und Machtansprüche zu legitimieren.

Nicht außer Acht gelassen werden darf, dass neben den erfundenen Traditionen eine Vielzahl materieller und ideeller Traditionen existieren. Streng genommen wurde jede Tradition irgendwann erfunden, so Hobsbawm. Je weiter der Ausgangspunkt der Tradition zurückliegt, desto schwieriger die Quellenlage dazu, desto leichter lässt sich eine Tradition als originär, immer schon vorhanden, darstellen. Das Erfinden von Tradition bedeutet, einen bestimmten Punkt der Vergangenheit zu wählen, Gegenstände, Sprache, Gesten, kulturelle Ausdrucksformen und Inszenierungen zu wiederholen, bis es nicht mehr vorstellbar ist, dass es einmal anders gewesen sein könnte.

Um sich die Unterstützung seiner Bürger zu sichern, versuchte der Staat Österreich in der Zeit nach dem Zweiten Weltkrieg über solche erfundenen Traditionen seine Identifikationsbasis zu schaffen.

Diese erfüllten vor allem drei Funktionen:

a) establishing or symbolizing social cohesion or the membership of groups, real or artificial communities,
b) establishing or legitimizing institutions, status or relations of authority,
c) the socialization, the inculcation of beliefs, value systems and conventions of behaviour.[15]

Österreich war in der Nachkriegszeit auf das (Er-)Finden von Traditionen konzentriert, die außen zeigen sollten, dass Österreich kein Land von Nationalsozialisten ist. Dabei spielte es wenig und oft gar keine Rolle, ob die Traditionen eine lange, sehr kurze oder manchmal sogar gar keine Vergangenheit hatten.

Zur Identitätsfindung ist nach Krisen wie dem Zweiten Weltkrieg in der Geschichte immer wieder zu beobachten, dass man sich gerne auf alte ‚bessere' Traditionen rückbesinnt beziehungsweise entlang dieses Besinnungskorridors neue Traditionen erfindet. Sie scheinen zumindest oberflächlich Schutz und Zuflucht zu

---

short, they are responses to novel situations which take the form of reference to old situations, or which establish their own past by quasi-obligatory repetition."

15   Ebd., S. 9.

bieten. So scheint es nachvollziehbar, dass nach 1945 Traditionen wiederauflebten. Da mag es zwar aus heutiger Sicht abstrus, dem damaligen Verständnis nach aber als absolut legitim erscheinen, dass man in der neu erwachsenden Demokratie ab 1955 vielfach kulturelle, traditionelle Rückbesinnungen auf prädemokratische, monarchische Zeiten als vorübergehend „wohltuend" wahrnahm. Im Verhältnis zu den Traumata des Zweiten Weltkriegs erschien die Zeit der Monarchie als „Sehnsuchtsort".

Damit war der Weg für im Adel spielende Komödien geebnet. Diese erlebten in der Nachkriegszeit eine wahre Renaissance, weil sie eine großteils heile Welt zeigten. (Gesellschafts-)Kritik kam, wenn überhaupt, nur mit einem Augenzwinkern durch. Damit mag auch zu erklären sein, dass *Der Unbestechliche* 1956 erstmals als Theaterstück verlegt wurde. Hofmannsthal mit seinem berühmten Salzburger *Jedermann* war zudem weit genug davon entfernt, als (ehemaliger) Nationalsozialist konnotiert zu werden. Zugleich konnte über den *Jedermann* eine jahrzehntelange, erfolgreiche Traditionsschiene weitergeführt und erweitert werden.

In der österreichischen Nachkriegszeit treten die neu erfundenen Traditionen stark zu Tage. Neben der in der österreichischen Geschichte erstmaligen Etablierung von Kaiserin Maria Theresia als die gütige, fortschrittliche Monarchin nach 1945, der traditionalistischen Überhöhung der Wiener Sängerknaben und der Hofreitschule, einem wahren Heimatfilm-Boom, der Land und Leute als brave Menschen zeigt, wird im Theater eine Tradition der Komödie ‚erfunden'.

Generell setzten die großen Bühnen auf leichte, im weitesten Sinne national österreichisch begründete Unterhaltung. Das Burgtheater hat sich bis weit in die 1980er Jahre nicht mit seiner Rolle an der Vergangenheit auseinandergesetzt und damit einen erheblichen Anteil an kulturellen Kontinuitäten der beiden Kriegs- und der Zwischenkriegszeit mitgetragen.[16] *Der Unbestechliche* war über Jahrzehnte eines der wesentlichen Aushängeschilder des Burgtheaters: Mit ihm ging man immer wieder auf internationale Tourneen. Volle Häuser und positive Kritiken waren vor allem mit der Besetzung Meinrads als Theodor, wovon man beinahe drei Jahrzehnte (1957 bis 1983) nicht abwich, garantiert.[17]

Die ‚unbelasteten' Heroen der österreichischen Kulturszene mussten – und taten dies großteils gerne – als Teil-Identitätsstifter auf die Bühnen der Welt und wo es diesbezüglich keine Traditionen gab, wurden sie kurzerhand erfunden. Als

---

16 Achim Benning, In den Spiegel greifen. Texte zum Theater, hg. von Peter Roessler, Wien 2012, S. 110.
17 Siehe dazu u.a. Zürcher Woche, 11. November 1958: „An der Spitze und vom Publikum geradezu frenetisch gefeiert, Josef Meinrad als Theodor. Er ist so mit dieser Rolle verwachsen, dass man fast glauben könnte, ein anderer könne er auf der Bühne überhaupt nicht sein. (Aber er kann!)"

Rudolf Steinboeck, Paula Wessely und Josef Meinrad nach der Festvorstellung anlässlich des 70. Geburtstags, 1983 (WBR, HS, Nl. Meinrad)

wichtig galt es vor allem, über den kulturellen Bereich das spezifisch Österreichische beziehungsweise, was man von Seiten der Kulturmacher dafür hielt, herauszukehren. Und da wiederum waren Rückgriffe auf, zumindest in der unmittelbaren Nachkriegszeit, die Monarchie und Zwischenkriegszeit gerne erlaubt.

In seiner Leichtigkeit war Hofmannsthals *Der Unbestechliche* eine günstige Gelegenheit, national und international auf Gastspieltourneen so zu tun, als wären die Jahrzehnte davor nicht existent – zudem mit Schauspielern, denen man gerne abnahm – auch wenn das nicht immer schlüssig zu beweisen war – dass sie entweder keine aktiven Nationalsozialisten beziehungsweise gar selbst Opfer des Systems waren.

Josef Meinrad war hierfür die ideale Besetzung. Meinrad erfand mit seiner Interpretation des Theodor eine Tradition, in die nur wenige, ausgewählte Protagonisten später eintreten konnten. Als bedeutende Persönlichkeit des kulturellen Lebens der österreichischen Nachkriegszeit brachte Meinrad alle Attribute mit, um eine österreichische Kultur-Tradition unter neuen Vorzeichen mitzubegründen. Aufgrund seiner politischen Unbedenklichkeit konnte er unmittelbar nach 1945 problemlos eingesetzt werden.

Schnell wurden ihm Paraderollen der österreichischen Literatur quasi auf den Leib inszeniert. Der Journalist Heinz Fischer Karwin stellte ihm ein diesbezügliches Zeugnis aus:

Meinrad ist ein profunder Kenner der Wiener Psyche. Er weiß, dass die Wiener an Stars nichts mehr lieben als Bescheidenheit und ein gewisses volkstümliches Verhalten. Dabei ist er im Grunde alles andere als ein "volkstümlicher" Typ. [...] Er hätte auch Innenminister, Kardinal oder Botschafter werden können.[18]

In Meinrads Interpretation ist Theodor ein bisschen behäbig, voll von ‚schlampertem' Charme. Hinter seinem Lächeln steht Melancholie, steht der Abschied von einer Welt, von der ‚guten, alten Zeit', in der noch nicht alles zweckdienlich und nützlich, sachlich und entschieden war.[19] Hofmannsthal erklärte dazu 1905 in seinem Vortrag *Shakespeares Könige und große Herren*:

Anzustreben sei ein Ensemble, worin der Unterschied zwischen Groß und Klein aufgehoben ist, insofern eines um des andern willen da ist, das Große um des Kleinen willen, das Finstere um des Hellen willen, eines das andere sucht, eines das andere betont und dämpft, färbt und entfärbt, und für die Seele schließlich nur das Ganze da ist, das unzerlegbare, ungreifbare, unwägbare Ganze. Die Atmosphäre des Frühlings zu zerlegen, war immer die Leidenschaft der lyrischen Dichter. Aber ihr Wesentliches ist eben Ensemble.[20]

Eine wichtige Bedingung für dieses Ensemble besteht darin, jegliche Widerstände, die die Grenze zwischen ‚Nächstem' und ‚Fernstem', zwischen ‚Welt' und ‚Dasein' markieren, durchlässig zu machen.

Ab 1906 hat Hofmannsthal damit begonnen, diese Unterschiede in seinen Komödien umzusetzen. „Die Tiefe muss man verstecken. Wo? An der Oberfläche."[21]

Auch und gerade in den Komödien wollte Hofmannsthal die Abhängigkeit von ‚Oben' und ‚Unten', von ‚Hell' und ‚Finster', von ‚Absolut' und ‚Relativ' demonstrieren. Die Figur des Theodor wird dementsprechend im Stück ermächtigt „für das Ganze" zuständig zu sein.[22] In der Ironie sieht Hofmannsthal eine Möglichkeit, den unglücklichen Ausgang des Ersten Krieges zu thematisieren.[23] Entsprechend dem Novalis-Diktum „Nach einem unglücklichen Krieg muss man

---

18 Heinz Fischer-Karwin, Aus Burg und Oper, Wien 1962, S. 20.
19 Westfalenpost Nr. 254, 29. Oktober 1960.
20 Hugo von Hofmannsthal, Gesammelte Werke in zehn Einzelbänden (Reden und Aufsätze 1–3, Bd. 1), Frankfurt am Main 1979, S. 85.
21 Hofmannsthal, Buch der Freude, S. 268.
22 Hugo von Hofmannsthal, Der Unbestechliche, Lustspiele IV (= Gesammelte Werke in Einzelausgaben, hg. von Herbert Steiner), Frankfurt am Main 1956, S. 59.
23 Altenhofer, S. 183.

Komödien schreiben" begann Hofmansthal 1921 seine Komödie *Der Unbestechliche* zu schreiben.

> *Das Element der Komödie ist die Ironie, und in der Tat ist nichts geeigneter als ein Krieg, der unglücklich ausgeht, uns die Ironie deutlich zu machen, die über allen Dingen dieser Erde waltet. Die Tragödie gibt ihrem Helden, dem Individuum, die künstliche Würde: sie macht ihn zum Halbgott und hebt ihn über die bürgerlichen Verhältnisse hinaus. Wenn sie sich von dieser unbewussten aber notwendigen Tradition nur einen halben Schritt entfernt, so gerät sie in den Bereich der Komödie.*[24]

Hofmannsthal zeigt darin die altösterreichische Gesellschaft, die bereits zusammengebrochen war. Im Stück zeigt sich die herrschende Sozialschicht, der Adel, als unfähig, die Ordnung zu erhalten und beauftragt Theodor, einen Angehörigen des dritten Standes, diese wiederherzustellen. Er verkörpert das Gegengewicht zum innerlich zerfallenen Adel und übernimmt die „Aufsicht über das Ganze".[25] Zum Wiederherstellen der ethisch richtigen Zustände im Auftrag der Baronin (die ihn jedoch erst damit beauftragt, als er seine Kündigung als Druckmittel einsetzt), bedient sich Theodor allerdings keiner demokratischen Mittel. Und eines macht Theodor klar: Wenn Angehörige des dritten Standes die Aufsicht übernehmen, ist damit noch lange nicht gewährleistet, dass Eigennutz und Korruption bei der Herrschaftsausübung ausgeschaltet sind.[26] Immerhin ist er es, der sich selbst zum Zentrum und Koordinator eines Intrigenspiels aufschwingt, in dem er alleine über Gut und Böse entscheidet. Sein Wertekatalog macht vor Selbstbereicherung, Annehmen von erpresstem Trinkgeld und dem Ausnutzen untergeordneter Angestellter nicht Halt.

Hugo von Hofmannsthal sah in der Spannung von Herr- und Dienerschaft eine Grundordnung der sittlich heilen Welt. Der feine Humor seiner Komödie ergibt sich aus der Umkehrung der Machtverhältnisse. Der Diener zeigt sich den Befehlenden innerlich überlegen. Doch tritt er aus eigenen Stücken in seine Schranken zurück. Der Adel muss der Macht des Dieners nachgeben, weil dieser die moralische Instanz ist. Und doch nützt der Diener seine Macht nicht zur Veränderung,

---

[24] Hugo von Hofmannsthal, Gesammelte Werke in zehn Einzelbänden (Reden und Aufsätze 1–3, Bd. 2), Frankfurt am Main 1979, S. 138.
[25] Thorsten Unger, Die Bestechung des „Unbestechlichen": Zu Art und Funktion der Komik in Hugo von Hofmannsthals Komödie, in: Hofmannsthal. Jahrbuch zur europäischen Moderne 18/2010. hg. von Gerhard Neumann u.a., Freiburg 2010, S. 198.
[26] Ebd., S. 206.

sondern zum Erhalt der bestehenden Verhältnisse und zum eigenen Vorteil. *Der Unbestechliche* ist also eine „Dienerkomödie, wenn auch nicht aus revolutionärem Geist."[27]

Die Uraufführung fand am 16. März 1923 im Wiener Raimundtheater statt. Wenige Tage danach erwähnt Hofmannsthal in einem Brief das Stück , das er angeblich „nur so hingeschrieben habe": „Eine leichte Arbeit". Sie entstand während eines Ferienaufenthalts in Südtirol, gleichsam als Produkt einer Atempause mitten in der Bemühung um sein großes Trauerspiel *Der Turm*.

Die Rolle des Theodor spielte damals Max Pallenberg, der damit über Jahre einen besonderen Erfolg feierte und im übrigen auch als Träger des Iffland-Ringes vorgesehen war. Pallenberg soll auch als ‚Vorlage' für die Gestalt des Theodor gedient haben.[28] Hofmannsthal selbst mutmaßte, dass die Inszenierung mit Pallenberg in der Titelrolle eine kostspielige Angelegenheit werden würde, war doch dieser für seine ‚Gewinnsucht' bekannt, die nur an großen Häusern zu befriedigen war.[29] Als Nachfolger Pallenbergs passte Meinrad ebenfalls optimal in diese derart konzipierte Rolle. Und wie Pallenberg als formvollendeter Darsteller seiner Zeit gefeiert wurde, galt auch Meinrad als rechtmäßiger ‚Erbe'.

Nach seiner Uraufführung 1923 verlor *Der Unbestechliche* vorübergehend an Bedeutung. Das Werk galt sogar für einige Zeit als verschollen. Es war weder als Einzelausgabe noch in Hofmannsthal *Gesammelten Werken* 1923 erschienen. Nach der Spielfassung wurde das Stück, wie bereits erwähnt, erstmals 1956[30] publiziert – der ‚Bedarf' an Komödien (man könnte von einer Sehnsucht nach Komödien sprechen), war nach dem Zweiten Weltkrieg ebenso groß wie nach dem Ersten.[31]

Die Handlung selbst spielt im Jahre 1912. Zwei Jahre danach brach der Erste Weltkrieg aus, an dessen Ende der Zusammenbruch einer Dynastie stand. Hofmannsthal reflektiert in seinem Stück die Verhältnisse. Diese Auseinandersetzung war einer der Gründe, dass *Der Unbestechliche* nach dem Zweiten Weltkrieg sei-

---

27 Sibylle Cramer, Theodor und das Ganze, in: Frankfurter Rundschau, 12. Dezember 1985.
28 Altenhofer, S. 156. Der Autor beweist, dass Hofmannsthal gemeinsam mit Pallenberg aus der ursprünglichen Gesellschaftskomödie *Theodor und das Ganze* die Solokomödie *Der Unbestechliche* (sprich: Pallenberg) gemacht hat (S. 163).
29 Ebd., S. 153.
30 Maximilian Bergengruen, Das fotografische Gedächtnis: Zur Psychologie und Poetik der Medien in Hofmannsthals „Der Unbestechliche", in: Hofmannsthal. Jahrbuch zur europäischen Moderne 15/2007, hg. von Gerhard Neumann u.a., Freiburg 2007, S. 239.
31 Zürcher Woche, 11. November 1958: „Wir haben heute nach einem viel unglücklicheren Krieg solche Komödien noch nötiger. Die Zeitgenossen bescheren sie uns nicht."

```
VERNEIGUNGSORDN:        BREGENZ
                        KAUTZNER.
1. ALLE                 RÄDL
                        SKOTT-IVERSEN
2. ALLE MIT VORGEHEN    WANKA
                        WEISS
3. ALLE DAMEN           CALIX
                        WILDBOLZ
4. ALLE HERREN          MARTINA
                        THIMIG
5. EINZELN IN DER FOLGE THEODOR + KL JAROMIR
   AUF TOURNEE          SEIDLER.

KAUTZNER                WANKA-SCOTT-IVERS.
WEISS                   WEISS
WANKA
CALIX                   GORDON
THIMIG                  MARTINA
MARTINA                 RIEDMANN
WILDBOLZ                SEIDLER
SCOTT-IVERSEN           MEINRAD
MEINRAD
```

Meinrads Applaus-Ordnung von *Der Unbestechliche*, 1974 (WBR, HS, Nl. Meinrad)

nen Triumphzug auf Österreichs Bühnen angetreten hat. Die Erinnerung an die Verhältnisse vor dem (Ersten!) Weltkrieg erschienen besser als das gerade Erlebte.

Entscheidend für den Erfolg ist auch die Umkehrung des Herr-Dienerverhältnisses. Der eigentliche Herr ist der Diener Theodor und nicht Baron Jaromir. Diese Umkehr wird durch die Tatsache verdeutlicht, dass Jaromir und die anderen beteiligten, adeligen Personen über ein äußerst lückenhaftes Gedächtnis verfügen, während Theodor ein beinahe ‚fotografisches' Erinnerungsvermögen hat, dass er fortwährend demonstriert. Gleichsam als wollte er sagen: „Wir einfachen Menschen vergessen nichts, erinnern uns an alles und sind auch jederzeit bereit, es für einen guten, ethischen Zweck aber auch für eigene Interessen einzusetzen".[32] Während die Aristokratie als Bild für die Mächtigen offenbar gerne und schnell vergisst –

32 Siehe dazu ausführlich Bergengruen, S. 239–257.

vor allem, wenn es für sie selbst unangenehm und damit das Vergessen opportun wird.

Dem entgegen stand das antifaschistische Motto der ersten Nachkriegsjahre: „Niemals vergessen!" Doch ein Großteil der österreichischen Bevölkerung wollte sich nicht erinnern, sondern stand unter dem Druck, eher schnell zu vergessen oder zumindest zu verdrängen. Politiker der Nachkriegszeit aller Couleurs forderten über Jahrzehnte, man möge doch im Sinne Österreichs davon absehen, die Gräuel des Nationalsozialismus zu thematisieren.

Theodor ist also ‚aktives Opfer', der Diener, der die Mächtigen steuert. Devot und gleichzeitig anmaßend, keineswegs ein Demokrat, sondern in seinen Mitteln ebenso herrschaftlich wie seine Herrschaft. Gleichzeitig bedeutet die Inversion des Herr-/Dienerverhältnisses eine Opfer-Täterumkehr. Der Täter, Baron Jaromir als Ehebrecher, wird zum Opfer des Dieners. Theodor hat es in der Hand, den Baron nachhaltig durch Verrat seiner amourösen Abenteuer ins Messer laufen zu lassen. Er nützt die Situation aber nur bedingt aus: zum einen Teil, um eigene Vorteile daraus zu schlagen, zum anderen Teil, um ethische Werte vorzuschieben. Die Ehe als partnerschaftliche Institution wird von ihm, ohne Auftrag oder gar Willen seines Herrn, gerettet. Der Kammerdiener wird hier zum Moralisten.

Unbestreitbar blieb Meinrad als Theodor einer aus dem Volk, der es ‚denen da oben' zeigt, und ohne den die Welt bedeutend schlechter aussähe.

Dieser Theodor wurde zu Meinrads Parade- und Lieblingsrolle, nicht nur deshalb, weil sie ihm auf den Leib geschrieben sein könnte. Betonte doch Meinrad selbst in zahlreichen Interviews seine Herkunft aus einfachen Verhältnissen sowie seine Bescheidenheit, die in Anbetracht seiner feudalen Lebensverhältnisse jedoch ein schräges Bild ergab.

Die von Meinrad nach außen projizierte Bescheidenheit und Schlichtheit finden sich zum Teil auch in der Figur des Theodor wieder. Auch dieser möchte vordergründig nichts für sich selbst, sondern nur für seine Herrschaft. Dennoch sieht er in jedem Augenblick seinen Vorteil. Auch hier lassen sich Parallelen zu Meinrads eigenem Leben ziehen: Stets auf seine Außenwirkung demonstrativer Demut und Bescheidenheit bedacht, lenkte er von Eigennutzen ab.[33]

Der Titel *Der Unbestechliche* ist dementsprechend ironisch zu lesen. Denn dieser Theodor korrumpiert sich selbst. Es existiert keine Instanz, die ihn kontrolliert, ihm Vorgaben macht oder in die Schranken weist. Theodor agiert herrschaftlich und undemokratisch – genau so, wie diese Aristokratie, die er verurteilt. Unbe-

---

33 Demgemäß alles in Ordnung, Dokumentation, ZDF 1975. Auf die Frage, was ihm das Wichtigste an der Schauspielerei sein, antwortet er: „Geld zu verdienen."

Josef Meinrad als Theodor in Hofmannsthals *Der Unbestechliche*, 1957 (WBR, HS, Nl. Meinrad)

stechlich ist lediglich Theodors Gedächtnis, das wie eine Fotoplatte funktioniert und zu einer Unbestechlichkeit der Informationsverarbeitung führt.[34] Nur hier ist Theodor unbeirrbar. Er lebt sozusagen die Treue zu seinem unbestechlichen Wissen um die gute Sache – auch wenn das bedeutet, dass Intrigen damit einhergehen, von denen er nicht wissen kann, ob sich diese nicht irgendwann gegen ihn selbst richten. Warum ist sich Theodor seiner Sache so sicher? Er ist sich nach jahrzehntelanger Beobachtung seiner Herrschaft sicher, dass seine Intrigen den von ihm intendierten Erfolg zeitigen.[35]

Doch hat Theodors Zerwürfnis mit Jaromir lange vor dem Besuch der Geliebten begonnen. Erst ihr Eintreffen bringt laut Theodor „den Becher zum Überlaufen".[36] Auch wenn Hofmannsthal die Gründe für dieses Zerwürfnis nicht genau beschreibt, lassen sich Theodors Beweggründe für das vermeintlich ethisch korrekte Handeln nicht nur in seiner Ehrbarkeit finden.

Am 12. Jänner 1957 (mehr als 30 Jahre nach der Uraufführung) wurde *Der Unbestechliche* am Wiener Akademietheater unter der Regie von Ernst Lothar erneut aufgeführt und stand damit am Beginn einer breiten Bühnenrezeption.

Meinrad hat den Theodor gespielt, und sollte in der Rolle bis 1983 mehrere hundert Mal auftreten. 1974 hat er das Stück auch selbst inszeniert (wieder mit ihm selbst in der Hauptrolle).

Seither gilt Hofmannsthal Theodor als Paraderolle für Charakterdarsteller, die sich im komischen Fach zurechtfinden. Die Rolle wird und wurde in der Regel meist hochkarätig besetzt und findet in der Regel auch dann Zustimmung, wenn für die Aufführung insgesamt kritische Töne angeschlagen werden.[37] Das verwundert nicht: ist das Stück doch auf den Hauptdarsteller Theodor dermaßen zugeschnitten, dass es dem jeweiligen Schauspieler ein Leichtes ist, ‚alles Interesse' des Publikums auf sich zu ziehen.

Auch in den folgenden Jahrzehnten wurde die Figur des Theodor hochkarätig besetzt: Peter Simonischek, Otto Schenk und Helmuth Lohner verkörperten diese Rolle. Auch die Presse gab dieser Figur ihren Stellenwert innerhalb der dramatischen Literatur.

Der Unbestechliche, dessen Unbestechlichkeit darin besteht, dass er zwar von jedermann Geld nimmt, aber dennoch nur das tut, was er für Recht empfindet, ist Josef Meinrad. Aus der Paraderolle erwuchs diese Paradeleistung: ein böhmakeln-

---

34 Bergengruen, S. 244.
35 Ebd., S. 247.
36 Hofmannsthal, Der Unbestechliche, S. 52.
37 Unger, S. 200.

der ungetreuer Diener seines Herrn, eine entfesselter Subalterner, der die entgleiste Welt wieder einrenkt.[38]

Das Böhmakeln unterstreicht sowohl das Dienerhafte als auch das Altösterreichische an Theodor und verleiht der Figur immer wieder ungewollte, komische Momente. Theodor erregt mit bestimmten akzentualen Betonungen eine Mischung aus Mitleid und Schadenfreude. Obwohl es im Text und in den Regieanweisungen keine Anweisung dazu gibt, ‚böhmakelte' Meinrad als auch sämtliche andere Theodor-Darsteller.

Auch darin liegt eines der Erfolgsrezepte in Meinrads Interpretation dieser Figur. Als „einfacher Mann aus dem Volke" – ein Image, an dem Meinrad zeit seines Lebens gearbeitet hat – darf er den Mächtigen zeigen, dass es eigentlich der ‚kleine Mann' ist, der das Sagen hat, der sich um die Einhaltung bestimmter ethischer Grundwerte kümmert und den Machthabern vor Augen hält, in welchen unhaltbaren, unakzeptablen und unmoralischen Verhältnissen sie leben.

Meinrad wurde somit im doppelten Sinne zum Anwalt einer breiten Bevölkerung: Sowohl als Theodor als auch Privatmensch, der es aus einfachen Verhältnissen „geschafft" hat. Damit lebte und spielte Meinrad die Träume breiter Bevölkerungsteile vor.

In jenen Jahren des Wiederaufbaus konnte dieser Theodor problemlos zum ‚Helden des Guten' stilisiert werden. Verkörpert von Josef Meinrad schien diese Mesalliance als Erfolgsgarant.

Gerne wollte man Theodor vertrauen, wenn er am Ende des *Unbestechlichen* zum Schluss kommt:

> *Aber ich hoffe, so lange ich hier die Aufsicht über das Ganze in Händen behalte, wird dem gemäß alles in schönster Ordnung sein!*[39]

---

38 Neues Österreich, 13. Jänner 1957.
39 Hofmannsthal, Der Unbestechliche, S. 112.

Reinhard Urbach

Vor Augen, im Ohr: Mein Rad

Da steht Mr. Antrobus hoch oben auf der Balustrade seines Hauses und hält das Rad in die Höhe, das er soeben erfunden hat: Mein Rad. Er strahlt. Nicht, weil dieser wohlfeile Kalauer das Publikum bei jeder Vorstellung in Jubel ausbrechen lässt, sondern weil er wirklich eine Erfindung gemacht hat, die die Welt verändert. Wenn auch nicht immer zum Guten.
Verstohlen lugt man auf seine Kniescheiben, ob sie noch einen Verband trügen. Denn am Ende des *Mädl aus der Vorstadt* war er mit dem Trompeten-Ruf: „Zerschmettert, Ihr Kniescheiben!" vor der Frau von Erbsenstein/Nicoletti niedergekracht, mit einer Emphase, die eigentlich schon gar nicht mehr nötig war, denn sie hatte ihm ihre Hand ja eben schon huldreich gewährt. Aber seine Begeisterung trägt über alle Unbilden hinweg, die der erprobte Nestroy-Kenner für die Zukunft aus dieser Ehe erwachsen sieht, und macht sie dadurch deutlich.
Gar nicht so gnädig hatte Susi Nicoletti - sie hieß da Frau Muskat - den Liliom behandelt, der nicht anders kann, als seinen Gefühlen zu folgen, fassungslos darüber, dass ihm so etwas passiert. Und als er, der Schuft, dann auf die Erde zurückkehren darf, um alles wieder gut zu machen, da steht Josef Meinrad fassungslos vor der Unbeherrschtheit seines Liliom, der nicht anders kann als wiederum zuzuschlagen.
Die strahlende Freude des Mr. Antrobus in Thornton Wilders *Wir sind noch einmal davongekommen* über seine Entdeckungen war die extrovertierte Fassung des introvertierten Glanzes, den der fromme Franziskus des ehemaligen Priesterzöglings bei den Redemptoristen in sich trug und mit dem er die Welt für Minuten besser zu machen schien,

in einem – mit Verlaub – schlechten Stück und einer konventionellen Inszenierung.

Liliom weiß nicht, was er tut. Nebel in Nestroys *Liebesgeschichten und Heiratssachen* weiß das sehr wohl. Er intrigiert und betrügt und beschimpft die, die auf ihn hereinfallen, weil sie so wenig Menschenkenntnis besitzen. Wie sollten sie auch, denn dem Nebel sieht man nicht an, dass er ein Filou und Schwindler, ein Gauner und Hochstapler ist, weil er als Josef Meinrad daherkommt, mit dem Charme des Nichtsnutzes, den man verachten müsste, aber zu mögen lernt. Denn das ist die Lehre, die Leopold Lindtberg, der weise Regisseur, dem Wiener Publikum einprägt: Traue niemandem, der lächelt. Lass dich nicht ruhig nieder, wenn er singt. Wenn Georg Kreisler mit eingefrorenem Grinsen seine bösen Lieder singt, ist man begeistert, weil man weiß, woran man ist: Er tut nur so, als lächelte er, er meint es böse. Und das mit Recht. Bei Meinrads lächelnden Bösen weiß man es nicht. Man traut ihnen über den Weg und gerät damit in die Falle. Wenn Theodor, der Bestechliche, mit ernst lächelnder Unterwürfigkeit von der Baronin erzwingt, dass sie ihm vor dem versammelten Personal „die Herrschaft über das Ganze" überträgt, ist aus dem Diener der Herr geworden. Und wenn man diese Lektion begriffen hat, dann macht einen die jauchzende Unterwürfigkeit, mit der Valentin seinen heruntergekommenen Herrn in Raimunds *Verschwender* wiedererkennt und begrüßt, stutzig. Was verbirgt sich hinter der niederschmetternden Munterkeit bei einem Kammerdiener, der im Dienst nur gepeinigt und erniedrigt worden war? Man wird den Verdacht nicht los, dass Ferdinand Raimund, der von Todesangst Gepeinigte, der seine Abhängigkeit von der Knechtschaft als ausgebeuteter Schauspieler abzuschütteln vermocht hat, nicht ohne Zynismus einen gesunden Tischler vom zufriedenen Hobelhinlegen am Ende seines Lebens singen lässt. Deshalb ist Meinrad der ideale Interpret des Valentin: Man darf glauben, dass er in unwidersprechlicher Heiterkeit allem

Schicksal überlegen ist, aber man muss wissen, dass das nicht wahr ist.

Die Biederkeit seines Kammerdieners in *Kabale und Liebe* ist bitter, so ist die Rolle gemeint. Doch die Versöhnungsbereitschaft, die unverdrießliche Fröhlichkeit, mit der Meinrad seinen Weinberl, Rappelkopf, Bauern Wurzel am Ende der Komödien ins Happy End bugsiert, sind eben durch ihren allzu wacker zur Schau getragenen Optimismus höchst verdächtig – genau so, wie Raimund und Nestroy das wollten.

Man muss das in der Gegenwart schreiben, denn wer Josef Meinrad gesehen hat, bewahrt ihn im Ohr und vor Augen.

JÜRGEN HEIN

WEINBERLS MEINRADISIERUNG

Mit den Worten, der Iffland-Ring habe ihn „sozusagen von der ebenen Erd' der Volkskomödie in den ersten Stock der Dichtung" gehoben, hat sich Josef Meinrad 1959 in seiner Dankesrede anlässlich der Übergabe auf das Volkstheater und Johann Nestroys Posse *Zu ebener Erde und erster Stock* bezogen.[1] Nach den einschlägigen biographischen Eintragungen wurde er durch Raimund- und Nestroy-Rollen berühmt. Peter Eschberg allerdings wertet in seiner Abrechnung mit dem fehlgeleiteten Regietheater Meinrads Leistung gegenüber anderen Nestroy-Schauspielern, besonders Karl Paryla, ab. Statt der von Karl Kraus (*Nestroy und die Nachwelt*, 1912) angeregten Neuinterpretation des Sprachkünstlers und Satirikers Nestroy zu folgen, hätten die Wiener Theater Nestroy lieber „als vergnüglich-sentimentalen Unterhaltungsautor" inszeniert, und Meinrad,

> *zweifellos ein guter Schauspieler, machte aus Nestroy einen gemütlichen Spaßmacher mit viel verlogener Menschlichkeit und ohne Absicht, jemandem weh zu tun. [...] Der gemütlich „menschelnde" Meinrad war dem Wiener Publikum also lieber als der Rebell und große Komödiant Karl Paryla. Darüber hätte sich Nestroy halb totgelacht.*[2]

Eschberg macht Meinrad für den „missverstandenen Nestroy" mitverantwortlich, der sich weder gegen „pseudointellektuellen Purismus" noch gegen „klamaukhafte Anbiederung" wehren konnte; selbst ernst zu nehmende Regisseure wie Leopold Lindtberg und Otto Schenk seien regelmäßig in die „Unterhaltungsfalle" geraten. Ein „hauptsächlicher und nicht wieder gut zu machender Fehler" sei die „Besetzung der Nestroy-Rolle" mit Josef Meinrad gewesen.[3] Differenzierter und treffender spricht Alexander Marinovic im Vergleich der beiden großen Schauspieler vom

---

1   Video der Rede (2:34 min.) auf www.findtail.com, www.youtube.com oder www.dailymotion.com; generell sei auf die Text- und Filmdokumente im Nachlass Josef Meinrads in der Wienbibliothek im Rathaus hingewiesen (WBR, HS, Nl. Meinrad, ZPH 1502); ich danke Frau Dr. Julia Danielczyk für die freundliche Unterstützung bei den Recherchen und der Materialbeschaffung.
2   Peter Eschberg, Nestroy bleibt!, Wien 2012, S. 68f.
3   Ebd., S. 76 und 78; zu Meinrads ‚Aufstieg' mit Nestroy vgl. Gerd Holler, Josef Meinrad – „Da streiten sich die Leut herum ...", Wien 1995.

„Spiel der Gegensätze".[4] Darüber kann man nicht nur, man muss darüber streiten, unter anderem auch im Kontext der Diskussion um den ‚richtigen' Nestroy-Stil, um Notwendigkeit und Grenzen der Bearbeitung sowie um die adäquate Inszenierung eines „Nestroy-Stils" und die Frage der Besetzung der Hauptrolle, z. B. die Auseinandersetzung mit Leopold Lindtbergs pointiert vorgetragener und gegen ideologische Überinterpretation gerichtete These „Nestroy gehört den Komödianten".[5] Auch die Charakteristik Meinrads als Nestroyspieler durch die Theaterkritik ist in diesem Kontext kritisch zu befragen.[6]

Josef Meinrads Nestroyverständnis und sein Bemühen, Autor, Schauspieler, Rollen und Werk näher zu kommen, erhellt auch aus seinem – vermutlich selbst zusammengestellten – Vortragsmanuskript „Die Gedanken sind zollfrei. Johann Nestroy in Leben und Kunst".[7] Es beginnt mit dem „Auftritt Josef Meinrads in der Rolle Johann Nestroys". Der Vorstellungsmonolog mündet in Auftrittscouplet und -Monolog aus *Der Zerrissene*, ein verbindender Text leitet zum Couplet mit dem Refrain „Sich so zu verstellen, da ghört was dazu".[8] Nach der Überleitung zum Brief an Carl Lucas aus dem Arrest (HKA *Sämtliche Briefe*, S. 20–22) und einem Zwischentext folgt ein Couplet aus *Der Färber und sein Zwillingsbruder* (Refrain: „Da bringt man auf Ehre sein Geld nicht heraus"), danach Informationen zur Biographie Nestroys und Übergang zum Couplet aus *Das Mädl aus der Vorstadt* (Refrain „Es kommt alles auf d' Gwohnheit nur an"). Nach dem bekannten Zitat Friedrich Hebbels über Nestroys Witz „de première qualité" und einem Brief an Marie Weiler – „mein innigstgeliebtes theures Weib" (HKA *Sämtliche Briefe*, S. 57–59) –, in dem es u.a. um eine Intrige in Berlin geht, folgt das Couplet aus *Die Papiere des Teufels* mit dem Refrain „Das ist nur Chimäre, aber mich unterhalts", das freilich – auch in der zweiten Fassung – irrtümlich der Posse *Einen Jux will er*

---

4   Vgl. Alexander Marinovic, Spiel der Gegensätze, Josef Meinrad und Karl Paryla als Nestroy-Interpreten, in: Das is´ a verruckte Idee. Couplets, Monologe und Lieder [CD], Ed. Mnemosyne, Neckargemünd [2001], Booklet, S. 9–21.

5   Vgl. Leopold Lindtberg, Nestroy gehört den Komödianten, in: Gustav Pichler, Nestroy gehört den Komödianten. Salzburger Nestroy-Gespräche 1977 (Österreich-Reihe 391/92), S. 9–25, Wien 1978; Nestroy-Inszenierung in unserer Zeit [Schwarz, Lindtberg, Schenk, Matiasek, Hering], in: Neue Zürcher Zeitung, Nr. 473, 4. August 1968, S. 51–52.

6   Vgl. Hans Weigel, Versuch über Josef Meinrad, Velber b. Hannover 1962, S. 5–26; Siegfried Melchinger, Das Wunder Meinrad, in: Ebd., S. 28–29; Günther Rühle, Die Wahrheit der Mimen, in: Ebd., S. 31–34.

7   Im Nachlass (WBR, HS, Nl. Meinrad, ZPH 1502, Box 1) befinden sich zwei Fassungen: Die erste Fassung hat 44 Seiten, die zweite Fassung – möglicherweise ein Entwurf – 27 Seiten (teilweise nicht paginiert). Die Aufführungsdaten habe ich nicht ermitteln können.

8   Meinrad zitiert nach verschiedenen Textausgaben oder Bearbeitungen, die Briefe nach dem Band Briefe der Historisch-kritischen Ausgabe (HKA, 1977), hg. von Walter Obermaier; die Nachweise in Klammern nach der Neuausgabe HKA Sämtliche Briefe (2005).

sich machen zugeschrieben wird. Meinrad hält sich hier an die Bearbeitung von Leopold Lindtberg: „Das war ein Couplet aus *Einen Jux will er sich machen*, in dem ich den Weinberl spiele".[9] Es schließen sich ein längeres Zitat von Karl Kraus („Immer stehen diese vifen Vertreter ihrer Berufsanschauung [...]") sowie Couplet (Refrain: „Da wird wohl auch was ghandelt wern") und Monolog über den „Handelsstand" aus *Einen Jux will er sich machen* an.

Mit dem „ganz offenen Brief an Herrn C. Böhm" (1848), in dem sich Nestroy gegen den Vorwurf des Plagiats wehrt (HKA *Sämtliche Briefe*, S. 79–81), kurzen Bemerkungen über die Revolution und einem längeren Zitat von Hieronymus Lorm (1881) über Nestroy und die Zensur, beginnt eine Auswahl von Textstellen mit Aussagen zu biographischen Aspekten, u.a. Nestroys Liebes- und Ehegeschichten und finanzielle Angelegenheiten (Brief an Karoline Köfer 1855, HKA *Sämtliche Briefe*, S. 132–135; Brief an Ernst Stainhauser 1856 und 1858, HKA *Sämtliche Briefe*, S. 167f. und 209–212), ferner diese illustrierende Couplets: *Liebesgeschichten und Heiratssachen* („So macht sich d' Gschicht [...] / Und d' Gschicht hat a End"), Auftrittscouplet „Kein Mensch weiß woher [...]" und Monolog aus derselben Posse, ferner Schnoferls Couplet (Refrain: „Der Mensch muß nicht alles [...]" und Monolog aus *Das Mädl aus der Vorstadt*.

Die letzte Textgruppe beginnt mit dem Satz „Leicht hab ich es nicht genommen, meine Damen und Herren, und leicht habe ich es nicht gehabt, als Schauspieler nicht und als Ehemann nicht, und als Liebhaber nicht, und als Autor nicht" und zieht mit Charles Sealsfields (Karl Postl) Bemerkungen über die Zensur („Austria as it is") eine Parallele zu Shakespeare („Was wäre wohl aus Shakespeare geworden, wenn er in Österreich gelebt und geschrieben hätte?").[10] Das Couplet (Refrain: „Das is a verruckte Idee") aus *Einen Jux will er sich machen* bildet den Abschluss. Als ‚Draufgabe' bietet Meinrad nach einer kurzen Einleitung zu Ferdinand Raimund – „der ins bisherige Nestroy-Programm nicht recht zu passen schien"[11] – das „Aschenlied" aus *Der Bauer als Millionär oder Das Mädchen aus der Feenwelt* und das „Hobellied" aus *Der Verschwender*.

---

9   Vgl. vervielfältigtes Theatermanuskript mit eigenhändigen Notizen im Nachlass Josef Meinrads: Einen Jux will er sich machen, Posse mit Gesang in vier Aufzügen von Johann Nestroy, eingerichtet von Leopold Lindtberg, Musik: Adolf Müller, eingerichtet von Alexander Steinbrecher, Österreichischer Bühnenverlag Kaiser & Co., Wien, VI, Windmühlgasse Nr. 14, S. 103: „Die Bearbeitung geht zurück auf eine Einrichtung des Züricher Schauspielhauses, an der Hans Weigel mitgearbeitet hat." (WBR, HS, Nl. Meinrad, ZPH 1502, Box 15). Zitat aus: Die Gedanken sind zollfrei [...], Typoskript (Anm.7), S. 19.

10 Die Gedanken sind zollfrei [...], Typoskript (Anm. 7), S. 42.

11 Ebd., S. 44.

Josef Meinrad als Weinberl und Inge Konradi als Christopherl in Nestroys
Einen Jux will er sich machen, 1956 (WBR, HS, Nl. Meinrad)

Nach den Aufzeichnungen von Gerd Holler machte Josef Meinrad eine kaufmännische Lehre und zugleich eine Ausbildung zum Schauspieler. Interessanterweise hatte er einen Freund in einer Gewürzhandlung; vielleicht war das schon ein Vorgeschmack auf den Weinberl? Der über Kleinkunstbühnen zum ‚richtigen' Theater gekommene Schauspieler hat dann auch Nestroy-Rollen bekommen, z.B. den Strick in *Die beiden Nachtwandler*, Johann in *Zu ebener Erde und erster Stock*, Kilian in *Der Färber und sein Zwillingsbruder*, später dann die ‚Paraderollen' Herr von Lips in *Der Zerrissene* und Weinberl in *Einen Jux will er sich machen*. Letztere – und auch der Valentin in Ferdinand Raimunds *Der Verschwender* – zeigten die Fähigkeit Meinrads, sich mit Charakter und Rolle zu identifizieren und sie zugleich durch eine tragikomische Anlage auch zu kommentieren.[12] Insofern habe er nicht nur einen „Zerrissenen" gespielt, sondern war selber einer. Mit anderen Worten: Meinrad hat auch immer Meinrad gespielt. Seinem Biographen gegenüber hat er sich folgendermaßen geäußert:

---

12 Holler, S. 133.

Josef Meinrad als Weinberl in Nestroys *Einen Jux will er sich machen*, 1956
(WBR, HS, NI. Meinrad)

Ich kann nur dann eine Rolle gestalten, wenn der darzustellende Mensch tatsächlich existieren könnte. Er muß verständlich und ganz einfach spielbar sein; dann kann ich mich in ihn hineinversetzen und ihn auf die Bühne projizieren. Die Texte der leichten Unterhaltung fielen mir stets leichter, bei Klassikern mußte ich mich mehr anstrengen. Am schwierigsten waren Nestroy-Texte, bei denen es auf Wortnuancen ankommt. Und alles muß natürlich klingen und leicht gebracht werden, da darf es auch nicht den geringsten Versprecher geben.[13]

Über Raimund- und Nestroyrollen – so sein Biograph – habe er sich profiliert und sei zum „Volksschauspieler", „Volkskomiker" und wie Alexander Girardi zu einer Personifikation des Wiener Theaters geworden.[14] Sein Vorbild war Josef Kainz,

---

13 Ebd., S. 80.
14 Ebd., S. 99, 106, 133 und 137f.

dessen Biographie und schauspielerischer Werdegang durchaus Parallelen mit der Karriere Meinrads aufweist.[15]

War Meinrad ein ‚Volksschauspieler'? Wenn man darunter die Verkörperung der kleinen Leute verstehen will, deren Sorgen und Nöte ebenso dargestellt werden wie ihre Schwächen, ihre Lust und das Streben, es besser zu haben – eben Glück zu haben – nicht nur materiell, aber auch einmal ‚ausbrechen' zu dürfen, auf Verzeihen von ‚menschlichen Fehltritten' hoffen und letztlich sich doch wieder an bürgerliche Normen anzupassen. ‚Volksschauspieler' in diesem Sinne – als Identifikations- und Projektionsfiguren zugleich – sind eher typisch für Zeiten der Restauration, wie auch im Neo-Biedermeier der 1950er und 1960er Jahre. Die Synthese von Theater-, Film- und Fernsehunterhaltung in wechselseitiger Beeinflussung hat das noch unterstützt. So konnte Josef Meinrad einerseits zum ‚Star' der Medienunterhaltung werden, andererseits eine Wiederbelebung des ‚Volkstheaters' versuchen. Das passte nicht immer zusammen, denn das Fernsehen führte den Wandel vom lokal gebundenen Theaterbetrieb zum überregional verbreiteten Volkstheater herbei, Volksschauspieler wurden zu den blassen Serienfiguren, die Kolorit erzeugen sollen. Das hat Josef Meinrad wohl noch verhindern können.

Sicherlich hat Werner Krauss die richtigen Worte gefunden, wenn er in seinem Brief zur Übergabe des Iffland-Rings schreibt: „Sie, lieber Josef Meinrad, sind für mich, in Ihrer Einfachheit, Ihrer Schlichtheit, Ihrer Wahrhaftigkeit der Würdigste."[16] Und Meinrad hat in seiner Dankesrede die Auszeichnung so interpretiert, Krauss habe wohl auch sagen wollen, „dass die Bezirke des Humors nicht unbedingt Vororte der Kunst sein müssen".[17]

Zur Beurteilung seiner schauspielerischen Interpretation ist es sinnvoll, auf den Text als Rollen- und Gestaltungsvorgabe zu blicken.[18] – Possen haben mit dem (Über-)Leben zu tun, sie durchzieht eine Ernsthaftigkeit, welche die Lachen auslösende Komik bricht und auf die Kehrseite der Happy Ends anspielt. Sterben und Tod von Erblassern sind mehr als nur Komödienbedingungen: „Nein, was 's Jahr Onkel und Tanten sterben müssen!, bloß damit alles gut ausgeht –!" (HKA *Stücke 18/I*, S. 95), so kommentiert Weinberl das Happy End in *Einen Jux will er sich machen*.[19] Diese Posse gehört zu jenen, in denen es angesichts eines

---

15 Ebd., S. 80f.
16 Brief vom 9. Juni 1958 (WBR, HS, Nl. Meinrad, ZPH 1502, Box 4).
17 Video der Rede (vgl. Anm. 1).
18 Folgende Ausführungen basieren auf Jürgen Hein, Einen Jux will er sich machen, in: Jakob Lehmann (Hg.), Kleines deutsches Dramenlexikon, Königstein 1983, S. 253-258; dort auch Nachweise der zitierten Forschungsmeinungen.
19 Zitate nach Johann Nestroy, Historisch-kritische Ausgabe, Stücke 18/I, hg. von W. E. Yates, Wien 1991, vgl. dort auch das Kap. „Zur Interpretation", S. 151-156.

Josef Meinrad als Herr von Lips und Helmut Krauss als Stifler in Nestroys *Der Zerrissene*, 1959 (Privatbesitz)

trister werdenden Alltags in Fremdbestimmung auch ums Überleben geht, und Weinberl muss sich am Ende fragen: „zahlt sich so a Jux aus, wenn man ihn mit einer Furcht, mit 3 Schrocken, 5 Verlegenheiten und 7 Todesängsten erkauft?" (III,15; S. 85).

Die ironische Darstellung der Liebes- und Heiratsgeschichte ist nur eine Facette der durchgehenden Thematik menschlicher Entfremdung, Selbstfindung und Bescheidung angesichts einer kommerzialisierten Welt und einer ‚berechnenden' Gesellschaft. Im Mittelpunkt steht Weinberl. Er treibt sein eigenes Spiel, wird von ihm getrieben, ist, wie auch seine Rolle dem Publikum gegenüber zeigt, zugleich Subjekt und Objekt des Spiels. Plötzlich sozial aufgestiegen, begreift er, dass er in der spießbürgerlichen Welt bald ebenso Marionette sein wird, wie es die anderen schon sind: „Der Diener ist Sclav des Herrn, der Herr Sclav des Geschäfts" (S. 27). Das Glück seiner Beförderung muß er mit der Einschränkung der Freiheit bezahlen. „Auf der Gränze zwischen Knechtschaft und Herrschaft" (S. 28) wird er für einen begrenzten Zeitraum frei zum Spiel mit der Welt.[20] Der „Jux", ein terminierter Ausbruch aus der bürgerlichen Welt, soll ihm das „verfluchtekerl Bewußtseyn" (S. 27) schenken und ein wenig das zukünftige langweilige Leben in geordneten Bahnen meistern helfen.

Weinberl besitzt das Doppelbewusstsein vieler Nestroyfiguren; trotz sozialer Aufwertung verliert er nicht den Standpunkt der „kleinen Leute", die auch einmal „große Handlungen" vollführen möchten. Der Zufall führt Regie, verhindert immer

---

20 Ob Weinberl hier wörtlich auf ein Zentralkapitel der Phänomenologie des Geistes (1806/07) von Georg Wilhelm Friedrich Hegel anspielt?

wieder das vorzeitige Ende des „Juxes" und zwingt Weinberl zu Entscheidungen. Dabei versagt die berechnende Art des Handlungsgehilfen vor der unberechenbaren Welt. Er muss erkennen, dass seine Lage „mehr Hardieß als Gscheidtheit" (S. 40) verlangt. Weinberl wird handelnd und sprechend zum Spieler, der im Beseitesprechen, in Monolog und Lied sein Spiel kommentiert („Jetzt gebn Sie Acht, was ich der Sach für eine Wendung geb."; S. 42). Alles das findet vorne an der Rampe statt, während im Hintergrund die Komödienhandlung weitergeht, in deren Spiel Weinberl hineingezogen wird oder sich einlässt. Immer neue Verwechslungen treiben die Handlung voran. Doch am Ende ist die Rückkehr in die bürgerliche Welt unausweichlich; Weinberl reflektiert über den Sinn des „Juxes", der sich für den Kaufmann weder „schickt" noch „auszahlt". Die Rückkehr gelingt durch die Bewährung in der Welt von Besitz und Ordnung, die keine Abenteurer duldet. Die Art und Weise, wie die ‚Heilung' des „fiedele Abentheuer" (S. 28) Suchenden aus der Provinz geschieht, unterstreicht den offenen Schluss, den spielerisch-satirischen Schwebezustand des Happy Ends. Ohne moralisierende, belehrende Tendenz nähert sich Nestroys Theater dem Publikum. Spielwitz, handfeste Situationskomik und intellektuelle Heiterkeit unterhalten den Zuschauer; Erkenntnis der tiefgründigen Problematik entfremdeten Lebens stellt sich von selber ein.

Das Stück zeigt, wie Nestroy die sich ändernden Lebensbedingungen – damals wie heute – im Bewusstsein der handelnden Figuren realitätsnah und zugleich ‚philosophisch' reflektiert. Das Wechselspiel von „zentripetalen" und „zentrifugalen" Possenmotiven (Volker Klotz) führt zu einem Dialog mit dem Publikum über die soziale, durch das Materielle determinierte Wirklichkeit.

Fast alle Interpreten erkennen hinter dem komischen Spiel die „leichte Tragikomik des lebenshungrigen philosophischen Kommis" (Franz H. Mautner), vielleicht auch Elemente des „Besserungsstücks", allerdings ohne dass Weinberl sich „gebessert" hätte, er ist mit einem blauen Auge davongekommen, mehr noch, muss er die gewissermaßen erzwungene Hochzeit nicht als Strafe akzeptieren? Positiv kann man im „Jux" auch eine Art Therapie sehen, die in desillusionierender Weise zu einem „Sich-Einrichten in der Welt" führt: Weinberl, der „um kein Preis mehr ein verfluchter Kerl seyn möchte. Für einen Commis schickt sich so was nicht" (S. 86), fügt sich in sein „Schicksal".

Mit der komischen Widerlegung der Idee vom souveränen, freien Ich verbindet sich Kritik an „bürgerlicher Mittelmäßigkeit" und komplementär dazu „Kritik an allzu ungezügelten Träumen" (Roger Bauer). Andere Interpreten verweisen auf die Komik der „Fremdbestimmtheit" und den Wechsel zwischen bürgerlicher Alltagswelt und dem Komödienspiel, was sich besonders in den Adressen an das Publikum manifestiere, z. B. in den Liedern Weinberls I, 10: „Da wird wohl auch was g'handelt wer'n" (S. 21f.), II,8: „Das is a verruckte Idee!" (S. 47–49), IV,3: „Und es schickt sich doch offenbar nicht" (S. 87f.). Weinberl ist aber „kein Empörer", sondern muss „sich dieser Gesellschaftsstruktur unterwerfen" und wird „als zukünftiger Besitzer zwangsläufig irgendwann ihr Apologet" (Erich Joachim May). Dies drückt sich auch in seiner „Scheinbegnadigung" (Lindtberg) am Schluss aus.[21] Nach Martin Stern hat er „das doppelt bekommen, was er am Anfang loswerden wollte: die Sklaverei".[22] Möglicherweise hat in diesem Sinn Ernst Bloch ein wichtiges Kapitel seines Werks *Prinzip Hoffnung*, das „Happy-end, durchschaut und trotzdem verteidigt" überschrieben ist, als Motto einen Ausschnitt aus Weinberls Monolog gewählt:

> *Der Commis hat auch Stunden, wo er sich auf ein Zuckerfaß lehnt und in süße Träumereyen versinckt; da fallt es ihm dann wie ein 25 Pfundgewicht aufs Herz, daß er von Jugend auf ans Gwölb gefesselt war wie ein Blaßl an die Hutten. Wenn man nur aus uncompletten Makulaturbüchern etwas vom Weltleben weiß, wenn [man] den Sonnenaufgang nur vom Bodenfensterl, die Abendröthe nur aus Erzählungen der Kundschaften kennt, da bleibt eine Leere im Innern, die alle Öhlfässer des Südens, alle Haringfässer des Nordens, nicht ausfüllen, eine Abgeschmacktheit, die alle Muska[tblüt] Indiens nicht würzen kann."* (I, 13, S. 27).[23]

In der Bearbeitung Leopold Lindtbergs, die auch Grundlage für die Verfilmung war, fehlen allerdings wesentliche Partien, darunter Monologteile und Couplets, die für die Thematik und deren sprachliche Ausgestaltung wesentlich sind. Der gebrochene Charakter Weinberls, seine differenzierte und reflektierende Haltung zur ‚Welt' geraten flächenhaft und bieten dem Darsteller eigentlich nur die Ausfüllung von Schablonen. Das Rollenspektrum – bei Meinrad reicht es von den ‚Gutmenschen' Schnoferl, Weinberl und Lips einerseits bis zu den ‚bösen' Intriganten Nebel und Johann andererseits – kann nicht ausgespielt werden. Biedermeierliches Bühnenbild und Kostüm tun das ihre dazu, einen gefälligen Nestroy ohne Tiefenstruktur zu zeigen. In dieser Bearbeitung erfährt Nestroy keine „theatrale Gerechtigkeit", woran Josef Meinrad als Nestroy-Darsteller nicht ganz unschul-

---

21   Vgl. Lindtberg, S. 21.
22   Martin Stern, Saure Trauben oder Die Illusion „verfluchter Kerl" zu werden. Zu Johann Nestroys Mussi Weinberl in der Posse Einen Jux will er sich machen (1842), in: Nestroyana 32 (2012), S. 169–173, hier S. 173.
23   Ernst Bloch, Prinzip Hoffnung, Frankfurt am Main 1959, S. 512.

dig ist, wenn auch seine Rolle beschnitten wurde. Von den ausgeführten Interpretationsspielräumen bleibt in Lindtbergs Bearbeitung und Inszenierung nicht viel übrig. Zudem wird das brüchige Happy End durch einen heiteren Schlusschor verfälscht – und mit ihm die ganze Posse. Man muss zu dem Ergebnis kommen, dass Lindtbergs Inszenierung auf der Basis von Weigels Bearbeitung Weinberls Verwandlung in Josef Meinrad ‚gemacht' und so zur Meinradisierung der Nestroy-Rolle beigetragen hat. Die Prägung durch eine solcherart gelenkte Textauffassung und entsprechend inszenierte Spielpraxis ist nicht zu unterschätzen. Davon zeugt auch die – allerdings gekürzte – Filmfassung der Burgtheateraufführung.[24]

Es ist hier nicht der Ort einer genauen Analyse der Textbearbeitung von Weigel und Lindtberg, doch soll zumindest eine Veränderung genannt werden, die auch Anlage und Motivation der Weinberl-Rolle bestimmt. In I,13 wird ein Duett Weinberl / Christopherl „Ja mit die Madeln da is's richtig […] / allemal a rechter G'spass" (aus der Posse *Die Zauberreise in die Ritterzeit*) und in II,8 ein Couplet aus *Die Papiere des Teufels* (Refrain: „Das ist wohl nur Chimäre, aber mich unterhalt's") eingelegt, auf das im „Schlussgesang" noch einmal angespielt wird.[25]

> *Zangler: […] Mit einem Wort: es gibt eine dreifache Hochzeit.*
> *SCHLUSSGESANG:*
> *Weinberl, Zangler, Sonders:*
> *Die Hochzeit, die macht uns unendliche Freud',*
> *Die 3 Paare:*
> *Jetzt werden wir glücklich für ewige Zeit!*
> *Die 3 Damen:*
> *Aus Sechs wurden plötzlich Drei'e zu zwei'n, –*
> *Weinberl:*
> *Und heut' übers Jahr sind wir mindestens neun!*
> *Christopherl:*
> *Und nur der gelehrige Lehrbub erkennt:*
> *Verheiratet sind's, und der Jux hat a End'.*
> *(ad spectatores)*
> *Denkt Ihr aber anders und sagt:*
> *„Uns gefallt's",*

---

24 Das Wiener Burgtheater zeigt *Einen Jux will er sich machen* […], Regie Dr. Alfred Stöger, hergestellt mit Unterstützung des Bundesministeriums für Unterricht, Thalia-Film, Wien [1957]; als DVD bei Hoanzl Film erhältlich.
25 Einen Jux will er sich machen, Typoskript, S. 25, 49f. und 102f.

Ist's vielleicht nur Chimäre,
Aber mi' unterhalt's!
Alle:
Ist's vielleicht nur Chimäre,
Aber uns unterhalt's!
VORHANG

Diese Bearbeitung verfälscht nicht nur den Schluss mit seinem fadenscheinigen Happy End, auch die Motivation zum „Jux" – das „verfluchtekerl Bewußtseyn" – wird als Suche nach Abenteuern mit Mädeln in der Stadt („Aufs Ausg'schau kommt's an in der Stadt, auf das halten die Madeln", heißt es in der Bearbeitung, nicht im Original!) seiner Tiefgründigkeit beraubt. Die Figur Weinberls zwischen Freiheitssucher, Spieler, Abenteurer, (Über-)Lebenskünstler und enttäuschtem Optimisten wird buchstäblich ‚verspielt'. Lindtberg handelt wider besseres Wissen und gegen sein Postulat:

Es wird niemandem einfallen, mit wesentlichen Eingriffen sich an den wahren und vollkommen durchgeführten Meisterwerken, wie dem TALISMAN, dem MÄDL AUS DER VORSTADT, dem JUX oder den NACHTWANDLERN zu vergreifen. Andere Stücke aber bedürfen, meiner Meinung nach, der dramaturgischen Hilfe durch einen erfahrenen und respektvollen Bearbeiter.[26]

Hans Weigel legt in seinem „Versuch" – „In Memoriam Werner Krauss" – „ein Bekenntnis zu Josef Meinrad" ab und will „ihn, sein Wesen und sein Werk [...] feiern."[27] Er hält ihn „weniger [für] eine Inkarnation als eine Imago des echt Wienerischen" und meint: „An jenem Tag im Jahr 1940 [als er nicht ans Burgtheater ging, sondern einem Angebot nach Metz folgte] hat er die Voraussetzung für die Verleihung des Iffland-Rings durch Werner Krauss geschaffen."[28] Eine Besonderheit seiner komischen Darstellung sieht er darin, „dass die Bühnenexistenz weder die private Existenz ergänzt noch ihr widerspricht."[29] Zur Interpretation Raimund'scher und Nestroy'scher Gestalten heißt es:

---

26 Lindtberg, S. 24.
27 Hans Weigel, Versuch über Josef Meinrad [datiert: Salzburg 1962], Typoskript, in: WBR, HS, Nl. Meinrad, ZPH 1502, Box 16.
28 Ebd., S. 12 und 13.
29 Ebd., S. 16.

Josef Meinrad war häufig eine ideale Re-Inkarnation Nestroyscher Gestalten, ebenso auch mehrmals dem Ideal des Raimundspielers auf das Schönste gerecht – und diese Zweigeleisigkeit bedeutet ein besonderes Adelsprädikat; denn Raimunds und Nestroys Helden sind voneinander sehr verschieden. [...]
Die volkstümliche österreichische Linie seiner Wirksamkeit war für Meinrad nicht selbstverständlich von Anfang an gegeben – er kam, wie überallhin, auch zu Nestroy nur allmählich und schrittweise, spielte in Metz den Tischlergesellen Leim in Lumpazivagabundus, dann in Wien den Zerrissenen und war ein Nestroyspieler geworden, als er im September 1949 den Seiler Strick in den Beiden Nachtwandlern sprach, sang und spielte.
Das wahre Nestroyspielen besteht darin, daß einer im Einverständnis mit dem Publikum ist, daß er zwar alles das spielt, was die Handlung ihm abfordert, daß er aber zugleich doch auch neben der Handlung steht und sie kommentiert. Nestroy hat in jedem seiner Stücke eine Hauptrolle für sich geschrieben, auf daß sie den Abend trage und immer wieder über das Geschehen hinweg den Autor Nestroy direkt und höchstpersönlich zu Wort kommen lasse. Man muß vielerlei spielen, wenn man Nestroy spielt, man muß eine Gestalt schaffen, aber zugleich diese Gestalt kommentieren und in Frage stellen, man muß als Handlungsgehilfe, Geselle oder Kammerdiener in kunstvoll gesteigerten Tiraden Meinungen über den Menschen, die Welt, das Leben und die Liebe äußern und im nächsten Augenblick wieder in die banale Possen-Situation gleiten. Josef Meinrad hat dieses Kunststück mehrfach fertiggebracht, er war mitten drin und daneben und darüber, er hat die Suada und den Geist und die Persönlichkeit aufgebracht, die Balance zwischen Direktheit und Indirektheit, er hat – obwohl sonst „guter Gesell" und vorwiegend verinnerlicht – bei Nestroy mehrfach die ideale Ordinärheit präsentiert, und er konnte das eben darum, weil es sich ja bei Nestroy wie bei Meinrad gar nicht um echte Ordinärheit handelt, sondern weil sie, wie alles bei Nestroy, stilisiert, in Anführungszeichen gesetzt ist, weil die Aggression Nestroys das „Rückzugsgefecht eines seelisch Verwundeten" ist, wie ein Nestroykenner richtig erkannt hat.
So ist Josef Meinrad auf wundersame Weise allmählich geworden, was man sonst nie auf Umwegen zu werden pflegt: ein Volkskomiker. Er hat sich als solcher nicht von unten hinauf gedient, sondern er ist gleichsam

von oben dorthin gekommen, er hat die Sphäre der volkstümlichen Wiener Klassiker, wie so vieles, zu sich hergeholt.[30]

Siegfried Melchinger nannte ihn „ein Wunder unter den Schauspielern", die „Personifikation des Liebenswerten in einer lieblos gewordenen Zeit": „Er versteht es, den verfluchten Kerl zu spielen, aber er ist brav".[31] Er mache den „Humor zur Kunst" und könne „nach Nestroys Willen, stets aus der Rolle und wieder in sie hineinzufallen": „Er ist Meinrad, aber er ist es mit Kunst."[32] Auch diese Charakteristik bestätigt das, was unter der „Meinradisierung" der Rollen verstanden wird.

Ähnlich beschreibt es auch Günther Rühle: „Man muß den Mimen Meinrad, der ein so freundlicher, heiterer, und von keinen Terminen gehetzter Mann ist, [...] spielen sehen, um zu begreifen, wie sicher er auch in der Posse die ‚charakteristische' Bewegung setzt":

Als der junge Meinrad Nestroy zu spielen begann, suchte er sein Spiel ganz aus sich selbst zu entwickeln. Wer ihn heute sieht, erfährt, wieviel von den typischen Gebärden, die Bäuerle in seiner Theaterzeitung aus der großen Zeit des Wiener Volkstheaters überlieferte, fast unbewußt in dieses Spiel eingegangen ist. [...] Meinrad tönt und färbt sie [die Rolle]. Auch in der Groteske bleibt bei ihm ein Quentchen Seele.[33]

Hier spielt die Übertragung biographisch-charakterologischer Momente und Eigenschaften auf den Schauspieler und seine Rollengestaltung hinein; ähnlich steht es um die ideologische Perspektive, wenn z.B. Karl Parylas politische Einstellung mit seiner sozialkritisch-zynischen Rollenauffassung und einem entsprechenden Nestroyverständnis gleichgesetzt und der vergleichsweise ‚unpolitischen' Haltung Meinrads gegenübergestellt werden.

Die Aufführungsdaten einer Tournee mit *Einen Jux will er sich machen* durch die Bundesrepublik Deutschland mit Abstechern in die Schweiz und nach Luxemburg sprechen für sich und sind Teil der ‚Meinradisierung'. Nach der „Tourneeliste" im Nachlass ist Meinrad vom 5. Januar 1964 bis 13. Februar 1965 in 68 Vorstellungen an 49 Orten aufgetreten.[34] Für die Popularität ist ebenso bezeichnend,

---

30 Ebd., S. 21f.
31 Melchinger, S. 28.
32 Ebd., S. 28 und 29.
33 Rühle, S. 32 und 34.
34 Typoskript, in: WBR, HS, Nl. Meinrad, ZPH 1502, Box 5.

dass der Schutzumschlag zu einem Porträt seiner Schauspielkunst ihn in einem Rollenfoto als Weinberl zeigt:[35]

Welche Aussagekraft Rollenfotos haben, stellt ein eigenes Kapitel dar. Reizvoll wäre der Vergleich mit anderen Darstellungen.[36] Meistens zeigen sie Weinberl und Christopherl im „Sonntagsg'wand", wie es Lindtbergs Bearbeitung, nicht aber Nestroys Original vorschreibt.[37] Welche Einblicke gewähren Rollenfotos und Porträts? Zum Beispiel Meinrad im Biedermeier-Kostüm als Weinberl: Ist er ein netter Draufgänger oder ein gebrochener Charakter? Zweifel an Aussagekraft von „gestellten" Bildern sind jedenfalls geboten. Als Beispiel hier zwei Gelegenheitsfotos – Meinrad/Weinberl vielleicht aus der Garderobe kommend – und ein Szenenfoto aus der Verfilmung:[38]

Dafür, dass der Weinberl eine exemplarische und repräsentative Meinrad-Rolle war, spricht – wie erwähnt – nicht nur der Umschlag des Buches, sondern auch die beigelegte Schallplatte, die auf der einen Seite Ausschnitte aus Henrik Ibsens *Peer Gynt* und der *Antigone* des Sophokles, auf der anderen einen Ausschnitt aus der Burgtheater-Inszenierung (1956) von *Einen Jux will er sich machen* präsentiert.[39] Die erfolgreiche Verfilmung ist eine frühe Form von medialer Verwertung der Unterhaltungsindustrie, durch die Meinrad gewissermaßen zum ‚Produkt' und zur ‚Marke' wurde, die vor allem außerhalb Österreichs Klischees des ‚Wienerischen' gefestigt hat. Meinrad wurde zu Weinberl und umgekehrt. „Ich werde tatsächlich der Herr Weinberl", hat er selbst gesagt.[40] Er stiftet so etwas wie österreichische Identität und bedient sie zugleich.

Wie sehr Meinrad Weinberl war und zugleich vielleicht auch nicht war, wie er sich mit dem hinter der Rolle verborgenen Menschen und seiner Sehnsucht, einmal ein „verfluchter Kerl" zu sein, identifizieren konnte, erfahren wir aus einem Gespräch mit seinem Biographen, in dem er u.a. bestreitet, jemals „nur eine Schachfigur des Regisseurs" gewesen zu sein, er habe das „Gute im Leben" gesehen und versucht, „selbst immer so zu sein, wie man es sich von anderen wünscht"; mit deutlicher Anspielung auf ein Kernzitat der Weinberl-Rolle heißt es:

---

35 Vgl. Weigel.
36 Vgl. die Fotografien im Katalog Nestroy – Weder Lorbeerbaum noch Bettelstab, hg. vom Österreichischen Theatermuseum, Wien 2000, S. 178–180.
37 Theatermanuskript, S. 25.
38 WBR, HS, Nl. Meinrad, ZPH 1502, Box 12.
39 Vgl. Anm. 24; es existiert auch eine Hörfassung der Inszenierung auf einer Langspielplatte (Europäischer Phonoklub 1409).
40 Holler, S. 310.

Alma Seidler als Aase und Josef Meinrad in der Titelrolle von Ibsens *Peer Gynt*, 1965 (ÖTM)

„Mein Gott", fährt Meinrad fort und klopft mit der Faust auf die Platte des klobigen Bauerntisches, zitiert dabei Nestroy: „Wenn ich nur von ein paar Tag' sagen könnt': Da war ich ein verfluchter Kerl! Aber ..." „Aber?" „Es war besser so, daß ich kein verfluchter Kerl war. So ist alles in ruhigen Bahnen gelaufen. Da hab' ich mehr Energie für meinen Beruf aufbringen können und wurde nicht abgelenkt."
Wir wollen wissen, welche Rollen ihm besonders ans Herz gewachsen waren. „Eigentlich alle, denn ich hatte wunderschöne Urteile und Kritiken, viel Anerkennung und Applaus von meinem Publikum."
„Aber einige Rollen", bohren wir weiter, „müssen doch besonders hervorgestochen haben, müssen für dich doch besonders befriedigend gewesen sein?" Nach langem Nachdenken: „Das waren alle Nestroy-Rollen. Da hat mich das Burgtheater direkt aufgebaut und mir mit Inge Konradi und auch mit Gusti Wolf kongeniale Partnerinnen beigegeben, mit denen ich mich sofort wunderbar verstanden habe. Wir haben mit größter Spielfreude den Leuten gezeigt, was alles in Nestroy steckt.[41]

Nach seiner Lieblingsrolle gefragt hat er gemeint,

daß man als österreichischer Schauspieler den Valentin in Raimunds Verschwender als Traumrolle ansehen muß, wenn einem das Glück beschieden ist, diese Rolle angeboten zu bekommen: „Sie kam sicher meinem Naturell

---

41 Ebd., S. 313.

entgegen, denn man spürt, man sagt was Richtiges. Zum Beispiel mit den Worten des Raimund-Textes: ‚Ein Mensch, dem ich Dank schuldig bin, der kann mir gar nicht fremd werden.' Ich weiß gar nicht, wie oft ich das Hobellied bei allen möglichen Gelegenheiten gesungen habe. Einige hundertmal war es sicher. Als meine Lieblingsrolle möchte ich aber doch den Theodor im Unbestechlichen bezeichnen."

Lieber als den bekehrten „verfluchten" Kerl Weinberl hat er den treuen Diener Theodor gespielt, der moralisch höher als seine Herrschaft steht, aber letzten Endes ist auch er eine geläuterte und ‚meinradisierte' Dienerrolle ohne Ambition auf weiteren sozialen Aufstieg.

Josef Meinrad hat von 1940 bis 1944 am Deutschen Theater im besetzten Metz gespielt, unter anderem den Leim in *Der böse Geist Lumpacivagabundus*. Hans Weigel schreibt:

Josef Meinrad als Valentin in Raimunds *Der Verschwender*, 1955 (WBR, HS, Nl. Meinrad)

Der liebe Gott hat Josef Meinrad davor bewahrt, zu früh an das Burgtheater zu kommen. Er schickte ihn auf einige Jahre nach Metz und gab ihm dort genau das, was ein Schauspieler in diesem Stadium sich wünschen kann. [...] Und angesichts heutiger Zustände muß man gelegentlich energisch die Versuchung niederkämpfen, die intensive, sehr künstlerische, sehr tapfere Arbeit des Häufleins derer von Metz nicht mit der Gloriole einer besonnten Vergangenheit auszustatten: Ja, damals im Krieg, das waren noch Zeiten!
Eine Art Fronttheater, aber ohne allen Schrecken der Frontsituation, lag

Metz in einem glücklichen toten Winkel der Weltgeschichte und nützte die Konstellation zu relativ ungestörter künstlerischer Aktivität: trotz der Anwesenheit einiger großstädtischer Kollegen, die hier sozusagen untergetaucht waren, von Herzen eine Provinzbühne, nicht die berüchtigte „tiefste", nein, fast möchte man sagen: die höchste, die gesegnete, lebendige, leben- und reifespendende Provinz, in der jeder werdende Schauspieler sich selbst finden und erproben kann, indem er viel und vielerlei spielt, indem er am lebendigen Objekt das Theater und sich kennenlernt. Was Josef Meinrad in Metz alles gespielt hat, kann man in seinem Rollenverzeichnis nachlesen. Er wurde dort, was er heute ist.

Ob Weigel vielleicht in seinem Loblied auf Meinrad „die Motive für dessen Engagement in Metz beschönigt"[42] hat, müsste näher untersucht werden. Möglicherweise hat dort schon die Anverwandlung von Rollen durch seine spezifische ‚Meinradisierung' begonnen.

---

42 Weigel, S. 59.

THOMAS AIGNER

„... DEN GIPFEL MEINER SCHAUSPIELERISCHEN DARSTELLUNG ERREICHT"

JOSEF MEINRAD ALS MANN VON LA MANCHA, SEIN ABSTECHER INS MUSICALFACH

Wurde Josef Meinrad nach seinen Lieblingsrollen gefragt, so nannte er zumeist den Valentin in Raimunds *Verschwender* und den Theodor im *Unbestechlichen* von Hugo von Hofmannsthal.[1] Als die Rolle seines Lebens, die Traumrolle schlechthin, sah er jedoch die Titelrolle in *Der Mann von La Mancha*. „Damit könnte man aufhören",[2] bekannte er in einem Interview kurz nach der ersten Vorstellungsserie. Jahrzehnte später darauf angesprochen ergänzte er:

> *Nur war ich damals zu jung, um von der Bühne abzutreten, doch hatte ich mit dieser Rolle den Gipfel meiner schauspielerischen Darstellung erreicht. Don Quichotte war für mich das, was für andere die Erfüllung ist, wenn sie Hamlet oder Faust spielen. Als ich noch jung war, habe ich auch von diesen Rollen geträumt, so wie jeder zu seinem Berufsbeginn noch große Träume hat. Mir hat man nie den Hamlet, den Don Carlos oder den Faust angeboten. Dafür den Don Quichotte, der mein Faust wurde!*[3]

Dass es sich hierbei um eine Musicalrolle handelt, ist bemerkenswert – nicht so sehr deshalb, weil dieses Genre damals als Ganzes von manchen als künstlerisch geringwertiger eingestuft wurde,[4] sondern weil Meinrad als Sprechschauspieler ausgebildet war. Wie kam er überhaupt zum Musical? Die Bekanntschaft mit dem Don-Quijote-Stoff machte Meinrad durch die Dreharbeiten zu einem gleichnamigen Fernsehfilm, in dem er die Hauptrolle verkörperte:

---

1   Gerd Holler, Josef Meinrad – „Da streiten sich die Leut herum...", Wien 1995, S. 314.
2   Express, 8. August 1968, S. 10.
3   Holler, S. 315.
4   Joachim Brügge, By George, she's got it! Elizas „Jargon" in ausgesuchten deutschsprachigen Übersetzungen – die Wiener Inszenierung von 1969 und andere Mundartversionen von My Fair Lady, in: Die Rezeption des Broadwaymusicals in Deutschland, hg. von Nils Grosch und Elmar Juchem (Veröffentlichungen der Kurt-Weill-Gesellschaft Dessau, Bd. 8), Münster 2012, S. 81–86.

> *Der „Ritter von der traurigen Gestalt" kam mir in allen Belangen, schon von der Physis her, entgegen. Als ich dann in Spanien an den Originalschauplätzen zwischen Toledo und Guadeloupe auch noch einen Film über ihn drehte, verstand ich diese Figur der Weltliteratur und konnte mit ihr eins werden. Diese Weite der ausgebrannten roten Erde, und darüber der tiefblaue Himmel der Mancha. Nur dort konnte sich so ein Fossil eines verschrobenen Ritters und Idealisten entwickeln und halten. Als ich das Angebot erhielt, den Don Quichotte zu verkörpern, ging tatsächlich für mich ein Traum in Erfüllung. Ich habe mich förmlich in diese Rolle hineingekniet. Oft hatte ich das Gefühl, ich sei tatsächlich schon der echte Don Quichotte!*[5]

Beim letzten Teil dieser Aussage ist nicht ganz klar, ob sich Meinrad dabei auf den Film bezieht oder schon auf seine Rolle im Musical *Der Mann von La Mancha*. Gleichwohl wusste der Regisseur des Films, Carlo Rim, zu berichten, dass Meinrad einmal während der Dreharbeiten, die im August 1964 stattfanden, bei einer Temperatur von 40 Grad Celsius nicht nur darauf verzichtete, sich in jenen Szenen, in welchen dies möglich gewesen wäre, von einem Double vertreten zu lassen, sondern sogar die ihm anstelle der originalen eisernen Rüstung zur Erleichterung angebotene Plastiknachbildung verweigerte.[6]

Weder Rim noch Meinrads Partner Maria Saavedra als Dulcinea und Roger Carel als Sancho Pansa genossen Starruhm. Dennoch gilt der sechseinhalb Stunden lange, 13 Episoden umfassende Streifen bis heute als eine der werkgetreuesten Verfilmungen des Stoffs.[7] Meinrad-Verehrer bemängeln einzig, dass ihr Idol die deutsche Fassung des französischsprachigen Originals[8] nicht selbst synchronisierte. Als diese Arbeiten nämlich anstanden, hatte Meinrad seinen Bühnenverpflichtungen nachzukommen.[9]

Am 22. November 1965, wenige Monate nach der Erstausstrahlung des Don-Quijote-Films, kam es am New Yorker ANTA Washington Square Theater zur Erstaufführung des Musicals *The Man of La Mancha*, das den gleichen Stoff zum Inhalt hat. Der Kunstgriff des Librettisten bestand darin, dass er die Gestalt des Don Quijote mit der Biografie von dessen Schöpfer, Miguel de Cervantes y Saavedra, verschmolz. Nachdem Dale Wasserman solcherart zunächst eine Fernseh-

---

5 Holler, S. 315.
6 TV Magazine, 29. April 1965.
7 www.kino.de/kinofilm/don-quijote-von-der-mancha/101381 (abgerufen am 2. Jänner 2013).
8 Don Quijote von der Mancha.
9 Südost-Tagespost, 3. Februar 1968, S. 19.

produktion und dann ein Theaterstück geschaffen hatte, die ihn aber beide nicht befriedigten, ging er daran, den Stoff in ein Musical umzugießen. Dazu verband er sich mit dem Gesangstexter Joe Darion sowie dem Komponisten Mitch Leigh, einem Schüler Paul Hindemiths (!), der sich als Komponist von Werbespots einen Namen gemacht hatte. Leigh wählte als Quelle für seine Vertonung die anachronistische, jedoch bühnenwirksame Flamenco-Musik des 18. Jahrhunderts.

Die Autoren hatten Mühe einen Produzenten zu finden, da das Musical anfangs als zu intellektuell galt. Es hatte 1964 eine Bewährungsprobe am Godspeed Opera House in East Haddam zu bestehen,[10] ehe es nach New York übersiedelte. Bezeichnenderweise zählt das Theater, an dem es dort gezeigt wurde, nur zum Off-Broadway. Umso überraschender war der Erfolg: *The Man of La Mancha* brachte es allein in New York auf 2.328 Vorstellungen und errang 1966 Tony Awards für das beste Musical und die beste Filmmusik; Richard Kiley, der die Titelrolle verkörperte, wurde als bester Musicaldarsteller ausgezeichnet.[11]

Angeblich hatte Meinrad „entweder im Rahmen seiner Burgtheaterverpflichtungen oder während seines vertraglich festgesetzten viermonatigen Urlaubs von seiner ‚Heimstatt', der Wiener Burg" von der Erfolgsproduktion erfahren: „Als ich hörte, daß das Theater an der Wien wegen der Rechte von ‚Der Mann von La Mancha' verhandelte, habe ich mich – vielleicht zum erstenmal in meinem Leben – von mir selbst aus um eine Rolle bemüht […]."[12]

Damals hatte sich das Genre Musical in Wien längst noch nicht etabliert, obwohl sich Marcel Prawy an der Volksoper vehement für die aus den USA stammende neue, eine Art ‚totales Theater' verheißende Bühnengattung einsetzte. Der bis dahin größte Erfolg auf diesem Gebiet in Wien, *Kiss Me, Kate* von Cole Porter (1956), lag allerdings schon einige Zeit zurück. Danach waren die meisten der von Prawy initiierten Musicalproduktionen unter den Erwartungen geblieben.[13]

Mit der Übernahme der Direktion des Theaters an der Wien durch Rolf Kutschera war dem Musical jedoch 1965 eine neue Spielstätte erwachsen. Zu Kutschera hatte Meinrad einen ‚Draht'. Die beiden kannten einander seit 1937, als sie gemeinsam die Schauspielprüfung vor dem ‚Ring der österreichischen Bühnenkünstler' ablegten, und pflegten offenbar seit damals das Du-Wort; die im Nach-

---

10 www.sempre-audio.at/Der_Mann_von_La_Mancha_1968.id.66.htm (abgerufen am 2. Jänner 2013).
11 Volker Rippe, in: Enzyklopädie des Musiktheaters, S. 462ff.
12 Südost-Tagespost, 3. Februar 1968, S. 19.
13 Christoph Wagner-Trenkwitz, „Er war der große Anzünder". Marcel Prawy und die Wiener Volksoper, in: Marcel Prawy „Ich mache nur, was ich liebe", hg. von Norbert Rubey, Wien 2006, S. 19–32, hier insbesondere S. 22–27.

lass erhaltenen Briefe Kutscheras an Meinrad beginnen zumeist mit der Anrede „Lieber Pepi".

Die näheren Umstände, wie Meinrad und Kutschera zu der *Mann von La Mancha*-Produktion zusammenfanden, sind nicht bekannt. Die Verhandlungen mit den Rechte-Inhabern gestalteten sich Meinrads Angaben zufolge kompliziert.[14] Am 1. Februar 1967 wurde ein ‚Gedächtnisprotokoll' einer am gleichen Tag stattgehabten Besprechung unterzeichnet, das als Vorvertrag das Engagement Meinrads als Darsteller der Titelrolle regelte.[15] Meinrad wurde für seine Mitwirkung eine Abendgage von 4.000 Schilling und ein Probenpauschale von 35.000 Schilling zugesprochen. Für den Fall einer besonders hohen Auslastung wurde eine zusätzliche ‚Aufwandsentschädigung' von 15.000 Schilling vereinbart. Bereits zu jenem Zeitpunkt war eine Gastspielreise durch Deutschland und die Schweiz vorgesehen, die im Anschluss an die Wiener Aufführungsserie stattfinden sollte.

Der eigentliche Vertrag, der mit 16. November 1967 datiert ist,[16] war nur noch Formsache. Wien hatte seine Theatersensation.

Für Meinrad aber, der sich als Musicaldarsteller quasi selbst entdeckt hatte, war die Sache gewiss ein Wagnis. Immerhin war ihm das Singen auf der Bühne nicht gänzlich fremd. So weisen die Raimund- und Nestroy-Rollen, in denen er auftrat, zahlreiche Gesangseinlagen auf. Stimmlich noch mehr gefordert war Meinrad in seinen Abstechern ins Operettenfach, so etwa in Ralph Benatzkys *Axel an der Himmelstür* 1943 am Deutschen Theater in Metz oder in Charles Lecocqs *Giroflé-Girofla* 1954 an der Wiener Volksoper.

Seine Sangeskünste waren jedoch nicht unumstritten. „Der Meinrad kann nicht singen, singt aber ständig", hieß es.[17] Auch die Produzenten des *Mann von La Mancha* schienen zu zweifeln. „‚Wissen Sie', meint Meinrad, ‚ich bin doch kein Sänger, und da mußte man sich erst überzeugen, ob ich den verflixt schweren musikalischen Part beherrschen können würde […], dem Gesangstexter und noch vielen anderen Herren.'"[18] Die Ursache für die manifesten Stimmprobleme Meinrads erklärt sein Biograf und Hausarzt Gerd Holler:

Josef Meinrad, ein exzessiv ausgeprägter leptosomer Typ mit langem und schmalem Brustkorb, fehlte der „Resonanzkasten", den ein Sänger für seine Stimme benötigt. Wenn solche Typen singen, stellt sich aufgrund

---

14 Südost-Tagespost, 3. Februar 1968, S. 19.
15 WBR, HS, Nl. Meinrad, ZPH 1502, Box 5.
16 WBR, HS, Nl. Meinrad, ZPH 1502, Box 5.
17 Holler, S. 93.
18 Südost-Tagespost, 3. Februar 1968, S. 19.

des Brustkorbbaus unweigerlich eine funktionelle Fehlatmung ein, die die Stärke der Stimme beeinträchtigt. Hinzu kommt eine Schwäche der beiden Stimmbandmuskel, so daß sich die Stimmbänder nicht vollständig, sondern nur mit Mühe und Anstrengung schließen können. Es tritt, wie es im Fachjargon heißt, eine „spastische Dysphagie" [recte: Dysphonie] *(Störung der Stimmbildung) auf, die dem Künstler diese eigenartige, unverkennbare Stimme verleiht.*[19]

Meinrad wusste um seine Schwäche und versuchte sie, so gut es eben ging, zu kompensieren:

Josef Meinrad begann sofort mit intensivem Gesangsunterricht, den er nie vernachlässigt hatte und, wenn er in Wien war, regelmäßig besuchte. Früher unterrichtete ihn Frau Bösch, dann war er fleißiger und gelehriger Schüler von Frau Ludwig, der Mutter der Kammersängerin Christa Ludwig. Er war so gewissenhaft, daß er vor jeder Vorstellung, in der er singen mußte, noch schnell bei der norwegischen Gesangspädagogin Eglisdottir zum Einsingen vorbeikam.[20]

Meinrad-Karikatur von Erich Sokol
(Privatbesitz)

Am Tag der Premiere, dem 4. Jänner 1968, spricht Kutschera seinem Hauptdarsteller brieflich Mut zu:

---

19 Holler, S. 93.
20 Ebd., S. 243f. Die drei in Rede stehenden Gesangspädagoginnen sind Ruthilde Bösch, die Lehrerin Edita Gruberovás, Eugenie Ludwig-Besalla und die Isländerin Svanhvít Egilsdottír, die eine Gesangsprofessur an der Wiener Musikhochschule innehatte.

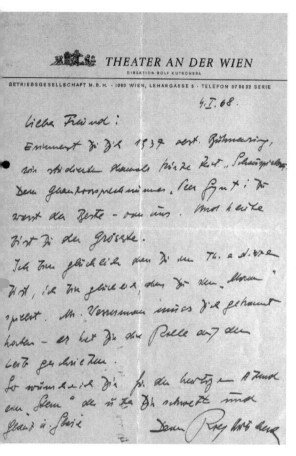

Brief von Rolf Kutschera an Josef Meinrad, 1968
(WBR, HS, Nl. Meinrad)

Lieber Freund:
Erinnerst Du Dich 1937 oest. Bühnenring, wir studierten damals kurze Zeit Schauspielerei. Deine Glanzvorsprechnummer „Peer Gynt"; Du warst der Beste – von uns. Und heute bist Du der Grösste.
Ich bin glücklich dass Du am Th. a d. Wien bist, ich bin glücklich, dass Du den „Mann" spielst. Mr. Wasserman muss Dich gekannt haben – er hat Dir die Rolle auf den Leib geschrieben.
So wünsche ich Dir für den heutigen Abend einen „Stern" der über Dir schwebt und Glanz u. Gloria
Dein Rolf Kutschera[21]

Der ‚Stern' schwebte tatsächlich über Meinrad und dem ganzen, von Regisseur Dietrich Haugk angeführten Ensemble. 22 Minuten lang applaudierte das Publikum nach der Vorstellung.[22] Die Folgeaufführungen waren so gefragt, dass schon bald eine dritte Kassa eröffnet werden musste.[23] Nahezu die gesamte deutschsprachige Presse berichtete von der Premiere und die überwiegende Mehrzahl der Rezensenten überschlug sich förmlich vor Begeisterung. Eine kleine Einschränkung lag in der Erkenntnis, dass gestandene Musicaldarsteller damals in Wien noch nicht existierten. Karl Löbl brachte dies folgendermaßen auf den Punkt: „Innerhalb der Besetzung ergibt sich eine merkbare, wenn auch nur auf das Singen bezogene Diskrepanz zwischen den ausgebildeten

---

21 WBR, HS, Nl. Meinrad, ZPH 1502, Box 1.
22 Stadt Wien, 13. Jänner 1968.
23 Kurier, 17. Jänner 1968, Morgenausgabe.

Episodisten und den dilettierenden Hauptrollen-Interpreten Blanche Aubry, Josef Meinrad und Fritz Muliar: jene sind akustisch, diese optisch besser."[24]

Was die Verkörperung der Aldonza/ Dulcinea durch Burgschauspielerin Blanche Aubry angeht, waren selbst so dezent vorgetragene Einwände wie jene Löbls selten. Fast alle Rezensenten bescheinigten ihr eine in jeder Beziehung überzeugende Leistung, sei es in Gesang, Tanz oder Schauspiel, und sprachen ihr in seltener Einmütigkeit die Palme des Abends zu.

Aber was wäre eine *Mann von La Mancha*-Produktion ohne eine Titelfigur, die mitreißt? Dass Meinrad gerade dieses Faszinosum verströmte, war gleichfalls unbestritten. Man nahm ihm seine Rolle nicht nur ab, sondern war vom Einswerden des Schauspielers mit seiner Partie geradezu verzaubert: „Die Inszenierung heißt Josef Meinrad",[25] „Jeder Zoll der fahrende Ritter mit ein paar hundert Jahren Zugverspätung",[26] „Man kann sich in dieser Rolle keinen Besseren vorstellen",[27] „[...] wohl die

Blanche Aubry als Dulcinea und Josef Meinrad in der Titelrolle von Wassermans *Der Mann von La Mancha*, 1968 (WBR, HS, Nl. Meinrad)

Idealbesetzung".[28] Die hier angeführten Zitate sind tatsächlich nur ein Bruchteil der unzähligen Kommentare gleichen Inhalts.

Von besonderem Interesse ist natürlich ein Vergleich Meinrads mit dem Darsteller der Uraufführung. Eine Rezensentin, die beide Produktionen kannte, war Hilde Spiel:

24 Express, 5. Jänner 1968.
25 Volksblatt, 6. Jänner 1968.
26 Arbeiter-Zeitung, 6. Jänner 1968.
27 Neue Front, 13. Jänner 1968.
28 Freiheit, 11. Jänner 1968.

Mit seiner hager schlanken Figur und dem kühn gezackten Profil für den Doppelpart geradezu ausersehen, deckte er sich freilich nur mit einem ihrer gemeinsamen Wesenszüge: der milden Gemütsart und der gutmütigen Verblendung des Schwärmers. Meinrad trägt nicht, wie Richard Kiley in New York, den Irrsinnsblick des Paranoikers im Gesicht, besitzt kein Quentchen düsterer Dämonik, und er hat auch nicht Kileys volltönendes Organ, das den einprägsamen Songs „Ich bin ich, Don Quixote" und „Träume den unmöglichen Traum", solche Wirkung verlieh. / Dieser Schauspieler, dem Werner Krauss den Ifflandring vererbte, ist im Grundelement „treuherzig", eine ewig träumende Figur. Das ist ungemein liebenswert, jedoch für eine Erscheinung, die auch Schaljapin vorbildlich ausgefüllt hat, nicht ganz genug.[29]

Zum einen werden hier die sattsam bekannten stimmlichen Defizite Meinrads angesprochen, die auch von einem Gutteil der anderen Rezensenten thematisiert wurden. Der deutsche Kritiker Hans Menningen etwa wartete mit guten Ratschlägen auf: „[...] die Identifikation wird noch besser gelingen, wenn er seinen sängerischen Ehrgeiz bändigt und zum Eigenstil eines Sprechgesangs findet",[30] die meisten seiner Kollegen aber teilten mehr oder weniger die Meinung Oskar Maurus Fontanas: „Wohl mag der amerikanische Darsteller mit einer sieghaften Stimme aufwarten, aber Meinrad singt den Don Quixote mit einer Stimme, wie wir Europäer sie dem Don Quixote zutrauen."[31]

Der andere Kritikpunkt, den Hilde Spiel gegenüber Meinrad vorbrachte, zielt auf seine Rollengestaltung. Auch in dieser Hinsicht urteilten andere Rezensenten, wenn auch nur einige wenige, ähnlich. Helmut A. Fiechtner formulierte es so: „Obwohl er als Typus sehr gut der dargestellten Figur entspricht (was ja bei Schaljapin auch der Fall war), ist es doch zu viel ‚Meinrad', was er bietet."[32] Fast schon gehässig mutet die Bekundung Edmund Th. Kauers an: „Mir hat er nicht gefallen. Vor lauter Meinrad, gütig und versonnen schmunzelnd, eben gar kein Don Quixote, weder der grandios lächerliche des Cervantes noch der siegreiche Idealist Wassermans."[33]

---

29 Frankfurter Allgemeine Zeitung, 6. Jänner 1968.
30 Die Welt, 10. Jänner 1968.
31 Salzburger Nachrichten, 8. Jänner 1968; Frankfurter Rundschau, 11. Jänner 1968.
32 Die Furche, 13. Jänner 1968.
33 Volksstimme, 6. Jänner 1968.

Diese Kritiken rühren an ein zentrales Element der Meinrad'schen Darstellungskunst, das die Theaterwissenschaftlerin Regine Mayer folgendermaßen erläutert:

> *Grundsätzlich können zwei einander polar entgegengesetzte Typen von Schauspielern, der Verwandlungskünstler und der Persönlichkeitsspieler unterschieden werden.*
> *Der Verwandler besitzt die Fähigkeit, in den verschiedensten, die vollständige Entwicklung eines Charakters erfordernde Rollen durch täuschende Nachahmung jeweils ein anderer zu sein. Mit zahlreichen widersprüchlichen Eigenschaften behaftet, leidet seine unglückliche Natur zumeist unter Zwiespältigkeiten und Zerrissenheiten, sodaß sie förmlich nach Rollen lechzt, in die sie ihr unstetes Wesen gießen und zur Einheit verschmelzen kann. Oft stellt er die darzustellende Figur über das eigene Leben und empfindet den vom Dichter geschaffenen Charakter als eine Art Erlösung von sich selbst.*
> *Von ganz anderen Voraussetzungen geht der Persönlichkeitsspieler aus. Ihm schwebt bei der Gestaltung seiner Figur ein bestimmtes Persönlichkeitsbild vor, dem er selbsterzieherisch nachstrebt. Für die ihm übertragenen Rollen, die in einem geistig verwandtschaftlichen Verhältnis zu diesem Persönlichkeitsbild stehen müssen, setzt er seine Individualität ein, die aus seinem Inneren heraus nicht nur volle Gestalten, sondern u.U. auch eine bloße Hülse, die ihm der Dichter bietet, mit wirklichem Leben erfüllen kann. Die von ihm dargestellten Figuren sind also in hohem Maße er selbst, sodaß sein Rollenrepertoire zweifellos enger umrissen ist als das des Verwandlers. In den ihm gemäßen Rollen ist er jedoch meistens unübertrefflich. [...]*
> *Will man nun Meinrads schauspielerische Eigenart charakterisieren, so verkörpert er eindeutig den Typus des Persönlichkeitsschauspielers, dessen hochentwickelte künstlerische Individualität jeder Gestalt den geistigen Stempel seines ureigensten Wesens aufdrückt.[34]*

Meinrad hatte sich also die Rolle des Cervantes/Don Quixote auf eine sehr persönliche Art zu eigen gemacht. Entsprach er damit den Intentionen der Schöpfer des Musicals? Dazu liegt eine Aussage Wassermans vor, der einer Vorstellung in Wien

---

34 Regine Mayer, Josef Meinrad (Zur Popularität und Wirkung eines Schauspieleridols), Diss. Universität Wien 1995, S. 32f.

beiwohnte. Generell zeigt er sich „angetan" und „höchst überrascht", dass man in Wien mit weniger Dekoration und Technik auskam und sich auf „eine auf pures Theater reduzierte Version" einließ, „was zugegebenermaßen ja sehr viel schwieriger ist." Auch er lobt die Aubry in den höchsten Tönen, über Meinrad verlautete er: „Entzückter kann man von jemandem einfach nicht sein! Am liebsten würde ich ihn für New York stehlen…!"[35]

Natürlich ist nicht auszuschließen, dass der höfliche Gast mit diesen Worten nicht mehr als ein Gefälligkeitsurteil abgegeben hat. Immerhin hatte Wasserman die Möglichkeit, die Probe aufs Exempel zu machen, als er gemeinsam mit Leigh und Albert Marre, dem Regisseur der Uraufführung, von United Artists engagiert wurde, um eine Filmversion des Musicals zu schaffen. Tatsächlich glaubte Meinrad, zurecht oder nicht, Grund zur Annahme zu haben, dass er ein Kandidat für die Titelrolle in der Verfilmung sei.[36] Daraus wurde jedoch nichts. Wasserman, Leigh und Marre wurden nach den Screen Tests gekündigt. Als neuer Regisseur wurde Peter Glenville berufen, der jedoch ebenfalls entlassen wurde, als sich herausstellte, dass er die meisten Lieder eliminieren wollte. Daraufhin wurde Wasserman re-engagiert und Saul Chaplin sowie Arthur Hiller hinzugezogen, die den Großteil der originalen Musik retteten. Das Gerüst des Films war aber schon durch die früheren Teams festgelegt worden. Die Hauptrollen wurden schließlich mit Peter O'Toole, Sophia Loren und James Coco besetzt. Wer von den zahlreichen Entscheidungsträgern dafür verantwortlich war, ist nicht bekannt. O'Toole, der den Cervantes/Don Quixote verkörperte, ließ sich in den Gesangsnummern von Simon Gilbert vertreten. Als die Mezzosopranistin Marilyn Horne, die der Loren ihre Stimme hätte leihen sollen, die gleiche Gage wie der Filmstar forderte, wurden Dulcineas Lieder gestrichen oder soweit geändert, dass die Loren imstande war, selbst zu singen.[37] Der Film kam 1972 heraus und gilt als „nicht ganz geglückt".[38]

Mehr Glück hatte Meinrad mit der von Polydor produzierten Schallplatteneinspielung der deutschen Fassung: „Meinrad beteuert auch stereo, Don Quixote, der Mann von La Mancha, zu sein, der den unsagbaren Traum träumt und seine Dulcinea besingt".[39] Die Aufnahmen erfolgten am 20. und 21. Jänner 1968, nicht einmal drei Wochen nach der Wiener Premiere, im Konzerthaus. Der frühe Termin

---

35 Kurier, 23. Jänner 1968.
36 Express, 8. August 1968, S. 10.
37 www.imdb.com/title/tt0068909/trivia (abgerufen am 2. Jänner 2013).
38 Rippe, S. 465.
39 Kurier, 17. April 1968, S. 9

Josef Meinrad in der Titelrolle von Wassermans *Der Mann von La Mancha*, 1968 (WBR, HS, Nl. Meinrad)

erklärt sich daraus, dass die Platte noch vor Ende der Aufführungsserie auf dem Markt sein sollte.[40]

Die vorläufig letzte *Mann von La Mancha*-Vorstellung im Theater an der Wien fand am 29. Februar 1968 statt. Danach begab sich Meinrad mit dem Ensemble des Burgtheaters auf eine Welttournee. Wie ernst er seine neue Berufung als Musicaldarsteller nahm, zeigt sich darin, dass er in New York die Gelegenheit nützte, dieses Genre am Ort seiner Entstehung, also gleichsam aus erster Hand, kennen zu lernen. An spielfreien Tagen wohnte er Broadway-Vorstellungen bei. So sah er etwa im März am Imperial Theater *Cabaret* und im April am Majestic Theater *Fiddler on the Roof*. Die Programmhefte haben sich in seinem Nachlass erhalten.[41]

> *Am 10. April erreichte den in Amerika weilenden Meinrad ein Telegramm Kutscheras: „Wiederaufnahme La Mancha Wien von Mitte Dezember 1968 bis Mitte Februar 1969 gesichert". Der Vertrag zwischen Meinrad*

---

40 Volksblatt, 23. Jänner 1968.
41 WBR, HS, Nl. Meinrad, ZPH 1502, Box 10.

und dem Theater an der Wien ist mit 23. April 1969 datiert und brachte dem Mimen eine erkleckliche Gagenaufbesserung. Vereinbart wurden 6.400 Schilling pro Vorstellung; damit waren aber auch die zwei Wiederaufnahmeproben abgegolten.[42]

Zuvor gastierte das *Mann von la Mancha*-Ensemble aber noch von 11. September bis 9. Dezember am Berliner Theater am Kurfürstendamm. Am 29. Oktober fand ein Abstecher nach Bad Godesberg bei Bonn statt.[43] Die ursprünglich geplante zusammenhängende, unmittelbar an die Uraufführungsserie im Theater an der Wien anschließende Tournee durch Deutschland und die Schweiz hatte sich in dieser Form nicht realisieren lassen, sodass die nächste und zugleich letzte Station, München, erst nach der Wiederaufnahme in Wien (20. Dezember 1968 bis 9. Februar 1969) zum Zug kam. Gespielt wurde dort am Deutschen Theater von 28. Februar bis 13. April 1969.[44]

In beiden deutschen Großstädten gab es Anlaufschwierigkeiten.[45] Das hatte auch mit einigen ungewohnt kritischen Rezensionen zu tun. So war für den deutschen ‚Kritikerpapst' Joachim Kaiser nicht nur die Musicalproduktion als Ganzes bloßes „Ekstasenfutter", auch die Hauptdarsteller beurteilte er eindeutig negativ. Selbst die gefeierte Blanche Aubry war nicht ausgenommen: „Eine spanische Dirne gerierte sich wie die Hexe einer provinziellen Verdi-Aufführung ältester Machart." Meinrad kam nicht viel besser weg: „Josef Meinrad, vom Typus her ein heiter idealer Don Quichotte, glaubte vielleicht zu sehr an den Text. Jedenfalls führte er darüber hinaus nur wenige Haltungen vor. Da änderte sich wenig, wurde wenig charakterisiert."[46]

Stimmen wie die Kaisers blieben jedoch in der Minderheit und bald strömte auch das Publikum in Berlin wie in München in Scharen zu den Vorstellungen. In Berlin, wo wegen der zunächst schwachen Auslastung zeitweilig eine Verkürzung der Vorstellungsserie ins Auge gefasst worden war; bemühte man sich sogar um eine Verlängerung, was sich aber aus Termingründen nicht realisieren ließ.[47]

Hinter den Kulissen wurde aber bereits einen Schritt weiter gedacht. Als eine der nächsten Produktionen entschied man sich am Theater an der Wien für *My Fair Lady*. Dieses Musical von Alan J. Lerner (Text) und Frederick Loewe (Musik)

---

42 WBR, HS, Nl. Meinrad, ZPH 1502, Box 5.
43 Holler, S. 253f.
44 Ebd., S. 254.
45 Ebd., S. 253–256.
46 Süddeutsche Zeitung, 3. März 1969.
47 Express, 9. November 1968.

nach George Bernard Shaws Schauspiel *Pygmalion* hatte seit seiner Uraufführung am 15. März 1956 in New York einen Siegeszug um die Welt angetreten.

Wien war eine der wenigen Städte, in dem sich der Erfolg nicht in dem erwarteten Ausmaß eingestellt hatte. Das lag zwar nicht allein, aber eben auch daran, dass man sich bei der Erstaufführung nicht an eine Regieanweisung Shaws gehalten hatte, wonach bei fremdsprachigen Aufführungen die Rolle der Eliza durch den ortsüblichen Dialekt zu charakterisieren sei.[48] Von 19. September 1963 an gastierte nämlich das Ensemble des Berliner Theaters des Westens, das vier Jahre zuvor die deutschsprachige Erstaufführung besorgt hatte, am Theater an der Wien. In dieser Produktion war Eliza naturgemäß ein Berliner Mädel mit entsprechender Sprachfärbung. Zwar konnten in Wien 112 Aufführungen en suite gespielt werden, doch wurde das Gastspiel von der Presse schlecht aufgenommen.[49]

1968 entschloss man sich daher eine ‚eingewienerte' Fassung zu produzieren, deren Text von Gerhard Bronner verfasst wurde. Zugleich versuchte man an den Erfolg, den Meinrad als Mann von La Mancha eingefahren hatte, anzuknüpfen und bot ihm die Partie des Henry Higgins an. Meinrad entschied sich angeblich während einer Überlandfahrt in seinem dunkelgrauen Rolls-Royce Silver Shadow, den er kurz zuvor zum Gaudium der Klatschpresse angeschafft hatte, für die neue Rolle.[50] Der am 8. Juni 1968 abgeschlossene Vertrag[51] trug Meinrad nunmehr eine Gage von 10.000 Schilling pro Vorstellung ein. Die Premiere war für ca. 10. September 1970 vorgesehen. Am 8. August 1968 meldete der *Express*:

> *Josef Meinrad spielt den Professor Higgins in der „Fair Lady" im Theater an der Wien.*
> *Burgschauspieler Josef Meinrad, der in seiner ersten Musicalrolle als „Mann von La Mancha" (das heißt als Cervantes, respektive Don Quijote) einen sensationellen Erfolg hatte, wird noch eine zweite Musicalrolle im Theater an der Wien spielen: Er hat einen Vertrag als Professor Higgins in der Eigenproduktion der „Fair Lady" des Hauses an der Wienzeile abgeschlossen.[52]*

---

48 Die Wiener Fassung *My Fair Lady* in der Originalbesetzung des Theaters an der Wien, CD-Booklet, Preiser Records, S. 7.
49 Brügge, S. 78f.
50 Neue Kronen-Zeitung, 27. Juni 1969, S. 9.
51 WBR, HS, NI. Meinrad, ZPH 1502, Box 5.
52 Express, 8. August 1968, S. 7.

Noch am gleichen Tag schrieb Kutschera an Peter Haensel, den Chef des Bühnenverlags Felix Bloch Erben: „Lieber Herr Doktor: In der Anlage überreiche ich Ihnen den heutigen ‚Express', aus dem Sie ersehen können, wie die Nachricht, daß Meinrad den Higgins spielen wird, aufgenommen wurde."[53] Meinrad war fraglos das Zugpferd der neuen Produktion und man hatte daher bei deren Terminisierung auf den dicht besetzten Terminkalender des Burgtheatermimen Rücksicht zu nehmen. Der Verlag wollte die *Lady* offenbar zu einem früheren Zeitpunkt herausbringen, als Kutschera mit Meinrad vereinbart hatte, und setzte sich letztlich durch. Während Meinrad in Berlin als Mann von La Mancha gastierte, erreichte ihn ein mit 8. Oktober 1968 datierter Brief Kutscheras,[54] dass die *Lady*-Produktion um zehn Monate vorverlegt werden müsse. Veranschlagt waren 70 Vorstellungen mit der Möglichkeit auf 100 zu verlängern.

Im gleichen Schreiben zieht Kutschera Meinrad bezüglich der Rollenbesetzung, insbesondere die Titelpartie betreffend, in sein Vertrauen: „Wenn Dir in dieser Richtung bzw. für die übrige Besetzung etwas einfällt, so bitte ich Dich um Deinen Rat und um eine entsprechende Nachricht." Wäre nicht schon der Umstand, dass das gesamte Ensemble um Meinrad herum gruppiert wurde, bemerkenswert genug, so zeugt die Möglichkeit zur Einflussnahme bei der Auswahl der Kollegen vollends von der singulären Stellung, die der Theaterdirektor und Regisseur der Produktion seinem Star einräumte. Dieser hat allerdings allem Anschein nach von seinem Recht keinen Gebrauch gemacht.

Die offizielle *Lady*-Premiere fand, nach einer Serie geschlossener Vorstellungen, am 18. November 1969 statt. Die Aufnahme bei Publikum und Presse war wiederum äußerst günstig. 17 Vorhänge wurden verbucht.[55] Josef Meinrad, urteilte der Kritiker des ‚Kurier', Herbert Schneiber, „läßt als Higgins maßgeschneiderte Pointierungskunst brillieren, rückt den trocken souveränen Henry glaubhaft in den Mittelpunkt, ohne sich ganz der emotionellen Tiefe des Pepi zu berauben. Rasanz im Dialog, in der Bewegung, im Sprechgesang – es fehlt an nichts."[56]

Mit der Rolle des Higgins bestätigte Meinrad seine Kompetenz als Musicaldarsteller, blieb aber hinter der Sensation, die er im *Mann von La Mancha* erregt hatte, zurück. Er wurde diesmal von Hugo Gottschlich, einem seiner besten Freunde, überstrahlt, der als Doolittle eine vergleichbare Traumrolle gefunden hatte wie seinerzeit Meinrad als Cervantes/Don Quixote. Viel beachtet wurde auch die Leis-

---

53 Brief von Rolf Kutschera an Peter Haensel (Felix Bloch Erben), 8. August 1968, in: WBR, HS, Nl. Meinrad, ZPH 1502, Box 4.
54 WBR, HS, Nl. Meinrad, ZPH 1502, Box 5.
55 Hamburger Abendblatt, 29./30. November 1969, S. 24.
56 Kurier, 19. November 1969, S. 11.

Josef Meinrad als Henry Higgins und Gabriele Jacoby in der Titelrolle von *My Fair Lady*, 1969 (WBR, HS, Nl. Meinrad)

tung der Rökk-Tochter Gabriele Jacoby, der mit der Darstellung der Titelpartie der künstlerische Durchbruch gelang.

Der Publikumszuspruch war wiederum groß genug, um eine Schallplatte mit den ‚Ohrwürmern' zu produzieren und eine zweite Vorstellungsserie anzusetzen, die im November 1971 begann. Die Kritiker bescheinigten der Produktion die alte Frische und bedachten die Darsteller der Hauptpartien wiederum mit viel Lob. Meinrad gab, so der Rezensent der *Presse*, „ein so liebenswertes Ungeheuer von einem Egoisten, daß das Publikum mit Recht schon über jede seiner Gesten jauchzt."[57] Sein Kollege von der *Wochenpresse* ergänzte, „man glaubt ihm zwar sein miserables Benehmen gegenüber Eliza nach wie vor nicht ganz, aber was macht das schon."[58] Auch die obligate Einschränkung, dass Meinrad eigentlich „kein Sänger" sei,[59] durfte nicht fehlen.

---

57 Die Presse, 16. November 1971.
58 Wochenpresse, 17. November 1971 (Nr. 46), S. 10.
59 Wiener Zeitung, 16. November 1971.

Josef Meinrad als Henry Higgins und Hugo Gottschlich als Alfred P. Doolittle in
My Fair Lady, 1969 (WBR, HS, Nl. Meinrad)

Von 15. September bis 8. November 1970 stand im Theater an der Wien wieder *Der Mann von La Mancha* auf dem Programm. Gastspiele führten das Ensemble, in dem sich nunmehr anstelle von Fritz Muliar Manfred Lichtenfeld und Peter Göller die Rolle des Sancho Pansa teilten, an das Grazer Opernhaus und das Große Festspielhaus Salzburg. Meinrad wurde von der Kritik u. a. als „der Goldschatz dieser Aufführung" bezeichnet.[60]

Er hatte sichtlich Geschmack am Musicalfach gefunden und betrachtete dieses offenbar verstärkt als zusätzliche Schiene seiner künstlerischen Tätigkeit. Am 9. Dezember 1971, also noch während der Wiederaufnahme-Serie von *My Fair Lady*, besprachen Meinrad, Kutschera und Heinrich Bauer, Direktor des gleichnamigen Verlags, die Möglichkeit, aus dem Lustspiel *Das Konzert* von Hermann Bahr ein Musical zu schaffen. Wenige Tage später bekannte Kutschera Bauer brieflich:

Ich habe nach unserem gemeinsamen Gespräch über die Möglichkeit, aus „KONZERT" ein Musical zu machen, noch einmal gründlich nachge-

60 Volksblatt, 20. 9. 1970.

dacht und finde die Idee glänzend und erfolgversprechend. Schon im Mai, als „KONZERT" im Volkstheater so außerordentlich erfolgreich gespielt wurde, habe ich die Möglichkeit einer Vermusikalisierung erwogen, muß aber zugeben, daß erst Meinrads Ideen zu dem Stoff mich überzeugt haben – da fiel der Groschen bei mir.[61]

Meinrad kannte das Stück sehr gut, hatte er es doch 1963 am Akademietheater selbst inszeniert. Kutschera ging nun sogleich mit Bauer, der als Rechtsnachfolger Hermann Bahrs über die Urheberrechte verfügte, eine Abmachung ein,[62] die er als bindend betrachtete.[63] Der Verlag bestritt jedoch deren Gültigkeit und führte ins Treffen, dass, ohne Bauers Zustimmung zwar keine Bearbeitung eines Bahr-Stücks vorgenommen werden könne, die Auswertungsrechte jedoch ausschließlich bei den Verlagen lägen.[64] Mit den Bedingungen, die Kutschera mit Bauer als Privatperson ausgehandelt hatte, war der Verlag keineswegs einverstanden. Da keine der beiden Seiten nachzugeben bereit war, scheiterte das Projekt bereits Ende Jänner 1972.

In der Volkstheater-Produktion des Lustspiels *Das Konzert* hatte Meinrads Burgtheater-Kollege Michael Heltau als Dr. Jura mit fulminantem Erfolg gastiert. Meinrad und Kutschera hatten ihn in der gleichen Partie in dem geplanten Musical vorgesehen, während Meinrad den Gustav Heink spielen sollte.[65] Anstelle von Bahrs *Konzert* ließ Kutschera nun Shaws Theaterstück *Arms and the Man* zu einem Musical umarbeiten. Es wurde 1973 unter dem Titel *Helden, Helden* mit der Musik von Udo Jürgens – und mit Michael Heltau in der Hauptrolle des Bluntschli – uraufgeführt. Heltau gelang damit ein ähnlicher Erfolg wie seinerzeit Meinrad als Mann von La Mancha. Über Nacht war er der neue Musicalstar Wiens. Ob das die Ursache war, dass sich Meinrad in der Folge aus dem Musicalfach völlig zurückzog, muss offen bleiben.

Nur einmal noch kehrte Meinrad auf die Musicalbühne zurück. Am 18. September (bis 29. November) 1981 wurde am Theater an der Wien *Der Mann von*

---

61 Rolf Kutschera, Brief an Heinrich Bauer, 15. Dezember 1971, in: WBR, HS, Nl. Meinrad, ZPH 1502, Box 4.
62 Rolf Kutschera: Brief an Heinrich Bauer, 20. Dezember 1971, in: WBR, HS, Nl. Meinrad, ZPH 1502, Box 4.
63 Rolf Kutschera, Brief an H. Bauer-Verlag, 10., 14. und 25. Jänner 1972, in: WBR, HS, Nl. Meinrad, ZPH 1502, Box 4.
64 H. Bauer-Verlag, Brief an Rolf Kutschera, 3., 12. und 19. Jänner 1972, in: WBR, HS, Nl. Meinrad, ZPH 1502, Box 4.
65 Rolf Kutschera, Brief an H. Bauer-Verlag, 25. Jänner 1972, in: WBR, HS, Nl. Meinrad, ZPH 1502, Box 4.

La Mancha wiederaufgenommen. Es war gleichsam ein Abschiedsgeschenk Kutscheras, der Ende 1982 die Direktion dieser Bühne niederlegte, an Meinrad, aber auch ans Publikum:

> *[...] mich erreichten immer wieder Anrufe und Briefe von jungen Leuten. Mit dem Inhalt, sie hätten von ihren Eltern so viel über dieses Werk gehört, ob es denn keine Chance gäbe, es wieder einmal zu spielen. Da sich das mit dem Wunsch von Josef Meinrad traf, für den der Don Quixote* **die** *Traumrolle ist, kam ich diesen Anregungen gern nach.*[66]

Meinrads Abendgage als Cervantes/Don Quixote betrug nun schon 15.000 Schilling, und er teilte sich diesmal die Vorstellungen mit Gideon Singer, nachdem er sich mit dieser Alternativbesetzung ausdrücklich einverstanden erklärt hatte.[67]

Die Presse war sich uneins darüber, ob der „Hit von einst" nun „stark"[68] oder eben „nicht gealtert"[69] wäre. Unabhängig davon herrschte aber Übereinstimmung, dass Meinrad, an dessen Seite Dagmar Koller als Aldonza/Dulcinea und Heinz Petters als Diener/Sancho Pansa agierten, Mittelpunkt der Aufführung war. Von „Josef Meinrad – wer denn sonst"[70] über „[...] scheint für die Darstellung des Ritters von der traurigen Gestalt auf die Welt gekommen zu sein"[71] bis „wie soll man so etwas dem Meinrad nachspielen",[72] geizten die Rezensenten nicht mit Superlativen. Differenzierter urteilt Eleonore Thun in der *Wochenpresse*: „Meinrad hat nicht mehr die Kraft der Stimme, die er damals hatte, als er diese traurige Gestalt kreierte, aber die Kraft der Überzeugung ist womöglich noch stärker geworden, unmittelbarer".[73]

Zieht man ein Resümee aus allen Kritiken, die sich mit Meinrads Leistungen als Musicaldarsteller befassen, so ergibt sich, dass im Wesentlichen drei Aspekte seiner schauspielerischen Eigenart angesprochen werden. Da ist einmal der hochprofessionelle Darsteller, der mit Präzision und vollstem Einsatz agiert und sein Handwerk bis ins kleinste Detail beherrscht. Zugleich schimmert in seiner Rollengestaltung immer etwas vom ‚guten Menschen' des privaten Josef Meinrad durch,

---

66 Ludwig Heinrich, La Mancha, in : Cercle Diplomatique 9 (1981).
67 Josef Meinrad, Brief an Rolf Kutschera, 24. November 1971, in: WBR, HS, Nl. Meinrad, ZPH 1502, Box 4.
68 Kurier, 20. September 1981, S. 13.
69 Neue Kronen Zeitung, 20. September 1981.
70 Wiener Zeitung, 20. September 1981.
71 Kurier, 20. September 1981, S. 13.
72 Neue Freie Zeitung, 26. Jänner 1981.
73 Wochenpresse, 23. September 1981 (Nr. 38).

was manchem Kommentator schon als ein Zuviel des Guten erscheint. Schließlich bestehen Defizite beim Singen, was aber meisterhaft kompensiert bzw. in die jeweilige Rolle integriert wird.

Alles in allem fand Meinrad seinen Möglichkeiten entsprechend also zu einer sehr persönlichen Auffassung vom Wesen eines Musicaldarstellers, die sich in Wien allerdings für mehr als ein Jahrzehnt – während der Ära Rolf Kutscheras als Direktor des Theaters an der Wien – als prägend erwies. Zu bedenken ist freilich, dass er den Nimbus, der ihn damals umgab, wohl nur in einer Zeit erreichen konnte, als es im deutschen Sprachraum noch keine Allrounder gab, wie sie das Genre Musical eigentlich erfordert.

Dagmar Koller

Josef Meinrad – mein Mentor

1968 war ich die Zweitbesetzung der Dulcinea im *Mann von la Mancha* im Theater an der Wien. Josef Meinrad spielte die Hauptrolle und Fritz Muliar den Sancho Pansa. Als Zweitbesetzung – die Hauptrolle spielte Blanche Aubry als Dulcinea – standen mir insgesamt drei Vorstellungen zu, die ich mir beim damaligen Theater-Direktor Rolf Kutschera erkämpfen musste. Ich setzte mich schlussendlich durch, die einzige Probe war für Samstag, 10 Uhr angesetzt. Kein einziger Kollege außer Josef Meinrad war erschienen. Daraufhin sagte Kutschera meinen Auftritt für Sonntag ab. Ich weinte bitterlich, worauf mich Josef Meinrad in seine Garderobe mitnahm und mit mir das Stück durcharbeitete. Danach ging er zufrieden ins Büro von Kutschera und sagte: „Das Mädel ist vollkommen studiert, die kann jede Rolle in- und auswendig, also lass uns die Vorstellung morgen spielen [...]."
Dieser Sonntag wurde für mich der große Durchbruch und ich wurde vom Fleck weg von einem deutschen Theaterdirektor für die Premiere in Hamburg engagiert. Es war mein Aufstieg, wie es im Buch steht, die Zweitbesetzung war über Nacht zum Musicalstar Nummer eins im deutschen Sprachraum geworden.
Josef Meinrad hat dann bei allen Wiederaufnahmen darauf bestanden, dass ich die Dulcinea spiele. Diese sehr glückliche Zeit, die ich mit Josef Meinrad verbringen durfte, ging bis in die 1980er Jahre und es wurde die Rolle meines Lebens. Nicht nur das; Meinrad hat auch darauf bestanden, sollte etwas nicht in unserem Sinne laufen oder inszeniert sein, schickt er mich zu Kutschera, um die Dinge wieder zurecht zu rücken. Dass ich mir damit keine Freundschaft mit Kutschera erkaufen konnte, war klar; ich wurde nur mit unangenehmen Dingen zu ihm

Ernst Hinterberger, Josef Meinrad, Dagmar Koller und Miloš Forman (von rechts nach links) nach einer Vorstellung von Wassermans *Der Mann von La Mancha* (WBR, HS, Nl. Meinrad)

geschickt. Pepi, wie ich Meinrad liebevoll nennen durfte, war immer der Liebe und Gute, ich aber die Böse mit schlechten Meldungen. Ich tat es trotzdem gerne, dafür durfte ich immer mit meinen Sorgen zu ihm kommen.
Er war also mein Mentor und ich seine Schülerin. Ein tolles Vorbild für uns alle, jede Probe hat er ausgespielt, sich nie geschont. Oft sagte ich zu ihm: „Bitte schone Dich doch!" „Nein," erwiderte er, „ich kann nur am Abend gut sein, wenn ich alles voll ausspiele und aussinge."
Das habe ich mir zum Vorbild genommen. Nie markieren, immer, auch bei den Proben, voll dabei sein. Das hat mich natürlich bei den Kollegen nicht besonders beliebt

gemacht, immer Vollgas zu geben, denn solche Proben dauern oft stundenlang und sind entsetzlich ermüdend.
Beide haben wir einmal, unabhängig voneinander, eine Vorstellung ‚versäumt'. Normalerweise bedeutet das für einen Darsteller den Todesstoß. Er in Salzburg und ich in der Kölner Oper. Gott, was war das für eine schreckliche und peinliche Situation für uns beide. Es war so wie das Ende von allem. Wir haben uns gegenseitig getröstet und es, so gut es ging, wieder gutgemacht. Meinrad konnte seine versäumte Vorstellung bei den Salzburger Festspielen nachholen, ich musste leider die komplette, ausverkaufte, Vorstellung von *My Fair Lady* ersetzen. Eine Riesensumme, da das Stück selten im Repertoire stand und ich daher auch alle Reise- und Hotelkosten der vielen Anreisenden mittragen musste. Jahrelang habe ich das Geld den Kölnern abgestottert. Ich habe nur durch Meinrad Trost bekommen, es ist wohl das Schlimmste, was einem Künstler passieren kann.
In meinem Leben waren Josef ‚Pepi' Meinrad und Guiseppe di Stefano jene beiden Künstler, die mich am meisten beeinflusst und geprägt haben. Ich danke beiden, aber insbesondere Josef Meinrad, für das ‚Durchhalten', damit ich ein ‚Leben für die Bühne' geben konnte und heute noch geben darf.

KARIN MOSER

„EXZENTRISCH – WAHRHAFTIG – ÖSTERREICHISCH":
JOSEF MEINRADS FILMROLLEN

Eine heisere, leicht brüchige, einprägsame Stimme mit wienerischem, mitunter böhmischem Einschlag erklingt unmittelbar in der Erinnerung, sobald der Name Josef Meinrad fällt. Es ist eine jener Nachkriegsstimmen, die unter Tausenden erkannt wird und nicht nur sofort zuordbar ist, sondern auch mit Bildern der Film- und Fernsehgeschichte verknüpft wird. Meinrad ist Teil des audiovisuellen Gedächtnisses Österreichs. Zahlreiche seiner Bühnenauftritte wurden vom damals neuen Medium Fernsehen für die Nachwelt festgehalten. Meinrads Kinoarbeiten der 1940er-, 1950er- und 1960er-Jahre liefen im Nachmittagsprogramm des Österreichischen Rundfunks, als das heimische Publikum meist nur FS 1 und FS 2 empfangen konnte. Mehrere Generationen wuchsen mit Josef Meinrad auf, viele – v.a. die Jüngeren – weniger, weil sie regelmäßig das Theater besuchten, sondern vielmehr weil er zu den Fixpunkten des TV-Alltags zählte. Für die damals kleinsten Fernsehzuschauer, war es aber eben wieder die Stimme, die sie über Jahre begleitete: Meinrad synchronisierte die Figur des Weisen und Erzählers in der launighistorisch angelegten Zeichentricksendung *Es war einmal ... der Mensch* (aka *Il était une fois ... l'homme*, F 1978– 1981, Regie: Albert Barillé).

Dass Josef Meinrad sich in die österreichische Erinnerungskultur eingebrannt hat, steht demnach in direkter Verbindung mit dem Medium Film, das in einer Zeitschlaufe Meinrads Bühnen-, Film- und Fernsehschaffen immer wieder ins Gedächtnis ruft (heute in Wiederholungen auf ORF III oder 3sat). Dabei wurde Meinrad von kritischen Zeitgenossen besonders hoch angerechnet, dass er mehr Bühnen- als Filmstar war. Anlässlich der Verleihung des Iffland-Ringes führte man gar in verteidigender Manier an, dass jene, die ihn bislang nicht recht kannten, ihn leider vorwiegend in „unrechter Manier" zu sehen bekamen – gemeint war, in unterhaltsamen, vielleicht sogar kommerziellen Unterhaltungsfilmen.[1] Auch Meinrad selbst konstatierte, dass der Iffland-Ring eine Verpflichtung mit sich brachte. Er stand ab nun mehr unter Beobachtung, musste viele Rollen ablehnen, was durchaus auch finanzielle Einbußen nach sich zog. Ernst Haeusserman

---

1   Hans Weigel Versuch über Josef Meinrad, Velber b. Hannover 1962, S. 9.

gegenüber bekannte Meinrad einst in diesem Sinn: „Der Iffland-Ring ist der teuerste Ring, den ich jemals gehabt hab'."[2]

Die im Nachlass erhaltenen Verträge belegen,[3] dass der Film Meinrad nicht nur gute Verdienstmöglichkeiten bot, sondern dass sein ‚Kinomarktwert' – allein von der ökonomischen Seite her betrachtet – schnell stieg. Für seine erste Filmrolle als Mehmed Agha in einer Episode der Produktion *Die Welt dreht sich verkehrt* (A 1947, Regie: J. A. Hübler-Kahla) wurden ihm vertraglich 250 Schilling Honorar pro Tag zugesichert. Für den tragenden Part des Staatsanwalts Bary in *Der Prozeß* (A 1948, Regie: G.W. Pabst) waren 10.000 Schilling vereinbart, für die Rolle des Pater Clemens in *Das Siegel Gottes* (1949, Regie: Alfred Stöger) konnte eine Pauschale von 22.000 Schilling ausgehandelt werden. 1950 ließ man sich seine Verkörperung des Zahlbruckners (eine Nebenrolle) in *Erzherzog Johanns große Liebe* (Regie: Hans Schott-Schöbinger) 30.000 Schilling kosten.

Im Verlauf der 1950er Jahre stiegen die Gagen im Filmgeschäft erheblich, um so mehr als deutsche und US-amerikanische Firmen über ein größeres Gesamtbudget verfügten. Jeweils für Nebencharaktere wurde Meinrad in Österreich 1955 ein Betrag von 100.000 Schilling gezahlt (*Seine Tochter ist der Peter*, Regie: Gustav Fröhlich), in Deutschland war jeweils ein Honorar von 30.000 D-Mark (*Auf Wiedersehen Franziska*, BRD 1957, Regie: Wolfgang Liebeneiner; *Die Trapp Familie in Amerika*, BRD 1958, Regie: Wolfgang Liebeneiner) vorgesehen. Für seine Darstellung Kardinal Innitzer in Otto Premingers *Der Kardinal* (OT: *The Cardinal*, USA 1963, Regie: Otto Preminger) erhielt Meinrad 50.000 D-Mark.

Das Filmgeschäft war damals folglich durchaus lukrativ. Dass Meinrad ein einträgliches Einkommen wichtig war, erklärte er selbst in Interviews.[4] Doch Meinrad hatte durchaus Spaß am Filmen, er bedauerte, viele lustige und leichtere Schwänke in Folge der Iffland-Ring-Verleihung abgelehnt zu haben. Aber waren seine Filmrollen tatsächlich – wie behauptet – durchwegs solcher Art, dass sich ein Burgschauspieler und erst recht ein Iffland-Ring-Träger darob zu genieren hatte?

KLEINE, GROSSE AUFTRITTE

Dampfende Schwaden entweichen einem Kessel, orientalische Klänge ertönen. Ein Schwenk nach rechts eröffnet Einblick in das Innere eines Zeltes. Ornamentbedeckte Teppiche, Decken und Vorhänge vermitteln ein exotisches Ambiente. Wachposten sichern den Eingang. Eine hochgewachsener schlanker Orientale

---

2   Demgemäß alles in Ordnung, Dokumentation, ZDF, 1975.
3   WBR, HS, Nl. Meinrad, ZPH 1502, Box 1 und 2.
4   Demgemäß alles in Ordnung, Dokumentation, ZDF, 1975.

tritt aus dem Hintergrund, mustert einen kleinwüchsigen Mann, zieht seine Peitsche hervor, präsentiert sie für einen Moment bedrohlich mit beiden Händen und lässt sich schließlich auf einem Diwan nieder. Josef Meinrads erster Auftritt auf der Kinoleinwand bleibt durchaus in Erinnerung (*Die Welt dreht sich verkehrt*). Schon rein optisch sind der kleine gedrungene Hans Moser, der hier Franz Xaver Pomeisl gibt, und Meinrad als Mehmed Agha ein Gegensatzpaar. Meinrads körperliche Größe wird durch den eng anliegenden, reich mit Mustern versehenen Rock und einer nach oben strebenden Turbankreation, die in einem Hutspitz endet, betont. Akzentuiert wird seine nach außen demonstrierte Überheblichkeit, die er dem kleinen Wiener Diener gegenüber ausdrückt, der sich im Jahr 1683 fälschlicherweise in ein türkisches Heerlager verirrt hat. Ein amüsantes Wortgefecht setzt ein, wobei der inhaltliche Witz durch den darstellerischen Kontrast seine Wirkung entfaltet. Meinrad gibt einen süßlich-herrischen Despoten, der sowohl seine Drohungen als auch seine verführenden Angebote in lautstarken Brüllorgien oder säuselndem Flüstern – aber immer klar artikuliert – darbietet. Dem gegenüber steht ein unbeeindruckter, in seiner Langmut verweilender Moser. Nuschelnd nörgelt er über flegelhafte Umgangsformen, die man auf beiden Seiten der Kriegsgegner findet, kommentiert mit leichtem Sarkasmus alles ihm Angedrohte und Offerierte. Mosers Gesten sind klein, abgehackt und nach innen gerichtet, Meinrads hingegen meist groß, rund und nach außen strebend. Er verkörpert seine Idee eines orientalischen Machthabers in jeder Bewegung, jeder Gebärde. Sein Gang hat eine wiegende, seine Gestik eine feminine Note.

Die zeitgenössischen Rezensenten konzentrierten sich ausschließlich auf den beliebten Volksschauspieler und Paraderaunzer. *Die Welt dreht sich verkehrt* war auch ein dezidierter Moser-Film, während die übrigen Darsteller, laut Kritik, „trotz manch haftender Leistung, meist Stichwortbringer in den humorig-besinnlichen Dialogen" blieben.[5] Zweifellos ist Moser der Star, er hat auch die Pointen, doch wie viel präziser, leichter umgesetzt und einprägsamer werden diese durch einen talentierten, gekonnt agierenden und kontrastreichen Partner, wie es Meinrad hier ist.

Nicht immer gelang es dem jungen Filmmimen Akzente zu setzen, wenn Inhalt und Dramaturgie des Films sich um andere Publikumslieblinge zentrierten. In *Es schlägt dreizehn* (A 1950, Regie: E.W. Emo) werden wohl Meinrad und Susi Nicoletti im Vorspann unmittelbar nach Theo Lingen und Hans Moser als „Hauptdarsteller" geführt, tatsächlich spielen sie aber nur vergebens gegen das Komikerduo an. Die Eifersuchtsszenen des jungen Paares wie auch das ängstliche,

---

5 Paimann's Filmlisten, 19. Februar 1947, S. 15; Österreichische Kino-Zeitung, Nr. 6, 1947, S. 1.

abwehrende Gebaren gegenüber dem mutmaßlichen Mörder Ferdinand Haushofer (Moser) wirken alsbald outriert. Treten Moser und Lingen einzeln oder gemeinsam in Erscheinung, bestimmen sie Rhythmus, Tonalität und Stimmung. Das übrige, durchaus stark besetzte Ensemble,[6] ist mitunter nur Staffage. Die Kritik folgerte entsprechend: „Hans Moser, der mit seiner Komik schon fast menschlich zu rühren versteht, ist bedeutend mehr als eine bewährte Kraft. Ihm nahe kommt recht publikumswirksam Theo Lingen. Der Rest der Darsteller arbeitete nach dem Rezept, das wir endlich ablegen sollten".[7] Gemeint war, wie in der Besprechung zuvor ausgeführt wurde, „nackte Routine".

Mitunter ist es aber auch die Umsetzung eines Stoffes, die Meinrad eine bestimmte Darstellung vorgibt und ihn, aber auch das gesamte Ensemble ungewollt grotesk erscheinen lässt. 1947 unternahm Alfred Stöger den Versuch, Aristophanes Komödie *Lysistrata* als Filmoperette mit kabarettistischem Einschlag zu realisieren und scheiterte kläglich.[8] Großteils wird hier ‚Theater' recht unambitioniert abgefilmt, es mangelt an einer klar ausgerichteten Inszenierung (Film, Operette oder doch Theater) und somit auch an dramaturgischer Spannung. Vielmehr plänkelt *Triumph der Liebe* von einer mehr oder weniger launigen szenischen Episode zur nächsten. Josef Meinrad spielt Kinesias, einen Söldner, der den Entschluss der Frauen von Athen, ihren Männern solange den Beischlaf zu verweigern, bis der Krieg beendet ist, mit Gewalt beggnen will. Er legt die Rolle dümmlich-brutal an, schwankt zwischen triebhaft liebeskrankem Jüngling, der seine Frau umschwärmt und alles tut, um ihr zu entsprechen, und herrischem Gebieter, der tobt und seiner Gemahlin Gegenstände entgegenschleudert, wenn er nicht bekommt, was er will. Eine Gesangseinlage von Kinesias und Myrrhine (Hilde Berndt) lässt von Seiten Meinrads zudem mehr Raimund als Aristophanes anklingen. Insgesamt ist sein Spiel – wie der Film an sich – wenig überzeugend.

Josef Meinrad war im Film öfter Neben- als Hauptdarsteller, doch hatte er sich schnell einen Namen gemacht, wurde gern auch in kleinen Parts besetzt und erhielt trotzdem eine prominente Nennung im Vorspann. In *Sarajevo* (aka *Um Thron und Liebe*, A 1955, Regie: Fritz Kortner) wird Meinrad etwa nach den beiden Protagonisten Ewald Balser und Luise Ullrich angeführt, unmittelbar vor Klaus Kinski, der als einer der Attentäter eine viel größere und bedeutsamere Rolle innehatte. Kinskis Auftritt als fanatisch wütender Aufrührer, der dem Haus Habsburg reine

---

6   Neben Meinrad und Nicoletti fanden sich im Darstellerstab etwa Walter Müller, Gusti Wolf, Lotte Lang, Hugo Gottschlich und Fritz Imhoff.
7   Österreichische Kino-Zeitung, Nr. 218, 1950, S. 7.
8   Vgl. dazu auch: Paimann's Filmlisten, 23. April 1947, S. 33; Österreichische Kino-Zeitung, Nr. 16, 1947, S. 6.

Verachtung entgegenbringt, ist unvergesslich. Meinrads Part als Chauffeur ‚Pepi' ist bedeutend kleiner. Er gibt einen legeren, abgeklärten Fahrer, der sich jovial-verbindlich zeigt, tatsächlich aber eine gewisse überlegene Arroganz an den Tag legt. Einen Streit zwischen seinem Kollegen (Hugo Gottschlich) und einem Serben unterbindet er nicht aus Toleranz, sondern weil er seine Ruhe haben will: „I sog olawei, jeder is, was er is. Aber was er auch sein mag, das hindert ihn nicht, ein Österreicher zu sein. Und wir alle sind Österreich. Viribus unitis, Fräulein! Prosit!" ‚Mit vereinten Kräften' war aber nicht nur ein Leitsatz Kaiser Franz Joseph I, sondern auch der Name jenes Schlachtschiffes, das am Ende des Ersten Weltkrieges versenkt wurde, und dessen auch filmisch dokumentierter Untergang den Sturz Habsburgs versinnbildlichte – eine der zahlreichen Anspielungen Fritz Kortners.

Am Part Meinrads lässt sich diese Endzeit eines Reiches und einer Generation nachvollziehen. Der sich souverän gebende, nationale Bestrebungen mit Wahlsprüchen übertönende und auf die anderen stets etwas herabblickende Chauffeur wird durch das erste Attentat aus seiner selbstherrlichen Illusion gerissen. Er hätte den Wagen lenken sollen, in dem sein Kollege, der ihm sogar 20 Kronen für den Tausch der Automobile gegeben hat, zu Tode gekommen ist. Das plötzliche Erwachen wird sofort mit Alkohol bekämpft und forthin mit Fatalismus betrachtet („Mir is scho olles wurscht!"). Seine Wesensänderung ist in jedem Moment körperlich nachempfindbar. Als das Thronfolgerpaar (Ewald Balser, Luise Ullrich) neuerlich den Wagen besteigt, um die Fahrt fortzusetzen, sind Aufmerksamkeit und Setting ganz auf die beiden ausgerichtet. Aber in dieser kurzen Sequenz ist es Meinrad, der die angespannte Stimmung vor Ort wiedergibt. Leicht gebeugt lehnt er über dem Lenkrad, greift sich ins Gesicht, wischt sich mit der Hand über die Stirn, blickt apathisch ins Leere. Man glaubt, ihn transpirieren zu sehen und schwer atmen zu hören.

Noch kleiner fiel sein Part in *Prämien auf den Tod* (A 1950) aus, obwohl er in der Fachpresse und in den Kritiken mehrfach sogar als Hauptdarsteller geführt wurde, was wiederum auf seinen Bekanntheitsgrad und seine Popularität schließen lässt.[9] Curd Jürgens' erste Regiearbeit versteht sich als psychologisches Drama. Der leidlich erfolgreiche, unsolide Versicherungsmakler Peter Lissen (Siegfried Breuer) will endlich den großen Coup landen. Seine leidenschaftliche Liebe für eine wohlhabende Schöne (Judith Holzmeister) macht den Wunsch zum Zwang. Fieberhaft und trunken sinniert er über die Lösung seines Problems. Plötzlich

---

9 Österreichische Kino-Zeitung, Nr. 140, 1949, S. 4; Österreichische Kino-Zeitung, Nr. 149, 1949, S. 2; Österreichische Kino-Zeitung, Nr. 152, 1949, S. 4.

betritt ein betrunkener Matrose (Meinrad) die dunkle, heruntergekommen Hafenschenke. Die schwarze Gestalt schwankt mit schleifend schweren Schritten, aber zugleich mit akrobatischer Leichtigkeit durch das expressionistische Licht- und Schattengewölbe. Der Seemann verlangt Schnaps, die Lichtquelle flackert über seinem Gesicht, das in ein Spiel aus grellen und dunklen Tönen taucht und die Ambivalenz seiner Rolle vorwegnimmt. Der Akquisiteur lädt den Betrunkenen auf einen Branntwein ein, der dankt, entdeckt eine Münze in seiner weiten Weste, beteiligt sich an der Rechnung und zieht in wiegend breiten Schritten wieder von dannen. Der heimatlose Seefahrer („Wohin nach Hause?") lässt Lissen nicht mehr los. In dem Lokal kennt keiner den Fremden. Im Delirium sieht Lissen die geisterhafte Gestalt (Überblendung) erneut ins Lokal schwanken. Er bittet das irreale Schattenwesen, Platz zu nehmen. Versichern möchte er ihn, einen völlig Unbekannten, den keiner kennt. Er dürfe allerdings kein Matrose sein. Ein kleiner Angestellter aus der Provinz wäre besser, korrekt gekleidet, nüchtern, mit ordentlicher Frisur. Jedes Detail seiner Wahnvorstellung verwirklicht sich unmittelbar. Meinrad eröffnet hierbei eine pantomimische Paradeleistung: Sein erstaunt stierer Blick formiert sich zu ernsthaften Gesichtszügen, um sanft in ein leichtes Lächeln überzugehen. Er streift mit beiden Händen durchs Haar, blickt in erleuchtender Erwartung nach oben und vollzieht eine optisch-körperliche Wandlung vom einfältigen Trunkenen zum wachen Schelm. Jeden Satz des manischen Lissen setzt er in Mimik und Gestik um, ein Rollenwechsel auf Stichwort vollzieht sich. Zum Abschluss verwandelt sich der zum Spießbürger gewandelte Matrose in die fiktive Gestalt des Oskar Zehner, gespielt von Curd Jürgens. Trick- und Lichteffekte sowie sphärische Klänge unterstützen Meinrads Spiel, doch ein direkter Vergleich mit Curd Jürgens, der die Figur weiterspielt, beweist seine größere Wandlungsfähigkeit. Jürgens bleibt im Vergleich in einer, seiner Darstellungsvariante verhaftet und erinnert letztlich immer wieder an den Schauspieler Curd Jürgens.

Noch mehr Anerkennung kommt Meinrads Schauspielkunst zuteil, wenn sie sich in einem Film entfaltet, der insgesamt als unterdurchschnittlich oder schlicht als misslungen deklariert werden muss. Überzeichnet süßlich und gegen Ende sogar filmtechnisch unsauber gearbeitet, gestaltet sich *Bezaubernde Arabella* (BRD 1959, Regie: Axel von Ambesser). Eine verarmte deutsche Professorentochter (Johanna von Koczian) reist zu ihrer Patentante nach London, um dort einen reichen Mann zu finden, zu ehelichen und ihrer Familie ein geregeltes Auskommen zu sichern. Ein blasierter wohlhabender Schriftsteller (Carlos Thompson) bietet an, ihr bei diesem Vorhaben behilflich zu sein. Einer der begüterten Anwärter ist Sir Archibald Duncan (Meinrad), ein Großwildjäger, der bereits drei Frauen in den Freitod getrieben hat. Ein Sammelsurium an erlegten und präparierten Raubtieren findet sich auffällig arrangiert in Duncans Heimstatt. Arabella hat sich auf das Treffen vorbereitet, gibt ihre Begeisterung für die Jagd und die Kunst der Tierpräparation kund und flirtet auf eigentümlich bizarre Weise mit dem betörten Millionär, der schnell ihre körperliche Nähe sucht. Beim afrikanischen Diner versucht der forsche Jäger schließlich die junge Frau zu verführen. Umgeben von ausgestopften Bären, Löwen und Tigern offeriert er schweren Palmblätterwein und Haschisch. Sein „farbiges Personal" wird in Suaheli angewiesen, jenes Lied darzubringen, welches beim Liebesfest der „Kolomatschen" erklingt. Golo, der afrikanische Diener, beginnt nun seinen Trommeln eine rhythmisch-ansprechende Melodie zu entlocken und stimmt in exotische Gesänge ein. Mit spasmischen Bewegungen und einem sinnlich erregten Mienenspiel verfällt Duncan (Meinrad) zusehends in einen Rauschzustand. Eindringlich phantasiert er vom feucht-heißen Busch, großen, schwarzen, sehnigen, leidenschaftlich zuckenden Gestalten. Mit einem Urwaldschrei leitet er zum Höhepunkt über: dem Erscheinen der Jungfrau, die sich den Freiern darbietet. Duncan ahmt die lockende Bewegungen der noch Unberührten nach. Die Arme seitlich von sich gestreckt schüttelt er den Körper ekstatisch, führt die Hände in anbietender Manier vor die Brust, begibt sich in einen exaltierten Tanzrausch, um letztlich die vom Wein benommene Arabella anzufallen und zu jagen. Tatsächlich ist diese Episode das einzig Sehenswerte dieser Produktion. Meinrads grotesk-komische Darstellung lässt jene „eruptive Spiellust" erkennen, die der Kritiker und spätere Direktor des Volkstheaters Paul Blaha 1975 so deutlich betonte.[10]

Exzentrisch ist auch Meinrads Part in *Ein tolles Hotel* (A 1956, Regie: Hans Wolff) angelegt, ein durchschnittlicher Klamaukfilm mit Theo Lingen in der Hauptrolle. Ein herrschaftliches Haus wird in Abwesenheit der Dienstgeber vom Personal zu einem Hotel umfunktioniert, um das Geld für eine unabsichtlich zerschlagene Vase zu verdienen. Einer der Gäste ist der Jazzmusiker Edi Schlawinsky (Meinrad), der – seiner Aufmachung entsprechend – aktives Mitglied des Art Clubs zu sein scheint. Sein Gesicht ziert ein fein rasierter Kotelettenbart, die Kleidung ist leger-mondän (locker hängendes Hemd mit geometrischen Mustern, Sportschuhe in linienförmigem schwarz-weiß Design, auffällig gesprenkelte Unterwäsche), sein Auftreten exaltiert-laut. Dass Schlawinsky gerade im Kinderzimmer untergebracht wird, lässt auf eine ironische Lesart der Produzenten schließen, die avantgardistische Ansätze schlicht als nicht ernst zu nehmende infantile Tollerei verstanden haben wollten. Über weite Strecken legt Meinrad den Charakter mit ernsthaftem Charme an. Der Jazzer verlangt nach absoluter Ruhe, um seine

10 Demgemäß alles in Ordnung, Dokumentation, ZDF, 1975.

Kunst entfalten zu können, die von den übrigen Gästen (und wohl auch vom Zielpublikum des Films) schlicht als Krawall empfunden wird. Schlawinsky umgibt der Hauch eines zornigen Rebellen, der seine Musik und Lebensauffassung energisch verteidigt. Letztlich muss aber alles in seichter Verharmlosung enden. Statt Jazz wird Schlagermusik mit Rock and Roll-Elementen dargeboten. Schlawinskys Rolle verkümmert zum galanten Charmeur, der sich – als der Schwindel um das scheinbare Hotel auffliegt – für das ungewollte Eindringen bei den Hausbesitzern höflichst entschuldigt.

„SEIEN SIE EIN MANN!"

Von Beginn seiner Filmlaufbahn an schwankt das von Meinrad verkörperte Männerbild zwischen verhalten, arglos, geschlechtslos bzw. cholerisch besitzergreifend und vermeintlich triebhaft lüstern, und zwar in variantenreichen Ausformungen. Einen wirklichen Draufgänger verkörperte Meinrad allerdings nie. Als undankbar erwiesen sich vor allem jene Rollen, in welchen er den guten, treuen Freund zu geben hatte, der einer verlassenen, alleinerziehenden Frau zur Seite stand, bis die wahre große Liebe der Angebeteten wieder ihren Platz einnahm (*Anni/Eine Wiener Ballade*, A/D 1948, R: Max Neufeld; *Auf Wiedersehen Franziska*, BRD 1957, R: Wolfgang Liebeneiner). Gegenüber den ‚echten Männern' und Frauenlieblingen (Siegfried Breuer, Carlos Thompson) gestalteten sich Meinrads Figuren farblos. Hingegen ermöglichten starke weibliche Charaktere einen mitunter spannungsgeladenen Schlagabtausch. In *Fregola* (A 1948, R: Harald Röbbeling) ist Dr. Wegscheider (Meinrad) der schüchterne, in sich gekehrte Gegenpart zur stets leidenschaftlich aufbrausenden Marika Rökk. Um über die französische Grenze zu kommen, gibt sich Fregola als Ehefrau eines neurotischen Wissenschaftlers aus. Um diese unliebsame Komödie nicht weiter betreiben zu müssen, inszenieren die beiden einen lautstarken Streit, der die Trennung des Paares plausibel machen soll. Fregola ist sofort in ihrem Element, kennt keinerlei Hemmungen – brüllt und tobt ohne Unterlass. Dr. Wegscheider zeigt sich von der Situation sichtlich überfordert. Sein Unbehagen drückt sich in seiner steifen Köperhaltung aus, unruhig knetet er sein Jackett, sucht nach Worten, verfällt ins Stottern:

> *Fregola: Schneller, schnell, ich habe keine Zeit. Beleidigen Sie mich doch!*
> *Wegscheider: Ich habe Hemmungen.*
> *Fregola: Ah, es wird schon gehen. Seien Sie ein Mann!*

Ansatzweise kommt Wegscheider dieser Aufforderung nach, erschaudert ob seines momentanen Ausbruchs und der Offenbarung einer etwas anderen Seite, die Fre-

Paula Wessely als Gabi Gärtner und Josef Meinrad als Franz in *Weg in die Vergangenheit*, 1954 (Filmarchiv Austria)

gola provoziert und zum Vorschein gebracht hat. Diese von ganz gegensätzlichen Emotionszuständen getragene ‚Kontroverse' ist von besonderem Reiz.

Ganz anderer Art ist das Spannungsverhältnis zwischen Gabi Gärtner (Paula Wessely) und Franz Nägele (Meinrad) in *Weg in die Vergangenheit* (A 1954, R: Karl Hartl). Die Figur der Gabi Gärtner ist von bedachtsamer, mütterlich anmutender Vernunft geleitet, Nägele von kindlichem, gut gemeintem Übermut getrieben. Der Film erzählt von Männern, an welchen der Krieg seine Spuren hinterlassen hat. Gabi Gärtner sucht vier Freunde auf, mit welchen sie einst eng verbunden war. Sie möchte Geld leihen. Ihr Mann (Attila Hörbiger) hat sich verspekuliert. Die Kameraden von früher haben sich jedoch verändert. Clemens, der Dirigent (Willi Forst), ist zu einem notorischen Geizkragen geworden. Die Angst, jemals wieder hungern zu müssen oder Entbehrungen ausgesetzt zu sein, sitzt bei ihm zu tief. Der Rennfahrer Werner (Willy Fritsch) hadert mit seinem Leben. Der große Erfolg blieb bisher aus. Er begeht einen Suizidversuch, um Gabi zu helfen, denn im Fall seines Todes erhält sie eine hohe Versicherungssumme ausbezahlt. Der Geschäftsmann Stefan (Rudolf Fernau) ist hart, streng, kühl, seinen Prinzipien treu

Paula Wessely als Gabi Gärtner und Josef Meinrad als Franz in *Weg in die Vergangenheit*, 1954 (Filmarchiv Austria)

und stolz auf seinen über Nachkriegstransaktionen erworbenen Reichtum. Er versucht Zuneigung zu erzwingen – jedoch ohne Erfolg. Seine Frau hat ihn verlassen, seine kleine Tochter fürchtet ihn. Der jüngste, der Friseurmeister François (Franz – Josef Meinrad) ist der sympathischste Charakter. Fröhlich und mit jugendlichem Übermut versucht er, Gabi zu helfen. Unüberlegt will er sich auf eine Geldheirat einlassen, um ihr die nötige Summe geben zu können. Sein Defizit erklärt sich aus dem Verhalten seiner starken älteren Schwestern, die während seiner Abwesenheit im Krieg das Geschäft weitergeführt haben und von ihrem neuen Recht als gleichgestellte Partnerinnen nicht mehr lassen wollen. Franz möchte sich um jeden Preis als Mann beweisen, den Schutzpart einnehmen und ernst genommen werden. Während die dominanten Schwestern als Furien gezeichnet sind, verkörpert Gabi das ‚weibliche Ideal'. Die kämpfende, liebende Ehefrau, die dem Mann Halt gibt. Sie fehlt im Leben der anderen Männer.

Willi Forst und Willy Fritsch sind gegen ihren Typ besetzt und wachsen in ihrer schauspielerischen Leistung über sich hinaus. Meinrad spielt in *Weg in die Vergangenheit* die eigentliche männliche Hauptrolle, ist der Primus inter pares.

Helga Martin als Hedwig und Josef Meinrad als Rudolf in *Familie Schimek*, 1956 (Filmarchiv Austria)

Immer wieder greift er ins Geschehen ein und rettet am Ende das Glück seiner mütterlichen Freundin Gabi. Tatsächlich scheinen Franz und Gabi ein eher familiäres Bündnis eingegangen zu sein. Sie ist die wirkliche große Schwester oder auch die dem herzensguten, aber noch nicht geformten Burschen den Weg weisende mütterliche Freundin. Der schwermütig tapferen Frau steht mit Franz ein lebensfroher, um Anerkennung ringender Partner gegenüber, der die Handlung immer wieder vorantreibt. Zu Recht kam dem Ensemble seitens der Presse großer Beifall zu. Meinrads Darstellung wurde besonders betont: „Hier ist Meinrad Schauspieler – und man versteht nun, warum die Wiener ihn so schätzen". „Die souveräne Beherrschung dieser etwas rührend-komischen Rolle ist ‚Oscar-reif'".[11]

Ein anderen Typus des anständig ehrlichen Charakters verkörpert Meinrad in den Produktionen *Familie Schimek* (A 1956, R: Georg Jacoby) und *Das Jahr des Herrn* (aka *Der Wallnerbub*, A 1950, R: Alfred Stöger). Als guter Samariter Karl rettet er der arbeitslosen Monika (Käthe Gold) das Leben, nimmt sich ihrer an

---

11 Filmblätter, Nr. 51/52, 24.12.1954, o. S.; Der neue Film, 1954, o.S., in: WBR, HS, Nl. Meinrad, ZPH 1502, Box 10.

und verschafft ihr eine Stellung in einer Wäscherei. Er denkt ans Heiraten. Als er jedoch von ihrem unehelichen Kind erfährt, das am Land in Pflege ist, schlägt seine Herzlichkeit in rasende Wut um. Belügen lasse er sich nicht, das Luder möge schauen, wo es bleibt. Ein Gespräch mit Monikas Freundin (Lilly Stepanek) bringt ihn zur Einsicht. Er hätte ohnehin keine ruhige Minute gehabt, nur seine Sturheit sei dazwischen gekommen. Zu Weihnachten zieht es ihn zu Monika ins Dorf, er lernt ihren Sohn, den „Wallnerbuben" (Karl Haberfellner) kennen, der mit seinem natürlichen Wesen sofort sein Herz erobert. Die Christmette besuchen die Drei gemeinsam. Schnitt, Lichtgestaltung und Kameraführung visualisieren die Predigt des Pfarrers, die sich um den schweren Entschluss des biblischen Josef rankt, sich gegen alle Widerstände für seine schwangere Braut Maria zu entscheiden, und deuten Monika, Karl und David als zeitgenössische ‚heilige Familie'.

Mit cholerischem Trotz reagiert auch der Tischlermeister Rudolf Baumann (*Familie Schimek*) auf den Verdacht, dass seine Verlobte Hedwig (Helga Martin) anderen Verehrern mit Zuneigung begegnet. Er tobt, wird laut, droht den angeblichen Kavalieren Gewalt an. Doch so schnell sein Zorn entbrennt, so schnell ist er auch schon wieder verflogen. Mit gesenktem Haupt, leiser reuiger Stimme gesteht er seine Liebe, bittet um Verzeihung und wird neuerlich erhört. Meinrad verkörpert hier den Vertreter der moralischen Instanz, eine Rolle, auf die in den 1930er und 1940erJahren wiederholt Paul Hörbiger abonniert war. Doch während Hörbigers Sittlichkeitsanspruch von brutaler Derbheit geprägt ist, dringt bei Meinrads Interpretation persönliche Verletzlichkeit durch. Karl und Rudolf sind gekränkt, hadern mit ihrem Stolz, lassen aber Gefühle zu, vergeben zuerst vor allem sich selbst und müssen die Frau nicht brechen, bevor sie wieder zu ihr finden.

Dem Anstand ein wenig entrückt sind jene Charaktere, die Meinrad etwa in *Opernball* (A 1956, R: Ernst Marischka), *Man ist nur zweimal jung* (A 1962, R: Helmut Weiss), *Rendezvous im Salzkammergut* (A 1948, R: Alfred Stöger) oder *Seine Tochter ist der Peter* spielt: Ehemänner oder Junggesellen, die einem Flirt nicht abgeneigt sind, aber letztlich zu ihrer Frau zurückfinden, eine Heirat anstreben oder ihrem Freund den Vorzug lassen. Ähnlich gestaltet sich die Rolle des Stefan Gregor in *Geld aus der Luft* (BRD 1954, R: Géza von Cziffra), der ein unlauteres, vor allem feucht-fröhliches Leben – allerdings nur berufsbedingt – führt. Als Talentmanager der Musikbranche zählen lange Nächte zum Alltag. Meinrad gibt hier einen Part, den eigentlich Peter Alexander hätte spielen müssen. Was Letzterer zu professionell leichter Schlagerunterhaltung macht, wirkt bei Josef Meinrad schlicht gekünstelt. Zwingt ein Regisseur Meinrad Klamauk auf, so kommt dies einer Aufforderung zum Versagen gleich. Er ist weder Spaßmacher noch Schlagerstar, sondern kann im humorigen Rollenfach einzig als Komödiant reüssieren.

Das Scheitern des Films liegt indes nicht allein bei seiner Fehlbesetzung, sondern am dürftigen Gesamtkonzept: Dümmlich-humorlose Dialoge, eine allgemein manierierte Darstellungsweise und laufend unmotivierte (und großteils beschämend schlechte) Musik- und Tanzeinlagen. Den besten und glaubhaftesten Part hat Meinrads Äffchen Chibi inne.

Vielmehr besticht Meinrad in seinen Rollen allerdings durch Vielfalt, Leichtigkeit und Tiefe. Dazu stellte sich bereits Ende der 1940er Jahre eine immense Popularität ein. In Ansätzen verschaffte er sich sogar den Ruf, ein ‚Frauenliebling' zu sein. 1951 sorgte *Eva erbt das Paradies* (aka *Abenteuer in Salzburg*, A 1951, R: Franz Antel), „eine Mischung aus kultiviertem Spiel und kommerziellem Erfolg",[12] für klingende Kassen im In- und Ausland. Meinrad eroberte als Hans Holzinger das Herz der Hotelkonkurrentin Eva Spanberger (Maria Andergast) und – laut Presse – auch die Zuneigung des weiblichen Publikums: „Nach den bisherigen Ergebnissen von der Leserumfrage einer österreichischen Zeitschrift schlägt der bekannte Burg- und Filmschauspieler Josef Meinrad alles, was bisher an Enthusiasmus für einen männlichen Star in unserem Lande beobachtet werden konnte. Die Wellen der Begeisterung sollen sogar so weit gehen, dass sich die Josef-Meinrad-Fans zu Josef-Meinrad-Klubs zusammenschließen, wie sie in Amerika dem Darsteller-Sänger Frank Sinatra gewidmet wurden."[13] Zudem interpretierte Meinrad gemeinsam mit Maria Andergast den Hans Lang-Schlager „Es kann im Paradies nicht schöner sein als hier...", was Gunther Philipp zum Kommentar veranlasste, man möge seinen Kollegen in Hinkunft „Bing Meinrad" oder „Pepi Sinatra" nennen.[14]

Wie weit Meinrad als ‚Frauenschwarm' neben Adrian Hoven (*Die unentschuldigte Stunde*, A 1957, R: Willi Forst), Rudolf Prack (*Fregola, Kaisermanöver*, A 1954, R: Franz Antel), Wolf Albach-Retty (*Seine Tochter ist der Peter; Man ist nur zweimal jung*), O.W. Fischer (*Triumph der Liebe*) oder Johannes Heesters (*Opernball*) wahrgenommen wurde, sei dahingestellt. Sicher ist, dass er wiederholt den Typus des vermeintlichen Schwerenöters gab. Erstmals brillierte er in dieser Rolle in *Mein Freund Leopold* (aka *Mein Freund, der nicht nein sagen kann*, A 1949, R: Alfred Stöger). Der Steuersekretär Leopold Bachmann pflegt mehrere Damenbekanntschaften, allerdings mehr aus Zufall als aus Berechnung. Kommt eine junge Frau in eine missliebige Situation (im Zuge einer Autopanne, aufgrund eines feststeckenden Schuhs oder eines ungünstigen Sitzplatzes), hilft er sofort galant

---

12 Österreichische Kino-Zeitung, Nr. 268, 1951, S. 2.
13 Österreichische Kino-Zeitung, Nr. 265, 1951, S. 6.
14 Ebd.

Josef Meinrad als Leopold und Susi Nicoletti als Elfi in *Mein Freund, der nicht nein sagen kann*, 1949 (Filmarchiv Austria)

bei der Lösung des Problems. Leopold ist weniger Frauenheld als Frauenversteher. Nach einem Heurigenbesuch mit seiner Zimmervermieterin Frau Dirrmoser (Elisabeth Markus) und deren Tochter Franzi (Elfriede Ott) kehrt man feuchtfröhlich nach Hause zurück. Im Scherz erklären Leopold und Franzi gegenüber der Hausmeisterin, dass sie miteinander verlobt wären. Am darauf folgenden Tag hat sich diese Kunde bereits bei der gesamten Hausgemeinschaft verbreitet. Franzi und Leopold, die keinerlei Zuneigung für einander empfinden, werden nun genötigt, eine Verbindung einzugehen, die sie beide keineswegs anstreben. Zudem hat der Steuerbeamte nun all seine flüchtigen Beziehungen aufzulösen. Sein Freund und Kollege Hans (Hans Olden), der selbst schon immer im Hafen der Ehe landen wollte und für Leopolds Lebenswandel kein Verständnis zeigt, unterstützt die Bestrebungen der zukünftigen Schwiegermutter: „Schluss mit den Gspusis. Eigentlich hast Du nie was davon gehabt. Du warst doch eh nur immer der Kümmerer!" Leopold ist ganz anderer Ansicht – es handle sich um Menschen, die ihn heiß liebten; am Ende, fürchtet er, entleibt sich eine der Damen noch seinetwegen.

Der kleine Steuerbeamte entpuppt sich als liebenswerter Träumer, der als Helfer in der Not auftritt und durchaus gerne in bübisch-charmanter Weise flirtet, tatsächlich aber von der Damenwelt ganz nach Belieben gelenkt wird. Die „narrische Elfi" (Susi Nicoletti) wird von Mode und Tratsch dirigiert, spricht ohne Unterlass. Hektisch hetzt sie Leopold durch die Stadt, lässt ihn Pakete tragen und die Zeche zahlen. Sie rät ihm zwar, endlich zu heiraten, denkt dabei aber nicht an sich selbst, da sie diesbezüglich bereits andere Pläne hat. Auch Lola (Helli Servy), die „angehende" Schauspielerin, hat längst einen bürgerlichen Fleischhauer (Franz Böheim) an ihrer Seite, der sie ein- für allemal von ihren „Filmallüren" abbringt. Die rasante und herrische Autofahrerin Trude (Senta Wengraf) wiederum will Leopold zu einer Falschaussage vor Gericht nötigen. Doch der geradezu naiv ehrliche Steuerbeamte bleibt bei der Wahrheit, wenn er sie auch – mehr als unbeholfen – zu ihren Gunsten auszulegen versucht. Trude wendet sich von Leopold ab und dem leger-selbstbewussten Taxifahrer (Hugo Gottschlich) zu, der die Schuld für den Verkehrsunfall letztlich auf sich nimmt, um ihre Gunst zu gewinnen. Leopold ist nur ein Lückenbüßer, ein netter, gutmütiger Kerl, den die Frauen allerdings als Partner nicht ernst nehmen. Es sind jeweils Stärke demonstrierende, tatkräftige Männer, die sich letztlich durchsetzen.

Doch während Leopold weniger durch sein aktives Zutun seine Bekanntschaften nebenbei verliert, machte er eine neue Bekanntschaft, die diesmal ihm behilflich ist. Steffi (Inge Konradi) leiht dem Unbekannten 50 Groschen für ein Straßenbahnfahrkarte, ohne einen Namen oder eine Adresse zu hinterlassen. Zufällig begegnet er ihr im Volksgarten wieder. Seine ungeschickte und unüberlegte Art wird von ihr nur mit einem souveränen, sanften Lächeln kommentiert. Agieren Meinrad und Konradi zusammen, überzeugen Tonmodalität, Blicke und Gestik. Ihr Spiel ist virtuos aufeinander abgestimmt und macht die Entwicklung des jeweiligen Charakters nachvollziehbar. Während Leopold hinter Elfi, Lola und Trude gebeugt hertrottet, ungelenk agiert und naive Hilflosigkeit demonstriert, wächst er gegenüber der selbstständigen Steffi zusehends aus seiner alten Rolle heraus. Ihre Feststellung, dass er ihr gegenüber unehrlich war, da er seine bevorstehende Verlobung verheimlicht hat, bringt Leopold sein, wenn auch ungewollt so doch unverantwortliches Handeln zu Bewusstsein und veranlasst ihn, erstmals sein Leben selbst in die Hand zu nehmen und Klarheit zu schaffen.

Mein Freund Leopold ist von eigentümlichem Charme getragen. Es vermittelt das Stimmungsbild einer Gesellschaft, die insgesamt weniger prüde erscheint, als es andere Produktionen der Nachkriegszeit vermitteln. Zudem wird die Welt der Bühne und des Films humorvoll zitiert und persifliert. Josef Meinrads Status selbst wird ins Feld geführt. So erklärt Franzi dem erstaunten und geschmeichel-

Hilde Wagener als Baronin Wulffen und Josef Meinrad als Major Böckl in *Sissi*, 1955 (Filmarchiv Austria)

ten Leopold, dass sie ihn nur deshalb im Rauschzustand geküsst hätte, da er ihrem Schwarm – einem Burgschauspieler – ähnle.

Die Episode rund um Lola spielt in den Wien-Film-Studios am Rosenhügel, wo Ernst Waldbrunn einen cholerischen Regisseur gibt, den der ungewollte Statist Leopold zur Weißglut treibt. Skurrile Kostüme und Figurenkonstellationen (griechische Gärtner und türkische Krieger mit Fez im Altertum) sowie kleine Tänzerinnen, die sich als zukünftige Stars sehen, verweisen auf eine absurde Scheinwelt. Die Zwielichtigkeit und Unseriosität der Branche wird vom Fleischhacker Karl, der Stimme des Volkes, auf das Tapet gebracht. Seiner zukünftigen Braut Lola werde er die Leviten lesen, schließlich sei die Schauspielerei kein Beruf für ein anständiges Mädchen. Seiner abschätzigen Meinung über die Filmwelt und deren Protagonisten lässt er freien Lauf. Gegenüber dem ‚Statisten' Leopold im antiken, kurzberockten Gärtnerkostüm meint er despektierlich: „Na blöd, sich das Gesicht so anzuschmieren. Genieren Sie sich denn gar nicht? Ois erwachsener Mensch in so an Kostüm herumzurennen?" Gekonnt und satirisch werden gängige Klischees

Richard Eybner als Postmeister und Josef Meinrad als Major Böckl in *Sissi*, 1955 (Filmarchiv Austria)

ins Treffen geführt, über die sich das Publikum mitunter empört, die aber auch den Reiz der Filmbranche ausmachen und die Zuschauer mitunter erst recht ins Kino treiben. Die akzentuierten Pointen und der spezielle Wiener Humor wurden von der Kritik betont, *Mein Freund Leopold* sogar zur besten österreichische Filmkomödie der Nachkriegszeit erkoren.[15]

Die Rolle des Steuerbeamten Leopold Bachmann erinnert in mancher Facette an jene des Gendarmeriemajors und späteren Oberst Böckl in der *Sissi*-Trilogie. Die Figur wird in *Sissi* (A 1955, R: Ernst Marischka) als übereifriger, aber unfähiger Sicherheitsbeamter eingeführt, eine Rolle, die Meinrad nahezu identisch in *Die schöne Lügnerin* (BRD/F 1959, R: Axel von Ambesser) wiederholt.[16] Böckl zeichnet eine rundum nervöse Physiognomie aus. Sein leptosomer Körper gibt jede Gefühlsregung wieder und erfüllt die Slapstickeinlagen mit einer Spur von

---

15   Österreichische Kino-Zeitung, Nr. 179, 1949, S. 20.
16   Man ist bei Meinrads Darbietung an Karikaturen des Grafikers und Malers Fritz Schönpflug erinnert.

komischer Würde. Eine Variation dieses grotesken Narren führt Meinrad in *Sissi – die junge Kaiserin* (A 1956, R: Ernst Marischka) fort. Böckl hat sich unsterblich in „seine Kaiserin" verliebt. Liebestrunken wankt er durch den Film, läuft seiner Herrin unentwegt als Bewunderer und mutmaßlicher Beschützer hinterher. Er ist die männliche Parodie eines verträumten, schmachtenden Mädchens. Weich und feminin, bisweilen ein wenig schwermütig, so ist Böckl in Teil II angelegt. Vor Gefahren weicht er zurück, schützt seine Augen vor einem möglichen Anblick des Grauens, fürchtet die Naturgewalten und lässt in jeder Bewegung sein feines Nervenkostüm gewahr werden.

Ein leichter Zug an neurasthenischer Überspannung ist in *Sissi – Schicksalsjahre einer Königin* (A 1957, R: Ernst Marischka) noch auszumachen, doch letztlich hat Böckl, der in ein eigenes (Liebes-)Leben zurückgefunden hat, eine erstaunliche Entwicklung durchgemacht. Wohl bewundert und verehrt er weiterhin Sissi, doch nutzt er jetzt die „Hingabe" und „Pflicht", um seinen nun gepflegten Liebeleien den Ernst zu nehmen. Die Reisewut der Kaiserin führt in von Land zu Land und von einer attraktiven ‚Sprachlehrerin' zur nächsten. Er ist forsch und übermütig, ergreift die Initiative, kennt keine körperlichen Hemmungen mehr, tanzt und küsst mit Leidenschaft und beweist schlicht Temperament. Der Filou übt in einem Moment sogar Kritik an seiner Gebieterin, die ihn mit ihrem Reisefieber langsam in den Wahnsinn treibt. Ihre Unerreichbarkeit macht seine ‚Liebe' vollkommen, da sie nie ihre Erfüllung finden wird, entzieht sie sich jeder Prüfung. Er selbst schafft sich dadurch ein Stück Freiheit. Ungebunden-gebunden ist er der Verantwortung enthoben.

Als Meinrad seinen Part in der Sissi-Trilogie übernahm, war er in Österreich längst schon eine Bühnen- und Filmgröße. In Deutschland hingegen war man Ende der 1950er Jahre vielmehr erstaunt, dass es der Darsteller des Oberst Böckl war, dem Werner Krauss den Iffland-Ring weitergegeben hatte. Josef Meinrad war sich dieser Kritik bewusst, merkte aber an, dass er, selbst wenn er bereits Träger dieser Auszeichnung gewesen wäre, die Rolle des Böckl in der Sissi-Trilogie angenommen hätte. Es würde sich hier um die aufwändige Umsetzung eines modernen Märchens handeln, dessen brauchte man sich nicht zu schämen,[17] so Meinrad.

PEPI NATIONALE

„Einfach – schlicht – wahrhaftig", so umschrieb Werner Krauss die Darstellungskunst Josef Meinrads und begründete damit seine Wahl des neuen Iffland-Ring-Trägers 1959. Doch er war nicht der erste, der sich dieser und ähnlicher

---

17 Demgemäß alles in Ordnung, Dokumentation, ZDF, 1975.

Hugo Gottschlich als Sepp Haberer und Josef Meinrad als Pater Clemens in *Das Siegel Gottes*, 1949 (Filmarchiv Austria)

Worte bediente, um sich dem ‚Phänomen Meinrad', dem Volksschauspieler und -liebling zu nähern. Verfolgt man nur die Filmkritiken, lässt sich ein Konvolut an Belegen finden, das den Zeitpunkt der derart formulierten Zuschreibungen ab 1949 festmachen lässt, und zwar rund um die Berichterstattung hinsichtlich seiner Verkörperung des Pater Clemens in *Das Siegel Gottes* (A 1949, R: Alfred Stöger). Das Beichtgeheimnis und die damit mitunter einhergehende Prüfung des Beichtvaters stehen im Zentrum des Films. Der weise, alte Pater Clemens erinnert sich an eine Begebenheit in der Frühzeit seines Amtes. Der Gutsherr Stefan von Mansfeld (Robert Lindner) und der Verwalter Michael Lambach (Alexander Trojan) buhlen um Andrea (Hilde Mikulicz), die ihr Herz an Letzteren verloren hat. Als ein Waldbrand ausbricht, steht der Verwalter unter Verdacht, diesen verursacht zu haben. Eine Falschaussage (vom Arbeitgeber gut bezahlt) von Sepp Haberer (Hugo Gottschlich), dem Jagdaufseher von Mansfeld, führt zur Verurteilung Michaels. Zwei Jahre vergehen. Andrea und Stefan stehen kurz vor ihrer Verehelichung durch Pater Clemens. In einem Streit verletzt von Mansfeld den Jagdaufseher Haberer schwer. In seiner Todesstunde beichtet dieser Pater Clemens seinen Meineid. Der Geistliche hadert mit seinem Unvermögen eingreifen zu können, das Beichtgeheimnis bindet ihn. Zwischen ihm und Stefan von Mansfeld kommt es zu mehreren Konfrontationen, wobei der Gutsherr dem Pfarrer auch Gewalt androht und in einen paranoiden Geisteszustand verfällt, bevor er sich nach einem nächtlichen Läuterungsprozess stellt.

Josef Meinrad gibt in diesem Film einen bedächtigen, in sich gekehrten Priester. Er vermeidet große, offene Gesten. Seine Hände lassen den Gemütszustand des Priesters erahnen. Er faltet sie, hält sie schützend vor sich, stützt mit ihnen seinen Körper, hält sich an ihnen fest. Seine wiederholt verschränkten Arme vermitteln deutliche Abwehr.. Immer wieder zentriert sich die Lichtquelle auf sein Antlitz. Vor allem während der Auseinandersetzung mit Stefan wird der Hell- und Dunkelkontrast zur Verdeutlichung der beiden Charaktere genützt. Den Drohungen des Gutsherrn begegnet Meinrad mit einem sanftem Lächeln, sein Tonfall bleibt stets der gleiche – ruhig, kaum von Zwischentönen getragen, seine Gefühlsregungen lassen sich am Augenspiel erahnen, offen legt er sie nicht. Meinrads Pater Clemens ist weniger herzlich offen, sondern vielmehr gläubig-verschlossen.

Sehr treffend kommentierte die Schriftstellerin Hilde Spiel 1975 Meinrads geistliche Parts, wobei ihre Einschätzung die Umsetzung des von ihm verkörperten zentralen Charakters in *Das Siegel Gottes* klar umreißt: „Ich halte Meinrad für eine Art Kleriker in den Rollen, die er gibt, die z.B. Heinrich Böll anprangert. Nämlich ein Kleriker, der mit einer gewissen salbungsvollen Frömmigkeit, Heiligmäßigkeit, die ganze Tiefe und Unerbittlichkeit [...] des katholischen Glaubens überdeckt. Und ich halte seine Kleriker für nicht ganz wahr."[18]

Die zeitgenössische Kritik war jedoch ganz anderer Meinung und bejubelte seine Leistung in einem Film, „dessen Wesen in all seinen Facetten österreichisch" sei. Meinrad spiele die Rolle des Priesters „mit sehr viel Innigkeit, vornehmer Zurückhaltung und großartiger Gestaltungskraft". Er könne „mit sparsamen, dafür aber um so wirksameren Mitteln den starken Seelenkampf, der in ihm lodert, darstellen." Meinrad wäre „liebenswert in seiner Einfachheit und Güte", strahle „Herzlichkeit", „Sympathie" und „menschliche Wärme" aus.[19] Dem Schauspieler wurde attestiert, sich „bereits für fast alle Rollenfächer qualifiziert zu haben". Er sei ein „Mensch ohne Maske", der sich nicht verstelle. Es mache den Anschein, er

---

18   Demgemäß alles in Ordnung, Dokumentation, ZDF, 1975.
19   Vgl. dazu die gesammelten Pressemeldungen der österreichischen Zeitungen zu *Das Siegel Gottes* in Österreichische Kino-Zeitung, Nr. 135, 1949, S. 5 sowie Österreichische Kino-Zeitung, Nr. 133, 1949, S. 6.

müsse sich „vielmehr maskieren", um die Unmittelbarkeit und Lauterkeit seines Wesens zu dämpfen.

1949 war der „Mythos Meinrad" demnach bereits geschaffen.[20] Der reale Mensch Josef Meinrad und der Schauspieler wurden als Einheit empfunden, ließen sich nicht mehr getrennt wahrnehmen. Meinrad selbst war daran sicher nicht unbeteiligt, wie auch Ernst Haeusserman konstatierte: „Ich glaube, er bemüht sich, das zu sein, was er ist. Nämlich mehr als ein netter, vielleicht sogar mehr als ein guter – mag' ein bissl pathetisch klingen – ein fast gütiger Mensch, und er ist ganz froh darüber, wenn das gelingt."[21]

Seine in der Öffentlichkeit wahrgenommene „Güte", seine „Ehrlichkeit", „Einfachheit", ja „Unfehlbarkeit" prädestinierten Meinrad offensichtlich für die Rolle des Klerikers. Dieser Ansicht war allen voran die katholische Kirche, die – so ranken sich die Gerüchte – nur ihn als Kardinal Innitzer in Otto Premingers monumentalen Film *The Cardinal* sehen wollte. Bekannt war, dass Meinrad sich als gläubiger Katholik verstand, einst – auf Wunsch seiner Mutter – sogar das Priesteramt ergreifen hätte sollen. Mitunter sah er sogar eine Notwendigkeit darin, seine christliche Gesinnung klar zu deklarieren. Seine Rolle des Leporello in *Don Juan* (A 1955, R: Walter Kolm-Veltée) etwa, eine Produktion der damals unter sowjetischer Leitung stehenden Rosenhügelstudios, veranlasste ihn dazu, dem amerikanischen Kulturattaché (Ernest Wilder Spaulding) in Wien gegenüber schriftlich zu erklären, dass „ich als Katholik, als der ich in weiteren Kreisen bekannt bin, nie der Kommunistischen Partei angehört habe, ihr nicht angehöre und dass ich nicht die Absicht habe, ihr beizutreten".[22]

Meinrad spielte den umstrittenen Kirchenfürsten, doch geplant war vorerst eine andere Besetzung. Sämtliche Quellen belegen, dass Otto Preminger ursprünglich Curd Jürgens für die Rolle Kardinal Innitzers vorgesehen hatte. Laut Presse mokierte sich die katholische Kirche über diese Wahl und erklärte, dass „der zum vierten Mal verheiratete Schauspieler Curd Jürgens wegen seiner Scheidungsaffären und Alkoholexzesse in jeder Weise ungeeignet" sei. Vielmehr wäre Josef Meinrad ein geeigneter Kandidat, um den Part Innitzers zu übernehmen, „nicht nur deshalb, weil er schon etliche Priesterrollen im Film und auf der Bühne würdevoll und lebensecht gegeben habe, sondern auch wegen seines tadellosen Lebenswan-

---

20 Abend, 10. Februar 1949, o.S. sowie „Mensch ohne Maske", Zeitungsausschnitt vom 21. März 1949 ohne Zeitschriftentitel, in: WBR, HS, Nl. Meinrad, ZPH 1502, Box 18.
21 Demgemäß alles in Ordnung, Dokumentation, ZDF, 1975.
22 Josef Meinrad, Schreiben an Wilder Spaulding, in: WBR, HS, Nl. Meinrad, ZPH 1502, Box 14.

dels und seiner Erziehung im Kloster".[23] Parallel brüstete sich die Zeitung *Express*, Preminger den Vorschlag unterbreitet zu haben, die Rolle mit Meinrad zu besetzen, nachdem eine Absage Curd Jürgens eingetroffen war.[24] Dagegen berichtete Meinrad in einem Interview, dass es Burgtheaterdirektor Haeusserman gewesen wäre, der ihn für die Besetzung Innitzers empfohlen habe: „Als Preminger mir erklärte, ich sei ja viel zu jung für diese Aufgabe und könne auch kein Englisch, wollte ich mich sofort verabschieden. Aber der Vertrag kam dann ohne Vorsprechen und Probeaufnahmen zustande, und bei der Arbeit im Atelier war Preminger mein bester und nobelster Chef".[25]

Preminger, dessen Film über den Aufstieg eines amerikanischen Priesters auf der gleichnamigen Romanvorlage von Henry Morton Robinson beruhte, fügte eine im Wien des Jahres 1938 spielende Episode ein. Sein Interesse für das Verhalten des einzelnen in autoritär organisierten Institutionen führte dazu, dass auch die katholische Kirche in seinen Fokus kam.[26] Mit der Person Innitzer hatte er sich näher auseinander gesetzt und dem Aktenstudium entnommen, dass der Kardinal sich Hitler gegenüber freundlicher gegeben habe, als damals allgemein bekannt war.[27] Klar ersichtlich wird dieser Umstand in *The Cardinal*: Die Anschlusserklärung der österreichischen Bischöfe hat den Vatikan schwer getroffen.[28] Der Held des Films, Bischof Stephen Fermoyle (Tom Tryon), soll Kardinal Innitzer daher veranlassen, sich vom NS-Regime zu distanzieren. Innitzer glaubt jedoch fest, der katholischen Kirche Österreichs mit seinem Handeln einen Dienst zu erweisen und hofft auf die Bestätigung der bisherigen Privilegien durch die neuen Machthaber. Nach der Abstimmung über den ‚Anschluss' werden der katholischen Kirche jedoch sämtliche Rechte entzogen. Einer Kundgebung der katholischen Jugend vor dem Dom folgt die Verwüstung des erzbischöflichen Palais durch die HJ.[29]

---

23 Bild am Sonntag, 17. Februar 1963, S. 5, in: WBR, HS, Nl. Meinrad, ZPH 1502, Box 18; Gerd Holler, Josef Meinrad – „Da streiten sich die Leut herum...", Wien 1996, S. 213-214.
24 Express, 9. Juli 1963, o.S., in: WBR, HS, Nl. Meinrad, ZPH 1502, Box 18.
25 Die Presse, 17. Jänner 1964, S. 5, in: WBR, HS, Nl. Meinrad, ZPH 1502, Box 18.
26 Norbert Grob/Rolf Aurich/Wolfgang Jacobsen, Otto Preminger, Berlin 1999, S. 137.
27 Die Presse, 17. Jänner 1964, S. 5, in: WBR, HS, Nl. Meinrad, ZPH 1502, Box 18.
28 Die von Gauleiter Bürckel vorbereitete „Feierliche Erklärung der Bischöfe Österreichs" wurde vom Regime nachhaltig zu Wahlpropagandazwecken eingesetzt. Vgl. auch: Alfred Läpple, Kirche und Nationalsozialismus in Deutschland und Österreich. Fakten-Dokumente-Analysen, Aschaffenburg 1980, S. 181-197.
29 Die Szene verweist auf die katholische Jugendfeier am 7. Oktober 1938 und den gewalttätigen Sturm der HJ auf das erzbischöfliche Palais am darauf folgenden Tag. Zu den Ereignissen vgl. Maximilian Liebmann, Theodor Innitzer und der Anschluß. Österreichs Kirche 1938, Graz/Wien/Köln 1988, S. 190-203.

Obwohl die amerikanische Presse die Wiener Szenen als besonders übertrieben empfand, blieb Preminger nahe an den Fakten, wenn auch aus dramaturgischen Gründen fiktionale Elemente nicht ausgespart wurden.[30] Unter Preminger gibt Meinrad einen durchaus ambivalenten Kardinal. Er setzt seine Tonlage einen Akzent höher an, was seiner Figur eine süßlich herablassende Note gibt. Dem amerikanischen Kollegen gegenüber bagatellisiert er sein offenes Votum für den ‚Anschluss'. Es handle sich um seine persönliche völlig ‚unpolitische' Meinung. Hitler wolle Österreich, viele Österreicher wollen Hitler und wenn die Kirche diesen Bund segnet, würden sich daraus Vorteile ergeben. Auch das großdeutsche Selbstverständnis des historisch realen Kardinals[31] und gebürtigen Sudetendeutschen wird offenbar: Zwar hätten die Österreicher eine kulturelle Tradition, welche den Deutschen fehle, aber das Blut wäre nun einmal dasselbe, weshalb die Österreicher ein Teil Deutschlands werden wollen. Meinrad verleiht dieser Grundüberzeugung Innitzers in seinen Gebärden und im Tonfall Nachdruck. Überlegen, ja beinahe arrogant legt er seine Rolle an, weniger Sympathie als Abneigung für die Figur zieht diese Interpretation nach sich. Doch der Wandel bleibt nicht aus. Nach einer rüden Zurechtweisung durch Adolf Hitler ist Innitzer gebrochen, hat seine Selbstherrlichkeit eingebüßt, wird aber aus dieser neuen Haltung zum Helden hochstilisiert, der für sein Kirchenvolk einsteht und es nicht im Stich lässt. Die Versöhnung mit der katholischen Kirche war so gesichert.

Sowohl Preminger als auch die nationale und internationale Presse zeigten sich von Meinrads Leistung begeistert: Er agiere „glänzend" und „grandios". Seine „feine Ausdeutung der diffizilen Rolle hinterlasse einen besonders nachhaltigen Eindruck". „Mit ihm und durch ihn wird für Augenblicke klar, was der ‚Kardinal' eigentlich hätte sein können. Während Meinrads Spiel kommt einem all der riesige Hollywoodaufwand des Films naiv und unnötig vor".[32] Dass die filmische Präsentation Innitzers in der Presse positiver ausgelegt wurde, als sie tatsächlich war, lässt sich vielleicht auch mit dem Mythos des guten, sympathischen, gläubigen Österreichers Meinrad erklären, der selbst klare richtungsgebende Worte der Interpretation vorgab: „Es ist für mich eine sehr dankbare Rolle, weil ich hier einen mutigen Priester, Theodor Kardinal Innitzer, spiele, den ich selbst kannte. Ob alles

---

30 Films and Filming, Februar 1964, S. 28f.; The Monthly Film Bulletin, Vol. 31, Nr. 361, Februar 1964, 18f.; Sight and Sound, Vol. 33, Nr. 1, Winter 1963/64, S. 39; Films in Review, Vol. XV, Nr. 1, Jänner 1964, S. 46-48; Film-Dienst, Nr. 51, 18. Dezember 1963, S. 510.
31 Vgl. dazu: Läpple, S. 181.
32 Die Presse, 28./29. Dezember 1963, S. 5; Arbeiter-Zeitung, 19. November 1964, o. S.; Giessener Augenzeuge, 16. März 1964, o. S.; Abendpost, 18./19. Jänner 1964, o. S.; Hamburger Abendblatt, 21. Dezember 1963, o. S.; Express, 9. Juli 1963, o. S.; Variety, 16. Oktober 1963, o. S., in: WBR, HS, Nl. Meinrad, ZPH 1502, Box 18.

Josef Meinrad als österreichischer Ministerpräsident in *1. April 2000*, 1952
(Filmarchiv Austria)

historisch stimmt, werden später berufene Stellen zu entscheiden haben. Nach dem mir vorgelegten Drehbuchtext erlebt Kardinal Innitzer eine große Wandlung. Für seine Kirche und für sein Volk wollte er nur das Beste. Für mich wäre es undenkbar etwas spielen zu müssen, was nicht den Tatsachen entspricht oder was der katholischen Kirche schaden könnte".[33]

Und wiederum verschmolzen das ‚reale Ich' und das ‚fiktionale Ich' Meinrads. Selbst sein langjähriger Garderobier konnte sich diesem Eindruck nicht entziehen und brachte diese Fusion zweier Identitäten klar zum Ausdruck: „... er bietet überhaupt keine Angriffspunkte. [...] Er hätte auch Innenminister, Kardinal oder Botschafter werden können." [34] Dieser Meinung waren offensichtlich auch die heimischen Filmproduzenten, die Meinrad all diese staatstragenden Rollen darstellen ließen. So schien nur er dazu geschaffen, den Part des österreichischen Ministerpräsidenten im *1. April 2000* (A 1952, R: Wolfgang Liebeneiner) zu übernehmen. Dieser sogenannte „Österreich-Film" wurde von der Bundesre-

---

33 Aachener Volkszeitung, 17. April 1963, o. S., in: WBR, HS, Nl. Meinrad, ZPH 1502, Box 18.
34 Holler, S. 102.

Hilde Krahl als Präsidentin der Globalunion bei ihrer Ankunft in Wien mit der Stratosphärengondel in *1. April 2000*, 1952 (WBR, HS, Nl. Meinrad)

gierung in Auftrag gegeben und sollte als „großangelegter Dokumentarfilm über Österreich", die „historische und kulturpolitische Sendung des Landes in Europa zum Ausdruck bringen".[35] Mit Josef Meinrad hatte die ausführende Produktionsfirma Wien-Film frühzeitig einen Vertrag abgeschlossen, um zu verhindern, dass er anderweitig gebunden und nicht mehr verfügbar wäre.[36] Er war der ideale und allseits gewünschte Kandidat für diese Rolle. Und Meinrad führte den Part des verbindlich agierenden, patriotischen Staatschefs auch auf der Bühne des Apollo-Kinos fort, wo er anlässlich der feierlich inszenierten Premiere in Anwesenheit der österreichischen Bundesregierung, der alliierten Hochkommissare, des diplomatischen Korps, des Bundespräsidenten, des Bürgermeisters der Stadt Wien und des Stadtsenats, der Landeshauptleute, des Wiener Kardinals Theodor Innitzer und der Bischöfe von St. Pölten und Eisenstadt die Begrüßungsrede hielt.[37] In dieser

---

35 Barbara Fremuth-Kronreif, Der ‚Österreich-Film'. Die Realisierung einer Idee, in: 1. April 2000, hg. von Ernst Kieninger/Nikola Langreiter/Armin Loacker/Klara Löffler, Wien 2000, S. 27.
36 Ebd., S. 53.
37 Österreichische Kino-Zeitung, Nr. 330, 1952, S. 1.

betonte er, dass es sich bei dem dargebotenen Film um eine Komödie (nicht etwa um einen Dokumentarfilm) handle. Er bat daher, die „Herren Diplomaten, ihre undurchdringliche Berufsmiene für die Dauer unseres Spieles abzulegen". Weiters erklärte er: „Wir wenden uns aber auch an unsere Landsleute draußen, außerhalb der Mauern unseres Theaters und rufen ihnen zu: Wir haben nicht vergessen, dass Euer Alltag, ein Alltag der Arbeit und der Sorgen ist! [...] Meine Damen und Herren von der Presse: Niemand zu Leide ist dieser Film geschaffen worden, sondern einzig und allein Österreich zu Liebe. [...] Unterhaltet Euch gut, Ihr hohen Damen und Herren, diese Stunde lang. Nehmt die Wahrheit des Dargestellten im Geiste der Versöhnung entgegen, die das hohe Ziel dieses Landes ist – und lasst es nicht erlöschen auf Euren Mienen, das Lächeln der Humanität!"[38]

Der als Science Fiction getarnte Propagandafilm für Österreich brachte die damals gegenwärtige Lage aufs Tapet: Österreich war real seit sieben Jahren von den vier alliierten Mächten besetzt, die Verhandlungen über den Staatsvertrag führten zu keinem Ergebnis. In der filmischen Handlung dauert die alliierte Kontrolle bereits 55 Jahre an, die Vertragsverhandlungen werden laufend vertagt und die heimische Bevölkerung ist dieser Situation längst überdrüssig. Ein neuer Ministerpräsident hält seine Antrittsrede, in der er das Kontrollabkommen einseitig aufkündigt und Österreich für frei und unabhängig erklärt. Sofort greift die Globalunion ein und macht dem Land und seiner Bevölkerung den Prozess. Österreich ist nun genötigt, sich vom Vorwurf der akuten Aggression und der wiederholten Rückfälligkeit reinzuwaschen. Ein Aufgebot an ‚Schulfilmen', Requisiten, Archivalien, Museumsstücken, Kostümen, Schauspielern und Komparsen wird zum Einsatz gebracht, um die Unschuld des Landes und seiner Menschen unter Beweis zu stellen. Der Ministerpräsident ist nicht nur Politiker, sondern avanciert selbst zum Künstler, der arrangiert, dirigiert und inszeniert. Unter seinen Regieanweisungen werden ‚historische' Szenen nachgestellt und per Film vorgeführt. Die Heiratspolitik des Hauses Habsburg wird ebenso ins Feld geführt, wie die Friedfertigkeit, der Kunst- und Familiensinn der österreichischen Monarchen.

Versatzstücke der österreichischen Hoch- und Erinnerungskultur wie das Staatsopernballett, das Ensemble des Burgtheaters, die Wiener Philharmoniker, die Deutschmeisterkapelle, die Wiener Sängerknaben, die Spanische Hofreitschule und der ‚liebe Augustin' werben für Österreich. Kulturfilmsequenzen binden über Landschaften, Sehenswürdigkeiten und traditionelles Brauchtum auch die Bundesländer ein. Der Angriff auf die mit Laserstrahlern ausgerüstete Weltpolizei entpuppt sich als Heurigengelage, welches die Schutzmänner zwar vorübergehend

---

38   WBR, HS, Nl. Meinrad, ZPH 1502, Box 10.

Josef Meinrad als österreichischer Ministerpräsident in *1. April 2000*, 1952
(Filmarchiv Austria)

außer Gefecht setzt, letztlich aber dazu dient, die sprichwörtliche Wiener Gemütlichkeit („als Dolchstoß von hinten") über eine humoristische Episode ins Rennen zu führen. Das historisch geschönte, kulturell-tourismustaugliche Verteidigungsschauspiel endet in einer kostümballartigen Parade. Die Ursache der Besatzung, der Zweite Weltkrieg, der Nationalsozialismus oder gar die Beteiligung der österreichischen Bevölkerung an Gräueltaten bleiben ausgespart.

Meinrad gibt einen charmanten, verbindlichen, mit patriotischer Überzeugung und ohne Unterlass für sein Volk kämpfenden Ministerpräsidenten. Ist es nötig, agiert er energisch, ohne dabei jemals seine Contenance zu verlieren. In seiner äußerlichen Erscheinung erinnert er an Karl Schönböck, wohl auch um seiner Figur den Hauch eines eleganten Kavaliers zu verleihen. Seinen weiblichen Gegenpart als Präsidentin der Globalunion spielt Hilde Krahl. Ihre herbe Ausstrahlung und ihr unnahbares Wesen geben einen reizvollen Kontrast zur lieblichherzlichen Art des österreichischen Staatschefs und lassen ein Spiel mit männlichen und weiblichen Zuschreibungen zu. Doch während die weibliche Strenge negativ konnotiert und thematisiert wird („Sind Sie denn eine Frau?"), akzeptiert man die feminine Männlichkeit als spezifischen Ausdruck des österreichischen und somit positiv besetzten Charmes, der letztlich obsiegt. Weibliche Führungsstärke wird nur dann bejaht, wenn ihr zugeordnete feminine Seiten erfüllt werden. Auch hier findet sich mit Maria Theresia ein österreichisches Ideal – als langjährige Herrscherin mit Familiensinn, belegt durch die Geburt von 16 Kindern. Ihre Geschichte ist es auch, die erstmals Empathie bei der Präsidentin der Globalunion auslöst und den Grundstein für die Eroberung durch den österreichischen Staatsmann legt. Nach derEntdeckung der Moskauer Deklaration im Staatsarchiv (hier die Österreichische Nationalbibliothek) wird Österreich für unabhängig und frei erklärt, zwischen dem Präsidenten und der Präsidentin bahnt sich ein Happy End an. Am Ende muss jedoch eingestanden werden, dass all dies im Jahr 2000 stattfinden solle, während man jetzt erst 1952 schreibt.

Der *1. April 2000* wurde in Deutschland, der Schweiz, Belgien, Portugal, Norwegen, Finnland, Ägypten, in den USA, Peru, Ecuador, Brasilien, Argentinien, Frankreich, Luxemburg, Italien, Dänemark, Schweden, Türkei, Südafrika, Kanada, Bolivien, Chile und Uruguay gezeigt[39] und trug ‚Österreichs Sendung' repräsentiert durch Josef Meinrad in die Welt hinaus. Er verkörperte den Prototyp des ‚Homo austriacus', dem künstlerische Begabung, Friedfertigkeit und Toleranz ebenso bescheinigt wurden wie die einzigartige Fähigkeit, sich in die Seelen fremder Völker hineinzudenken.[40]

Dies prädestinierte ihn „als jenen Schauspieler der jungen Generation, der wie kaum ein zweiter das spezifisch Österreichische verkörpert",[41] im Dokumentarfilm *Pepi Columbus* (A 1954, R: Ernst Haeusserman) die Vereinigten Staaten als heimischer Botschafter zu bereisen. Am Beginn stehen Szenen aus dem ‚Privatleben' Meinrads. Zu Hause wird mit Hilfe seiner Frau Germaine und im Beisein eines seiner Hunde gepackt, Wörterbücher werden zusammengesucht. Man verabschiedet sich. Frei nach dem Motto „Ein Wiener entdeckt Amerika" wird nun die Reise angetreten. Sein Weg führt von New York über New England, nach Springfield, Chicago, St. Louis, New Orleans, Arizona, San Francisco, Los Angeles, um schließlich an den Ausgangspunkt der Amerika-Tour zurück zu kommen. Sehenswürdigkeiten stehen ebenso auf dem Programm wie ein Besuch auf einer Ranch. Kontakte zu Bühnenkolleginnen und -kollegen werden geknüpft, man tauscht sich

---

39 Österreichische Kino-Zeitung, Nr. 432, 1954, S. 1
40 Verena Moritz/Hannes Leidinger/Karin Moser, Streitbare Brüder. Österreich: Deutschland. Kurze Geschichte einer schwierigen Nachbarschaft, St. Pölten/Salzburg 2010, S. 261.
41 Ein Österreicher in Amerika, Zeitungsausschnitt 1953 ohne Zeitschriftentitel, in: WBR, HS, Nl. Meinrad, ZPH 1502, Box 6.

Edith Elmay, Hans Holt, Josef Meinrad und Margit Saad in *Rendezvous in Wien*, 1959 (Filmarchiv Austria)

aus, bringt einander die jeweilige Kulturtradition näher. Meinrad bewährt sich als perfekter Tourist und Mittler der Völkerverständigung. Er begeistert sich für Jazz in New Orleans, schließt Freundschaft mit dem kindlichen Step-Nachwuchs und trifft Österreicher in Hollywood, unter ihnen Helmut Dantine, Willy Eichberger (alias Carl Esmond), Paul Henreid, Gusti Huber, Heinrich Schnitzler. In Washington ist er mit der Austauschstudentin Elisabeth Hörbiger (Elisabeth Orth) verabredet, der er eine Ausgabe von *Mein Film* mit dem Konterfei ihrer Mutter Paula Wessely überreicht. Meinrad kommentiert seine Begegnungen, erläutert amerikanische Geschichte, verweist auf Vielfalt und Größe des Landes und vermittelt mitunter demokratisches Selbstverständnis. Der Film endet in Wien beim Heurigen. Meinrad erzählt von seiner Amerikareise und gibt seinen Kolleginnen und Kollegen (u.a. Susi Nicoletti, Hans Moser, Rudolf Prack, Fritz Imhoff, Winnie Markus, Erik Frey) ein Ständchen, in das letztlich alle einstimmen. Ein Schwenk über Wien und eine kurze Überblendung zu Washington beenden den Reisefilm, in dem Meinrad als Mittler zwischen Österreich und Amerika agiert.

Diese Rolle greift er – in abgewandelter Form – auch in der Komödie *Rendezvous in Wien* (aka *Whisky; Wodka; Wienerin*, A 1959, R: Helmut Weiss) auf, wo er als Legationsrat Ferdinand Windberger einen durchaus erfolgreichen, typisch österreichischen Wendehals gibt, der ein prestigeträchtiges Geschäft zwischen den Vereinigten Staaten, der Sowjetunion und seiner Heimat zum Abschluss bringen soll. Dazu findet sich ein „völker- und familienverbindender" Anlass. Der Komponist Alexander Marhold (Hans Holt) feiert seinen 50. Geburtstag, weshalb das österreichische Außenministerium dessen Söhne aus erster und zweiter Ehe nach Wien einlädt. Sascha (Peer Schmidt), der ältere, ist als Stiefsohn eines sowjetischen Funktionärs in Moskau aufgewachsen, während der jüngere, Bobby (Peter Weck), von einem amerikanischen Industriellen in den USA großgezogen wurde. Beide erweisen sich als ideologische Vertreter ihres Landes. Legationsrat Windberger versucht im Auftrag des Außenministeriums mit Hilfe der beiden Söhne ein Geschäft auszuhandeln – der amerikanische Stiefvater soll Österreich Geld zur Verfügung stellen, mit dem, durch Intervention des russischen Stiefvaters, von der UdSSR ein ‚neutraler' Satellit erworben werden kann. Marhold ist vom Besuch seiner Söhne wenig angetan, da er gerade im Begriff ist, sich von seiner dritten Frau Beate (Margit Saad) zu trennen, um seine Sekretärin Heidi (Edith Elmay) ehelichen zu können. Das Hausfaktotum (Susi Nicoletti) zeigt sich von den Heiratsabsichten ihres Arbeitgebers keineswegs begeistert und tritt für die Aufrechterhaltung der bestehenden Verbindung ein. Sascha und Bobby machen der Noch-Ehefrau des Vaters Avancen und buhlen um die Gunst der sich ‚neutral' gebenden Schwiegermutter. Dieses Werben lässt Marhold erkennen, dass er noch tiefe Gefühle für seine Gattin hegt. Er verwirft seine Trennungsabsichten und bleibt bei Beate. Heidi, die junge Sekretärin, wird von Legationsrat Windberger erst um- und letztlich abgeworben. Dem Beamten gelingt es mit ihrer Hilfe, das ‚astronomische' Geschäft abzuschließen.

Rendezvous in Wien fungiert ansatzweise als Fortsetzung von *1. April 2000* – Charme, Friedfertigkeit, Gemütlichkeit zeichnen die Österreicherinnen und Österreicher immer noch aus. Mittlerweile ist das Land aber frei, und die Besatzer werden mit eben diesen ‚österreichischen Eigenschaften' erfolgreich „weichgekocht". Der Satellit wird von den Russen bezahlt, von den Amerikanern geliefert und soll fortan den Donauwalzer in die Welt hinaustragen und das österreichische Selbstbewusstsein festigen.

Und doch unterscheidet sich *Rendezvous in Wien* von anderen heimischen Nachkriegsfilmen dieses Genres. Das offizielle Selbstbild wird letztlich nicht allzu ernst genommen und sogar in Ansätzen demaskiert. Eine bedeutende Rolle kommt hierbei der Figur Ferdinand Windbergers zu. Meinrad verleiht ihm eine quirlige, enthusiastische und durchaus komische Note. Mit patriotischer Begeisterung, Eloquenz, Taktik und gewitztem Charme setzt er sich für sein Land ein, ohne dabei seine Karriere außer Acht zu lassen. Opportunismus wird als diplomatisches Geschick ausgelegt, das über die politischen Systeme hinweg Erfolg verspricht. Diese Lebenseinstellung wird entlarvt, als sich Windberger dem russischen Sohn des Komponisten vorstellen möchte. Dieser zeigt sich vom sowjetischen Geheimdienst bereits bestens informiert. Der Beamte lässt sich mit einem gewissen Stolz die wichtigsten Stationen seiner Laufbahn darlegen. Mit seiner Verzückung ist es aber jäh vorbei, als klar wird, dass Sascha mehr weiß, als dem Diplomaten lieb sein kann:

> *Windberger: Ich bin Legationsrat…*
> *Sascha: Legationsrat Windberger, ich weiß, vom österreichischen Außenministerium.*
> *Windberger: Ah, das schau her. Ich hab gar nicht gewusst, dass ich so bekannt bin.*
> *Sascha: Ich bin über Sie genau unterrichtet, Windberger, Ferdinand. 1953 Botschaftsrat in Brüssel. 1946 Beobachter bei der Viererkonferenz. 1945 Unterstaatssekretär bei der provisorischen Regierung. 1938 bei der Machtübernahme durch die Nazis…*
> *Windberger: Ja, ja, ja, ich glaub's Ihnen, ich glaub's Ihnen. Reden wir doch nicht soviel über die Vergangenheit, reden wir doch über die Zukunft.*

Und als Sascha mit Windberger anstoßen will:

> *Sascha: Auf Ihr Wohl, Genosse!*
> *Windberger: Nicht, nicht so laut. Ich möchte nicht wieder einer von den ersten sein.*

Windberger ist demnach ein ‚Ehemaliger', der seit 1945 stetig die Karriereleiter hinaufsteigt.

In der Realität war dies tatsächlich kein Einzelfall. Von den staatstragenden Beamten der Zweiten Republik waren 113.000 ehemalige NSDAP-Mitglieder. Immerhin 47.598 blieben auf ihrem Posten.[42] Im Film wird der Diplomat mit NS-

---

42 Oliver Rathkolb, U.S.-Entnazifizierung in Österreich zwischen kontrollierter Revolution und Elitenrestauration 1945-1949, in: Zeitgeschichte, Nr. 9/10, 1984, S. 302.

Vergangenheit nach dem Trabantencoup mit dem schwierigsten Posten bedacht, welchen das Außenministerium damals zu vergeben hatte – er wird Botschafter in Bonn.

Meinrad, dem Volksschauspieler, war Ende der 1950er Jahre die beschwingte Liebenswürdigkeit bereits derart eingeschrieben, dass ein Hinweggehen über den ‚braunen Makel' der Figur allzu leicht gemacht wird. Den ‚echten' oder gar ‚bösen Nazi' nahm man ihm, den Publikumsliebling, nicht ab. Eine kurze – nicht zu ernsthafte – Koketterie ließ sich leichter akzeptieren und unterstrich die Idee einer kurzweiligen Fehlleitung, mit der sich die Mehrheit der Bevölkerung durchaus arrangiert hatte.

Trotzdem bleibt es bemerkenswert, dass eine Komödie der Nachkriegs- oder eigentlich schon der Wirtschaftswunderzeit den Konflikt zwischen Erinnerung und Verdrängung im Verlauf des Films immer wieder offen legt. Zurückzuführen ist dies auf das dem Drehbuch zugrunde liegende gleichnamige Stück von Fritz Eckhardt, wobei die Theatervorlage einen bedeutend sarkastischeren Humor aufweist.[43] In der filmischen Darstellung ist der Ausdruck weicher, der Witz hintergründiger. Eckhardt war selbst Betroffener der NS-Rassenideologie. Als ‚Halbjude', wie es in der NS-Diktion hieß, wurde ihm die Ausübung seines Berufes untersagt. Seine während des NS-Regimes verfassten Texte erschienen unter dem Namen seines Kabarettkollegen (im ‚Wiener Werkel') Franz Paul.[44] Eckhardts Vater Viktor fiel der Shoah zum Opfer.[45]

Die Filmkritik ignorierte die unliebsamen, nachhallenden Zwischentöne der verdrängten Vergangenheit, die allerdings aufgrund des adaptierten Drehbuchs sowie der schwungvoll-humorigen und vor allem auf den Ost-West-Konflikt abzielende Umsetzung reichlich gedämpft erschienen. Vielmehr zeigte man sich begeistert von einer „amüsanten Geschichte, deren politische Seitenhiebe sitzen und die von echt wienerischem Charme sprüht." Die Reklame versprach: „Heiter gesehene Ost-West-Gegensätze".[46] Die Verdrängung obsiegte frei nach dem in *Rendezvous in Wien* wiederkehrenden Kernsatz. „Vergessen wir doch die Vergangenheit".

---

43 Eckhardt schrieb eine Fortsetzung des Stücks unter dem Titel *Rendezvous in Moskau*. Siehe dazu: Karin Moser/Paolo Caneppele, Rendezvous in Wien (Helmut Weisz 1958), „Im Niemandsland des Kalten Krieges", in: Der österreichische Film von seinen Anfängen bis heute. Der österreichische Nachkriegsfilm, hg. von Gottfried Schlemmer/Brigitte Mayr, Wien 2003, S. 2-3.
44 Manfred Lang, Kleinkunst im Widerstand. Das Wiener Werkel. Das Kabarett im Dritten Reich, Diss., Universität Wien 1967, S. 118; Volkert Kühne, Deutschlands Erwachen. Kabarett unter dem Hakenkreuz 1933-1945, Berlin 1989, S. 371.
45 http://de.doew.braintrust.at/db_shoah_22631.html (abgerufen am 30. November 2012).
46 Film-Kritik, Nr. 657, 28.2.1959. Paimann's Filmlisten, 20. Jänner 1959, S. 1.

DIABOLISCHES FLACKERN

Am Beginn von Meinrads Filmkarriere, als er noch nicht der allseits bekannte und beliebte Wiener Schauspieler war, stand eine Produktion, die das Thema Antisemitismus und Rassenhass aufgriff und ihm die Möglichkeit bot, einen geradezu diabolischen Charakter zu geben. Mit *Der Prozeß* (A 1948, R: G.W. Pabst) wollten die Hersteller „Aufklärungsarbeit" betreiben, allen voran bei der „durch jahrelange antisemitische Erziehung vergifteten Jugend". Aufgrund des gewählten Filmstoffs und diesbezüglicher Angriffe, die nicht näher erläutert wurden, sah sich die ausführende Produktionsfirma bemüßigt, eine Stellungnahme in der *Österreichischen Kino-Zeitung* abzugeben, in der es unter anderem hieß: „Wir leben in einem Zeitalter, in dem der künstlich hochgezüchtete hitlerische [sic!] Antisemitismus Millionen Juden ins Unglück stürzte und ihre völlige Ausrottung beabsichtigte. Mit unserem Film wollen wir ein Kampfmittel gegen diese ungerechte Menschenverfolgung schaffen." Zudem zeigten sich die Hersteller überzeugt, „dass sich jeder Kinobesucher, der den Film *Der Prozeß* sehen wird, geistig und seelisch ergriffen, voll Abscheu vom Antisemitismus abwenden und in seinem Nebenmenschen nicht mehr den Juden, sondern seinen gleichberechtigten Mitbürger, oder einfach den Menschen sehen wird".[47] Die Erzeuger verbanden mit dem Projekt große Ambitionen, die jedoch wenig Verwirklichungspotential versprachen; vor allem angesichts der geringen Begeisterung des österreichischen Nachkriegspublikums für problematische Stoffe, umso mehr wenn diese die unliebsame unmittelbare Vergangenheit behandelten.[48]

Der Prozeß basiert auf einer historischen Begebenheit des Jahres 1882.[49] In einem ungarischen Dorf verschwindet Esther, ein junges Christenmädchen (Aglaja Schmid). Der ansässigen jüdischen Gemeinde wird ein Ritualmord unterstellt, tatsächlich hat sich Esther das Leben genommen, da sie das brutale Verhalten ihrer Dienstgeberin (Ida Russka) und die rohe Zurückweisung der eigenen Mutter (Maria Eis) nicht mehr ertragen hat. Eine von Baron Onody (Heinz Moog) und seiner Partei initiierte ‚Untersuchung' wird gegen die jüdische Gemeinde geführt. Parallel dazu bricht der unterschwellig stets existente Antisemitismus im Dorf aus,

---

47 Österreichische Kino-Zeitung, Nr. 46, 1947, S. 2.
48 Karin Moser, Zwischen Aufarbeitung, Distanzierung und Verdrängung. Nationalsozialismus im österreichischen Nachkriegsfilm der Jahre 1945-1955, in: Filmische Gedächtnisse. Geschichte – Archiv – Riss, hg. von Frank Stern/Julia B. Köhne/Karin Moser/Thomas Ballhausen/Barbara Eichinger, Wien 2007, S. 134.
49 G.W. Pabst wollte das Thema schon 1933 in Frankreich verfilmen. Sein Financier, der Zeitungsverleger Louis Dreyfus, befürchtete jedoch antisemitische Reaktionen in Frankreich. Das Projekt wurde zurückgestellt; vgl.: Hans-Michael Bock, Biografie, in: G.W. Pabst, hg. von Wolfgang Jacobsen, Berlin 1997, S. 272.

Josef Meinrad als Agha, Hans Moser als Pomeisl sowie ein Komparse in *Die Welt dreht sich verkehrt*, 1947 (Filmarchiv Austria)

wenige Stimmen der Vernunft verhallen und werden übertönt. Die vor Hass trunkene Meute steckt die Synagoge in Brand. Der Ruf der marschierenden Menge „Ungarn erwache!", Rassenterminologien sowie die willkürliche Verhaftung und Folterung der jüdischen Bevölkerung verweisen klar auf den nationalsozialistischen Terror, auch wenn hier ein historischer Stoff des 19. Jahrhunderts aufgegriffen wird. Dem engagierten christlichen Anwalt Dr. Eötvös (Ewald Balser) gelingt es schließlich, die gefälschten und erpressten Zeugenaussagen zu widerlegen, die jüdische Gemeinde wird freigesprochen.

Einen der Gegenspieler Eötvös' verkörpert Josef Meinrad. Waren schon seine ersten beiden Filmrollen in D*ie Welt dreht sich verkehrt* und *Triumph der Liebe* nicht unbedingt als Sympathieträger zu verstehen, so ist die Figur des Untersuchungsrichters Bary der schwärzeste Charakter, den er auf der Leinwand jemals darstellt. Der erst 21-jährige, unerfahrene Jurist wird mit der Prüfung der Anschuldigungen gegen die jüdische Bevölkerung betraut. Ein unsicherer, einfältig erscheinender junger Mann tritt Onody gegenüber. Leicht und auch allzu gern, lässt sich Bary vom Baron und seinen Parteigängern instrumentalisieren. Er erkennt die Chance, sich zu profilieren, wird zum Eiferer, der lügt, betrügt und Folter als eine durchaus angebrachte Methode der ‚Beweisfindung' ansieht und einsetzt. In keinem Moment ist der sympathische Meinrad zu erkennen. Er gibt einen biegsamen, nicht überaus klugen, aber berechnend-schlauen Untersuchungsrichter, der lusterfüllt nach unten tritt, nach oben flattiert und buckelt und sich in der derart erworbenen Machtposition eitel sonnt. Er gefällt sich in der Rolle des Menschenbrechers und stellvertretenden Henkers. Durch Geschrei verschafft er sich Gehör, diabolisches Grinsen gibt seinem lustvollen Gewalttrieb äußeren Ausdruck, seine im Verlauf des Films immer pfauenartigere Erscheinung und Gebarung vermitteln den stetig wachsenden Hochmut.

Seine Darstellung des „abgefeimten Schurken" wurde von der Presse anerkannt – „ungemein echt und glaubhaft", ja „großartig" sei seine Leistung zu bezeichnen.[50] Das Blatt *Die Tat* konstatierte bei den Darbietungen Josef Meinrads und Heinz Moogs sogar „zuviel der Initiative", weshalb „die Zuschauer einem eigenem Urteil und Kommentar enthoben" werden:

So bleibt das Publikum auf der Tribüne des Prozesses sitzen und hat keine andere Wahl, als die Folgerung fix und fertig in mehrfacher Auflage entgegenzunehmen. Vollends mit dem gesteigerten Finale, in welchem Pabst selbst den künstlerischen Geschmack dem Pathos der gepredigten Anschauung opfert, wird uns bewusst, dass man die Menschlichkeit vielleicht Urwaldbewohnern auf diese Weise beibringen könnte – wenn es nötig wäre. Eine öffentliche Diskussion mit löblich tendenziöser Absicht kann man aber im Bewusstsein der tatsächlichen Aktualität nur erfolgreich gestalten, wenn der passive Betrachter ins Gespräch einbezogen wird.[51]

Es bleibt dies eine der wenigen kritischen, zeitgenössischen Anmerkungen. *Der Prozeß* wurde vielmehr stürmisch gefeiert. Endlich hätte die österreichische Produktion ein Filmwerk geschaffen, das „sich mit den Spitzenfilmen des Auslands messen könne". Es handle sich um den ersten Film, der eine „sorgfältige Vorarbeit des Könners zeigt und keine Improvisation war". Man hätte „den Mut gehabt, ein Zeitproblem – wenn auch im historischen Gewande – anzugehen und es im Stil des neuen Realismus zu behandeln". *Der Prozeß* wäre von „geradezu dokumentari-

---

50 Österreichische Kino-Zeitung, Nr. 87, 1948, S. 4; Die Tat, 7. März 1948, o. S., in: WBR, HS, Nl. Meinrad, ZPH 1502, Box 18.
51 Die Tat, 7. März 1948, o. S., in: WBR, HS, Nl. Meinrad, ZPH 1502, Box 18.

schem Wirklichkeitsanspruch" und zeige „dem Leben abgelauschte Menschen".[52] Die Jury der Biennale gab den positiven Kritiken Recht. G.W. Pabst wurde für die beste Regieleistung des Jahres ausgezeichnet, Ernst Deutsch erhielt für seine Rolle des Tempeldieners Scharf den internationalen Preis für die beste schauspielerische Leistung zuerkannt.[53]

1969 erklärte Meinrad, dass G.W. Pabst ihm einst prophezeit hatte, dass er in Zukunft nur noch Bösewichte spielen werde. Dies wiederum habe ihn dazu veranlasst, gerade anders geartete Rollen anzunehmen.[54] Tatsächlich hielt er sich den restlichen Verlauf seiner Filmkarriere von allzu negativ gezeichneten Figuren fern. Einmal schlüpfte er noch in die Rolle des ‚Schurken', es sollte auch sein letztes Kinofilmengagement sein. In *Der Räuber Hotzenplotz* (BRD 1974, R: Gustav Ehmck) begeisterte er die Kritik und das kindliche Publikum, welches bei seiner Darbietung schauderte und mit großem Beifall reagierte.[55] Noch dreizehn Jahre nach der Premiere des Kinderfilms erreichte Meinrad der Brief einer jungen Frau, die enthusiastisch das Gruseln beschreibt, dass seine Darstellung des Magiers Petrosilius Zwackelmann bei ihr einst ausgelöst hatte: „Sie waren als Zauberer so fürchterlich, wie sie sonst wundervoll waren. [...] Sie haben die Fähigkeit selbst kleinen, belanglosen Rollen, Tiefe und Menschlichkeit zu geben."[56]

Seine Erscheinung und sein Ausdruck in *Der Räuber Hotzenplotz* stellten seine Wandlungsfähigkeit neuerlich, und im Film zum letzten Mal, unter Beweis: Mit gräulich-weiß getünchtem Gesicht, silbernem Umhang und spitzem Hut tänzelt Meinrad als Petrosilius Zwackelmann durch sein weitläufiges Schloss. Seine feingliedrigen Hände und seine filigrane Erscheinung geben ihm einen Hauch des Ätherisch-Unwirklichen. Sein physisches und schurkisches Wesen ist komplementär zu jenem des Räubers Hotzenplotz (Gerd Fröbe), der wuchtig, schwerfällig, täppisch und im Grunde recht gutmütig scheint. Petrosilius Zwackelmann hingegen ist gerissen, schadenfroh und von einer nicht fassbaren phantastischen Bedrohlichkeit. Er speit Feuer, schleudert Blitze und brüllt mit rauem Timbre, das seinem emphatischen Grimassenspiel einen ganz eigentümlichen Nachhall verleiht. Während der naiv-kindliche Räuber im Turm verwahrt wird, muss die nicht greifbare

---

52 Österreichische Kino-Zeitung, Nr. 87, 1948, S. 4; Ludwig Gesek, Drei Jahre österreichischer Nachkriegsfilm, in: Filmkunst, Bd. 1, Frühling 1949, S. 50–51.
53 Österreichische Kino-Zeitung, Nr. 111, 1948, S. 1.
54 Möchten Sie ein Ekel spielen?, in: Hör Zu 1969, ohne Nr., in: WBR, HS, Nl. Meinrad, ZPH 1502, Box 18.
55 Film-Telegramm, Nr. 8, 18. März 1974, S. 5; Düsseldorfer Nachrichten, 6. April 1974, o. S.; Delmenhorster Kreisblatt, 25. April 1974, o. S., in: WBR, HS, Nl. Meinrad, ZPH 1502, Box 18.
56 Janine Moinzadeh, Schreiben an Josef Meinrad vom 3. November 1987, in: WBR, HS, Nl. Meinrad, ZPH 1502, Box 1.

Gefahr des Magiers vernichtet werden. Petrosilius Zwackelmanns Zauber wird von einer Fee gebrochen, er taumelt, stürzt und rollt schließlich in eine brodelnden Brühe, Flammen bersten und erlöschen. Derart dramatisch-märchenhaft endet Meinrads kinematographisches Schauspiel.

RESÜMEE

> *Zum Volksschauspieler und zum Erfolgsschauspieler prädestiniert ihn seine besondere, sehr deckende Art des österreichischen Typischen. Er ist von außen her, von der Fassade her, freundlich und liebenswert, aber unter der Fassade ist alles Mögliche verborgen, was jederzeit durchschlagen kann. [...] Er ist sehr, sehr vielseitig. Er neigt natürlich dazu, harmlos zu sein und er ist manchmal vom Regisseur in dieser Hinsicht wahrscheinlich dorthin gedrängt worden, wo die Rolle nicht hingehört. (Hans Weigel)*[57]

Hans Weigels Typisierung der Bühnenkunst Meinrads lässt sich durchaus auch auf sein Filmwerk anwenden. Sein Filmschaffen zeugt von seiner darstellerischen Bandbreite: Geistlicher Würdenträger oder unbestechlich aufrichtiger Ehren- und Staatsmann, aber ebenso charmant-argloser Filou und Frauenversteher, der seine feminine Seite gekonnt zum Einsatz bringt. Seine faszinierende Ambivalenz wird in seinen diabolischen Charakteren besonders spürbar – sein gewinnendes Wesen schlägt mitunter in brutale Berechnung um. In kleinen Rollen in bisweilen (unter)durchschnittlichen Filmen beweist er oftmals eine Präsenz und Qualität, die ihn vom Rest deutlich abhebt. Und doch scheint es, hat ihn sein Status als Wiener Volksschauspieler seiner Vielseitigkeit zusehends beraubt. „Publikumslieblinge verharmlosen meistens, das ist eine alte Sache", brachte es Paul Blaha treffend auf den Punkt.[58] Aber es war auch Meinrad selbst, der die luftig-leichten Rollen bevorzugte, der selbst letztlich lieber beliebt als kantig war. Meinrads vielschichtiges Können, seine abwechslungsreichen Zwischentöne finden sich in seinen Filmen wieder, aber wie viel mehr davon hätten andere, neue Herausforderungen in einer anregenderen filmkünstlerischen Umgebung wohl noch zum Vorschein gebracht.

---

57 Demgemäß alles in Ordnung, Dokumentation, ZDF, 1975.
58 Ebd.

Trauerfeier vor dem Burgtheater am 26. Februar 1996 (Foto: Matthias Cremer)

Michael Heltau

Abschied und Dank

Es ist ein Abschied, nicht nur von einem Menschen, sondern auch von einer Ära.
In den 1950er Jahren war ich ein Schüler des Max Reinhardt-Seminars und habe, natürlich immer auf dem Stehplatz, die Theater sowie die Schauspieler und Sänger dieser Stadt kennengelernt; auch in diesen Jahren war nicht alles Gold, was glänzte. Vieles davon habe ich vergessen. Es ist auch nicht wichtig, in der Erinnerung Halbheiten aufzubewahren. Aber das Glück, das ich durch Theateraufführungen und, ja, durch Schauspieler, durch Bühnenmenschen im Volkstheater, im Theater in der Josefstadt, in der Staatsoper, in der Volksoper, im Akademietheater und im Burgtheater erfahren habe, das kann ich nicht für mich behalten, darüber muss ich reden – und einen würdigeren Anlaß kann es dafür nicht geben.
Ich werde oft gefragt, was ein Doyen tun kann. Es ist mir in diesen Tagen klar geworden. Josef Meinrad hat es mir klar gemacht: Rechenschaft ablegen. Und ich tue es auch im Sinne und im ausdrücklichen Auftrag der Doyenne Paula Wessely.
Was war das Burgtheater? Was kann, was soll es sein? Identifikation. „Die Schauspieler waren stärkste Persönlichkeiten. Es herrschte ein Reichtum des Tonfalls, eine suggestive Kraft." (Max Reinhardt)
In den gelungensten Aufführungen (Shakespeares *Was ihr wollt* in der Regie von Gielen, Schillers *Don Carlos*, Goethes *Stella*, der *Möwe* in Viertels Regie oder den Nestroy- und Raimund-Inszenierungen von Lindtberg, Steinboeck und Waniek) war das höchste Ziel des Theaters erreicht: Dass diese unverwechselbaren, großen Künstler sich im Ensemble zu einem gemeinsamen Ziel und auch einer gemeinsamen Sprache fanden. Im Dienst für einen Dichter. Ganz

selbstverständlich, ganz leicht, ganz ohne Erdenschwere, ganz ‚mozartisch' waren diese Abende unvergesslich und prägend. Und die Aussage, die Moral, der erzieherische Anspruch standen hinter dem emotionellen Erlebnis, hinter dem Vergnügen – keinesfalls zurück! Die Schauspieler haben sich mit dem Burgtheater identifiziert. Und das Publikum dieser Stadt, dieses Landes und über die Grenzen hinaus hat sich mit diesen Menschen und dem Haus identifiziert. Sie wurden zu Botschaftern für Österreich. Das war das Kapital. Von den Zinsen leben wir immer noch. Ich erlaube mir, das alles zu sagen, weil ich glaube, dass es Menschen gibt, die wissen, wovon ich rede.
Es ist legitim, es ist keine Schande, Vorbilder nicht zu erreichen. Aber wir müssen es *wissen*. Wir müssen uns informieren, interessieren! Interessieren für das, was vor uns war. Je mehr wir über die Vergangenheit wissen, umso inspirierter wird unsere Gegenwart sein. Ohne Vergangenheit keine Gegenwart und schon gar keine Zukunft. Ich glaube ganz fest, dass am Theater nichts Neues zu erfinden ist – alles schon dagewesen. Neu sind nur die Dichter. Da liegen unsere Chancen – und in der Wahrhaftigkeit, mit der wir unser Handwerk ausüben.
Ich habe in den letzten Tagen natürlich aufmerksam gelesen, was über Josef Meinrad geschrieben wurde. Und natürlich auch gesehen, was in dem Medium gezeigt wurde, dem ich eher kritisch und distanziert gegenüberstehe, dem Fernsehen. Was bleibt? Ein Gesicht, ein Ton, eine Persönlichkeit. Denn was ist zu sehen – in dem armseligen Kästchen? Ein Mensch. Von der Dekoration ist kaum etwas wahrzunehmen. Und so lange der Mensch da ist, vermisst man sie auch nicht, die Dekoration.
Sind Theatereindrücke, die 20, 30 Jahre und länger zurückliegen, festzuhalten? Ganz sicher in der Erinnerung von Menschen, die unmittelbar dabei waren. Aber wie stark, wie wahrhaftig, wie originell muss Theater, müssen Schauspieler sein, wenn sie nach so langer Zeit für die Legende den Wahrheitsbeweis antreten! Wenn sie uns

darüber hinaus klar und deutlich sagen: Das ist vorbei! Ob wir es uns eingestehen wollen oder nicht, ob wir es wahrhaben wollen oder nicht, ob man es gerne hört oder nicht: Das ist nicht Nostalgie - es ist Dankbarkeit, das gesehen, gehört zu haben. Das bleibt im Hirn, das bleibt auf der Netzhaut, das bleibt im Herzen. Es ist konkreter Besitz, der einzige, der mir etwas sagt. Wenn man also diese Erfahrung trotz der unbarmherzigen Beschränkung eines Mediums macht, das kaum mit Kunst etwas im Sinn hat, gereicht es dem Fernsehen zum Mindesten zur Ehre, etwas dokumentiert zu haben. Es bringt dem Fernsehen viele Menschen, die zusehen, die auf diesem Weg mit Schauspielern und Theater Bekanntschaft machen - quasi Bekanntschaft machen. Das sind Menschen, nicht Quoten. Josef Meinrad sagt wörtlich: „Man muss es gelernt haben, so zu sprechen, dass man verstanden wird. Das ist das unbedingt Notwendige, das technische Können. Und dann kommt die Begabung dazu. Die Sympathie." Es ist ein großes Missverständnis zu glauben, Nestroy, Raimund, Schnitzler, Hofmannsthal oder Thomas Bernhard hätten in österreichischer Umgangssprache geschrieben; es ist eine vollendete und für den Schauspieler sehr anspruchsvolle Kunstsprache. Diese Kunstsprache ist es nicht zuletzt, die große Dichter von Alltagsware - so erfolgreich sie auch sein möge - unterscheidet. Und Josef Meinrad beherrschte diese Sprache vollendet. Ein österreichisches Spezifikum ist die Musikalität dieser Sprache. Der schwellenlose Übergang vom Wort zur Musik, zum Lied. Vom gesprochenen Satz zum Couplet. Es hat schon seinen Sinn, dass das *Aschenlied*, *Brüderlein fein* oder eben ‚sein' *Hobellied* österreichische Lebensphilosophie geworden sind. Geliebte Hymnen.
Josef Meinrad hat nach Werner Krauss dem Ifflandring einen neuen Schliff gegeben, eine neue Facette, einen neuen Glanz. Das hat Werner Krauss ganz klar gesehen und in seiner Bestimmung gesagt: „Sie, lieber Josef Meinrad, sind für mich in Ihrer Einfachheit, Ihrer Schlichtheit,

Ihrer Wahrhaftigkeit der Würdigste!" Es hat in all seinen Rollen keinen Bruch zwischen der Person Josef Meinrad und der Rolle gegeben. Er war kein Versteller. Seine Natur war sein Stil, sein Stil war Natur.

Es ist Zeit seines Lebens viel über die sprichwörtliche ‚Bescheidenheit' von Josef Meinrad gesprochen und geschrieben, viel hineininterpretiert worden. Bescheidenheit aber heißt im ursprünglichen Sinn nichts anderes als: Bescheid wissen. Josef Meinrad, der nach dem Wunsch seiner Mutter Priester hätte werden sollen, hat nicht die Regeln des geistlichen Standes, er hat die strengen, goldenen Regeln des Schauspielerstandes gelebt.

Die Rollen, die Theaterstücke gehören uns allen. Was macht dann die großen Schauspieler aus? Dass sie den berühmten Rollen, die uns allen gehören, etwas von der eigenen Person geben, das die Figur reicher, verständlicher, typischer und intimer macht. Sein Frosch in der *Fledermaus* war laut Programmheft von Haffner und Genée, aber er hatte die Gnade von Josef Meinrad. Und sein Don Quijote, den er mit unseren Kollegen Blanche Aubry und Fritz Muliar im Theater an der Wien spielte, hatte mehr von Cervantes als vom Broadway.

Ich versuche mir vorzustellen, wie verlassen, wie traurig diese unvergleichliche Theaterstadt nach dem Tod von Josef Kainz oder Alexander Girardi war. Warten auf Kainz? Das kommt nicht wieder! Warten auf Girardi? Das kommt nicht wieder. Warten auf Josef Meinrad? Das ist vorüber, das kommt nicht wieder, dieses Kapitel ist abgeschlossen. Liebe, Demut, Geduld, Bescheidenheit, Hoffnung auf die Gunst der Konstellation.

Alles Glück, aller Segen der Theatergötter allen neuen Unternehmungen. Gott schütze das ehrbare Handwerk!

(Rede auf der Feststiege des Burgtheaters bei der Verabschiedung von Josef Meinrad am 26. Februar 1996)

FILMROLLEN

ZUSAMMENGESTELLT VON CHRISTIAN CARGNELLI

1947

DIE WELT DREHT SICH VERKEHRT

Regie: J. A. Hübler-Kahla. Produktion: Österreichische Wochenschau- und Filmproduktion Hübler-Kahla & Co (Wien). DarstellerInnen: Hans Moser, Karl Skraup, Thea Weis, Josef Meinrad (türkischer Offizier), Marianne Schönauer.

TRIUMPH DER LIEBE

Regie: Alfred Stöger. Produktion: Wiener Mundus-Film (Wien). DarstellerInnen: O. W. Fischer, Judith Holzmeister, Paul Kemp, Hilde Berndt, Josef Meinrad (Kinesias).

1948

DER PROZESS

Regie: G. W. Pabst. Produktion: Österreichische Wochenschau- und Filmproduktion Hübler-Kahla & Co (Wien). DarstellerInnen: Ewald Balser, Marianne Schönauer, Ernst Deutsch, Josef Meinrad (Untersuchungsrichter Bary), Heinz Moog.

RENDEZVOUS IM SALZKAMMERGUT

Regie: Alfred Stöger. Produktion: Wiener Mundus-Film (Wien). DarstellerInnen: Inge Konradi, Hertha Mayen, Josef Meinrad (Peter Baumkirchner), Hans Holt, Harry Fuss.

ANNI. EINE WIENER BALLADE

Regie: Max Neufeld. Produktion: Styria-Film (Wien), Berna-Film (Wien). DarstellerInnen: Elfie Mayerhofer, Siegfried Breuer, Josef Meinrad (Heinrich Buchgraber), Elisabeth Markus, Annie Rosar.

FREGOLA

Regie: Harald Röbbeling. Produktion: Styria-Film (Wien). DarstellerInnen: Marika Rökk, Rudolf Prack, Siegfried Breuer, Josef Meinrad (Dr. Wegscheider), Theodor Danegger.

1949

DAS SIEGEL GOTTES

Regie: Alfred Stöger. Produktion: Wiener Mundus-Film (Wien). DarstellerInnen: Josef Meinrad (Pater Clemens), Hilde Mikulicz, Robert Lindner, Hugo Gottschlich, Karl Günther.

NICHTS ALS ZUFÄLLE

Regie: E. W. Emo. Produktion: Berolina-Filmproduktion (Berlin). DarstellerInnen: Theo Lingen, Grethe Weiser, Susi Nicoletti, Jakob Tiedtke, Josef Meinrad (Willy Wendel).

MEIN FREUND, DER NICHT NEIN SAGEN KANN

Regie: Alfred Stöger. Produktion: Wiener Mundus-Film (Wien), Helios-Film (Wien). DarstellerInnen: Josef Meinrad (Dr. Leopold Bachmann), Hans Olden, Inge Konradi, Elisabeth Markus, Susi Nicoletti.

1950

PRÄMIEN AUF DEN TOD

Regie: Curd Jürgens. Produktion: Alpen-Film Austria (Graz). DarstellerInnen: Siegfried Breuer, Werner Krauss, Judith Holzmeister, Curd Jürgens, Josef Meinrad (Matrose).

ES SCHLÄGT 13

Regie: E. W. Emo. Produktion: Helios-Film (Wien). DarstellerInnen: Theo Lingen, Hans Moser, Susi Nicoletti, Josef Meinrad (Dr. Otto Lechner/Mario Jaconis), Eva Leiter.

DER THEODOR IM FUSSBALLTOR

Regie: E. W. Emo. Produktion: Willy Zeyn-Film (München), Styria-Film (München). DarstellerInnen: Theo Lingen, Hans Moser, Josef Meinrad (Theo Haslinger jun.), Lucie Englisch, Gustav Knuth.

ERZHERZOG JOHANNS GROSSE LIEBE

Regie: Hans Schott-Schöbinger. Produktion: Patria-Filmkunst (Graz). Darsteller- Innen: O. W. Fischer, Marte Harell, Christl Mardayn, Josef Meinrad (Vertrauter des Erzherzogs), Leopold Rudolf.

DAS JAHR DES HERRN

Regie: Alfred Stöger. Produktion: Wiener Mundus-Film (Wien). DarstellerInnen: Käthe Gold, Ewald Balser, Karl Haberfellner, Ilse Babka, Josef Meinrad (Karl).

1951

SCHATTEN ÜBER NEAPEL / AMORE E SANGUE

Regie: Hans Wolff, Marino Girolami. Produktion: A.B. Film (Rom), Comedia-Film (München). DarstellerInnen: Maria Montez, Massimo Serato, Hans Söhnker, Carlo Giustini, Josef Meinrad (Otto).

EVA ERBT DAS PARADIES

Regie: Franz Antel. Produktion: Alpenländische Filmgesellschaft (Graz). DarstellerInnen: Maria Andergast, Josef Meinrad (Hans Holzinger), Annie Rosar, Susi Nicoletti, Gunther Philipp.

1952

DER BUNTE TRAUM

Regie: Geza von Cziffra. Produktion: Pontus-Film (Hamburg). DarstellerInnen: Vera Molnar, Josef Meinrad (Bobby Busch), Felicitas Busi, Walter Giller, Oskar Sima.

SYMPHONIE WIEN (Dokumentarfilm)

Regie: Albert Quendler. Produktion: Schönbrunn-Film (Wien). DarstellerInnen: Wilma Lipp, Raoul Aslan, Ernst Deutsch, Josef Meinrad, Heinz Moog.

1. APRIL 2000

Regie: Wolfgang Liebeneiner. Produktion: Wien-Film (Wien). DarstellerInnen: Hilde Krahl, Josef Meinrad (österreichischer Ministerpräsident), Hans Moser, Paul Hörbiger, Curd Jürgens.

1953

DER VERSCHWENDER

Regie: Leopold Hainisch. Produktion: Dillenz-Filmproduktion (Wien). Darsteller- Innen: Attila Hörbiger, Maria Andergast, Josef Meinrad (Valentin), Heinz Moog, Senta Wengraf.

FRÄULEIN CASANOVA

Regie: E. W. Emo. Produktion: Wiener Mundus-Film (Wien). DarstellerInnen: Angelika Hauff, Gertrud Kückelmann, Josef Meinrad (Rolf Reimann), Walter Giller, Loni Heuser.

1954

GELD AUS DER LUFT

Regie: Geza von Cziffra. Produktion: Arion-Film (Hamburg). DarstellerInnen: Josef Meinrad (Stefan Gregor), Lonny Kellner, Grethe Weiser, Hans Olden, Rudolf Platte.

KAISERMANÖVER

Regie: Franz Antel. Produktion: Hope-Film (Wien), Neusser-Film (Wien). DarstellerInnen: Winnie Markus, Rudolf Prack, Hans Moser, Hannelore Bollmann, Josef Meinrad (Wondrasch).

PEPI COLUMBUS (Dokumentarfilm)

Regie: Ernst Haeusserman. Produktion: United States Information Service (Wien). Darsteller: Josef Meinrad.

WEG IN DIE VERGANGENHEIT

Regie: Karl Hartl. Produktion: Paula Wessely-Filmproduktion (Wien). Darsteller-Innen: Paula Wessely, Willi Forst, Willy Fritsch, Attila Hörbiger, Josef Meinrad (Franz Nägele).

1955

DON JUAN

Regie: Walter Kolm-Veltée. Produktion: Akkord-Film (Wien). DarstellerInnen: Cesare Danova, Josef Meinrad (Leporello), Hans von Borsody, Marianne Schönauer, Lotte Tobisch.

SEINE TOCHTER IST DER PETER

Regie: Gustav Fröhlich. Produktion: ÖFA (Wien), Schönbrunn-Film (Wien). DarstellerInnen: Sabine Eggerth, Wolf Albach-Retty, Gretl Schörg, Josef Meinrad (Dr. Felix Weininger), Lucie Englisch.

DIE DEUTSCHMEISTER

Regie: Ernst Marischka. Produktion: Erma-Film (Wien). DarstellerInnen: Romy Schneider, Magda Schneider, Siegfried Breuer jun., Hans Moser, Josef Meinrad (Hofrat Hofwirt).

SARAJEVO – UM THRON UND LIEBE

Regie: Fritz Kortner. Produktion: Wiener Mundus-Film (Wien). DarstellerInnen: Ewald Balser, Luise Ullrich, Erika Remberg, Klaus Kinski, Josef Meinrad (Pepi, Chauffeur).

SISSI

Regie: Ernst Marischka. Produktion: Erma-Film (Wien), DarstellerInnen: Romy Schneider, Karlheinz Böhm, Magda Schneider, Gustav Knuth, Josef Meinrad (Gendarmeriemajor Böckl).

DER KONGRESS TANZT

Regie: Franz Antel. Produktion: Neusser-Film (Wien), Cosmos-Film (Wien). DarstellerInnen: Johanna Matz, Rudolf Prack, Hannelore Bollmann, Hans Moser, Josef Meinrad (Franzl Eder).

1956

EIN TOLLES HOTEL

Regie: Hans Wolff. Produktion: Wiener Mundus-Film (Wien). DarstellerInnen: Theo Lingen, Doris Kirchner, Karl Schönböck, Ruth Stephan, Josef Meinrad (Edi Schlawinsky).

OPERNBALL

Regie: Ernst Marischka. Produktion: Erma-Film (Wien). DarstellerInnen: Adrian Hoven, Sonja Ziemann, Johannes Heesters, Hertha Feiler, Josef Meinrad (Paul Hollinger).

DIE TRAPP-FAMILIE

Regie: Wolfgang Liebeneiner. Produktion: Divina-Film (München). DarstellerInnen: Ruth Leuwerik, Hans Holt, Maria Holst, Josef Meinrad (Dr. Wasner), Friedrich Domin.

SISSI, DIE JUNGE KAISERIN

Regie: Ernst Marischka. Produktion: Erma-Film (Wien). DarstellerInnen: Romy Schneider, Karlheinz Böhm, Vilma Degischer, Magda Schneider, Josef Meinrad (Major Böckl).

1957

AUGUST DER HALBSTARKE

Regie: Hans Wolff. Produktion: Wiener Mundus-Film (Wien), Excelsior-Film (Wien). DarstellerInnen: Theo Lingen, Josef Meinrad, Susi Nicoletti, Oskar Sima, Peter Weck.

FAMILIE SCHIMEK

Regie: Georg Jacoby. Produktion: Wiener Mundus-Film (Wien). DarstellerInnen: Theo Lingen, Fita Benkhoff, Lucie Englisch, Adrienne Gessner, Josef Meinrad (Baumann, Tischler).

DIE UNENTSCHULDIGTE STUNDE

Regie: Willi Forst. Produktion: Sascha-Film (Wien). DarstellerInnen: Erika Remberg, Adrian Hoven, Rudolf Forster, Hans Moser, Josef Meinrad (Fabian, Hauslehrer).

FRANZISKA

Regie: Wolfgang Liebeneiner. Produktion: CCC-Film (Berlin). DarstellerInnen: Ruth Leuwerik, Carlos Thompson, Josef Meinrad (Dr. Leitner), Friedrich Domin, Jochen Brockmann.

EINEN JUX WILL ER SICH MACHEN

Regie: Alfred Stöger; Leopold Lindtberg (Theaterregie). Produktion: Thalia-Film (Wien). DarstellerInnen: Josef Meinrad (Weinberl), Inge Konradi, Adrienne Gessner, Ferdinand Maierhofer, Hans Thimig.

SISSI –
SCHICKSALSJAHRE EINER KAISERIN

Regie: Ernst Marischka. Produktion: Erma-Film (Wien). DarstellerInnen: Romy Schneider, Karlheinz Böhm, Magda Schneider, Walther Reyer, Josef Meinrad (Oberst Böckl).

1958

MAN IST NUR ZWEIMAL JUNG

Regie: Helmut Weiss. Produktion: Wiener Mundus-Film (Wien), Excelsior-Film (Wien). DarstellerInnen: Winnie Markus, Wolf Albach-Retty, Heidi Brühl, Margit Saad, Josef Meinrad (Robert Nebel).

ZIRKUSKINDER

Regie: Franz Antel. Produktion: Hope-Film (Wien). DarstellerInnen: Heidi Brühl, Elga Andersen, Gerhard Riedmann, Hans Moser, Josef Meinrad (Karl Eibisch, Polizist).

DIE TRAPP-FAMILIE IN AMERIKA

Regie: Wolfgang Liebeneiner. Produktion: Divina-Film (München). DarstellerInnen: Ruth Leuwerik, Hans Holt, Josef Meinrad (Dr. Wasner), Wolfgang Wahl, Adrienne Gessner.

1959

RENDEZVOUS IN WIEN

Regie: Helmut Weiss. Produktion: Cosmopol-Film (Wien). DarstellerInnen: Hans Holt, Peter Weck, Margit Saad, Peer Schmidt, Josef Meinrad (Ferdinand Windberger, Legationsrat).

DIE HALBZARTE

Regie: Rolf Thiele. Produktion: Cosmopol-Film (Wien). DarstellerInnen: Romy Schneider, Carlos Thompson, Josef Meinrad (Vater Dassau), Magda Schneider, Rudolf Forster.

DIE SCHÖNE LÜGNERIN

Regie: Axel von Ambesser. Produktion: Real-Film (Hamburg), Régina Film (Paris). DarstellerInnen: Romy Schneider, Jean-Claude Pascal, Helmut Lohner, Charles Regnier, Josef Meinrad (Baron Hager, Polizeipräsident von Wien).

BEZAUBERNDE ARABELLA

Regie: Axel von Ambesser. Produktion: Rhombus-Film (München). DarstellerInnen: Johanna von Koczian, Carlos Thompson, Peer Schmidt, Axel von Ambesser, Josef Meinrad (Sir Archibald Duncan).

1961

NAPOLEON II., L'AIGLON

Regie: Claude Boissol. Produktion: Films Matignon (Paris), Maran-Film (München). DarstellerInnen: Bernard Verley, Danièle Gaubert, Jean Marais, Marianne Koch, Josef Meinrad (Kaiser Franz I. von Österreich).

DER BAUER ALS MILLIONÄR

Regie: Alfred Stöger; Rudolf Steinboeck (Theaterregie). Produktion: Thalia-Film (Wien). DarstellerInnen: Josef Meinrad (Fortunatus Wurzel), Käthe Gold, Christiane Hörbiger, Erich Auer, Hans Moser.

1963

THE CARDINAL

Regie: Otto Preminger. Produktion: Gamma Productions (USA). DarstellerInnen: Tom Tryon, Carol Lynley, Josef Meinrad (Kardinal Theodor Innitzer), John Huston, Romy Schneider.

1964

DER VERSCHWENDER

Regie: Kurt Meisel (auch Theaterregie). Produktion: Neue Thalia-Film (Wien). DarstellerInnen: Walther Reyer, Josef Meinrad (Valentin), Inge Konradi, Christiane Hörbiger, Wolfgang Gasser.

1974

DER RÄUBER HOTZENPLOTZ

Regie: Gustav Ehmck. Produktion: Ehmck-Film (Gräfelfing). DarstellerInnen: Gert Fröbe, Lina Carstens, Rainer Basedow, David Friedmann, Josef Meinrad (Petrosilius Zwackelmann, Zauberer).

THEATERROLLEN

ZUSAMMENGESTELLT VON AGNES KAPIAS

Jahr	Datum	Spielstätte	Stück	Autor	Rolle	Regisseur
1923	Okt.	Volksschule, Wien 17. Bezirk	Wilhelm Tell	Friedrich Schiller	Wächter	
1924	Nov.	Volksschule, Wien 17. Bezirk	Doktor Allwissend		Frau	
	Dez.	Kloster in der Habsburggasse, Wien	Krippenspiel		Hirte	
1926		Gymnasium in Katzelsdorf	Julius Caesar	William Shakespeare		
		Gymnasium in Katzelsdorf	Eiserne Maske			
1928		Gymnasium in Katzelsdorf	Krippenspiel		Teufel	
		Gymnasium in Katzelsdorf	Krippenspiel		Maria	
1929	Juli	Korneuburg	Hans Sachs Spiele	Hans Sachs		
		Arnethgasse, Wien	Der G'wissenswurm	Ludwig Anzengruber	Wastl	
1931		Klemenshofbauersaal, Wien	Dämon Alkohol	Leo Wurst		Leo Wurst
		Lehrerhaus, Wien 18. Bezirk	Weh dem, der lügt	Franz Grillparzer	Atalus	
		Arnethgasse, Wien	Das Apostelspiel	Max Mell	Johannes	Liko
		Volkstheater, Wien	Totentanz	August Strindberg		Eduard Volters
		Stadttheater, Baden	Das Dreimäderlhaus	Heinrich Berté nach Franz Schubert		Paul Naderny
		Josefssaal, Wien	Der Böhm in Amerika		Indianer	
		Ort unbekannt (17. Bezirk)	Credo	Leo Wurst	Simson Morron	Josef Meinrad
		Arnethgasse, Wien	Familie Schimek	Gustav Kadelburg	Zawadil	

Jahr	Datum	Ort	Titel	Autor	Rolle	Regie/Sonstige
1934	30-Okt	Tribüne, Wien	Drei entzückende Soldaten	Owen Hill	Bill	C. H. Roth
1935	30-Jan	Volksbildungsheim, Wien 16. Bezirk	Im weißen Rössl	Oscar Blumenthal, Gustav Kadelburg	Doktor Siedler	Kossak
	16-Feb	Urania, Wien	König Spitznas	Hans Walter Boese	Wanderbursch	Carl Boese
	12-Apr	ABC City, Wien	Siebzehn Kleinigkeiten			Schade
	7-Mai	ABC City, Wien	Viva Don Quichotte			Leon Askin, Willy Hufnagl
	15-Mai	ABC City, Wien	Zwischen übermorgen und vorgestern			Leon Askin
	21-Jun	ABC City, Wien	ABC-D-Zug			Leon Askin
1936	9-Jan	ABC Regenbogen, Wien	Wienerisches allzu Wienerisches			Tedd Bill
	18-Feb	ABC Regenbogen, Wien	Grenzfälle			Rudolf Steinboeck
	10-Mai	ABC Regenbogen, Wien	Zwischen Himmel und Erde			Rudolf Steinboeck
	19-Jun	ABC Regenbogen, Wien	Heiteres Sommerprogramm			Peter Preses
	1-Aug	Graz	Gemischtes Programm			Peter Preses
1937	16-Mrz	Philadelphiatheater, Wien	ABC-Rebus			
1938	20-Jan	Hagenbund, Wien	Mäcenas	Matthias		Erich Engel
	20-Feb	Schutzhausbühne, Wien	Tangotraum	Sprowacker	Student	Hans Pascher
	5-Feb	Komödie, Wien	Toni	Gina Kaus	Student	C. H. Roth
	21-Apr	Theater an der Wien, Wien	Gymnasiasten	Wolfgang Boese	Lehrer	Ringhofer
	18-Jun	Die Insel, Wien	Lanzelot und Sanderein	Anonym	Ritter	Leon Epp
1939	20-Jan	Wiener Werkel, Wien	1. Programm – beteiligt an „Variationen über ein altes Thema", „Plauderei an österreichischen Kaminen" und „Herrn Sebastian Kampels Höllenfahrt"	Franz Paul, Rudolf Weys u.a.	Freund, Hansi Maria, Amundus Kirchenlicht	Adolf Müller-Reitzner

	2-Mai	Wiener Werkel, Wien	2. Programm – beteiligt an „Kleine Geschichten von Groß-Wien", „Zwei bei Italien gegen Deutschland" und „Das chinesische Wunder oder Der wandernde Zopf" („Die Tokioten")	Hertha Schulda-Müller, Herbert Mühlbauer, Rudolf Weys, Franz Böheim, Franz Paul u.a.	1. Senator, Herold, Franzl, Junger Mann, ein Begeisterter, WIL-LI	Adolf Müller-Reitzner
	28-Sep	Komödie, Wien	Lilofee	Manfred Hausmann	Kulle	Leon Epp
	17-Okt	Komödie, Wien	Mädchen Till	Wolfgang Gondolatsch, Alexander Deissner	Pfunderer	Hans Brand
	7-Okt	Komödie, Wien	Land ohne Herz	Wolfgang Boese	Wanderbursch	Wolfgang Boese
	10-Nov	Komödie, Wien	Eismeervolk	Max Hansen, Karl Holter	Halvard	Leon Epp
	1-Dez	Komödie, Wien	Unsere Träume	Ugo Betti	Louis	
	28-Dez	Komödie, Wien	Goldregen	Manfried Rössner	Cesar	
1940	25-Jan	Komödie, Wien	Was sagen Sie zu Monika	Wolfgang Boese	Angestellter	Heinz Brunnar
	14-Feb	Komödie, Wien	Der Reiter	Heinrich Zerkaulen	Huter	Leon Epp
	11-Apr	Komödie, Wien	Unwiderstehliches Subjekt	Martin Luserke	Subjekt	Leon Epp
	16-Apr	Komödie, Wien	Moisasurs Zauberfluch	Ferdinand Raimund	Carambuco	Leon Epp
	25-Apr	Komödie, Wien	Die Dampfmaschine	Robert Michel	Dolansky	Hans Brand
	2-Mai	Komödie, Wien	Irrfahrt der Wünsche	Paul Helwig	Matrose	Leon Epp
	11-Okt	Komödie, Wien	Hochzeitsreise ohne Mann	Leo Lenz	Gatte	
	26-Okt	Burgtheater, Wien	Der Franzl	Hermann Bahr	Reisl	Philipp von Zeska
	10-Dez	Deutsches Theater, Metz	Der verkaufte Großvater	Franz Streicher	Loisl	Heinz Brunnar
	25-Dez	Deutsches Theater, Metz	Flitterwochen	Paul Helwig	Doktor Stiebl	Karl Bachmann
1941	12-Jan	Deutsches Theater, Metz	Die vier Gesellen	Jochen Huth		Karl Bachmann
	22-Jan	Deutsches Theater, Metz	Schach der Eva	Julius Pohl	Sohn	Karl Bachmann

	21-Feb	Deutsches Theater, Metz	Ingeborg	Curt Goetz	Peter	Heinz Brunnar
	17-Mrz	Deutsches Theater, Metz	Parkstraße 13	Axel Ivers	Miecke	Rabe
	11-Mai	Deutsches Theater, Metz	Straßenmusik	Paul Schurek	Lunk	Heinz Brunnar
	14-Mai	Deutsches Theater, Metz	Was sagen Sie zu Monika	Wolfgang Boese	Lux Hofer	Heinz Brunnar
	2-Jun	Deutsches Theater, Metz	Die schöne Welserin	Josef Wenter	Erzherzog Ferdinand	Kurt Meister
	16-Jun	Deutsches Theater, Metz	Hochzeitsreise ohne Mann	Leo Lenz	Steiner	Kurt Meister
	1-Sep	Deutsches Theater, Metz	Brillianten aus Wien	Rudolf Oesterreicher, Curt Lessen, Alexander Steinbrecher	Weigersheim	Alfred Huttig
	22-Dez	Deutsches Theater, Metz	Der 18. Oktober	Water Erich Schäfer	von Henkel	Hermann
	25-Dez	Deutsches Theater, Metz	Der G'wissenswurm	Ludwig Anzengruber	Wastl	Alfred Huttig
	28-Dez	Deutsches Theater, Metz	Der gestiefelte Kater		Müllersbursch	Alfred Huttig
1942	2-Jan	Deutsches Theater, Metz	Lauter Lügen	Hans Schweikart	Dörr	Artel
	9-Mrz	Deutsches Theater, Metz	Bezauberndes Fräulein	Ralph Benatzky	Paul	Alfred Huttig
	7-Apr	Deutsches Theater, Metz	Der Raub der Sabinerinnen	Franz und Paul von Schönthan	Neumeister	Kurt Meister
	18-Mai	Deutsches Theater, Metz	Der zerbrochene Krug	Friedrich von Kleist	Ruprecht	Heinz Brunnar
	2-Jun	Deutsches Theater, Metz	Don Carlos	Friedrich Schiller	Parma	Hermann
	1-Jul	Passau	Heinrich VI.	Josef Wentner	Heinrich VI.	Hermann
	12-Okt	Deutsches Theater, Metz	Die Frau ohne Kuss	Walter Kollo	Hartwig	Fuchs
	19-Okt	Deutsches Theater, Metz	Mädchen Till	Wolfgang Gondolatsch	Pfunderer	Kurt Meister
	3-Dez	Deutsches Theater, Metz	Frühstück um Mitternacht	Ernst Rottluff	Mann	Kurt Meister
	21-Dez	Deutsches Theater, Metz	Meine Schwester und ich	Ralph Benatzky	Fleuriot	Alfred Huttig
1943	25-Jan	Deutsches Theater, Metz	Die goldene Meisterin	Franz von Schönthan	Peter	Starkmann
	10-Feb	Deutsches Theater, Metz	Der Gigant	Richard Billinger	Tony	Böhm

		Deutsches Theater, Metz	Faust I.	Johann Wolfgang von Goethe	Valentin	Alfred Huttig
		Deutsches Theater, Metz	Ein Windstoß	Giovacchino Forza-no	Defabris	Kurt Meister
		Deutsches Theater, Metz	Meisterboxen	Otto Schwartz		Kurt Meister
		Deutsches Theater, Metz	Romeo und Julia	William Shakespeare	Benvolio	Böhm
		Deutsches Theater, Metz	Der Blaufuchs	Franz Herczeg	Drill	Alfred Huttig
		Deutsches Theater, Metz	Emilia Galotti	Gotthold Ephraim Lessing	Conti	Böhm
		Deutsches Theater, Metz	Der Etappenhase	Karl Bunje	Feldmann	Artel
		Deutsches Theater, Metz	Ein Vetter aus Dingsda	Eduard Künnecke	Fremder	Alfred Huttig
		Deutsches Theater, Metz	Axel an der Himmeltür	Ralph Benatzky	Axel	Alfred Huttig
		Deutsches Theater, Metz	Lieber reich aber glücklich	Franz Arnold, Ernst Bach	Teddy Brand	Alfred Huttig
		Deutsches Theater, Metz	Heimatliche Brautfahrt	Leo Lenz		Kurt Meister
		Deutsches Theater, Metz	Die Nacht in Siebenbürgen	Nicola Asztalos	Kaiser Josef	Leopold Rudolf
1944		Deutsches Theater, Metz	Großer Herr auf kleiner Insel	Just Scheu, Peter A. Stiller	Franz	Artel
		Deutsches Theater, Metz	Prinz Friedrich von Homburg	Heinrich von Kleist	Reuss	August Momber
		Deutsches Theater, Metz	Die Piccolomini	Friedrich Schiller	Isolani	Walter Felsenstein
		Deutsches Theater, Metz	Wallensteins Tod	Friedrich Schiller	Isolani	Walter Felsenstein
		Deutsches Theater, Metz	Du, mein Papa und ich	Ernst Rudolph	Spickermann	Leopold Rudolf
		Deutsches Theater, Metz	Kabale und Liebe	Friedrich Schiller	Wurm	Walter Felsenstein
		Deutsches Theater, Metz	Lumpazivagabundus	Johann Nestroy	Leim	Alfred Huttig
		Deutsches Theater, Metz	Maccaroni	Toni Jmpekoven		Alfred Huttig
		Deutsches Theater, Metz	Isabella von Spanien	Hermann Heinz Ortner	Kaiser Ferdinand	Walter Felsenstein
	15-Aug	Deutsches Theater, Metz	Vagabunden	Juliane Kay	Mann	Alfred Huttig

Year	Date	Venue	Title	Author	Role	Director
1945	2-Okt	Volkstheater, Wien	Anuschka	Georg Fraser	Wendt	Günter Haenel
	22-Okt	Die Insel, Wien	Zu wahr, um schön zu sein	George Bernard Shaw	Freundlich	Leon Epp
	7-Jan	Die Insel, Wien	Das Leben ist schön	Marcel Achard	Bonaparte	Leon Epp
1946	8-Jan	Die Insel, Wien	Lysistrata	Aristophanes	Kinesias	Alfred Stöger
	12-Feb	Die Insel, Wien	Überfahrt	Sotton Vane	Tom Prior	Erich Ziegel
	7-Mrz	Die Insel, Wien	Emilia Galotti	Gotthold Ephraim Lessing	Conti	Leon Epp
	4-Apr	Die Insel, Wien	Mit meinen Augen	Curt Johannes Braun	Kai Brodersen	Alfred Stöger
	24-Jun	Die Insel, Wien	Braut ohne Mitgift	Alexander Ostrovskij	Karandischeff	Erich Ziegel
	16-Jul	Renaissance-theater, Wien	Warum lügst du, Cherie	Hans Lengsfelder	Pompon	Paul Barnay
	17-Sep	Die Insel, Wien	Der Zerrissene	Johann Nestroy	von Lips	Leon Epp
	28-Okt	Die Insel, Wien	Die beiden Veroneser	William Shakespeare	Lanz	Erich Ziegel
	2-Nov	Tabarin, Wien	Potpourri	Marc Gilbert Sauvajon	Dichter	Frederick Loewe
	21-Dez	Die Insel, Wien	Helden	George Bernard Shaw	Bluntschli	Leon Epp
1947	5-Feb	Die Insel, Wien	Maria Magdalene	Friedrich Hebbel	Sekretär	Wilhelm Dunkl
	24-Mrz	Die Insel, Wien	Die schlaue Verliebte	Lope de Vega	Hernando	Alfred Stöger
	6-Mai	Die Insel, Wien	Junge Herzen	Alexander Afigonou	Borisowitsch	Dunkel
	16-Jun	Die Insel, Wien	Sensation	John Galsworthy	Reporter	Leon Epp
	27-Jul	Salzburger Festspiele, Domplatz	Jedermann	Hugo von Hofmannsthal	Guter Gesell	Helene Thimig
	3-Sep	Burgtheater im Ronacher, Wien	Lumpazivagabundus	Johann Nestroy	Lumpazi	Josef Gielen
	20-Sep	Burgtheater im Ronacher, Wien	Jedermann	Hugo von Hofmannsthal	Guter Gesell	Lothar Müthel
	17-Okt	Burgtheater im Ronacher, Wien	Der Lügner	Carlo Goldoni	Octavio	Karl Eidlitz
	30-Nov	Burgtheater im Ronacher, Wien	Ein Sommernachtstraum	William Shakespeare	Flaut	Herbert Waniek

1948	18-Jan	Akademietheater	Die Marquise von O	Heinrich von Kleist	Ein Abenteurer	Wilhelm Heim
	7-Feb	Burgtheater im Ronacher, Wien	Faust I	Johann Wolfgang von Goethe	Schüler	Ewald Balser
	6-Mrz	Redoutensaal, Wien	Der rosarote Fürst de Ligne	Martin Costa	Berlitschek	Philipp von Zeska
	17-Apr	Akademietheater, Wien	Die Irre von Chaillot	Jean Giraudoux	Polizist	Walter Felsenstein
	8-Mai	Akademietheater, Wien	Fährten	Ferdinand Bruckner	Lorenz	Herbert Waniek
	22-Mai	Akademietheater, Wien	So war Mama	John van Druten	Thorkelson	Herbert Waniek
	11-Sep	Akademietheater, Wien	Der Unmensch	Hermann Bahr	Doktor Gustav Harb	Ulrich Bettac
	23-Okt	Burgtheater im Ronacher, Wien	Der Himmel voller Geigen	Rudolf Holzer	Ferdinand Sauter	Ulrich Bettac
	30-Nov	Burgtheater im Ronacher, Wien	Egmont	Johann Wolfgang von Goethe	Jetter	Ernst Lothar
1949	22-Jan	Akademietheater, Wien	Die Glasmenagerie	Tennessee Williams	O'Connor	Berthold Viertel
	12-Feb	Burgtheater im Ronacher, Wien	Der öffentliche Ankläger	Fritz Hochwälder	Fabricius	Adolf Rott
	19-Mrz	Burgtheater im Ronacher, Wien	Julius Caesar	William Shakespeare	Casca/ Zweiter Bürger	Josef Gielen
	11-Mai	Burgtheater im Ronacher, Wien	Der seidene Schuh	Paul Claudel	Weibl	Josef Gielen
	22-Jun	Burgtheater im Ronacher, Wien	Major Barbara	George Bernhard Shaw	Cusins	Berthold Viertel
	18-Sep	Akademietheater, Wien	Die beiden Nachtwandler	Johann Nestroy	Fabian Strick	Oscar Fritz Schuh
	19-Okt	Burgtheater im Ronacher, Wien	Der Herr vom Ministerium	Madeleine Bingham	Weston	Theo Lingen
	17-Dez	Akademietheater, Wien	Cyprienne	Victorien Sardou	De Gratignan	Hans Thimig
	23-Dez	Burgtheater im Ronacher, Wien	Faust II	Johann Wolfgang von Goethe	Baccalaureus	Josef Gielen
1950	28-Jul	Salzburger Festpiele, Landestheater	Der Verschwender	Ferdinand Raimund	Valentin	Ernst Lothar
	2-Aug	Salzburger Festpiele, Landestheater	Was ihr wollt	William Shakespeare	Bleichenwang	Josef Gielen
	6-Sep	Burgtheater im Ronacher, Wien	Was ihr wollt	William Shakespeare	Bleichenwang	Josef Gielen

Year	Date	Venue	Title	Author	Role	Director
	16-Dez	Akademietheater, Wien	Vogel Strauß	Archibald Norman Menzies	Charles	Ulrich Bettac
1951	16-Feb	Burgtheater im Ronacher, Wien	Der Gesang im Feuerofen	Carl Zuckmayer	Imwald	Josef Gielen
	11-Jun	Akademietheater, Wien	Zu ebener Erde und im ersten Stock	Johann Nestroy	Johann	Oscar Fritz Schuh
	20-Dez	Akademietheater, Wien	Der Färber und sein Zwillingsbruder	Johann Nestroy	Blau	Axel von Ambesser
1952	8-Feb	Akademietheater, Wien	Was schert uns Geld	Frederick Lonsdale	George	Ulrich Bettac
	8-Mrz	Akademietheater, Wien	Herbert Engelmann	Gerhart Hauptmann, Carl Zuckmayer	Goldstein	Berthold Viertel
	29-Mrz	Burgtheater im Ronacher, Wien	Wallenstein	Friedrich Schiller	Isolani	Josef Gielen
	8-Mai	Burgtheater im Ronacher, Wien	Wegen der Leute	Noel Coward	Graf Nigel	Theo Lingen
	13-Jun	Akademietheater, Wien	Anatol	Arthur Schnitzler	Max	Curd Jürgens
1953	10-Jan	Burgtheater im Ronacher, Wien	Der Arzt am Scheideweg	George Bernhard Shaw	Dubedat	Ewald Balser
	13-Mrz	Akademietheater, Wien	Bobosse	André Roussin	Edgar	Theo Lingen
	20-Jun	Burgtheater im Ronacher, Wien	Viel Lärm um Nichts	William Shakespeare	Holzapfel	Leopold Lindtberg
	1-Jul	Gastspiel, Hamburger Schauspielhaus	Was ihr wollt	William Shakespeare	Bleichenwang	
	4-Sep	Burgtheater im Ronacher, Wien	Ein Sommernachtstraum	William Shakespeare	Thisbe	Herbert Waniek
	1-Okt	Burgtheater im Ronacher, Wien	Donadieu	Fritz Hochwälder	Escambarlat	Adolf Rott
	31-Okt	Burgtheater im Ronacher, Wien	Der Kaiser von Amerika	George Bernhard Shaw	Boanerges	Ernst Lothar
1954	8-Jan	Volksoper, Wien	Giroflé-Giroflá	Charles Lecocq	Mourzouk	Hans Jaray
	6-Feb	Akademietheater, Wien	Zwickmühle	Samson Raphaelson	Ambler	Josef Glücksmann
	15-Mai	Akademietheater, Wien	Ein Engel kommt nach Babylon	Friedrich Dürrenmatt	Engel	Josef Glücksmann

	12-Aug	Bregenzer Festspiele, Stadthalle	Der Kaiser von Amerika	George Bernhard Shaw	Boanerges	Ernst Lothar
1955	24-Feb	Burgtheater im Ronacher, Wien	Ein Tag mit Edward	Hans Friedrich Kühnelt	Edward	Ulrich Bettac
	25-Mrz	Akademietheater, Wien	Der Privatsekretär	Thomas Stearns Eliot	Kagan	Josef Gielen
	11-Jun	Akademietheater, Wien	Die unsichtbare Kette	Charles Morgan	Major John Lang/ Heron	Ernst Lothar
	10-Sep	Akademietheater, Wien	Viktoria	Knud Hamsun	Johannes	Josef Gielen
	7-Nov	Burgtheater, Wien	Der Verschwender	Ferdinand Raimund	Valentin	Franz Reichert
	17-Nov	Burgtheater, Wien	Das Konzert	Hermann Bahr	Dr. Franz Jura	Ulrich Bettac
	29-Dez	Burgtheater, Wien	Schafft den Narren fort	John Boynton Priestley	August	Adolf Rott
1956	20-Jun	Burgtheater, Wien	Einen Jux will er sich machen	Johann Nestroy	Weinberl	Leopold Lindtberg
1957	12-Jan	Akademietheater, Wien	Der Unbestechliche	Hugo von Hofmannsthal	Theodor	Ernst Lothar
	13-Feb	Akademietheater, Wien	Kaiser Joseph und die Bahnwärterstochter	Fritz von Herzmanowsky-Orlando	Kaiser Joseph	Leopold Lindtberg
	30-Mrz	Burgtheater, Wien	Die Herberge	Fritz Hochwälder	Smelte	Josef Gielen
	2-Aug	Bregenzer Festspiele, Theater am Kornmarkt	Das Konzert	Hermann Bahr	Dr. Franz Jura	Ulrich Bettac
	4-Dez	Akademietheater, Wien	Olympia	Franz Molnár	Krehl	Josef Glücksmann
1958	31-Mrz	Akademietheater, Wien	Eine etwas sonderbare Dame	John Patrick	Hannibal	Josef Glücksmann
	5-Apr	Burgtheater, Wien	Faust I	Johann Wolfgang von Goethe	Wagner	Adolf Rott
1959	6-Feb	Akademietheater, Wien	Platonow	Anton Tschechow	Platonow	Ernst Lothar
	7-Mrz	Akademietheater, Wien	Der Zerrissene	Johann Nestroy	von Lips	Rudolf Steinboeck
	27-Apr	Burgtheater, Wien	Gefangene 91	František Langer	Melchior	Helmut Schwarz

	Datum	Ort	Stück	Autor	Rolle	Regie
	3-Aug	Bregenzer Festspiele, Theater am Kornmarkt	Der Zerrissene	Johann Nestroy	von Lips	Rudolf Steinboeck
	26-Sep	Akademietheater, Wien	Sechs Personen suchen einen Autor	Luigi Pirandello	Vater	Willi Schmidt
	3-Okt	Burgtheater, Wien	Wallensteins Lager	Friedrich Schiller	Kapuziner	Leopold Lindtberg
	1-Dez	Burgtheater, Wien	Donnerstag	Fritz Hochwälder	Pomfrit	Werner Düggelin
	22-Dez	Burgtheater, Wien	Der Schwierige	Hugo von Hofmannsthal	Hechingen	Ernst Lothar
1960	12-Apr	Akademietheater, Wien	Der Arzt wider Willen	Molière	Sganarelle	Hans Thimig
	12-Apr	Akademietheater, Wien	Die wundersame Schusterfrau	Federico Garcia Lorca	Schuster	Günter Haenel
	4-Jun	Stallburg, Wien	Das Nachfolge-Christi-Spiel	Max Mell	Meister von Friedau	Adolf Rott
	18-Jun	Burgtheater, Wien	Ein Sommernachtstraum	William Shakespeare	Zettel	Werner Düggelin
	31-Dez	Staatsoper, Wien	Die Fledermaus	Johann Strauß	Frosch	Leopold Lindtberg
1961	7-Feb	Burgtheater, Wien	König Heinrich V.	William Shakespeare	Fluellen	Leopold Lindtberg
	16-Mrz	Burgtheater, Wien	Die unheilbringende Krone	Ferdinand Raimund	Zitternadel	Rudolf Steinboeck
	24-Apr	Burgtheater, Wien	Antigone	Sophokles	Teiresias	Gustav Rudolf Sellner
	27-Jul	Salzburger Festspiele, Felsenreitschule	Der Bauer als Millionär	Ferdinand Raimund	Wurzel	Rudolf Steinboeck
	15-Sep	Akademietheater, Wien	Die Reise	Georges Schehadé	Strawberry	Axel Corti
1962	7-Jun	Theater an der Wien, Wien	Das Mädl aus der Vorstadt	Johann Nestroy	Schnoferl	Leopold Lindtberg
	13-Aug	Salzburger Festspiele, Felsenreitschule	Der Bauer als Millionär	Ferdinand Raimund	Wurzel	Rudolf Steinboeck
	7-Sep	Tournee Landestheater, Salzburg	Don Juan in der Hölle	George Bernhard Shaw		Josef Meinrad
1963	14-Feb	Theater an der Wien, Wien	Liliom	Franz Molnár	Liliom	Kurt Meisel

	18-Mrz	Akademietheater, Wien	Die Physiker	Friedrich Dürrenmatt	Einstein	Kurt Horwitz
	21-Jul	Bregenzer Festspiele, Theater am Kornmarkt	Franziskus	Max Zweig	Franziskus	Paul Hoffmann
	14-Okt	Burgtheater, Wien	75 Jahre Burgtheater am Ring – Wallensteins Lager	Friedrich Schiller	Kapuziner, Rede zur Geschichte des Hauses	Leopold Lindtberg
	23-Okt	Burgtheater, Wien	Franziskus	Max Zweig	Franziskus	Paul Hoffmann
	28-Nov	Theater an der Wien, Wien	Der Verschwender	Ferdinand Raimund	Valentin	Kurt Meisel
1964	16-Mai	Burgtheater, Wien	König Heinrich VI.	William Shakespeare	Heinrich	Leopold Lindtberg
1965	23-Jul	Bregenzer Festspiele, Theater am Kornmarkt	Der Tag des Zorns	Roman Brandstätter	Emmanuel Blatt	Wolfgang Liebeneiner
	30-Jul	Bregenzer Festspiele, Theater am Kornmarkt	Das Mädl aus der Vorstadt	Johann Nestroy	Schnoferl	Leopold Lindtberg
	7-Sep	Burgtheater, Wien	Der Tag des Zorns	Roman Brandstätter	Emmanuel Blatt	Wolfgang Liebeneiner
	21-Okt	Burgtheater, Wien	Kabale und Liebe	Friedrich Schiller	Kammerdiener	Leopold Lindtberg
	2-Dez	Burgtheater, Wien	Peer Gynt	Henrik Ibsen	Peer Gynt	Adolf Rott
	23-Dez	Burgtheater, Wien	König Ottokars Glück und Ende	Franz Grillparzer	Ottokar von Horneck	Kurt Meisel
1966	25-Feb	Tournee, Theater der Stadt, Schweinfurt	Die fehlenden Blätter	Michael Redgrave	Jarvis	Josef Gielen
	26-Jul	Salzburger Festspiele, Felsenreitschule	Ein Sommernachtstraum	William Shakespeare	Zettel	Leopold Lindtberg
	22-Sep	Burgtheater, Wien	3. November 1918	Theodor Csokor	Doktor Grün	Eduard Volters
	20-Nov	Akademietheater, Wien	Wir sind noch einmal davongekommen	Thornton Wilder	Mr. Antrobus	Helmut Schwarz
1967	27-Jul	Salzburger Festspiele	Ein Sommernachtstraum	William Shakespeare	Zettel	Leopold Lindtberg
	8-Sep	Burgtheater, Wien	Einen Jux will er sich machen	Johann Nestroy	Weinberl	Axel von Ambesser

	23-Sep	Akademietheater, Wien	Professor Bernardi	Arthur Schnitzler	Dr. Winkler	Kurt Meisel
1968	4-Jan	Theater an der Wien, Wien	Der Mann von la Mancha	Dale Wasserman, Mitch Leigh	Don Quichotte	Dietrich Haugk
1969	28-Feb	Staatstheater am Gärtnerplatz, München, im Deutschen Theater	Der Mann von la Mancha	Dale Wasserman, Mitch Leigh	Don Quichotte	Dietrich Haugk
	12-Apr	Akademietheater, Wien	August, August, August	Pavel Kohout	August	Jaroslav Dudek
	14-Aug	Salzburger Festspiele, Kleines Festspielhaus	Der Alpenkönig und der Menschenfeind	Ferdinand Raimund	Rappelkopf	Kurt Meisel
	11-Nov	Theater an der Wien, Wien	My Fair Lady	Alan Jay Lerner, Frederick Loewe	Henry Higgins	Rolf Kutschera
1970	21-Mrz	Burgtheater, Wien	Hadrian VII.	Frederick William Rolfe, Peter Luke	Hadrian	Dietrich Haugk
1971	11-Sep	Akademietheater, Wien	Damenbekanntschaften	Lotte Ingrisch	Goldhörndl, Oberbaurat, Hofrat, Fotograf	Wolfgang Liebeneiner
1972	30-Apr	Akademietheater, Wien	Onkel Wanja	Anton Tschechow	Wojnizkij	Leopold Lindtberg
	31-Jul	Bregenzer Festspiele, Theater am Kornmarkt	Hadrian VII.	Frederick William Rolfe, Peter Luke	Hadrian	Josef Meinrad
	10-Aug	Salzburger Festspiele, Landestheater	Was ihr wollt	William Shakespeare	Malvolio	Otto Schenk
1973	17-Feb	Burgtheater, Wien	Der Bürger als Edelmann	Molière	Jourdain	Jean-Louis Barrault
	6-Aug	Salzburger Festspiele, Landestheater	Was ihr wollt	William Shakespeare	Malvolio	Otto Schenk
1974	29-Jul	Bregenzer Festspiele, Theater am Kornmarkt	Der Unbestechliche	Hugo von Hofmannsthal	Theodor	Josef Meinrad
	6-Aug	Salzburger Festspiele, Landestheater	Was ihr wollt	William Shakespeare	Malvolio	Otto Schenk

1976	14-Feb	Akademietheater, Wien	Liebesgeschichten und Heiratssachen	Johann Nestroy	Nebel	Leopold Lindtberg
	4-Apr	Burgtheater, Wien	Staatsakt: 200 Jahre Burgtheater		Josef Meinrad stellt Diana Rigg (British National Theatre) vor	
	9-Aug	Bregenzer Festspiele, Theater am Kornmarkt	Der Verschwender	Ferdinand Raimund	Valentin	Leopold Lindtberg
	8-Sep	Burgtheater, Wien	Der Verschwender	Ferdinand Raimund	Valentin	Leopold Lindtberg
1978	29-Okt	Burgtheater, Wien	Kampl	Johann Nestroy	Kampl	Leopold Lindtberg
1980	29-Mai	Karlskirche, Wien	Das große Welttheater	Pedro Calderón de la Barca	Bettler	Wolfgang Glück
1981	20-Mai	Minoritenkirche, Wien	Der Büßer Boleslaw	Roman Brandstätter	Boleslaw	Adolf Rott
1983	17-Apr	Burgtheater, Wien	Der Unbestechliche	Hugo von Hofmannsthal	Theodor	Rudolf Steinboeck
1985	20-Okt	Burgtheater, Wien	Burgtheater 1955–1985, Galaabend	Raoul Aslan	Rede Raoul Aslan 1945	
1987	9-Apr	Bürgersaalkirche, München	Ich schweige nicht	Walter Rupp	Pater Rupert Mayer	Géza von Földessy

FERNSEHROLLEN

Gesendet im Österreichischen Rundfunk

Berücksichtigt wurden gesendete Filme, Theaterstücke, Opern und Musicals in denen Josef Meinrad eine Rolle gespielt hat. Von den ‚reinen' TV-Beiträgen sind jene erwähnt, die im ORF österreichweit gesendet wurden und in denen Meinrad eine wesentliche Rolle als Interviewter und/oder Schauspieler gefunden hat.
Die Sendedaten entsprechen der Erstausstrahlung.
Filme, die im ORF gesendet wurden, aber in der Filmografie angegeben sind, sind mit „F" vor dem Sendedatum gekennzeichnet, bei allen Theaterproduktionen wurde ein „T" dem Sendedatum vorangestellt.
Die Personenbezeichnungen entsprechen den gespielten Rollen.

F Sendedatum 27.8.1955
DER KONGRESS TANZT
Regie: Franz Antel
DarstellerInnen: Johanna Matz, Rudolf Prack, Hannelore Bollmann, Hans Moser, Josef Meinrad (Franzl Eder)

F Sendedatum 26.6.1956
EINEN JUX WILL ER SICH MACHEN
Regie: Leopold Lindtberg / Regie TV: Erich Neuberg
DarstellerInnen: Josef Meinrad (Weinberl), Inge Konradi, Adrienne Gessner, Ferdinand Maierhofer, Hans Thimig

F Sendedatum 1.1.1957
DER VERSCHWENDER
Regie: Leopold Hainisch
DarstellerInnen: Attila Hörbiger, Maria Andergast, Josef Meinrad (Valentin), Heinz Moog, Senta Wengraf

F Sendedatum 4.12.1957
RENDEZVOUS IM SALZKAMMERGUT
Regie: Alfred Stöger
DarstellerInnen: Inge Konradi, Hertha Mayen, Josef Meinrad (Peter Baumkirchner), Hans Holt, Harry Fuss

F Sendedatum 23.12.1957
DAS JAHR DES HERRN
Regie: Alfred Stöger
DarstellerInnen: Käthe Gold, Ewald Balser, Karl Haberfellner, Ilse Babka, Josef Meinrad (Karl)

T Sendedatum 1.1.1958
OLYMPIA
Regie: Josef Glücksmann / Regie TV: Erich Neuberg
DarstellerInnen: Attila Hörbiger, Alma Seidler, Judith Holzmeister, Alexander Trojan, Richard Eybner, Josef Meinrad (Krehl)

F Sendedatum 16.8.1958
PEPI COLUMBUS (Dokumentarfilm)
Regie: Ernst Haeusserman
Darsteller: Josef Meinrad

F Sendedatum 24.8.1958
EVA ERBT DAS PARADIES
Regie: Franz Antel
DarstellerInnen: Maria Andergast, Josef Meinrad (Hans Holzinger), Annie Rosar, Susi Nicoletti, Gunther Philipp

F Sendedatum 8.5.1959
DON JUAN (Opernfilm)
Regie: Walter Kolm-Veltée
DarstellerInnen: Cesare Danova, Josef Meinrad (Leporello), Hans von Borsody, Marianne Schönauer, Lotte Tobisch

F Sendedatum 15.8.1959
JETZT SCHLÄGT'S 13!
(Originaltitel) ES SCHLÄGT 13
Regie: E. W. Emo
DarstellerInnen: Theo Lingen, Hans Moser, Susi Nicoletti, Josef Meinrad (Dr. Otto Lechner/Mario Jaconis), Eva Leiter

Sendedatum 24.11.1959
ZEIT IM BILD: Verleihung des Iffland-Ringes an Josef Meinrad
Personen: Josef Meinrad (Schauspieler), Julius Raab, Bruno Kreisky, Heinrich Drimmel, Hans Thimig, Paula Wessely, Adrienne Gessner

F Sendedatum 15.12.1959
MEIN FREUND LEOPOLD (Originaltitel: MEIN FREUND, DER NICHT NEIN SAGEN KANN)
Regie: Alfred Stöger
DarstellerInnen: Josef Meinrad (Dr. Leopold Bachmann), Hans Olden, Inge Konradi, Elisabeth Markus, Susi Nicoletti

Sendedatum 6.3.1960
DER DEGEN MIT DEN GENIEN
Lustspiel von Hans Herbert
Regie: Wolfgang Glück
DarstellerInnen: Hans Olden, Karl Ehmann, Hans von Borsody, Winnie Markus, Gudrun Erfurth, Christiane Hörbiger, Bruno Dallansky, Meinrad, Josef

Sendedatum 18.10.1960
DER PROZESS
Regie: G.W. Papst
DarstellerInnen: Ewald Balser, Marianne Schönauer, Ernst Deutsch, Josef Meinrad (Untersuchungsrichter Bary), Heinz Moog.

T Sendedatum 27.9.1961
DER FÄRBER UND SEIN ZWILLINGSBRUDER
Autor: Johann Nestroy
Regie: Josef Meinrad
Produktion/Drehort: ORF, Wien-Ronacher
DarstellerInnen: Josef Meinrad (Kilian Blau, Hermann Blau), Walter Stumvoll, Leopold Esterle, Theo Prokop, Gusti Wolf, Hugo Gottschlich, Martha Marbo, Franz Böheim, Hans Unterkircher, Tonio Riedl, Adalbert Jezel

T Sendedatum 31.12.1962
DAS MÄDL AUS DER VORSTADT
(Aufführung im Burgtheater, 28.9.1962)
Regie: Leopold Lindtberg / Regie TV: Erich Neuberg
DarstellerInnen: Richard Eybner, Susi Nicoletti, Ernst Anders, Josef Meinrad (Schnoferl, Winkeladvokat), Hans Thimig, Lona Dubois

T Sendedatum 10.1.1963
DON JUAN IN DER HÖLLE
Zwischenspiel aus „Mensch und Übermensch" von G.B.Shaw
Regie: Josef Meinrad / Regie TV: Theodor Grädler
DarstellerInnen: Josef Meinrad (Don Juan), Ewald Balser, Willy Birgel, Eva Servaes

Sendedatum 3.10.1963
ZEIT IM BILD: Verleihung der Kainzmedaille an Josef Meinrad im Wiener Rathaus

T Sendedatum 26.12.1963
LILIOM
Regie: Kurt Meisel / Regie TV: Erich Neuberg
DarstellerInnen: Josef Meinrad (Liliom), Inge Konradi, Lotte Ledl, Susi Nicoletti, Monika Weiss, Lily Karoly, Otto Kerry, Michael Janisch, Manfred Inger

Sendedatum 14.2.1964
DIE ABENTEUER DES HARY JANOS
Regie: Imo Moszkowicz
DarstellerInnen: Josef Meinrad (Hary Janos), Anna Tardi, Viktor Braun, Boy Gobert, Christiane Hörbiger, Susi Nicoletti, Hermann Thimig, Otto Schenk

T Sendedatum 15.3.1964
DAS KONZERT
(Aufführung im Akademietheater, 1964)Regie: Josef Meinrad / Regie TV: Erich Neuberg
DarstellerInnen: Robert Lindner, Susi Nicoletti, Peter Weck, Johanna Matz, Loni Friedl, Hugo Gottschlich, Gusti Wolf

Sendedatum 19.10.1996
DON QUICHOTTE (13 TEILE)
Regie: Carlo Rim Grospierre
DarstellerInnen: Josef Meinrad, Roger Carrel, Paul Mercey, Guy Trefean, Saddy Rebot, Claire Maurier, Helena Manson, Colette Regis

Sendedatum 10.11.1965
KLAUS FUCHS
Regie: Ludwig Cremer
DarstellerInnen: Robert Graf, Josef Meinrad (William Skardon), Kurt Erhardt, Walter Rilla, Paul Hoffmann, Werner Peters, Joachim Teege

F Sendedatum 27.4.1965
1. APRIL 2000
Regie: Wolfgang Liebeneiner
DarstellerInnen: Hilde Krahl, Josef Meinrad (österreichischer Ministerpräsident), Hans Moser, Paul Hörbiger, Curd Jürgens.

Sendedatum 18.6.1965
IHR AUFTRITT BITTE – JOSEF MEINRAD
Interviewer: Heinz Fischer-Karwin
Interview mit: Josef Meinrad

T Sendedatum 17.7.1965
DER EINGEBILDETE KRANKE
Regie: Josef Meinrad / Regie TV: Hermann Lanske
DarstellerInnen: Josef Meinrad, (Argan), Evi Servaes, Barbara Khol, Lydia Baumgartner, Fred Liewehr, Wolf Hackenberg

Sendedatum 21.7.1966
IHR AUFTRITT BITTE - JOSEF MEINRAD
Interviewer: Heinz Fischer-Karwin
Interview mit: Josef Meinrad

T Sendedatum 25.10.1966
KÖNIG OTTOKARS GLÜCK UND ENDE Regie: Kurt Meisel
DarstellerInnen: Walther Reyer, Eva Zilcher, Erika Pluhar, Wolfgang Gasser, Fred Liewehr, Lona Dubois, Josef Krastel, Paul Hörbiger, Achim Benning, Josef Meinrad (Ottokar von Horneck)

F Sendedatum 26.10.1966
DER VERSCHWENDER
Regie: Kurt Meisel (auch Theaterregie) Produktion: Neue Thalia-Film (Wien)
DarstellerInnen: Walther Reyer, Josef Meinrad (Valentin), Inge Konradi, Christiane Hörbiger, Wolfgang Gasser.

T Sendedatum 18.6.1967
DER ZERRISSENE
(Aufführung im Ronacher 1967)
Regie: Josef Meinrad / Regie TV: Jörg Eggers
DarstellerInnen: Josef Meinrad (Herr von Lips), Johannes Neuhauser, Tonio Riedl, Peter Kreuziger, Martha Marbo

Sendedatum 27.-30.12.1967
DER TOD LÄUFT HINTERHER (3 Folgen)
Regie: Wolfgang Becker
DarstellerInnen: Joachim Fuchsberger, Marianne Koch, Gisela Uhlen, Josef Meinrad, Ann Hölling, Pinkas Braun, Wolfgang Engels

Sendedatum 28.1.1968
JOSEF MEINRAD LIEST ADALBERT STIFTER. EINE SENDUNG ZUM 100. TODESTAG
Regie: Ann H. Matzner
Darsteller: Josef Meinrad (Lesung)

Sendedatum 22.1.1969
DIE GROSSE GLOCKE (Folge 2) - Beitrag: Der Mann von La Mancha
Regie: Kurt Sobotka
DarstellerInnen: Josef Meinrad, Fritz Muliar, Blanche Aubry, Norman Foster, Rudolf Wasserlof

Sendedatum 25.7.1969
IHR AUFTRITT BITTE - JOSEF MEINRAD
Interviewer: Heinz Fischer-Karwin
Interview mit: Josef Meinrad

T Sendedatum 10.9.1969
DER BÜRGER ALS EDELMANN
Regie: Helmuth Matiasek
DarstellerInnen: Josef Meinrad (Herr Jourdain, ein Bürger), Cornelia Froboess, Klaus Wildbolz, Kurt Sowinetz, Erni Mangold, Alfred Böhm, Frank Hoffmann

F Sendedatum 16.11.1969
DIE DEUTSCHMEISTER
Regie: Ernst Marischka
DarstellerInnen: Romy Schneider, Magda Schneider, Siegfried Breuer jun., Hans Moser, Josef Meinrad (Hofrat Hofwirt)

F Sendedatum 15.2.1970
SISSI
Regie: Ernst Marischka
DarstellerInnen: Romy Schneider, Karlheinz Böhm, Magda Schneider, Gustav Knuth, Josef Meinrad (Gendarmeriemajor Böckl)

F Sendedatum 15.3.1970
SISSI, DIE JUNGE KAISERIN
Regie: Ernst Marischka
DarstellerInnen: Romy Schneider, Karlheinz Böhm, Vilma Degischer, Magda Schneider, Josef Meinrad (Major Böckl)

F Sendedatum 29.3.1970
SISSI - SCHICKSALSJAHRE EINER KAISERIN
Regie: Ernst Marischka
DarstellerInnen: Romy Schneider, Karlheinz Böhm, Magda Schneider, Walther Reyer, Josef Meinrad (Oberst Böckl)

F Sendedatum 19.7.1970
ERZHERZOG JOHANNS GROSSE LIEBE
Regie: Hans Schott-Schöbinger
DarstellerInnen: O. W. Fischer, Marte Harell, Christl Mardayn, Josef Meinrad (Vertrauter des Erzherzogs), Leopold Rudolf

T Sendedatum 14.11.1971
DER FIDELE BAUER
Regie: Axel von Ambesser
DarstellerInnen: Josef Meinrad (Bauer), Alois Aichhorn, Fritz Muliar, Kurt Huemer, Franz Muxeneder

Sendedatum 25.11.1971
THEODOR KARDINAL INNITZER
Dokumentarspiel
Regie: Hermann Laske
DarstellerInnen: Josef Meinrad (Kardinal Innitzer), Wolfgang Gasser, Ernst Waldbrunn

Sendedatum 17.2.1973
JOSEF MEINRAD PRÄSENTIERT MOLIÈRE
Darsteller: Josef Meinrad (Präsentator)

Sendedatum 18.3.1973
ZEIT IM BILD: Verleihung des goldenen Rathausmannes
DarstellerInnen: Josef Meinrad, Dagmar Koller, Arik Brauer, Hilde Krahl

Sendedatum 13.7.1973
PATER BROWN (6 Folgen)
Regie: Hans Quest
DarstellerInnen: Meinrad, Josef (Pater Brown), E.F. Fürbringer, Karl Lieffen, Karl Lange, Viktor Staal

T Sendedatum 2.9.1973
WAS IHR WOLLT
Regie: Otto Schenk
DarstellerInnen: Klaus Maria Brandauer, Christine Ostermayer, Christiane Hörbiger, Karl Paryla, Helmuth Lohner, Josef Meinrad (Malvolio), Heinz Marecek

T Sendedatum 24.4.1974
DAS SALZBURGER GROSSE WELTTHEATER
Regie: Hans Jaray
DarstellerInnen: Fred Liewehr, Hilde Krahl, Kurt Sowinetz, Josef Meinrad (Bettler)

T Sendedatum 26.12.1974
DIE SCHÖNE HELENA
Regie: Axel von Ambesser
DarstellerInnen: Dieter Ballmann, Hans-Jürgen Ballmann, Karin Meier, Urda Meier, Erich Schleyer, Simone Rethel, Josef Meinrad (Menelaos)

F Sendedatum 9.1.1975
DAS MÄDCHEN AUS DER FEENWELT oder DER BAUER ALS MILLIONÄR
Regie: Alfred Stöger; Rudolf Steinboeck (Theaterregie)
DarstellerInnen: Josef Meinrad (Fortunatus Wurzel), Käthe Gold, Christiane Hörbiger, Erich Auer, Hans Moser.

Sendedatum 1.7.1975
DEMGEMÄSS ALLES IN ORDNUNG
Regie: Wolf-Dieter Hugelmann
DarstellerInnen: Josef Meinrad, Hans Weigel, Fritz Muliar, Paula Blaha, Inge Konradi

Sendedatum 5.9.1975
DER TOD DES APOTHEKERS
(Kriminalfilm aus der Serie „Der Kommissar")
Regie: Michel Braun
DarstellerInnen: Erik Ode, Günther Schramm, Reinhard Glemnitz, Elmar Wepper, Wolf Roth, Christine Schubert, Josef Meinrad

Sendedatum 1.4.1976
DIE BIEDERMÄNNER
Regie: Wolf Dietrich
DarstellerInnen: Josef Meinrad, Gretl Elb, Silvana Sansoni, Otto Tausig

F Sendedatum 15.4.1976
THE CARDINAL
Regie: Otto Preminger
DarstellerInnen: Tom Tryon, Carol Lynley, Josef Meinrad (Kardinal Theodor Innitzer), John Huston, Romy Schneider

F Sendedatum 20.11.1976
KAISERMANÖVER
Regie: Franz Antel
DarstellerInnen: Winnie Markus, Rudolf Prack, Hans Moser, Hannelore Bollmann, Josef Meinrad (Wondrasch)

F Sendedatum 9.1.1977
DIE UNENTSCHULDIGTE STUNDE
Regie: Willi Forst
DarstellerInnen: Erika Remberg, Adrian Hoven, Rudolf Forster, Hans Moser, Josef Meinrad (Fabian, Hauslehrer)

T Sendedatum 11.4.1977
LIEBESGESCHICHTEN UND HEIRATSSACHEN
(Aufführung im Akademietheater, 1977)
Regie: Leopold Lindtberg / Regie TV: Rainer C. Ecke
DarstellerInnen: Fritz Muliar, Elisabeth Augustin, Jane Tilden, Gabriele Buch, Rudolf Melchiar, Josef Meinrad (Nebel)

F Sendedatum 6.7.1977
SARAJEVO – UM THRON UND LIEBE
Regie: Fritz Kortner
DarstellerInnen: Ewald Balser, Luise Ullrich, Erika Remberg, Klaus Kinski, Josef Meinrad (Pepi, Chauffeur)

Sendedatum 9.11.1977
LASST MICH DEN LÖWEN AUCH SPIELEN
Autor: Florian Klabeck
Regie: Herbert Fuchs

Sendedatum 18.1.1978
DIE FLEDERMAUS
Regie: Brian Large
Darsteller: Josef Meinrad (Frosch)

Sendedatum 16.4.1978
GASLICHT
Regie: Ludwig Cremer
DarstellerInnen: Erika Pluhar, Josef Meinrad (Jack Manningham), Gustav Knuth, Clara Walbröhl, Irmgard Rießen

F Sendedatum 10.2.1979
DIE SCHÖNE LÜGNERIN
Regie: Axel von Ambesser
DarstellerInnen: Romy Schneider, Jean-Claude Pascal, Helmut Lohner, Charles Regnier, Josef Meinrad (Baron Hager, Polizeipräsident von Wien)

Sendedatum 26.10.1979
KAMPL
Autor: Johann Nestroy
Regie: Leopold Lindtberg / Regie TV: Georg Madeja
DarstellerInnen: Claudia Reinisch, Annemarie Birnbaber, Josef Meinrad (Kampl, Chirurg vor der Linie), Hugo Gottschlich, Otto Collin, Heinz Zuber

Sendedatum 24.12.1979
DAS WUNDER EINER NACHT
Regie: Konrad Sabrautzky
DarstellerInnen: Arno Assmann, Ulrike Bliefert, Josef Meinrad (Franz Xaver Gruber)

Sendedatum 5.4.1980
ES WAR EINMAL DER MENSCH
Off-Sprecher: Josef Meinrad

F Sendedatum 17.5.1980
RENDEZVOUS IN WIEN
Regie: Helmut Weiss
DarstellerInnen: Hans Holt, Peter Weck, Margit Saad, Peer Schmidt, Josef Meinrad (Ferdinand Windberger, Legationsrat)

Sendedatum 21.8.1980
SALZBURG UNTERWEGS INS 7. JAHRZEHNT – 60 Jahre Salzburger Festspiele (1920–1980)
Ein Kaleidoskop mit Josef Meinrad
Präsentation: Josef Meinrad

Sendedatum 25.12.1980
RINGSTRASSENPALAIS (24 Teile)
Autor: Helmut Andic
Regie: Rudolf Nußgruber
DarstellerInnen: Karlheinz Böhm, Klaus Wildbolz, Dolores Schmidinger, Heinrich Schweiger, Ivan Desny, Gabriele Buch, Josef Meinrad

Sendedatum 1.11.1981
DER BÜSSER BOLESLAW
Regie: Adolf Rott
DarstellerInnen: Josef Meinrad, Albert Rueprecht, Peter P. Jost, Gerhard Eisnecker, Angelika Hauff

Sendedatum 19.12.1981
SOLANG' DIE STERNE GLÜH'N
Regie: Franz Antel
DarstellerInnen: Gerhard Riedmann, Hans Moser, Heidi Brühl, Fritz Eckhardt, Ossi Wanka, Elga Andersen, Josef Meinrad (Karl Eibisch, Polizist), Roul Retzer

Sendedatum 27.12.1981
TRAUMSCHIFF (Mitwirkung in 3 Folgen)Regie: Fritz Umgelter
DarstellerInnen: Günter König, Sascha Hehn, Heide Keller, Josef Meinrad (Gast)

F Sendedatum 16.1.1982
WEG IN DIE VERGANGENHEIT
Regie: Karl Hartl
DarstellerInnen: Paula Wessely, Willi Forst, Willy Fritsch, Attila Hörbiger, Josef Meinrad (Franz Nägele)

Sendedatum 24.12.1982
SPUK IM SPIELZEUGLADEN
Regie: Trevor Evans
DarstellerInnen: Josef Meinrad, Toller Cranston, Jasmin Steven, David Dingwall

Sendedatum 2.1.1983
KALKSTEIN
Regie: Imo Moskowicz
DarstellerInnen: Josef Meinrad, Karl-Heinz Martell, Marianne Schönauer, Otto Bolesch, Brigitte Quadlbauer

T Sendedatum 4.4.1983
DER MANN VON LA MANCHA
Regie: Wilfried Steiner / Regie TV: Wolfgang Lesowsky
DarstellerInnen: Josef Meinrad (Don Quijote), Heinz Petters, Dagmar Koller, Frank Dietrich, Steven Kimbrough

Sendedatum 13.4.1983
KULTURJOURNAL AM MITTWOCH:
Josef Meinrad 70
Regie: Helmut Sigmund

Sendedatum 26.10.1983
JOSEF MEINRAD LIEST ALBINO LUCIANI (Serie)
Regie: Hermann Leitner
Darsteller: Josef Meinrad (Albino Luciani)

Sendedatum 29.12.1983
WALDHEIMAT (39 Teile)
Autor: Peter Rosegger
Regie: Hermann Leitner
Darsteller: Josef Meinrad (Pfarrer)

Sendedatum 7.1.1984
DER SONNE ENTGEGEN (Serie)
Regie: Hermann Leitner
DarstellerInnen: Erwin Steinhauer, Heinz Petters, Ulli Faulhaber, Raffael Wilczek, Heidi Kabel, Josef Meinrad

Sendedatum 1.1.1984
ICH LADE GERN MIR TRÄUME EIN
Regie: Kurt Sobotka
DarstellerInnen: Katja Ebstein, Josef Meinrad

F Sendedatum 8.6.1985
DIE WELT DREHT SICH VERKEHRT
Regie: J. A. Hübler-Kahla
DarstellerInnen: Hans Moser, Karl Skraup, Thea Weis, Josef Meinrad (türkischer Offizier), Marianne Schönauer

F Sendedatum 22.6.1985
BEZAUBERNDE ARABELLA
Regie: Axel von Ambesser
DarstellerInnen: Johanna von Koczian, Carlos Thompson, Peer Schmidt, Axel von Ambesser, Josef Meinrad (Sir Archibald Duncan)

Sendedatum 31.12.1985
DIE FLEDERMAUS
Regie: Burton Humphrey
DarstellerInnen: Josef Meinrad (Frosch)

T Sendedatum 9.2.1986
DER UNBESTECHLICHE
Regie: Rudolf Steinboeck / Regie TV: Rainer C. Ecke
DarstellerInnen: Paula Wessely, Karlheinz Hackl, Helma Gautier, Sylvia Lukan, Verena Wengler, Fred Liewehr, Josef Meinrad (Theodor, der Diener), Lotte Ledl

Sendedatum 1.5.1986
WIE DAS LEBEN SO SPIELT
Regie: Hermann Leitner
DarstellerInnen: Josef Meinrad, Ivan Desny, Peter Buchholz, Ruth-Maria Kubi-tschek, Louise Martini

Sendedatum 8.11.1986
WETTEN DASS

Sendedatum 24.12.1986
DER VORHANG FÄLLT
Regie: Walter Davy
DarstellerInnen: Josef Meinrad (Jakob), Bibiana Zeller, Peter Neubauer, Georg Marischka, Kurt Heintel

Sendedatum 1.11.1987
ICH SCHWEIGE NICHT
Regie: Geza von Földessy, Wolfgang Hedinger
DarstellerInnen: Josef Meinrad (Rupert Mayer), Halina Lander, Horst Wüst, Paul Glawion, Paul Neuhaus

F Sendedatum 5.12.1987
AUF WIEDERSEHEN, FRANZISKA
Regie: Wolfgang Liebeneiner
DarstellerInnen: Ruth Leuwerik, Carlos Thompson, Josef Meinrad (Dr. Leitner), Friedrich Domin, Jochen Brockmann

Sendedatum 13.4.1988
HERSCHEL UND DIE MUSIK DER STERNE
Regie: Percy Adlon
DarstellerInnen: Josef Meinrad (Joseph Haydn), Rolf Illig, Edgar Selge, Karin Anselm

Sendedatum 27.5.1990
EIN HEIM FÜR TIERE – ALLES WEGEN DACKEL ANTON
Regie: Thomas Nikel
DarstellerInnen: Hans Heinz Moser, Angela Pschigode, Michael Lesch, Josef Meinrad (Martin Fiedler)

Sendedatum 26.10.1990
MAN IST NUR ZWEIMAL JUNG
Regie: Helmut Weiss
DarstellerInnen: Winnie Markus, Wolf Albach-Retty, Heidi Brühl, Margit Saad, Josef Meinrad, Susi Nicoletti, Michael Heltau

F Sendedatum 19.5.1991
DER RÄUBER HOTZENPLOTZ
Regie: Gustav Ehmck
DarstellerInnen: Gert Fröbe, Lina Carstens, Rainer Basedow, David Friedmann, Josef Meinrad (Petrosilius Zwackelmann, Zauberer)

Sendedatum 15.4.1993
ACHTUNG KULTUR: DIE KUNST DER BESCHEIDENHEIT
Regie: Eva-Maria Klinger
Darsteller: Josef Meinrad

F Sendedatum 17.4.1993
DER BAUER ALS MILLIONÄR
(Salzburg 1961)
Regie: Alfred Stöger, Rudolf Steinboeck (Theaterregie)
DarstellerInnen: Josef Meinrad (Fortunatus Wurzel), Käthe Gold, Christiane Hörbiger, Erich Auer, Hans Moser

Sendedatum 22.6.1993
ORA ET LABORA (Serie)
Regie: Georg Lohmeier
DarstellerInnen: Josef Meinrad (Abt Korbinian), Gerhart Lippert, Fritz Strassner, Maxl Graf, Gerd Fitz

Sendedatum 19.2.1996
DAS WAR JOSEF MEINRAD
Regie: Walter Lehr
Darsteller: Josef Meinrad

Sendedatum 25.2.1996
EINEN JUX WILL ER SICH MACHEN
Regie: Leopold Lindtberg / Regie TV: Alfred Stöger
DarstellerInnen: Richard Eybner, Gusti Wolf, Josef Meinrad (Weinberl), Inge Konradi, Hans Thimig, Auguste Pünkösdy

F Sendedatum 18.2.1998
OPERNBALL
Regie: Ernst Marischka
DarstellerInnen: Adrian Hoven, Sonja Ziemann, Johannes Heesters, Hertha Feiler, Josef Meinrad (Paul Hollinger)

F Sendedatum 25.12.1998
DIE TRAPP-FAMILIE
Regie: Wolfgang Liebeneiner
DarstellerInnen: Ruth Leuwerik, Hans Holt, Maria Holst, Josef Meinrad (Dr. Wasner), Friedrich Domin

F Sendedatum 26.12.1998
DIE TRAPP-FAMILIE IN AMERIKA
Regie: Wolfgang Liebeneiner
DarstellerInnen: Ruth Leuwerik, Hans Holt, Josef Meinrad (Dr. Wasner), Wolfgang Wahl, Adrienne Gessner

F Sendedatum 28.5.2000
ANNI. EINE WIENER BALLADE
Regie: Max Neufeld
DarstellerInnen: Elfie Mayerhofer, Siegfried Breuer, Josef Meinrad (Heinrich Buchgraber), Elisabeth Markus, Annie Rosar

VERZEICHNIS DER AUTORINNEN UND AUTOREN

Thomas Aigner, Dr. MSc, geb. 1958 in Wien. Studium der Musikwissenschaft an der Universität Wien, interuniversitärer Lehrgang "Library and Information Studies". 1985-2000 verschiedene Tätigkeiten am Konservatorium der Stadt Wien (heute Konservatorium Wien - Privatuniversität). Seit 2000 Leiter der Musiksammlung der Wienbibliothek im Rathaus, daneben Lehrbeauftragter am Institut für Musikwissenschaft der Universität Wien. Zahlreiche wissenschaftliche Vorträge und Veröffentlichungen zur Musik des 19. und 20. Jahrhunderts.

Achim Benning, geb. 1935 in Magdeburg. Studium der Philosophie in München und Wien. Schauspielstudium am Max Reinhardt-Seminar. Schauspieler, Regisseur und Theaterdirektor (Burgtheater und Zürcher Schauspielhaus). Professor für Regie am Max Reinhardt-Seminar. Ehrenmitglied des Burgtheaters. Publikation: *In den Spiegel greifen – Texte zum Theater* (hg. von Peter Roessler).

Michael Bukowsky, geb. 1944 in Wien. Studium der Rechtswissenschaften an der Universität Wien, Schauspiel- und Gesangsausbildung. Nach kurzer Tätigkeit als Jurist Schauspieler und Sänger in Österreich und Deutschland (Klagenfurt, Wien, Berlin, München, etc.) und TV 15 Jahre Mitglied des österreichischen „Tatort-Teams". Mitarbeiter der Direktion des Wiener Raimundtheaters und einer Opernagentur, danach sieben Jahre Leitung des ORF-Besetzungsbüros, 15 Jahre Leitung der Theaterredaktion des ORF, zahlreiche Theateraufzeichnungen, Gestaltungen von Produktionsdokus und Künstlerportraits.

Christian Cargnelli, Dr., geb. 1962 in Wien. Studium in Wien und Southampton (Theater- und Filmwissenschaft, Publizistik- und Kommunikationswissenschaft). Lektor an der Universität Wien. Langjährige Tätigkeit als Filmjournalist. Kurator von Filmschauen. Konzeption und Organisation internationaler Symposien. Seit Anfang der 1990er Jahre intensive Beschäftigung mit Filmexil und Exilfilm. 2004 und 2006 nominiert für den Willy Haas-Preis (beste Publikation zum deutschsprachigen Film). Vizepräsident der IG LektorInnen und WissensarbeiterInnen. Zahlreiche Publikationen in deutscher und englischer Sprache, darunter als (Co-)Herausgeber: *Aufbruch ins Ungewisse. Österreichische Filmschaffende in der Emigration vor 1945*, Wien 1993 (mit Michael Omasta); *Und immer wieder geht die Sonne auf. Texte zum Melodramatischen im Film*, Wien 1994 (mit Michael Palm); *Schatten. Exil. Europäische Emigranten im Film noir*, Wien 1997 (mit M. Omasta); *Carl Mayer – Scenar[t]ist*, Wien 2003 (mit Brigitte Mayr und M. Omasta); *Gustav Machaty – Ein Filmregisseur zwischen Prag und Hollywood*,

Wien 2005; *Destination London: German-speaking Emigrés and British Cinema, 1925-1950*, Oxford/New York 2008 (mit Tim Bergfelder).

Julia Danielczyk, Mag.ª Dr.ⁱⁿ MSc, geb. 1972 in Wels. Studium der Theaterwissenschaft, Deutschen Philologie in Wien und Bern, interuniversitärer Universitätslehrgang „Library and Information Studies" an der Universität Wien. Wissenschaftliche Mitarbeiterin am Stifter-Institut (Linz), im Österreichischen Theatermuseum, stellvertretende Leiterin der Handschriftensammlung der Wienbibliothek im Rathaus. Theaterkritikerin bei den *Salzburger Nachrichten* und in der *Furche*. Lehrbeauftragte an den Universitäten Wien, Bern und Mainz. Ausstellungskuratorin, zahlreiche Publikationen zur österreichischen Literatur und zum Theater in der Ersten Republik, im 19. Jahrhundert, Gegenwartstheater, Archiv- und Bibliothekswesen, zu den Schnittstellen Literatur/Film/Theater.

Jürgen Hein, Univ.-Prof. Dr., geb. 1942. Emeritierter Professor für Neuere deutsche Literaturwissenschaft und Literaturdidaktik an der Westfälischen Wilhelms-Universität Münster. Buchveröffentlichungen zu Raimund, Nestroy und dem Wiener Volkstheater, zu den Gattungen Dorfgeschichte und Volksstück. Herausgeber von Anthologien (u.a. Parodien des Wiener Volkstheaters; Nestroy zum Vergnügen; Wienerlieder); Mitherausgeber und Bandbearbeiter der neuen historisch-kritischen Nestroy-Ausgabe (HKA Nestroy, 1977–2012); Seit 1985 Programmgestalter der Internationalen Nestroy-Gespräche Schwechat. Träger des Österreichischen Ehrenkreuzes für Wissenschaft und Kunst I. Klasse.

Michael Heltau, geb. 1933 in Ingolstadt geboren. Schauspielstudium am Max Reinhardt Seminar (1951–1953). Engagements am Stadttheater Würzburg, beim Bayerischen Staatsschauspiel München, am Volkstheater und am Theater in der Josefstadt, seit 1967 am Burgtheater (seit 1993 Doyen des Hauses). Daneben Erfolge in den Bereichen Musical, Operette und Chanson (u.a. in *Helden, Helden* und in *My Fair Lady*). Seit 1986 „Kammerschauspieler" und Träger zahlreicher Auszeichnungen, darunter die Josef Kainz-Medaille (1974), das Österreichische Ehrenkreuz für Wissenschaft und Kunst I. Klasse (2001) und der Ehrenring des Burgtheaters (2010).

Agnes Kapias, Mag.ª, geb. 1986 in Pleß/Polen. Studium in Wien (Theater-, Film- und Medienwissenschaft, Psychologie und Slawistik). Hospitanzen in der Abteilung für Presse- und Öffentlichkeitsarbeit und für Theaterpädagogik am Theater Ulm sowie in der theaterpädagogischen Abteilung des Theaters der Jugend in Wien. Diverse theaterpädagogische Projekte, u.a. Mitarbeit am theaterpädagogischen Pilotprojekt „Mädchen.Theater.Gruppe" des Kinderschutzzentrums Wien in Kooperation mit dem Theater der Jugend. Diplomarbeit im Fach Theaterwissenschaft zum Thema Josef Meinrad mit einem Schwerpunkt auf Meinrads klerikalen Rollen.

Dagmar Koller, geb. 1939 in Klagenfurt. Studium an der Wiener Akademie für Musik und darstellende Kunst, Tanz, Musik und Schauspiel. Debüt 1951 am Akademietheater, Engagement Wiener Volksoper, 1964 der Durchbruch am Berliner Theater des Westens in der Rolle der chinesischen Prinzessin Mi in Lehárs Operette *Land des Lächelns*, zahlreiche Erfolge, vor allem als Operetten- und Musical-Darstellerin, u.a. in *Mann von La Mancha* (1968 Wien, 1969 Hamburg), *Sweet Charity* (Wiesbaden 1969, Berlin 1970), *My Fair Lady* (1972 Köln, 1976 Hamburg, 1974 Zürich), *Kiss Me Kate* und *Hello, Dolly*. Fernseh- und Operetten-Filme Publikationen u.a. *Tanz mit mir. Geschichten und Anekdoten aus meiner Welt der Musik*; *Die Kunst eine Frau zu sein*. Beide Bücher sind im Amalthea-Verlag erschienen.

Christian Mertens, Mag., geb. 1965 in Wien. Studium der Geschichte und Politikwissenschaft an der Universität Wien. Nach freiberuflicher wissenschaftlicher und journalistischer Tätigkeit 1991–1999 Politischer Referent, seit 1999 wissenschaftlicher Mitarbeiter der Wienbibliothek (u.a. Leiter der Zentralen Dienste, Fachreferent für Provenienzforschung, Mit- und Alleinkurator mehrerer Ausstellungen). Zahlreiche Veröffentlichungen zu historischen und politischen Themen, zuletzt *Österreichisches Jahrbuch für politische Beratung 2010/2011* sowie *Charaktere in Divergenz. Die Reformer Josef Klaus und Erhard Busek* (jeweils Hg. gemeinsam mit Thomas Köhler).

Karin Moser, Mag.[a], geb. 1974 in Wien, Studium der Geschichte und der russischen Sprache. Historikerin, Lektorin an der Universität Wien, Redakteurin, Kuratorin zahlreicher Filmreihen. Wissenschaftliche Mitarbeiterin des Filmarchiv Austria. Forschungsbereiche: Werbe- und Industriefilm, Propagandafilm, Ost-West-Stereotypen, Kalter Krieg und audiovisuelle Medien, österreichische Identitätskonstruktionen, Filmzensur, Mediengeschichte, österreichische Filmgeschichte, Filmpolitik. Arbeitet an einer Dissertation zum österreichischen Werbe- und Industriefilm 1910–1938.

Peter Roessler, Univ.-Prof. Dr., geb. 1958 in Wien. Studium in Wien und Berlin (Theaterwissenschaft, Germanistik, Philosophie und Geschichte). Professor für Dramaturgie an der Universität für Musik und darstellende Kunst Wien, Max Reinhardt Seminar. Vorstandsmitglied der Theodor Kramer Gesellschaft, Mitglied des wissenschaftlichen Beirates der Österreichischen Gesellschaft für Exilforschung. Beiträge zu Dramaturgie, Regie und Schauspielkunst, Exil- und Nachkriegstheater, Theaterpublizistik, Fragen des zeitgenössischen Theaters. Aufsätze u.a. zu Paul Kalbeck, Berthold Viertel, Robert Musil, Alfred Polgar, Ferdinand Bruckner, Angelika Hurwicz. Mitherausgeber der Essays Berthold Viertels sowie von Büchern über Berthold Viertel, Exiltheater, Theater und Geschichte, Wiener Theater nach 1945, Rezeption des Exils, Geschichte des Max Reinhardt Seminars, Erinnerung. Zuletzt Herausgeber von: *Achim Benning: In den Spiegel greifen. Texte zum Theater*, 2012; Mitherausgeber von: *Subjekt des Erinnerns?* (mit Helene Belndorfer, Siglinde Bolbecher und Herbert Staud), 2012.

Franz Schuh, Dr., geb. 1947 in Wien. Studium. Studium der Philosophie, Geschichte und Germanistik in Wien. 1976–80 Generalsekretär der Grazer Autorenversammlung, dann Redakteur der Zeitschrift *Wespennest* und Leiter des essayistischen und literarischen Programms des Verlags Deuticke; freier Mitarbeiter bei verschiedenen Rundfunkanstalten und überregionalen Zeitungen sowie Lehrbeauftragter an der Universität für angewandte Kunst Wien. Seine Essays, Aufsätze, Glossen und Polemiken stehen in der Tradition von Karl Kraus und Elias Canetti; darin analysiert er mit Sprachwitz und satirischer Schärfe gesellschaftspolitische Zusammenhänge. Auszeichnungen u.a.: Österreichischer Staatspreis für Kulturpublizistik (1986), J.-Améry-Preis (2000), Kunstpreis für Literatur (2011).

Karin Sedlak, Mag.a Dr.in , geb. 1982 in Wien. Studium der Deutschen Philologie und Theater- Film- und Medienwissenschaft an der Universität Wien, 2009 Promotion über Hugo Wiener, arbeitete für das Theater in der Josefstadt, Lehrbeauftragte für Dramaturgie und Theatergeschichte, Dramaturgin und dramaturgische Beraterin, seit einigen Jahren Zusammenarbeit mit dem Schauspieler und Regisseur Heribert Sasse und dem Feuilletonisten Helmut Schödel. Wissenschaftliche Beiträge zum Österreichischen Kabarett der 1920er und 1930er Jahre.

Siegfried Steinlechner, Mag. MAS, geb. 1967 in Hall in Tirol. Studium in Innsbruck und Wien (Zeitgeschichte, Philosophie, Politikwissenschaft / Kulturmanagement), seit 1997 Redakteur ORF-Zentrum/Abteilung Dokumentation und Archive. Vorstandsmitglied vfm (Verein für Mediendokumentation und Medieninformation) und BAM-Austria. Lehrbeauftragter an der Universität Wien für Medienrecherche und Medienproduktion. Regie zahlreicher Kulturdokumentationen für ORF und 3SAT, Ausstellungskurator, Publikationen zu Themen der (österreichischen) Zeitgeschichte, Kulturgeschichte und dem Audiovisuellem Erbe.

Lotte Tobisch-Labotyn, geb. 1926 in Wien. Schauspielunterricht bei Raoul Aslan u.a. Engagement am Burgtheater im Ronacher ab 1945, z.B. Titelrolle in *Mädel aus der Vorstadt*, 1948–1960 Engagements in den verschiedenen Wiener Theatern (Volkstheater, Theater in der Josefstadt, Volksoper, Theater der Courage) und in der Schweiz. Ab 1956 in vielen Fernsehspielen beschäftigt, Mitarbeiterin in der Sendereihe *Die Welt des Buches*. 1960 Rückkehr an das Burgtheater als Schauspielerin, Regieassistentin und ab 1962 auch als Mitglied des künstlerischen Betriebsrates, 1974–1987 als stellvertretender Obmann. Ab 1961 auch Verfasserin verschiedener Artikel über Literatur in Wochenzeitschriften, sowie 1962 Herausgeberin des Buches *Mimus Austriacus* aus dem Nachlass Erhard Buschbeck. 1981–1996 Leiterin des Wiener Opernballes. Seit 1995 Präsidentin des Vereines „Künstler helfen Künstlern" mit seinem Künstlerheim in Baden. Seit 1996 Schirmherrin von „Kunst auf Rädern", seit 2010 Ehrenmitglied der „Alzheimer Gesellschaft", zahlreiche Auszeichnungen.

Reinhard Urbach, geb. 1939 in Weimar. Lebt seit 1964 in Wien. Promotion über Arthur Schnitzler. Er war u.a. wissenschaftlicher Mitarbeiter der Österreichischen Gesellschaft für Literatur, Literaturreferent im Kulturamt der Stadt Wien, Leiter der Dramaturgie des Burgtheaters (1979–1986), Direktor des Theaters der Jugend in Wien (1988–2002). Mehrere Bücher zu Arthur Schnitzler, Mitarbeit an der Schnitzler-Tagebuch-Edition (10 Bände, 1981–2000). Zahlreiche Publikationen zur österreichischen Literatur und Kunst.

Veronika Zangl, Mag.ª Dr.in. Studium der Deutschen Philologie und Theaterwissenschaft, Universität Wien. Seit 2012 Ass. Prof. am Institut Theaterwissenschaft, Universität von Amsterdam. Von 2006 Lektorin am Institut für Germanistik sowie am Institut für Theater-, Film- und Medienwissenschaft. Arbeitsschwerpunkte: Holocaust-Literatur, Poetik und Wirkungsästhetik, Gender Studies. Publikationen insbesondere zu Holocaust-Literatur sowie zu österreichischen Erinnerungsnarrativen nach 1945.

PERSONENREGISTER

Agoston, Irma 69, 70
Albach-Retty, Wolf 257
Alexander, Peter (eigentlich: Peter A. Neumayer) 256
Almassy, Susanne 134
Ambesser, Axel von 126, 250, 261
Andergast, Maria 257
Antel, Franz 162, 257
Anzengruber, Ludwig 89
Aristophanes 144, 248
Askin, Leon (eigentlich: Leo Aschkenasy) 10, 64ff., 76ff.
Aslan, Raoul 53, 91, 109
Aubry, Blanche 56, 105, 229ff., 287
Augustin, Elisabeth 130
Bach, Johann Sebastian 179
Bahner, Willi 38
Bahr, Hermann 27, 109, 169, 238f.
Balser, Ewald 29, 53, 163, 248f., 278
Bär, Ernst 130
Barillé, Albert 245
Basil, Otto 127
Bassermann, Albert 21ff., 111
Bassermann, Else 21
Bauer, Dolores 143
Bauer, Heinrich 238
Bauer, Roger 213
Bäuerle, Adolf 218
Becher, Ulrich 115
Beethoven, Ludwig van 169
Bei, Leo 96
Beimpold, Ulrike 130
Bekkers, Mimi 69
Benatzky, Ralph 226
Benning, Achim 108f., 129f., 186
Berg, Jimmy 67ff.
Berger, Edith 67
Berghof, Herbert 78
Berndt, Hilde 145, 248
Bernhard, Thomas 105, 286
Bill, Teddy 72ff.
Blaha, Paul 251, 281

Bloch, Ernst 214
Böheim, Franz 82, 259
Böll, Heinrich 264
Brandstätter, Roman 167
Braun, Georg 67
Brecht, Bertolt 25, 76, 127, 134f.
Breuer, Siegfried 151, 249ff.
Bronner, Gerhard 235
Bruck, Karl 69f.
Buczolich, Rudolf 98, 130
Bühler, Christa 70
Bürckel, Josef 83, 89
Canetti, Elias 137
Carel, Roger 224
Cervantes y Saavedra, Miguel de 224, 230ff., 287
Chaplin, Saul 232
Clément, Germaine -> Meinrad, Germaine
Coco, James 232
Conrads, Heinz 18, 136
Courths-Mahler, Hedwig 152, 155
Cozarinsky, Edgardo 159
Csokor, Franz Theodor 38
Czedekowski, Boleslaw Jan 109
Cziffra, Géza von 256
Danegger, Theodor 142
Dantine, Helmut 161, 273
Darion, Joe 225
Degischer, Vilma 134
Dervaes, Dagny 91
Deutsch, Ernst 280
Devrient, Emil 20
Devrient, Ludwig 20f.
Di Stefano, Giuseppe 244
Dieffenbacher, Gustav 180
Dollfuß, Engelbert 62
Döring, Theodor 25f.
Drimmel, Heinrich 43, 181
Dubrovic, Milan 107f.
Dunham, Katherine 161
Dürrenmatt, Friedrich 127
Dyk, Hermann van 82
Eckhardt, Fritz 68, 75, 78, 81, 276

Eckhardt, Viktor 276
Ehmck, Gustav 280
Eichberger, Willy 161
Eicher, Thomas 89
Eis, Maria 277
Eisenschiml, Otto [zit. als „Eisenschimmel"] 77
Elbers, Martin 92
Elmay, Edith 273f.
Emo, E. W. (eigentlich: Emerich Josef Wojtek) 156, 247
Epp, Leon 39, 78f., 83, 87, 139
Eppler, Dieter 180
Eschberg, Peter 206
Ewig, Eugen 93
Eybner, Richard 117, 130, 261
Farkas, Karl 18
Felstenstein, Walter 91
Fernau, Rudolf 253
Fiechtner, Helmut A. 230
Fischer, O. W. (Otto Wilhelm) 257
Fischer, Oskar 104
Fischer-Karwin, Heinz 48, 194
Földessy, Géza von 167
Fontana, Oskar Maurus 38, 61, 230
Forst, Willi 253ff.
Franz Joseph I. (Kaiser) 249
Franziskus 67, 99, 203
Fraser, Georg 38
Frey, Erik 273
Friedell, Egon 38, 61
Frisch-Gerlach, Theo 67
Fritsch, Regina 130
Fritsch, Willy 253f.
Fritsche, Maria 141, 149, 156, 163
Fritz, Walter 140
Fröbe, Gerd 280
Fröhlich, Gustav 246
Fuss, Harry 149
Genée, Richard 287
Gerasch, Alfred 142
Gerbod, Lola 67
Gessner, Adrienne 17, 31, 59, 117

Gielen, Josef 100, 109, 284
Giesen, Bernhard 168
Gilbert, Simon 232
Girardi, Alexander 13, 21, 53, 106ff., 210, 287
Goebbels, Joseph 11, 86f.
Goethe, Johann Wolfgang von 20, 84, 284
Gold, Käthe 255
Göller, Peter 238
Gottschlich, Hugo 39, 48, 51, 81, 90ff., 101, 130f., 163, 236ff., 249, 259, 263
Gregor, Joseph 22
Grillparzer, Franz 14, 27, 102
Grothe, Franz 179
Gründgens, Gustaf 29
Haase, Friedrich 20f.
Haberfellner, Karl 256
Hackl, Karlheinz 130
Haensel, Peter 236
Haeusserman, Ernst 44
Haffner, Karl 287
Hagen, Ernst 123
Hall, Stuart 188f.
Hammerschlag, Peter 60, 63
Hansen, Julius 76
Hartl, Karl 253
Haugk, Dietrich 56, 166, 278
Hauser, Carry 108
Haybach, Rudolf 87
Hebbel, Friedrich 207
Heer, Friedrich 188
Heesters, Johannes 257
Heine, Albert 38
Heine, Heinrich 67
Heinisch, Leopold 122
Heller, Fred 38
Heltau, Michael 9, 239
Helwig, Paul 89
Henning, Fred 117
Henreid, Paul 161, 273
Herle, Roman 154
Hill, Owen 61
Hiller, Arthur 232
Hilt, Helene 67ff.
Himmler, Heinrich 86
Hindemith, Paul 225
Hinkel, Hans 86ff., 91
Hirt, Alexander 89

Hitler, Adolf 62, 65, 108, 182ff., 266f.
Hobsbawm, Eric 191f.
Hoffmann, Paul 99f.
Hofmannsthal, Hugo von 9, 14, 27, 44, 54, 131, 169, 186, 180ff., 200f., 223, 286
Holler, Gerd 167, 186, 209
Holt, Hans 148f., 273f.
Holzmeister, Judith 53, 249
Hörbiger, Attila 18, 53, 129, 253
Hörbiger, Paul 53, 256
Horne, Marilyn 232
Horthy, Miklós (Nikolaus) 65
Horváth, Ödön von 127
Hoven, Adrian 257
Hubalek, Felix 148
Huber, Gusti 161, 273
Hubermann, Leopold 38
Hübler-Kahla, Johann Alexander 141, 246
Hufnagel, Wilhelm 70
Hurdes, Felix 155
Huttig, Alfred 84, 90
Ibsen, Henrik 219f.
Iffland, August Wilhelm 20ff., 111
Iltz, Walter Bruno 117
Imhoff, Fritz 115, 162, 273
Innitzer, Theodor 14, 42ff., 155, 165, 179ff., 246, 265ff.
Jacoby, Gabriele 237
Jacoby, Georg 255
Jesserer, Gertraud 103
Jessner, Leopold 38, 61
Jost, Peter P. 100
Jürgens, Curd 14, 42, 182, 249f., 265f.
Jürgens, Udo 239
Kadmon, Stella 60, 63
Kainz, Josef 210, 287
Kaiser, Joachim 234
Karajan, Herbert von 18
Kauer, Edmund T. 230
Kaus, Gina 38
Kautzner, Eduard 74
Kiley, Richard 225, 230
Kinski, Klaus 248
Kitzberger, Michael 147
Klaus, Josef 18

Kleiner, Arthur 38
Klein-Lörk, Robert 72, 76f.
Klestil, Thomas 18
Klingenberg, Gerhard 115
Klotz, Volker 213
Koczian, Johanna von 250
Köfer, Karoline 208
Kohl, Helmut 167
Kokoschka, Oskar 18
Koller, Dagmar 56f., 240
Kolm-Veltée, Walter 265
König, Franz 18
Königsgarten, Hugo F. 67
Konradi, Inge 53, 98, 117, 125f., 130f., 136f., 148, 157, 209, 220, 259
Kortner, Fritz 29, 162f., 248f.
Krahl, Hilde 60, 63, 158, 269ff.
Kramer, Maria 107
Kraner, Cissy (auch: Gisy) 60, 70ff.
Kraus, Karl 100, 106, 137, 206ff.
Krauss, Werner 13, 23, 26, 29, 53, 83, 95, 111f., 170, 211, 216, 230, 262, 286
Kreisler, Georg 204
Kuh, Anton 106f.
Kušej, Martin 137
Kutschera, Rolf 55, 225ff., 233ff.
Kyser, Karl 38
Lang, Andrea 159
Langer, František 137
Langer, Walter 130
Lang-Schlager, Hans 257
Lanske, Hermann 182ff.
Lecocq, Charles 226
Lehmann, Fritz 103
Leigh, Mitch 225, 232
Leopoldi, Hermann 76
Lerner, Alan J. 234ff.
Lessing, Gotthold Ephraim 84
Leupold-Löwenthal, Harald 137
Lewinsky, Josef 107
Lewitas, Miron 27
Ley, Robert 86f.
Lichtenfeld, Manfred 238
Liebeneiner, Wolfgang 159, 246, 252, 268

Liewehr, Fred 53
Lindenbaum, Walter 68, 74f.
Lindner, Robert 69, 263
Lindtberg, Leopold 96ff., 110, 117ff., 165, 204ff., 214ff., 284
Lingen, Theo 156, 247ff.
Linkers, Eduard 69f.
Lix, Alexander 155
Löbl, Karl 228f.
Loewe, Frederick 234
Lohmeier, Georg 167
Lohner, Helmuth 201
Loren, Sophia 232
Lothar, Ernst 201
Lucas, Carl 207
Ludwig, Christa 227
Lukan, Sylvia 104, 130
Luserke, Martin 87
Luther, Martin 24
Magnus, Karlhans 75
Maierhofer, Ferdinand 107f., 117
Mardayn, Christl 91
Margulies, Hans 63, 68f., 72ff.
Maria Theresia (Kaiserin) 193, 272
Marinovic, Alexander 206
Marischka, Ernst 136, 256, 261f.
Marksteiner, Franz 159
Markus, Elisabeth 157f., 258
Markus, Georg 73
Markus, Winnie 273
Marre, Albert 232
Martin, Helga 255f.
Matejka, Viktor 27, 139
Mautner, Franz H. 213
May, Erich Joachim 214
May, Karl 93
Mayen, Hertha 148f.
Mayer, Regine 231
Mayer, Rupert 167
Mayerhofer, Elfie 151
McCarthy, Joseph 161
Meinrad, Germaine 18, 32, 39, 44ff., 92ff., 272
Melchinger, Siegfried 20, 218
Melhardt, Edgar 82
Melnitz, William 161
Menningen, Hans 230
Merz, Carl 115

Meyer, Robert 98, 130
Mikulicz, Hilde 263
Minor, Nora 67
Moissi, Alexander 21
Molière (eigentlich: Jean-Baptiste Poquelin) 110
Molnár, Ferenc (Franz) 20, 121, 137
Moog, Heinz 147, 277ff.
Morak, Franz 130
Moser, Hans 53, 115, 141f., 162, 247f., 273, 278
Mostar, Gerhart Hermann 70f.
Moszkowicz, Imo 176f.
Moučka, Franz 33f., 60
Moučka, Katharina 33f., 60
Mozart, Wolfgang Amadeus 169
Mühlbauer, Herbert 82
Muliar, Fritz 56, 101ff., 130f., 229, 238, 242, 287
Müller-Reitzner, Adolf 79ff.
Murmann, Geerte 86, 89f.
Mussolini, Benito 62, 65
Nachmann, Kurt 81
Napoleon (Kaiser) 67
Nestroy, Johann 9, 13ff., 27, 54, 96f., 103ff., 114ff., 120ff., 125ff., 169, 203ff., 226, 284, 286
Neufeld, Max 150, 252
Neugebauer, Alfred 142
Nicoletti, Susi 162, 203, 247, 258f., 273f.
Novalis (eigentlich: Georg Philipp Friedrich Freiherr von Hardenberg) 195
Olden, Hans 158, 258
Orth, Elisabeth 273
O'Toole, Peter 232
Ott, Elfriede 18, 258
Pabst, Georg Wilhelm 145ff., 246, 277ff.
Palestrina, Giovanni Pierluigi da 179
Pallenberg, Max 21, 111, 197
Panse, Barbara 89
Paryla, Karl 13, 120, 206, 218
Paul, Franz 78ff., 276
Pernter, Hans 22
Petters, Heinz 56f., 240

Peymann, Claus 130, 135
Philipp, Gunther 257
Pirchan, Emil 38
Pizzini, Duglore 83
Pluhar, Erika 130
Polgar, Alfred 67, 105f.
Ponto, Erich 29
Porter, Cole 225
Prack, Rudolf 162, 257, 273
Prawy, Marcel 225
Preminger, Otto 14, 42f., 165, 179ff., 246, 265ff.
Preses, Peter 74, 78, 115
Probst, Herbert 130
Profes, Anton 150
Pruscha, Viktor 84, 89f.
Quadflieg, Will 29
Qualtinger, Helmut 115f., 137
Raimund, Ferdinand 9, 13f., 18, 27, 54, 97, 106ff., 114ff., 122ff., 129, 135, 159, 169, 204ff., 216f., 220ff., 248, 284ff.
Rathkolb, Oliver 28
Raudnitz, Illa 69
Redlich, Gerda 67, 72
Reimann, Viktor 143, 182
Reinhardt, Max 38, 284
Rilke, Rainer Maria 113
Rim, Carlo 224
Rischbieter, Henning 89
Röbbeling, Harald 152, 252
Robinson, Henry Morton 180, 266
Rökk, Marika 152, 237, 252
Rosar, Annie 91
Rosenberg, Alfred 68
Rosenberg, Ethel 161
Rosenberg, Julius 161
Rosenfeld, Fritz 139f.
Rosenthal, Friedrich 38
Roth, Carlheinz 37f., 61
Rott, Adolf 110, 166
Rudolf, Karl 154f.
Rudolf, Leopold 134, 137
Rühle, Günther 218
Russka, Ida 277
Saad, Margit 273f.
Saavedra, Maria 224
Sagnet, Marie 93

Sailer, Anton Engelbert (Toni) 18
Sandgruber, Roman 174
Scarlatti, Alessandro 179
Schaljapin, Fjodor Fjodorowitsch 230
Schauer, Johannes 103
Schellow, Erich 29
Schenk, Otto 201, 206
Schiller, Friedrich 31, 84, 89, 91, 165, 284
Schmid, Aglaja 277
Schmidt, Peer 274
Schneiber, Herbert 236
Schnitzler, Arthur 27, 38, 286
Schnitzler, Heinrich 38, 161, 273
Schön, Berti 40
Schönauer, Marianne 142
Schönböck, Karl 271
Schönbuchner, Sebastian 26
Schorr, Fritzi 74
Schott-Schöbinger, Hans 246
Schranz, Karl 18
Schulda-Hüller, Hertha 82
Schuschnigg, Kurt 179
Schwarz, Helmut 99f.
Schweiger, Heinrich 129
Sealsfield, Charles (eigentlich: Karl Postl) 208
Seidler, Alma 53, 91, 220
Servi, Helly 259
Shakespeare, William 97, 118f., 139, 208, 284
Shaw, George Bernard 144, 235, 239
Simonischek, Peter 201
Singer, Gideon 240
Skoda, Albin 29, 53
Skraup, Karl 142
Sophokles 219
Sowinetz, Kurt 130
Soyfer, Jura 10, 38, 60, 64, 66, 72ff.
Spaulding, Ernest Wilder 265
Spickermann, Adolf 92
Spiel, Hilde 229f.
Stainhauser, Ernst 208
Stanislawski, Konstantin Sergejewitsch 25

Stefano, Giuseppe di -> Di Stefano, Giuseppe
Steinboeck, Rudolf 38, 76, 83, 108, 194, 284
Steiner, Ines 148
Steiner, Wilfried 56
Stepanek, Lilly 256
Stern, Martin 214
Stern, Oliver 130
Stifter, Adalbert 164, 167, 175f.
Stöger, Alfred 45, 48, 144, 150, 152, 155ff., 173f., 246, 248, 255ff., 263
Stolz, Robert 18, 150
Stranitzky, Josef Anton 106
Strauss, Johann 169, 179
Streicher, Franz 89
Strindberg, August 61
Sturm, Peter 67
Szekely, Alex 67
Tassié, Franz 145
Tausig, Otto 114f.
Thaler, Isko 71
Thimig, Hans 91, 117
Thimig, Helene 162
Thimig, Hermann 108
Thompson, Carlos 250, 252
Thun, Eleonore 240
Tiger, Theobald 67
Tolbuchin, Fjodor Iwanowitsch 27
Toller, Ernst 67
Torberg, Friedrich 78, 161
Trapp, Georg von 178f.
Trapp, Maria 178
Trapp, Maria Augusta 177f.
Tressler, Georg 158f.
Trojan, Alexander 263
Tryon, Tom 266
Ullrich, Luise 163, 248f.
Vaughn, Anna 56
Viertel, Berthold 109, 124, 284
Vocelka, Karl 168
Vossler, Frank 89
Waggerl, Karl Heinrich 18
Waldbrunn, Ernst 158, 260
Waldheim, Kurt 188
Wang, Cilly 70
Waniek, Herbert 284
Wasserman, Dale 224, 228ff., 243

Weber, Max 191
Weck, Peter 274
Wegrostek, Oskar 81
Weigel, Hans 11, 16, 19, 32, 39, 49, 54, 60, 63, 65, 76, 78, 83f., 112, 120, 123f., 143, 215f., 221f., 281
Weiler, Marie 207
Weill, Kurt 76
Weinheber, Josef 117
Weiss, Helmut 256, 274
Wengraf, Senta 259
Werner, Oskar 29
Wessely, Paula 18, 53, 91, 194, 253f., 273, 284
West, Walter 75
Weys, Rudolf 60, 63, 80ff., 152
Wiener, Hugo 63
Wiesner, Helmut 138
Wilder, Thornton 161, 203
Wittenberg, Emil 68, 71f.
Wittmer, Virginie 89
Wolf, Gusti 96, 101, 190, 220
Wolff, Hans 152, 251
Wotruba, Fritz 18
Wurst, Leo 41f.
Zapf, Arnulf 75
Zeller, Bibiana 130
Zweig, Max 99, 166
Zyka, Katharina -> Moučka, Katharina